FACULTÉ DE DROIT DE DIJON

DE LA POSSESSION

ET DES

ACTIONS POSSESSOIRES

Nullius jurare in verba
magistri.

THÈSE POUR LE DOCTORAT

Soutenue le 29 avril 1871

PAR

Charles APPLETON

Avocat au Barreau de Charolles (Saône-et-Loire)

Président : M. SERRIGNY
doyen de la Faculté

SUFFRAGANTS :
{ MM. LAPLACE, professeur.
LACOMME, id.
CAPMAS, id.
GAUDEMET, agrégé. }

DIJON

IMPRIMERIE J. MARCHAND, RUE BASSANO, 12

1871

A LA MÉMOIRE DE MON PÈRE

PRÉFACE

Nullius jurare in verba magistri.

La devise que je place en tête de cette étude
indique seulement que j'ai voulu faire œuvre d'é-
clectisme. Cependant, dans la partie qui traite du droit
français, je me suis inspiré spécialement de l'ouvrage
récent et encore trop peu connu de M. Léon Wodon
(*Traité théorique et pratique de la Possession et
des Actions possessoires*, 2 vol. in-8, Bruxelles, 1866).
Souvent, il est vrai, j'ai combattu ses doctrines,
en m'appuyant sur la jurisprudence la plus récente
que j'ai tâché d'analyser. Mais entre mon modeste
essai et l'œuvre excellente de cet auteur, il y a du
moins ce point de commun, qu'à son exemple j'ai
pris pour base de mon travail l'étude approfondie du
droit romain, éclairé par les écrits de MM. de Savigny, Molitor, Machelard, etc. C'est en m'appuyant
sur cette base que j'ai cru pouvoir émettre quelques
idées qui, si elles sont nouvelles en doctrine, ne font
cependant, et en général, que dégager les principes
consacrés, dans des décisions d'espèce, par les arrêts
les plus récents.

TABLE DES MATIÈRES

PREMIÈRE PARTIE

DROIT ROMAIN

DEUXIÈME PARTIE

DROIT FRANÇAIS

POSSESSION ET DES ACTIONS POSSESSOIRES

PREMIÈRE PARTIE
DROIT ROMAIN

TITRE PREMIER
DE LA POSSESSION EN GÉNÉRAL

CHAPITRE I
Notions générales : Définition, caractères et éléments de la possession.

SECTION I
Notions générales et définitions.

§ 1. — La volonté d'agir sur une chose, jointe à la possibilité physique de le faire à l'exclusion de toute autre personne, telle est, en droit romain, la notion fondamentale de la possession.

Faut-il que, dès le premier mot de ce travail, je sois obligé d'abandonner l'auteur illustre qui va me servir de guide à travers les difficultés de cette étude?

Selon M. de Savigny *(Traité de la Possession)*, l'idée qui doit servir de base à toutes les investigations sur cette matière, c'est qu'on est en possession d'une chose lorsqu'on a la faculté, non-seulement d'en disposer soi-même phy-

2

siquement, mais encore de la défendre contre toute action étrangère.

La différence entre ces deux définitions saute aux yeux : la première contient deux éléments, celle de M. de Savigny n'en conserve qu'un seul, et quel est-il ? Un fait purement matériel. Or, pour comprendre l'idée de possession, il faut supposer autre chose que la possibilité physique d'agir sur un objet; la volonté de l'être personnel et libre est nécessaire.

Telle est la première critique qu'un savant professeur de Gand, M. Molitor, adresse à la doctrine de M. de Savigny. Cette critique, on le devine, je l'adopte; est-elle fondée?

§ 2. — Et tout d'abord, *a priori,* elle doit l'être. Si un élément matériel suffisait pour constituer la notion de la possession, nous n'aurions pas à nous en occuper ici : elle ne nous intéresse, en effet, que parce qu'elle engendre des droits. Le droit examine, il est vrai, certains rapports entre l'homme et la matière, mais à la condition que la volonté humaine entre pour quelque chose dans ces rapports. Tous les droits ont leur source dans un fait volontaire; or la possession, nous allons le voir tout à l'heure, engendre certains droits, il faut donc nécessairement qu'elle renferme en elle-même un fait volontaire. Enlevez cet élément intellectuel et le terrain de notre étude va se dérober sous nos pas.

Si nous passons aux textes, en trouverons-nous un seul qui voie, je ne dirai pas la possession, mais son idée génératrice, son élément essentiel dans le fait matériel dont nous avons parlé? Cette recherche serait, je crois, infructueuse; les jurisconsultes romains avaient une philosophie trop haute pour vouloir faire sortir quelque chose de juridique d'un fait où la volonté humaine ne serait entrée pour rien.

§ 3. — Comment s'expriment-ils pour indiquer ce rapport

purement matériel? *Corporalis-possessio, corpore rem con-tingere, corpore in fundo esse,* tels sont les termes qu'ils emploient pour exclure jusqu'à l'idée d'une possession quelconque. (L. 1, § 3; l. 24 et l. 41, Dig., XLI, 2.) Or, si la possibilité physique d'agir sur une chose constituait l'élément essentiel de la possession, elle existerait dans tous ces cas, où cependant les jurisconsultes romains la dénient formellement.

C'est ici qu'il faut se garder de prendre le change : M. de Savigny, pourrait-on dire, appelle *détention* cet élément matériel; il n'a jamais prétendu qu'il suffit à lui seul pour constituer la possession. Cela est vrai, mais la *détention* elle-même ne peut se concevoir sans un fait volontaire, et c'est cette vérité que M. de Savigny a peut-être un peu laissée dans l'ombre. Ainsi, quand bien même vous tiendriez une chose dans votre main, si vous ne *voulez* pas la posséder, il n'y a dans ce fait ni détention, ni possession, ni rien qui puisse jamais revêtir aucun caractère juridique. Les textes nous le disent énergiquement : *Veluti si quis dormienti aliquid in manu ponat...* (L. 1, § 3, Dig., XLI, 2.) *Cum... ubi noluit possidere, protinus amiserit possessionem (ibid.,* § 4). *Si in fundo sis et tamen nolis eum possidere, protinus amittes possessionem.* (L. 3, § 6, *eod. tit.*) Ainsi un fait physique est, à lui seul, toujours incapable de former la base d'aucune notion juridique.

§ 4. — Mais allons plus loin; s'il fallait donner la prééminence à l'un des deux éléments que nous avons signalés comme constituant la notion fondamentale de la possession, ce n'est pas l'élément que M. de Savigny a conservé, ce serait celui qu'il a supprimé, qu'il faudrait mettre en première ligne.

Sans lui, sans la volonté humaine, aucune possession, aucune détention, si on l'aime mieux, ne peut s'acquérir, et elles s'anéantissent à l'instant si la volonté vient à changer. C'est ce que nous venons de démontrer par les textes.

Au contraire, le fait physique, lui, peut impunément disparaître, et il est des cas où la volonté à elle seule suffit pour conserver une possession à laquelle tout élément matériel vient à faire défaut. Cette proposition, incontestable en droit romain, sera, du reste, établie et développée quand je parlerai de la perte de la possession. (L. 3, § 7 et 8; l. 6, § 1; l. 7 et l. 46, Dig., XLI, 2.)

§ 5.—Reprenons maintenant notre définition : la notion fondamentale de la possession consiste, avons-nous dit, dans la volonté d'agir sur une chose jointe à la possibilité physique de le faire à l'exclusion de toute autre personne. Lorsque ces conditions se trouvent réalisées, le *rapport* qui s'établit entre l'*homme* et la *chose* se nomme *possession*. Je puis maintenant définir ainsi la possession : c'est le rapport qui s'établit entre une chose et une personne, lorsque, chez cette dernière, la volonté d'agir sur la chose se joint à la possibilité physique de le faire à l'exclusion de tout autre individu.

SECTION II

La possession est un fait volontaire qui engendre des droits.

§ 6. — Ce rapport, en soi, n'a rien de juridique, et tout le monde sera d'accord, je pense, pour ne voir là qu'un simple fait. La possession en elle-même n'est donc pas un droit. Mais, dira-t-on, comment se fait-il pourtant que de ce fait résultent des actions ? Il n'y a qu'un droit qui puisse en produire : la possession est donc un droit ! Evitons avec le plus grand soin cette confusion de langage qui est vraisemblablement la cause unique de l'interminable controverse engagée sur cette question.

Pour bien faire sentir le malentendu prenons un exemple :

La vente, le louage sont des contrats; un contrat en luimême n'est qu'un simple fait, l'accord de deux volontés. De la vente, du louage naissent pourtant des actions; va-t-on dire pour cela que la vente, que le louage sont des droits, puisqu'ils engendrent des actions? Evidemment non : que faut-il dire alors? Il faut remarquer qu'en parlant comme je viens de le faire, l'on omet une idée intermédiaire qui a pourtant son importance. Le contrat, c'est trop clair, n'est qu'un pur fait, mais ce fait engendre des obligations, ou si on l'aime mieux, des *droits* qui, à leur tour, engendrent des actions. Tous les droits imaginables sont produits par des faits, et ces droits, s'ils viennent à être violés, donnent aussitôt naissance à des actions.

§ 7. — Appliquons ces principes à notre matière : La possession étant un simple rapport, ne constitue qu'un pur fait; mais ce fait engendre certains droits que, pour le moment, je m'abstiendrai d'énumérer. Ces droits viennentils à être violés, cela suffit, l'action est née.

Insistons encore un moment : D'un côté, la possession telle que nous l'avons définie, puisqu'elle se compose d'un fait matériel et d'un fait intellectuel, ne saurait aussi être par elle-même qu'un simple fait. Réunissez deux faits ensemble, vous aurez un fait double, mais vous n'aurez jamais qu'un fait. D'un autre côté, il est avéré que la possession est la source de plusieurs actions. Or, puisqu'un fait ne saurait engendrer directement une action, il suit de là nécessairement qu'une idée intermédiaire a été omise; et cette idée c'est celle d'un droit qui est, si j'ose ainsi parler, fils du fait et père de l'action.

§ 8. — J'ai dit que certains droits étaient créés par la

possession. Le droit de propriété lui-même peut lui devoir l'existence dans le cas de l'usucapion. Mais la possession à elle seule, la possession, ce fait complexe, engendre aussi un droit de la plus haute importance, droit qui va faire l'objet de cette étude, et que pour le moment je nommerai *le droit aux actions possessoires*.

Cette distinction que je veux répéter encore une fois entre la possession simple fait et les divers droits auxquels elle peut donner naissance est pour moi d'une importance capitale. Elle jettera, je crois, un certain jour sur deux importantes questions. Nous allons, dans un instant, aborder la première, la seconde trouvera sa place en parlant de la possession dérivée. Là je pourrai prouver l'exactitude de ma distinction en montrant que le fait de la possession peut être séparé du droit aux actions possessoires.

De ce principe que la possession est un pur fait découlent trois conséquences, qui serviront à démontrer le principe lui-même, parce que ces conséquences sont consacrées par les textes.

§ 9. — 1° Et d'abord la possession ne peut se transmettre. Aucun possesseur ne peut être considéré comme ayant hérité, pour ainsi dire, de la possession de son auteur. Il ne la continue pas : c'est une possession nouvelle qui commence ; cela est certain ; si j'avais pu continuer la possession de mon auteur, il n'aurait pas été nécessaire d'introduire à propos de l'interdit *utrubi* une théorie spéciale dite de l'accession de possession. — Du moment que l'on dit qu'une chose accédera à une autre, il faut bien qu'il s'agisse de deux choses distinctes.

Ainsi, la possession ne peut pas se transmettre : or tous les droits du patrimoine sont transmissibles ; donc la possession n'est pas un droit.

M. Molitor qui, pour n'avoir pas fait la distinction capitale qui précède, considère la possession comme un droit, objecte ici que l'usufruit et l'usage ne sont pas non plus transmissibles. Pourtant, dit-il, ce sont des droits.

Cette objection me touche peu : si l'usufruit et l'usage sont incessibles, c'est pour des raisons toutes particulières, dont aucune n'existe à l'égard de la possession.

§ 10. — 2° La possession peut s'acquérir par l'effet d'un acte nul, par exemple une donation non insinuée et dépassant 500 *solidi;* donc la possession est un fait.

« Mais, dit M. Molitor, la propriété elle-même est souvent « transmise par l'effet d'actes nuls en la forme. Je vous « donne à titre de donation, vous recevez à titre de *mu-* « *tuum;* la propriété est transmise, quoiqu'il n'y ait ni do- « nation ni *mutuum.* — Pourquoi ? Parce que la *justa* « *causa* pour le transport de la propriété existe, parce « qu'il y a consentement des deux parties sur le transport « de la propriété. »

Or, ajoute M. Molitor, pour acquérir la possession il ne faut pas de *justa causa,* il ne faut que la détention et l'intention ! C'est fort bien ; mais le savant professeur de Gand n'a pas pris garde que par ces mots il fournissait à la thèse qu'il combat un argument contre lequel son objection sera sans valeur. On dira : Aucun droit ne passe d'une personne à une autre sans une *justa causa* d'acquisition. (L. 31, *de Acq. rer. dom.*) M. Molitor lui-même avoue que dans l'hypothèse qu'il présente il y a une *justa causa.* Mais dans notre espèce il n'existe aucune *justa causa,* et cependant la possession a passé du donateur au donataire. Donc la possession n'est qu'un fait.

§ 11. — 3° Enfin la possession n'est pas un droit, puisqu'elle peut s'acquérir par un acte de violence.

M. Molitor répond : « La violence n'est pas injuste par « sa forme seule, elle n'est réellement violence que pour « autant qu'elle viole un droit ; donc la possession acquise « par violence ne donne aucuns droits à l'égard de ceux

« dont les droits ont été violés; mais à l'égard des autres
« elle n'est pas violence, car elle n'a pas porté atteinte à
« leur droit. Donc la possession est un droit à l'égard de
« ceux qui ne possèdent pas ou qui n'ont pas été injuste-
« ment dépossédés. — Par conséquent, il est inexact de
« dire que la violence fait acquérir *le droit de possession,*
« car ce droit n'est réellement acquis qu'en tant qu'il n'y a
« pas violence et n'est acquis qu'à l'égard de ceux envers
« lesquels aucune violence n'a été exercée, aucune infrac-
« tion du droit n'a été commise. »

Cette dernière objection ne me paraît pas fondée. D'a-
bord elle repose sur une confusion. Il ne s'agit pas de
savoir si *le droit de possession* est acquis, mais si *la possession* l'est, ce qui est bien différent. Voilà déjà une application de notre distinction. Je veux bien, pour un instant,
que la violence n'ait fait acquérir aucun droit de possession; que le possesseur violent ne puisse invoquer la
protection d'aucun interdit, ce n'est pas la question. Il
s'agit de savoir si la possession a passé du *dejectus* au *dejiciens* par l'acte de violence. Or cela est incontestable.
Mais il faut aller plus loin, et ce n'est pas une confusion
seulement, c'est une inexactitude qu'il faut reprocher à
M. Molitor. Le possesseur violent a acquis un certain droit
de possession, même vis-à-vis du propriétaire qu'il a dépossédé. Si ce dernier le chasse à main armée, l'interdit *de
vi armata,* à l'époque classique, fera recouvrer la possession perdue à l'auteur de la première violence.

Sous Justinien c'est bien autre chose encore. L'interdit
unde vi lui appartiendrait dans tous les cas, et le propriétaire lui-même, pour avoir usé de représailles, serait dépouillé de son bien.

En résumé, et malgré les critiques de M. Molitor, il faut
maintenir ces trois conséquences que M. de Savigny n'a
fait qu'indiquer.

§ 12. — La distinction entre la possession simple fait et les droits qu'elle engendre se trouve en germe dans ce dernier auteur. La possession, dit-il, est à la fois un fait et un droit : par elle-même c'est un fait, par ses conséquences elle ressemble à un droit, et cette double nature est infiniment importante pour tout ce qui concerne cette matière. Tout cela est bien près de la vérité, telle du moins que je la conçois.

Il eût été à désirer seulement que M. de Savigny eût réservé le mot de *possession* pour le fait en lui-même au lieu d'y comprendre aussi les droits qu'elle produit.

La possession n'est pas à la fois un fait et un droit : c'est un fait qui engendre des droits : *Ex facto jus oritur.*

§ 13. — La possession est un fait, des textes nombreux l'appellent *res facti.* (L. 1, § 4, Dig., XLI, 2; l. 44 *in fine,* Dig., XLI, 3; l. 12, § 2, et l. 29, Dig., XLIX, 15; l. 19, Dig., IV, 6; l. 1, § 3 et l. 29, Dig., XLI, 2.) Quelques mots sur ces deux lois.

M. de Savigny a cité la loi 1, § 3 à l'appui de l'idée que la possession est un fait. M. Molitor critique cette citation. Le passage est ainsi conçu : *Ofilius quidem et Nerva filius, etiam sine tutoris auctoritate possidere incipere posse pupillum aiunt,* EAM ENIM REM FACTI *non juris esse. Quæ sententia recipi potest, si ejus ætatis sit ut intellectum capiat.*

Selon M. Molitor, il n'y a là rien de spécial à la possession. C'est une règle générale de droit civil, que le pupille, si son intelligence est assez développée, peut toujours rendre sa condition meilleure. Or, c'est rendre sa condition meilleure que d'acquérir la possession, et si le jurisconsulte dit qu'il y a dans l'espèce de la loi 1, § 3, *res facti,* cela veut dire que c'est une question de fait que de savoir si un pupille a déjà conscience de ses actes.

Cette dernière interprétation ne saurait être admise; il

faudrait pour cela que les mots *eam enim esse rem facti* fussent placés à la fin du passage, après la phrase : *Quæ sententia recipi potest.* Mais au lieu de suivre cette phrase ils la précèdent; le jurisconsulte a donc certainement voulu dire que la possession était *res facti.*

Sans doute le pupille, s'il a conscience de ses actes, peut rendre sa condition meilleure et par conséquent devenir possesseur : c'est là une raison de le décider, mais cette raison, Paul la passe sous silence. Il y en a une autre, et c'est celle-là que le jurisconsulte indique. La possession est une chose de fait, or un incapable *jure civili* peut fort bien accomplir un fait.

Ce qui rend certaine cette interprétation de la loi 1, § 3, c'est la loi 29 du même titre, loi à laquelle M. Molitor ne paraît pas avoir songé, car aucune de ses objections ne peut cette fois paraître même s'y appliquer. (L. 29, Dig., XLI, 2.) *Possessionem pupillum sine auctoritate tutoris amittere posse constat, non ut animo, sed ut corpore desinat possidere :* QUOD ENIM EST FACTI *potest amittere.* La règle générale du droit civil c'est que le pupille ne peut seul perdre aucun de ses droits. Eh bien, ici il perdra la possession, donc la possession en elle-même n'est pas un droit, et comme le jurisconsulte nous l'indique clairement, c'est un pur fait; il nous le dit en termes exprès : *Quod enim est facti potest amittere.*

§ 14. — Mais, dit M. Molitor, s'il est vrai que la possession soit appelée *res facti* dans ces passages, il en est d'autres aussi où elle est dite *res juris*, et il cite la loi 49 *pr.*, et § 1, Dig., XLI, 2, ainsi conçue : *Possessio quoque per servum cujus ususfructus meus est, ex re mea vel ex operis servi adquiritur mihi, cum et naturaliter a fructuario teneatur et plurimum ex jure possessio mutuetur. § 1: Qui in alienâ potestate sunt rem peculiarem tenere possunt, habere possidere non possunt, quia possessio non tantum* CORPORIS *sed et* JURIS *est.*

Commençons par le § 1er. Ceux qui sont en la puissance d'autrui ne possèdent pas leur pécule, parce que la possession n'est pas seulement quelque chose de matériel, c'est aussi un droit, *et que ces individus sont incapables d'avoir personnellement aucun droit.* Cette dernière phrase est évidemment sous-entendue dans la pensée du jurisconsulte. Papinien confond ici la possession avec le droit qu'elle engendre, *le droit aux actions possessoires.* Cette confusion, tous les jurisconsultes la faisaient. Ils avaient bien défini les éléments qui composaient la possession simple fait; puis ils avaient remarqué que de ce simple fait naissait toujours un droit, le droit aux actions possessoires. Cela posé, lorsque, pour une raison ou pour une autre, ce droit n'existait pas chez celui qui détenait la chose, ils ne recherchaient pas cette raison, et, quoique les conditions de la possession fussent remplies, comme l'effet, c'est-à-dire *le droit aux actions possessoires,* ne se produisait pas, ils en concluaient que la cause, c'est-à-dire la possession, n'existait pas.

Au chapitre II, section III, n° 2, du titre premier, nous verrons, qu'entraînés par ce raisonnement à des conséquences désastreuses, ils avaient fait fléchir, dans certains cas, leur logique ordinaire. Et qu'on ne me reproche pas d'imputer à des intelligences aussi droites que les leurs une confusion semblable. Ils avaient bien mêlé le *dominium* avec l'objet auquel il s'applique et rangé le *droit* de propriété dans la classe des *choses* corporelles.

Voici donc le raisonnement de Papinien : La possession est, il est vrai, simple fait *(res corporis);* mais elle engendre toujours un droit *(juris est).* Or, ceux qui sont en la puissance d'autrui ne peuvent avoir aucun droit, donc ils ne sauraient posséder. On voit du premier coup d'œil le vice de cette argumentation.

§ 15. — Passons au *Proœmium*. Traduction mot à mot : La possession aussi s'acquiert par l'esclave dont j'ai l'usufruit....., puisque d'un côté je le détiens naturellement, et que de l'autre la possession emprunte la plupart de ses caractères au droit.

Il est impossible de traduire les mots *plurimum ex jure mutuetur* comme je viens de le faire : *la possession emprunte la plupart de ses caractères au droit ;* et cela pour deux raisons :

La première, c'est que dans un autre passage le même Papinien nous dirait absolument le contraire et dans les mêmes termes : *Possessio autem plurimum facti habet.* (L. 19, Dig., IV, 6, *Ex quib. caus. maj.*). Or il est impossible que le prince des jurisconsultes soit tombé dans une pareille contradiction.

La seconde, c'est qu'en interprétant ainsi cette phrase, le raisonnement de Papinien n'aurait aucun sens. Que veut-il prouver ? Que la possession peut être acquise par l'esclave dont on a l'usufruit ? Quelle était la raison de douter ? Gaius nous l'indique (II, 94). C'est que nous ne possédons pas cet esclave. Il faut donc que la raison que Papinien donne à l'appui de sa décision vienne heurter de front l'objection : « Mais nous ne possédons pas cet esclave. » Or, quel rapport y a-t-il entre cette idée et celle-ci : La possession emprunte au droit la plupart de ses caractères ? Que la possession emprunte au droit tous ses caractères si l'on veut, qu'est-ce que cela peut faire à cette objection : On ne possède pas l'esclave dont on a l'usufruit ? Rien absolument ; il faut donc chercher une autre interprétation.

§ 71. — M. Zachariæ l'a trouvée : *Ex jure*, signifie : *Ex usufructu*. La possession emprunte beaucoup de carac-

tères à *ce droit,* au droit d'usufruit dont il vient d'être
parlé. Cela me paraît juste. Quant à l'interprétation que
M. Zachariæ donne au passage tout entier, elle diffère
profondément de celle que je vais risquer; je ne la connais,
du reste, que par une note de M. de Savigny. (P. 27, note 1.)
Selon lui, Zachariæ ferait dire à Papinien : L'esclave dont
j'ai l'usufruit peut acquérir un usufruit pour moi. Or la
possession emprunte souvent les règles de l'usufruit; donc
cet esclave pourra aussi m'acquérir la possession. Cela
n'est pas acceptable et telle n'a certes pas été l'argumentation de Papinien, comme le dit fort bien M. de Savigny.

§ 17. — Pour moi, je serais tenté d'expliquer le texte autrement. Rappelons-nous bien que l'objection que Papinien
veut repousser, c'est celle-ci : Mais l'usufruitier ne possède
pas l'esclave. Or, du moins, dans l'opinion d'anciens jurisconsultes, on ne pouvait pas acquérir la possession par l'intermédiaire de personnes que l'on ne possédait pas. Papinien eût pu réfuter l'objection qu'il prévoit d'une manière
bien simple, en niant qu'il fût nécessaire de posséder celui
par qui on veut acquérir la possession; c'est ce que Paul
fait dans la loi 1, § 8, Dig., XLI, 2.

Mais Papinien n'a pas pris cette voie :

Avant d'indiquer celle que, selon mes conjectures, il a
préféré suivre, il faut commencer par justifier l'interprétation que je donne aux mots : *Possessio plurimum ex
jure mutuatur,* que je traduis ainsi : La possession emprunte beaucoup de (ou le plus souvent ses) caractères à
l'usufruit; en d'autres termes, la possession et l'usufruit
se ressemblent.

La possession et l'usufruit se ressemblent... Le possesseur, s'il est de bonne foi, fera les fruits siens comme
l'usufruitier : tous deux détiennent matériellement la
chose. Leur jouissance à tous les deux sera protégée par
les mêmes interdits. On pourrait citer encore d'autres

points de ressemblance. Cette similitude n'a pas échappé aux jurisconsultes romains : elle était si grande dans leur esprit que l'un deux, Venuleius, nous met en garde contre la confusion qu'on pourrait faire entre l'usufruit et la possession : *Permisceri causas possessionis et usufructus non oportet.* (L. 52 , Dig., XLI, 3.) Venuleius ne nous préviendrait pas contre la confusion entre l'usufruit et la possession, s'il n'y avait pas entre eux une certaine ressemblance.

§ 18.— Cette traduction des mots *ex jure* ainsi justifiée, voici le raisonnement que je prête à Papinien : Je mets en italiques tout ce qui est sous-entendu dans la pensée du jurisconsulte.

Je puis acquérir la possession par l'esclave dont j'ai l'usufruit; car..... *on va m'objecter qu'il faudrait pour cela que je possédasse l'esclave et que je ne le possède pas. Mais puisque vous attribuez cet avantage au possesseur de l'esclave, pourquoi ne le donnez-vous pas à l'usufruitier.* L'usufruitier *détient l'esclave tout aussi bien que le possesseur, et ce n'est pas la seule ressemblance entre eux. La possession, cette possession à laquelle vous voulez faire produire un effet que vous refusez à l'usufruit,* emprunte beaucoup de ses caractères à ce droit d'usufruit. *Donc il faut accorder à l'usufruit ce que l'on accorde à la possession, et, de même que l'on acquiert la possession par l'esclave que l'on possède, de même on pourra l'acquérir par celui dont on a l'usufruit.*

Tant de choses en si peu de mots dira-t-on.... Mais Papinien était fort laconique. Au reste, je ne donne cette explication que faute d'en avoir trouvé une autre qui fût satisfaisante, et sous toutes réserves, bien entendu, comme on dit au Palais.

En résumé, les textes, d'accord avec la raison, proclament que la possession en elle-même n'est qu'un fait.

§ 19. — Considérée à ce point de vue comme un simple fait, la possession nous apparaît tout d'abord comme l'exercice du droit de propriété, et nous arrivons à cette formule trop simple pour demander une explication et trop évidende pour exiger une preuve : le propriétaire, et le propriétaire seul, a le droit de posséder : c'est ce qu'on désigne par le mot *jus possidendi*.

Mais écartons la propriété : la possession toute nue engendre aussi par elle-même le droit de posséder; en un mot, une fois le rapport de possession établi entre un homme et une chose par la réunion des deux éléments matériel et intellectuel que nous avons signalés, l'homme acquiert le droit de conserver la possibilité d'agir sur cette chose, et par conséquent, de traduire devant le juge celui qui voudrait entraver cette faculté : c'est ce droit que j'ai appelé *droit aux actions possessoires,* c'est lui qui, en droit romain, est la source des interdits.

Ce droit aux actions possessoires quelle est sa nature? Est-ce un droit réel, un droit personnel?

SECTION III

Le droit aux actions possessoires est un droit réel.

§ 20. — Pour résoudre cette question, M. de Savigny se demande quelle est la nature des interdits; il termine cet examen en ces termes :

« Les interdits possessoires appartiennent donc à la « théorie des obligations et la possession n'y figure que « comme la condition indispensable de ces interdits : Le « *jus possessionis*, c'est-à-dire le droit qui découle de la « possession, consiste dès lors uniquement dans la faculté « offerte au possesseur d'invoquer la protection des in-

« terdits dès que la violation de sa possession revêt une
« forme déterminée ; hors le cas d'un semblable trouble la
« possession par elle-même ne donne aucun droit. »

Malgré le respect que m'inspire l'autorité du savant
auteur prussien, il ne m'est pas possible d'adopter cette
opinion : c'est tout d'abord la négation du droit qui naît
de la possession. C'est là que M. Molitor, qui ne voit qu'un
droit dans la possession, a beau jeu pour réfuter M. de Savigny. La violence, dit-il, n'est pas injuste par sa forme
même. *Vim vi repellere omnes leges omniaque jura per-
mittunt.* (L. 45, § 4, Dig., ix, 2.) Elle n'est injuste qu'en tant
qu'elle porte atteinte à un droit. *Donc, s'il ne naît pas un
droit de la possession,* la violence dirigée contre la possession ne saurait être une violation du droit, ni motiver
les actions possessoires.

D'un autre côté, il n'est peut-être pas exact de dire qu'il
faille toujours un acte illicite pour donner lieu aux actions
possessoires. Dans le cours d'une action en revendication,
les deux parties peuvent très-bien se disputer la possession
par l'interdit *uti possidetis*, sans qu'aucun trouble se soit
produit de part ou d'autre. Dans ces conditions la simple
prétention d'être possesseur chez l'adversaire, peut servir
de base à l'interdit que je demanderai contre lui.

Ainsi ce n'est pas l'acte illégal qui crée le droit ; il faut
un droit préexistant pour qu'une action naisse à l'occasion
de cet acte illégal. Il en est de même de tous les droits : il
faut qu'ils soient violés ou méconnus pour que l'action
puisse prendre naissance.

§ 21. — Cela posé, pour reconnaître la nature du droit
qui engendre les actions possessoires, est-ce une méthode
bien sûre que de rechercher le caractère de ces actions ; ce
caractère une fois connu d'en déduire la nature du droit
qui les engendre ? Parce qu'une action sera personnelle,
faudra-t-il en conclure que le droit dont elle découle est un

pur droit de créance ? Le droit réel par excellence, s'il vient à être violé par le vol, la rapine, le dommage, produira les actions *furti, vi bonorum, raptorum* et l'action de la loi *Aquilia*. Voilà trois actions personnelles. Elles dérivent toutes du droit de propriété qui est leur cause médiate ; la dernière même ne peut appartenir en principe qu'au seul propriétaire. (L. 11, § 6 et suiv., Dig., IX, 2.) Par ce que le droit de propriété engendre des actions personnelles qui naissent *ex delicto*, faudra-t-il en conclure que c'est un droit personnel ? La conséquence se devine : ce n'est pas en étudiant l'action que nous arriverons sûrement à la connaissance du droit où elle puise sa source. C'est à cette source elle-même qu'il faut remonter. Je vais le faire dans un instant ; mais il faut que j'écarte auparavant une dernière objection que je trouve chez M. Molitor, p. 29.

§ 22. — Selon le savant professeur, le droit aux actions possessoires (il dit la possession) ne saurait être un droit purement réel, parce qu'il ne peut être poursuivi contre les tiers possesseurs, mais seulement contre ceux qui ont violé la possession. Cela revient à dire que la possession ne produit pas d'actions réelles. Il faudrait, au moins, faire une exception pour l'ancien interdit *utrubi* qui pourra s'intenter dans un certain délai, non-seulement contre celui qui m'a ravi un meuble, mais contre tout possesseur de ce meuble ; cet interdit constituerait bien une action réelle.

Mais prenons bien garde : je viens de montrer qu'il ne faut pas conclure des actions au droit. Il est vrai qu'en règle générale tout *jus in re* engendre des actions réelles ; mais le cas qui nous occupe ne pourrait-il pas former l'exception unique et nous présenter l'anomalie d'un droit réel qui, s'il est violé, ne produira que des actions personnelles ? C'est ce qu'il s'agit d'examiner, et voilà pourquoi il ne faut pas trop se hâter de conclure.

4

§ 23. — Qu'est-ce qu'un droit réel? Qu'est-ce qu'un droit personnel?

Voici ce que je disais à ce sujet au début d'une thèse de licence présentée à la faculté de Rennes en 1867.

Dans un droit quelconque il se rencontre toujours trois éléments : Premièrement une personne maîtresse du droit et qui en est le sujet actif; secondement une personne sujet passif du droit et qui est obligée de le respecter, c'est-à-dire de ne point gêner le maître du droit quand il se met en rapport avec la chose, en un mot, de s'abstenir : cette personne, être collectif, c'est la société tout entière; troisièmement une chose objet du droit et dont la personne, sujet actif de ce droit, a la faculté de retirer quelque avantage.

Lorsque ces trois éléments se rencontrent seuls dans un droit du patrimoine on dit *qu'il est réel.*

Mais un quatrième élément peut intervenir sous la forme d'une personne qui est, comme la société, sujet passif du droit et tenue comme elle de s'abstenir; mais qui est en outre *particulièrement* obligée à un fait ou à une inaction : cette personne se nomme le débiteur, son intervention fait prendre au droit le nom de droit personnel, droit de créance.

§ 24. — Qu'on applique cette méthode à tous les droits du patrimoine, elle montrera la nature de chacun d'eux, et la justesse des résultats prouvera l'exactitude du principe. Eh bien! dans le droit qui naît de la possession nous trouvons bien les trois éléments qui à eux seuls constituent un droit réel. Mais y trouvons-nous une personne spécialement obligée à un fait ou à une inaction? Assurément non. Le droit dont nous parlons est évidemment un droit du patrimoine et tous les droits du patrimoine sont réels ou personnels. Or ce ne peut être un droit personnel ou de créance, puisque le quatrième élément que j'ai signalé lui manque : donc le droit aux actions possessoires est un

droit réel; seulement il n'engendrerait que des actions personnelles et ce serait l'anomalie.

§ 25. — Faut-il, pour terminer cette section, rechercher
l'étymologie du mot *possessio*. J'attache à cette question
une importance assez secondaire: *possessio* vient-il de *sedium
positio*, comme le veut Labeo (L. 1 *pr.*, Dig., XLI, 2), ou de
posse, ce qui me semble plus naturel, car d'un côté la possession est bien la réalisation de la puissance de l'homme
sur la matière, et d'un autre côté les Romains réussissaient
assez peu dans cette science étymologique qui trouve aujourd'hui de si nombreux adeptes. Selon Justinien, *testa-
mentum* ne vient-il pas de *testatio mentis?* D'après cela, dit
M. Belime, pourquoi *calceamentum* (soulier) ne viendrait-
il pas de *calceatio mentis ?* Quoi qu'il en soit, le litige me
semble être du ressort des philologues plutôt que de la
compétence des jurisconsultes, et, l'avouerai-je : *Parum
mea refert quin grammatici certent, et adhuc sub judice
lis* sit.

SECTION IV

Eléments de la possession.

§ 26. — Ces éléments, nous les avons indiqués; ce sont
premièrement l'élément intellectuel, la volonté de posséder
que l'on désigne par le mot *animus*, et secondement un
fait matériel constituant la possibilité d'agir sur une chose,
c'est ce qu'on nomme le *corpus*.

Et d'abord l'élément matériel, le *corpus*, quel caractère
doit-il revêtir pour que la possession soit acquise ou conservée ? Est il nécessaire qu'il soit accompli par celui-là
même qui veut devenir possesseur ; par celui qui a l'*animus?*
Nous ne pouvons résoudre ici ces questions ; elles seront

examinées lorsque je parlerai de l'acquisition et de la conservation de la possession. Il en sera aussi dit quelques mots au chapitre II, section III, de cette première partie, où je traiterai de la possession dérivée.

Je dois renvoyer aux mêmes endroits quant à la question de savoir chez qui le fait intellectuel, l'*animus*, doit se rencontrer; mais il est un caractère que je puis indiquer dès à présent.

§ 27. — La possession nous est apparue tout d'abord comme l'exercice du droit de propriété. De là résulte une conséquence nécessaire, c'est que l'*animus* exigé pour l'existence de la possession est un *animus domini*. En d'autres termes, pour être considéré comme véritable possesseur d'une chose, il faut nécessairement que celui qui la détient se gère à son égard en propriétaire, autrement dit qu'il prétende en disposer en fait comme un propriétaire aurait la faculté légale de le faire (Savigny).

S'il arrive que le détenteur veuille exercer sur la chose, non pas un *dominium* qu'il voudrait avoir pour lui-même, mais le droit de propriété d'un tiers : les conditions de la possession ne sont pas accomplies à son égard, et le possesseur sera le tiers, pourvu que l'*animus* existe chez lui. Toutes les fois que ce ne sera pas le droit de propriété qu'on prétendra exercer sur une chose, on ne pourra en être considéré comme possesseur. Cette règle ne souffre point d'exception; il faudra donc que j'explique comment les jurisconsultes romains ont été amenés à donner le titre de possesseur à l'emphytéote, au créancier gagiste, etc., et c'est à la section III du chapitre II, titre 1er, que je m'efforcerai d'expliquer cette apparente contradiction.

Puisque deux éléments sont nécessaires pour constituer la possession, il résultera de là que certaines choses ne pourront être possédées, soit parce que la possibilité physique d'agir sur elles à l'exclusion de tout autre, le *corpus* fera défaut, soit parce qu'à leur égard l'*animus*, la volonté d'agir en propriétaire ne saurait se comprendre.

D'un autre côté il est des personnes chez qui cet *animus* ne saurait légalement existèr : elles ne pourront donc posséder.

Les deux sections suivantes seront consacrées au développement de ces deux idées.

CHAPITRE II

Des personnes et des choses en matière de possession. Comment peut-on posséder ? Possession dérivée.

SECTION I

Des choses qui ne peuvent être possédées. Possession des parties d'un tout.

§ 28. — Les choses qui ne sont point susceptibles de propriété privée ne sauraient être possédées. La raison en est simple. L'*animus domini,* élément essentiel de la possession, est ici impossible. La mer, ses rivages, les places publiques, les choses sacrées, le Forum, le Champ-de-Mars, un homme libre, ne peuvent être possédés.

On ne peut pas avoir légalement l'intention de se comporter à l'égard de ces choses-là comme un propriétaire. J'ai dit légalement : en effet, il n'est pas impossible qu'un factieux, par exemple, aidé de ses partisans ou de ses esclaves, s'empare du Champ-de-Mars ou du Forum avec l'intention de se l'approprier ; mais le droit ne peut reconnaître cette volonté contraire à la possibilité légale ; il la considère donc comme n'existant pas, et qu'iqu'ici les éléments de la possession soient réunis, la loi leur refuse tout effet juridique; or une possession qui ne produit aucun effet du domaine du droit est légalement comme si elle n'était pas. Une importante remarque doit ici trouver sa place. Pour que la possession soit ainsi refusée il est nécessaire que celui qui voudrait devenir possesseur sache que la chose dont il jouit n'est pas dans le commerce. Il est facile d'en donner la preuve : l'homme libre qui est, si j'ose ainsi parler, la chose la moins susceptible de propriété, pourra très-bien être possédé si le possesseur ignore sa condition et le prend pour un esclave. (L. 23, § 2, Dig., XLI, 2; Inst., II, 9, § 4.)

§ 29. — Puisque pour posséder il faut avoir l'intention d'agir comme un propriétaire, il suit de là que celui qui exerce un droit de servitude ne saurait être considéré comme possesseur de la chose objet de son droit. Ainsi l'usufruitier, l'usager ne sont-ils pas des possesseurs. Toutefois, et par analogie, nous verrons qu'on admet à leur égard et vis-à-vis de leur droit quelque chose qui ressemble à la possession. De même que celle-ci est, en fait, le corrélatif de ce que la propriété est en droit, de même l'exercice du droit de servitude sera aussi considéré comme une espèce de possession, comme un fait digne de protection légale, et dont le corrélatif juridique sera le droit de servitude lui-même. Cette possession qui consistera dans l'exercice d'une servitude, prendra le nom de *juris possessio* par opposition à la *corporis possessio*, dénomination réservée à la possession proprement dite, à l'exercice du droit de propriété réel ou prétendu.

§ 30. — De cette idée que la possession considérée à ce point de vue général, n'est que l'exercice continu d'un droit, il résultera nécessairement qu'aucune possession ne saurait se comprendre à l'égard des droits qui s'éteignent par leur exercice même : tels sont les droits de créance; ils ne seront donc susceptibles ni d'une *corporis,* ni même d'une *juris possessio.* Même parmi les *jura in re* il en est qui, ne pouvant s'exercer sans s'éteindre, excluent l'idée d'une *juris possessio :* tels sont le droit de gage et celui d'hypothèque.

§ 31. — Pour terminer cette section, je dois examiner avec quelque détail si les diverses parties d'une chose peuvent être possédées séparément et comme *res singulæ.*

Il peut se présenter trois cas : on peut d'abord vouloir posséder une partie seulement d'une chose indépendante du tout et sans aucune prétention à la possession de la totalité; et secondement, on peut vouloir posséder la partie séparément, mais par l'intermédiaire du tout, dont on a la possession.

Quant au troisième cas, il est relatif aux bâtiments et se régit par des règles spéciales.

§ 32. — *Premier cas.* — Possession d'une partie de la chose, indépendamment du tout.

Ici, pour être clair, il faut encore subdiviser et nous placer dans deux hypothèses :

§ 33. — *A.* — Je suppose que l'idée du tout soit purement arbitraire, et que la partie puisse à elle seule former un tout indépendant; par exemple, un fonds de terre composé de plusieurs champs. Cette hypothèse ne se conçoit, du reste, qu'à l'égard des immeubles. (L. 8, Dig., v, 1.) Pourrai-je posséder un de ces champs indépendamment du fonds entier? Evidement oui; et la circonstance que le précédent possesseur a considéré ce champ comme la partie d'un tout plus étendu, ne saurait faire obstacle à ma possession, pourvu, bien entendu, que je me représente d'une manière précise et déterminée le champ dont je veux devenir possesseur.

§ 34. — *B.* — Supposons maintenant que la partie qu'il s'agit de posséder indépendamment du tout soit une partie divise, et que le rapport arithmétique entre cette partie et le tout soit connu de celui qui veut posséder. Dans cette hypothèse la possession *pro indiviso* sera certainement possible. Ainsi, si le fonds Cornélien appartient à trois personnes et que l'une d'elles m'en fasse tradition, j'acquerrai la possession d'un tiers de ce fonds.

Mais que faudra-t-il décider si l'on ignore quel est le rapport arithmétique entre la chose entière et la partie indivise que l'on veut posséder ?

Il faut dire qu'aucune possession ne sera possible, et c'est ce que décident la loi 26 et la loi 3, § 2, Dig., XLI, 2. Cependant la loi 32, § 2, semble contredire cette règle. Le passage est ainsi conçu : *Incertam partem possidere nemo potest. Ideo si plures sunt in fundo qui ignorent quotam quisque partem possideat, neminem eorum mera subtilitate possidere Labeo scribit.* Dans l'espèce de cette loi, Labéon décidait qu'aucun de ceux qui détenaient le fonds ne le possédait. Le jurisconsulte (Pomponius) critique assez amèrement cette opinion, qu'il traite de pure subtilité. A son avis, ceux qui détenaient le fonds, chacun pour une part indivise, mais sans savoir quelle était cette part, le possédaient réellement. Comment concilier cette décision avec celle des lois que je viens de citer ?

Voici la solution que je serais tenté de proposer : Dans l'hypothèse de la loi 32, une chose du moins est certaine, c'est que quelles que soient les parts de ceux qui occupent l'immeuble, réunies, elles s'appliquent au fonds tout entier. Donc ils doivent avoir les interdits en commun, et ce serait une pure subtibilité que de dire : chacun ignore quelle part il possède : or on ne peut posséder une part incertaine : donc aucun d'eux ne possède : donc, même réunis tous ensemble, ils ne sauraient posséder.

L'espèce des deux autres lois est bien différente : il s'agit d'acquérir la possession de la part indivise qu'un individu possède dans une chose, sans que celui qui veut acquérir la possession sache quelle est cette part. Il est évident que la possession, dans cette hypothèse, ne saurait être acquise.

§ 35. — M. de Savigny n'exprime pas cette conciliation. Il se borne à expliquer comment il se peut faire que plusieurs personnes détiennent un immeuble sachant bien qu'elles y ont seules droit, mais ignorant pour quelle part. « Gaius, possesseur d'un immeuble, meurt. Seius et Titius savent qu'ils sont seuls héritiers. Toutefois, n'ayant pas encore vu le testament, ils ignorent pour quelle portion chacun d'eux est institué. Ils prennent néanmoins possession de l'immeuble..... »

Si je pouvais mettre en avant M. de Savigny, je n'hésiterais pas à critiquer l'interprétation que M. Molitor donne à ce passage. Mais puisque mon guide habituel me fait ici défaut, comment oserai-je dire que le savant professeur de Gand me semble, cette fois, avoir fait doublement fausse route? (P. 75.)

Et d'abord, au lieu de prendre l'hypothèse toute naturelle de M. de Savigny, ce qui l'aurait, je crois, conduit à la solution très-simple que j'ai adoptée, à savoir que dans la loi 32 il est certain que le fonds tout entier appartient à ceux qui le détiennent, tandis que dans les deux autres lois il s'agit d'acquérir la possession d'une seule part dont en ignore la quotité, M. Molitor va chercher un cas où cette solution deviendra impossible.

Il suppose que deux héritiers détiennent un fonds, mais ignorent pour quelle portion; par exemple, dit-il, par suite de l'*absence* d'un cohéritier (dont par conséquent l'existence est incertaine). Or, dans ce cas, il n'est pas *certain* que les deux héritiers restant aient droit à tout le fonds; par suite, ce ne serait pas une pure subtilité de dire qu'ils

5

ne le possèdent point, d'après la règle : *Incertam partem possidere nemo potest.*

§ 36. — Cette première déviation le conduit à concilier les deux lois en ces termes : « La loi 26 se rapporte seulement au commencement d'une possession, et la loi 32 à la continuation d'une possession commencée. On ne peut pas commencer la possession d'une *pars incerta ;* mais si l'incertitude ou l'ignorance survient, on peut continuer néanmoins une possession commencée. »

§ 36 *bis.* — Pour que cette interprétation fût spécieuse, il faudrait nécessairement qu'il s'agît dans la loi 32 d'une continuation de possession. Il faut donc supposer que le jurisconsulte, par ces mots : *Si plures sunt in fundo qui ignorent quotam quisque partem possideat,* n'ait entendu parler que d'héritiers. Or c'est là une hypothèse toute gratuite qu'exclut la généralité des termes dont Pomponius se sert. Supposons que deux personnes sachent fort bien qu'elles sont légataires par indivis du fonds Cornélien, mais que, n'ayant pas lu le testament elles ignorent pour quelle part, et qu'elles prennent possession de l'immeuble, nous serons évidemment dans l'espèce de la loi : *Plures in fundo qui ignorent quotam quisque partem possideat.* Or le legs étant une manière d'acquérir le titre particulier, il ne pourra être question d'une continuation de possession. Nous serons donc dans le cas d'une possession nouvelle qu'il faudra commencer. Or, suivant M. Molitor : « On ne peut pas commencer la possession d'une part incertaine ; » donc selon lui les légataires ne posséderont pas. Or le jurisconsulte nous dit que ce serait là une pure subtilité : ce n'est donc plus maintenant à Labéon, c'est à M. Molitor que s'adresse le reproche de Pomponius !

Et que répondrait le savant professeur si on lui proposait l'espèce suivante : deux cohéritiers, Seius et Titius, sont propriétaires et possesseurs du fonds Cornélien chacun pour moitié; Seius en fait tradition à Gaius pour sa part indivise, mais sans lui dire quelle est cette part. Puis, et dans les mêmes conditions, Titius lui fait aussi tradition de sa part. Enfin Gaius apprend que Seius et Titius étaient les seuls propriétaires et possesseurs du fonds Cornélien, mais sans savoir pour quelle part chacun l'était. Gaius en acquerra-t-il la possession ? Non, selon M. Molitor, car, d'abord il n'y a pas ici de continuation de possession; c'est une possession nouvelle qui doit commencer. Or Gaius n'a acquis aucune possession de Seius, puisqu'il ignore encore quelle était la part de ce dernier; pour les mêmes raisons il n'a acquis aucune possession de Titius. Donc Gaius ne possède pas !!

Ce résultat inacceptable prouve, il me semble, l'inexactitude du principe.

§ 37. — En dehors de ces deux hypothèses, il est impossible d'avoir la possession d'une partie indépendamment de celle de la totalité. Ainsi, on ne pourra posséder une poutre comprise dans le mur qu'un autre possède, ni la roue d'une voiture indépendamment du véhicule lui-même. La possession est ici empêchée par une impossibilité physique; mais des raisons juridiques peuvent aussi produire le même résultat. Un bâtiment ne peut être possédé sans le sol sur lequel il repose; juridiquement le très-fonds et la superficie ne font qu'un. Il suit de là que le droit de gage ne peut se constituer sur l'une de ces parties, mais seulement sur le tout. Ces conséquences du principe enseigné par M. de Savigny sont confirmées par les textes, et sur ce point je me range docilement à l'opinion du savant auteur. (L. 44, § 1, Dig., xliv, 7; l. 15, § 12, Dig., xxxix, 2; l. 25, 26, Dig., xli, 3.)

§ 38. — *Deuxième cas.* Peut-on, lorsqu'on a la possession du tout, posséder aussi, *ut res singulæ,* les parties, par l'intermédiaire de la totalité?

La question ne naît qu'autant qu'il s'agit de parties qui conservent leur individualité propre, même après leur réunion, et qui peuvent être séparées.

Ici je serai contraint d'abandonner complétement M. de Savigny, et de donner à cette question qu'il résout négativement une solution affirmative. C'est l'opinion qu'adopte M. Molitor; seulement comme il me semble avoir négligé quelques-uns des arguments de M. de Savigny, j'essaierai de compléter sa réfutation.

Dans les conditions que je viens d'indiquer, on peut très-bien posséder séparément les parties d'une chose du moment qu'on a la possession de la totalité. Ainsi je puis posséder, *ut res singulœ,* les champs qui composent mon domaine, la roue que j'ai ajustée à mon char, la perle dont j'ai orné mon anneau.

Ce principe est formellement consacré par la loi 30, § 1, Dig., XLI, 3 *in fine,* ainsi conçue : *Quid ergo in his quœ non quidem implicantur rebus soli, sed mobilia permanent, ut in annulo gemma? In quo verum est et aurum et gemmam possideri et usucapi cum utrumque maneat integrum.*

L'anneau et la perle, même réunis et formant une bague, peuvent être possédés séparément par le possesseur de la bague. Comment, en face de cette solution claire et précise, M. de Savigny peut-il soutenir qu'on ne pourra posséder, *ut res singulœ,* les parties distinctes d'un tout lorsqu'on a la possession de cette totalité? Aussi, ne le soutient-il pas et fait-il pour ce cas une exception; j'espère montrer tout à l'heure qu'elle n'est que spécieuse.

§ 39.— Ecartons tout d'abord l'objection, qu'à l'encontre du principe ci-dessus posé, on pourrait voir dans la loi 7, § 1, Dig., x, 4, ainsi conçue : *Sed, si rotam meam vehiculo aptaveris, teneberis ad exhibendum. Et ita Pomponius scribit, quamvis tunc civiliter non possideas.*

Faut-il conclure de cette loi que le possesseur de la voiture ne possède pas la roue *ut res singula ?* Tout au contraire, cette loi confirme la loi 30, Dig., xli, 2.

Les mots *civiliter possidere* désignent la possession de bonne foi avec juste titre, celle qui mène à l'usucapion. D'un autre côté, nous savons que l'action *ad exhibendum* peut être intentée non-seulement contre celui qui possède *ad usucapionem*, mais encore contre tout possesseur. En niant qu'il y ait dans ce cas possession *ad usucapionem* le jurisconsulte admet implicitement qu'il y a possession *ad interdicta.* Or cette possession à quoi s'applique-t-elle? Est-ce au char ou à la roue prise isolément? À coup sûr, ce n'est pas au char. Pourquoi l'auteur de l'adjonction ne posséderait-il pas le char *civiliter?* Rien ne l'indique, vraisemblablement même il en est propriétaire. Dans quel but aurait-il fait l'adjonction, s'il ne l'était pas? Or, s'il est propriétaire du char, il le possède et d'une manière qui, plus que toute autre, mérite l'épithète de *civilis.* C'est donc à la possession de la roue que le jurisconsulte dénie le caractère de *civilis;* et c'est à la roue considérée isolément : car si c'était à la roue considérée comme partie du char, puisque l'auteur de l'adjonction possède le char *civiliter* (c'est du moins de la plus haute vraisemblance), il posséderait aussi *civiliter* la roue partie de ce char.

Cette loi donc, bien loin de nous porter à nier la possibilité d'une possession de la partie d'un tout considérée isolément, servirait plutôt à la faire admettre. Maintenant, pourquoi la roue n'est-elle pas possédée *ad usucapionem?* Le jurisconsulte ne nous le dit pas, mais il est facile de le deviner : c'est que probablement le maître de la voiture savait que cette roue appartenait à autrui; ou bien encore, parce qu'elle avait été volée, ce qui est assez probable; car en droit romain il est difficile de perdre la possession d'un meuble autrement que par un vol.

§ 40. — Nous pouvons maintenant examiner comment

M. de Savigny explique la loi 30, Dig., XLI, 3. Une
fois commencée, dit-il, la possession d'une chose ne
se perd pas par la réunion de celle-ci avec d'autres
objets en vue de former un ensemble nouveau. Or,
le mot *maneat* (*cum utrumque maneat integrum*)
prouve qu'il s'agit de choses possédées d'abord séparément avant d'être réunies en un seul tout. J'en demande
bien pardon à M. de Savigny, mais ce me semble que *maneat integrum* signifie tout simplement *reste entier;* en
d'autres termes, les choses qui composent maintenant un
seul tout restent *entières,* c'est-à-dire distinctes, formant à
elles seules un tout, comme elles le formaient avant leur
réunion (1). Le jurisconsulte ne suppose nullement que
les choses dont l'ensemble forme un tout fussent avant
leur réunion possédées par celui qui possède maintenant le
tout composé, et c'est bien gratuitement que M. de Savigny
lui prête cette idée. D'un autre côté, voyez à quelles conséquences on arrive dans ce système. Je possède de bonne
foi une perle et un anneau, la perle est *res furtiva;* je les
réunis pour en faire une bague. Comme je continue à posséder séparément l'anneau et la bague, j'usucaperai l'un,
mais non pas l'autre. Supposons maintenant que j'aie
acheté la bague et que je la possède de bonne foi; l'anneau
est, je suppose, la chose principale, ou bien il y a plusieurs
perles dont une seule est *res furtiva.* Dans cette hypothèse,
d'après M. de Savigny, j'usucaperai la perle volée, car je ne
possède que le tout, la bague, et non pas cette perle isolément. Et pourquoi usucaperai-je dans ce cas? C'est, dit le
savant auteur, parce que je n'ai jamais possédé la perle séparément de l'anneau, puisque j'ai acheté le tout formant
une bague.

Le savant auteur dit en propres termes, p. 240. « Une

---

(1) C'est aussi en ce sens que Cujas interprète ce mot *maneat.*

roue volée pourra être usucapée avec l'ensemble de la voiture, pourvu que celle-ci n'ait pas été volée. » Appliquant à cette hypothèse l'exception que deux pages plus loin il croit trouver dans la loi 30 *hoc. tit.* nous dirons : cependant si l'on possédait le char et la roue avant leur réunion, il n'y aura pas d'usucapion possible, car on continuera à les posséder d'une manière séparée.

Pourquoi cette différence ? Sur quelle notion de droit ou d'équité s'appuie-t-elle ? En vérité si les jurisconsultes romains avaient professé une distinction aussi arbitraire, leurs écrits sur cette matière mériteraient bien peu le nom de raison écrite dont la reconnaissance des siècles les a décorés ?

Et tout cela fondé sur quoi ? Sur un mot *(maneat)* dont on a torturé le sens, qu'on a étendu pour ainsi dire sur un lit de Procuste pour l'ajuster ensuite à un système préconçu !

§ 41. Quel est le texte qui a entraîné M. de Savigny à nier dans toutes ces hypothèses la possibilité d'une possession distincte des parties d'un tout ? C'est la loi 2, § 6, Dig., XLI, 4 *in fine*, ainsi conçue : *Sed si fundus emptus sit et ampliores fines possessi sint, totum longo tempore capi. Quoniam universitas ejus possideatur, non singulæ partes.* Le jurisconsulte veut-il par ces mots nier le principe de la possibilité de la possession distince des parties du fonds non comprises dans la vente ? En aucune façon selon moi. Il a seulement entendu dire qu'en matière d'usucapion *pro emptore*, la *justa causa* s'étendait non-seulement à ce qui est expressément compris dans les termes de la vente, mais encore à tout ce qui est livré et possédé en exécution de cette vente. Ce qui démontre, à mon gré, jusqu'à l'évidence la vérité de cette interprétation, c'est qu'en adoptant celle de M. de Savigny on mettrait la loi 2, § 6, en opposition manifeste avec une autre loi du même titre ; Dig., XLI, 4, qui se trouve quelques lignes plus bas : je veux parler de la loi 4.

Javolenus s'exprime ainsi : *Quod si (emptor fundi) certum locum (ex fundo) alienum esse sciret, reliquas partes longa possessione capi posse non dubito.* Or, si l'on dit en prenant ces mots : *Universitas possidetur non singulæ partes*, dans le sens que leur donne M. de Savigny, on arrivera à conclure que le possesseur, quoiqu'il soit de mauvaise foi relativement à une certaine partie du fonds, usucapera néanmoins le tout, puisque ce sera la totalité *(universitas)* qu'il possédera et non pas séparément la partie qu'il sait à autrui et celle dont il se croit propriétaire *(singulæ partes)*. Dans le même sens, l. 7, § 1, Dig., XLI, 4.

Il est surprenant que M. de Savigny n'ait pas songé à cette loi, et que M. Molitor ait négligé, comme il l'a fait du reste pour ce qui précède, une réfutation si facile.

§ 42. — L'adoption d'une règle opposée à celle de M. de Savigny me conduit nécessairement à prendre le contre-pied des conséquences qu'il déduit de son principe.

En prenant possession d'une voiture on acquiert par là même la possession des roues comme choses distinctes, et il en est de même de toutes les choses composées dans lesquelles l'individualité des parties subsiste avec la possibilité de leur séparation.

Une voiture volée ne peut être usucapée, mais si une des roues n'a pas été volée, cette roue pourra être usucapée, car on peut posséder et la voiture et la roue comme partie distincte.

Par contre, une roue volée ne pourra être usucapée avec l'ensemble de la voiture, même si cette dernière n'est pas *res furtiva.*

Si un tout que j'usucapais vient à être décomposé en ses parties, la *justa causa* primitive s'applique à toutes les parties ; mais c'est l'ancienne usucapion qui continue, et non pas une nouvelle qui commence, sauf bien entendu les règles spéciales aux bâtiments, règles que j'exposerai tout à l'heure.

L'acheteur d'un fonds le possède, il est vrai, dans son ensemble, mais il en possède aussi les diverses parties prises séparément. La proposition diamétralement contraire énoncée par M. de Savigny, p. 241, reçoit un démenti formel de la loi 4, Dig., XLI, 4 précitée.

Nous arrivons enfin aux règles particulières, aux bâtiments.

§ 43. — *Troisième cas.* — Les principes que je viens d'exposer sur la possession des parties distinctes d'une chose mobilière ne sauraient s'appliquer aux bâtiments, et cela pour deux raisons : la première est générale ; la seconde ne se présente que dans une espèce particulière.

Et d'abord, s'il était possible au possesseur d'une maison de posséder, en même temps et d'une manière distincte, les matériaux dont elle se compose : comme ces matériaux considérés seuls sont des meubles, il résulterait de là que la propriété de la superficie serait acquise par l'usucapion d'un an, tandis que celle du sol ne viendrait s'y joindre qu'après une autre année de possession, en sorte que la propriété du bâtiment serait séparée de celle du sol, ce qui est impossible : *Ædificium solo cedit.* (L. 23 *pr.*, Dig., XLI, 3.)

Supposons maintenant que les matériaux et le sol appartiennent à deux propriétaires différents : le possesseur de bonne foi usucapera la construction et le sol lui-même par l'usucapion de deux ans ; mais si la maison vient à être démolie, le propriétaire des matériaux pourra les revendiquer jusqu'à ce qu'ils aient été usucapés comme choses mobilières.

Au moment de la démolition une usucapion nouvelle devra commencer, et l'on ne pourra pas, pour l'accomplir, compter le temps pendant lequel les matériaux sont restés

6

unis au sol ou à la construction. (L. 23, § 7, Dig., vi, 1, et l. 23, § 2, Dig., xli, 3.)

§ 44. — Ce résultat exceptionnel est dû à une disposition de la loi des Douze Tables. En règle générale, lorsqu'un objet quelconque a été joint à un tout, le propriétaire de cet objet peut en exiger la séparation par l'action *ad exhibendum*, puis le revendiquer comme tout autre objet. Mais la loi des Douze Tables avait défendu de revendiquer les matériaux joints à une construction, dans l'intérêt de la conservation des bâtiments. Elle avait seulement armé le propriétaire dépossédé d'une action au double, qu'on nommait l'action *de tigno juncto*. Dès lors il était naturel de suspendre, relativement à ces matériaux, une usucapion que le propriétaire n'avait pas le droit d'interrompre par une action en revendication. (Dig., xlvii, 4.)

Mais si le sol et les matériaux appartiennent au même propriétaire, comme celui-ci peut fort bien revendiquer le tout et interrompre par là l'usucapion de bonne foi, il en résulte que l'exception n'a plus de raison d'être et que l'on rentre dans le droit commun. Ainsi les deux ans étant écoulés, le possesseur de bonne foi acquiert définitivement la propriété de la maison et celle des matériaux eux-mêmes, si elle vient à être démolie. On a pourtant contesté cette solution, et l'on voudrait suivre ici la même règle qu'au cas où les matériaux et le sol appartiennent à deux propriétaires différents. Deux remarques suffiront à réfuter cette dernière opinion.

§ 45. — D'abord aucun texte ne la consacre, tandis que dans l'autre hypothèse les jurisconsultes romains sont tous d'accord. Eh bien! en l'absence de tout texte, il faut revenir au droit commun. Or c'est une règle de bon sens et de logique à la fois que la propriété d'un chose, une fois acquise par usucapion ou autrement, ne perd pas par le fractionnement de cette chose. En second lieu, dans le système que je combats, la tradition même de la maison par le propriétaire qui l'aurait construite de ses propres matériaux ne saurait me transférer la propriété des matériaux, et en cas de démolition, j'aurais toujours à redouter une revendication. La tradition, en effet, repose sur la même base que l'usucapion, c'est-a-dire sur la possession. On ne peut faire tradition d'une chose qui ne peut être possédée ; or les matériaux d'une maison ne peuvent être possédés séparément : donc, faute de tradition, je ne suis pas devenu propriétaire des matériaux considérés isolément ; et cent ans après les héritiers du vendeur pourraient encore revendiquer les matériaux provenant de la démolition. (Savigny.)

§ 46. — Pour terminer cette matière, il convient de dire quelques mots sur le commencement de la loi 30, § 1, Dig., XLI, 3, qui paraît tout-à-fait contraire à ces principes :

Labeo libris epistolarum ait : si is, cui ad tegulorum (tegularum) vel columnarum usucapionem, decem dies superessent, in œdificium eas conjecisset, nihilominus eum usucapiturum, si œdificium possedisset.

Régulièrement l'usucapion des *tegulæ* et des *columnæ* devrait être interrompue par leur incorporation à des bâtiments, quand il n'aurait plus fallu qu'un jour pour que cette usucapion fût accomplie.

Il faut, pour expliquer l'anomalie apparente de la loi 30, supposer que les *tegulæ* et les *columnæ* dont elle parle, ne sont pas, à proprement parler, des matériaux de construction, mais des ornements ajoutés au bâtiment. Cette jonction si peu intime leur laisserait leur caractère de meubles, et l'usucapion ne serait par conséquent pas interrompue. La loi 23, § 1, Dig., XLI, 3 ; et la l. 1, Dig., XLVII, 4, semblent favorables à cette interprétation.

Enfin, et pour résumer les règles relatives au second et au troisième cas, il faut dire avec M. Molitor :

1° Lorsque les parties d'une chose connexe ont conservé leur forme et leur espèce distinctes, on peut les posséder et les usucaper séparément.

2° Cette règle souffre exception quand il s'agit de matériaux : Les matériaux unis à des constructions ne peuvent jamais être possédés ni usucapés *ut singulæ res*.

Quant au premier cas, il faut se rappeler que l'on peut posséder, indépendamment du tout, une partie indivise d'un meuble ou d'un immeuble, pourvu que cette partie soit certaine. On peut aussi, mais seulement s'il s'agit d'un meuble, en posséder une partie divise indépendamment de la totalité.

SECTION II

Des personnes qui ne sauraient posséder.

§ 47. — Les choses qui ne sauraient être l'objet d'un droit de propriété ne peuvent être possédées. Par une raison d'analogie, les personnes qui ne peuvent être propriétaires sont incapables de posséder. La possession, nous l'avons vu, exige un acte volontaire, un *animus domini*, c'est-à-dire l'intention d'exercer le droit de propriété. Or, ceux à qui la loi dénie jusqu'à la possibilité d'avoir jamais le droit de propriété, ne sauraient légalement avoir l'intention d'exercer ce droit. L'*animus domini* leur fait ici défaut, la possession est donc impossible.

Cette considération nous fournit tout naturellement une nouvelle explication du § 1 de la loi 49, Dig., XLI, 2. Si les esclaves et les fils de famille ne possèdent pas leur pécule, c'est, dit Papinien, que la possession *non tantum corporis,*

sed et juris est. Le mot *juris* peut bien être ici pris dans le
sens d'*animus* (volonté légale), qui est le corrélatif pour
ainsi dire indispensable du substantif *corporis*.

En admettant cette hypothèse très-vraisemblable, le raisonnement de Papinien serait celui-ci : La possession exige
l'*animus domini;* or les esclaves et les fils de famille ne
peuvent avoir légalement cet *animus* même à l'égard du
pécule qu'ils détiennent matériellement; donc ils ne sauraient le posséder. (Voir § 14.)

§ 48. — En ce qui concerne les esclaves, la règle n'a jamais reçu d'exception. Chose étonnante, l'homme libre
lui-même, s'il est possédé comme esclave, ne saurait avoir
la possession d'aucune chose. Pourtant il acquerra sans
aucun doute la propriété, sans aucun doute il pourra devenir créancier. Ce n'est donc pas dans le fait intellectuel,
que l'homme libre, même dans cette condition, peut légalement accomplir, qu'il faut chercher la raison de cette
différence. Pour posséder il faut aussi avoir la possibilité
physique d'agir sur la chose à l'exclusion de tout autre.
Celui qui, dans la société, est traité comme un esclave, celui
qui peut-être ignore sa condition d'homme libre et les pré-
rogatives qu'elle emporte avec elle, ne saurait être considéré comme pouvant disposer d'une chose, lui qui, en
fait, ne saurait disposer de sa propre personne. *Cum ipse
possidetur, possidere non videtur.* (L. 6, Dig., XLI, 2, et l. 118
Dig., L, 7.)

§ 49. — Quant aux fils de famille, l'introduction des
pecules castrans, quasi castrans, apporta à notre règle une
remarquable exception : le *filiusfamilias* sera possesseur
dans les limites du droit de propriété qui lui est concédé.
(L. 4, § 1, Dig., XLI, 3.) Il est également propriétaire du pécule adventice; le père de famille en est, il est vrai, usufruitier, mais en cette qualité il ne fera que posséder au
nom du fils, comme le fait du reste tout usufruitier. Quant

au pécule profectice, le fils de famille n'en a, même sous
Justinien, ni la propriété ni la possession; mais il en est
ainsi de tout administrateur du bien d'autrui; dès lors il
n'y a plus là d'incapacité personnelle du fils de famille par
rapport à la possession. (Savigny.)

Certaines personnes à qui la possession n'est pas refusée
sont, il est vrai, incapables de l'acquérir par elles-mêmes;
c'est au chapitre de l'acquisition de la possession qu'il
conviendra d'en parler.

SECTION III

Comment peut-on posséder? Possession dérivée. Possession
PLURIUM IN SOLIDUM.

§ 50. — La question qui sert de rubrique à cette section
en renferme, en réalité, trois que je vais examiner successivement :

1° Lorsqu'on a l'*animus domini*, peut-on posséder,
quoique l'élément matériel, la détention, existe chez un
tiers?

2° A l'inverse, peut-on posséder lorsque l'on détient la
chose sans *animus domini*, et que c'est celui de qui on la
tient qui a cette volonté d'exercer le droit de propriété?

En d'autres termes, y a-t-il une possession dérivée?

3° Peut-on posséder à deux, c'est-à-dire deux personnes
peuvent-elles remplir, *pour le tout*, les conditions de la
possession relativement à une même chose et en être nom-
mées possesseurs? *Duo in solidum possunt ne possidere?*

§ 51. — I. Il est incontestable que si je *veux* être propriétaire d'un objet, l'élément matériel de la possession
peut être accompli par une autre personne. Ce tiers, qui

détient la chose, n'a pas l'intention d'exercer son droit de propriété, mais le mien.

Il suit de là qu'il reconnaît mon droit et consent à ne l'exercer que de mon consentement; dans cette hypothèse c'est moi qui possède par son intermédiaire. L. 18 *pr.*, Dig., XLI, 2 : *Nec idem est possidere et alieno nomine possidere; nam possidet cujus nomine possidetur. Procurator alienæ possessioni præstat ministerium.* Ainsi le commodatäire, le locataire, le dépositaire ne possèdent pas, c'est le commodant, le déposant, ou le locateur qui auront les interdits; lui seul en effet se comporte vis-à-vis de la chose comme un propriétaire, lui seul en un mot a l'*animus domini*. Cette vérité incontestée ressort de tous les textes. (L. 1, § 22, Dig., XLIII, 16 ; l. 9, Dig., XLI, 2 ; l. 8, Dig., XIII, 6 ; l. 6, § 2, Dig., XLIII, 26 ; l. 25, § 1, Dig., XLI, 2.) Nous avons reconnu précédemment que l'usufruitier ne possédait pas. C'est au propriétaire que profite sa détention, c'est au propriétaire qu'appartiennent tous les droits qui naissent de la possession. (L. 6, § 2, Dig., XLIII, 26 ; l. 12 *pr.* Dig., XLI, 2.) Je m'expliquerai plus longuement sur cette matière en parlant de l'acquisition de la possession.

§ 52. — Peut-on posséder sans *animus domini ?*

Il ne faut pas se dissimuler que nous abordons ici une des matières les plus controversées et les plus difficiles du droit romain. Une prudence extrême ne serait donc pas de trop, et cependant il faut que je le dise : dans ma conviction intime, je pense que ni le créancier gagiste, ni le précariste (*rogans*), ni le séquestre ne possèdent. Cette idée sera peut-être taxée de témérité, cependant avant de me juger je supplie qu'on veuille bien entendre mes raisons.

Mettons de côté pour un instant les quatre hypothèses dont nous allons nous occuper : le créancier gagiste, le précariste (*rogans*), le séquestre, dans certains cas, et l'emphytéote. Il est incontestable que, dans toutes les autres hypothèses, les textes exigent pour la possession un *animus domini*, et non pas seulement un *animus suo nomine possidendi;* Théophile dans sa paraphrase des Institutes, pour définir la possession d'une manière générale, se sert des expressions ψυχη δεσποξοντος κατεχειν. Donc, règle générale, pour posséder il faut un *animus domini*.

 Pourtant, ni le gagiste, ni le précariste, ni le séquestre, n'ont cette intention d'exercer en leur propre non le droit de propriété, et cependant les jurisconsultes romains nous disent qu'ils possèdent. (Créancier gagiste : l. 16, Dig., XLI, 3; l. 37, Dig., XIII, 7; l. 36 et l. 15, Dig., XLI, 2; — *Rogans :* l. 4, § 1, Dig., XLIII, 26; l. 10 *pr.*, et § 1, Dig., XLI, 2; — Séquestre : l. 3, § 20, Dig., XLI, 2, et l. 39, id., l. 17, § 1, Dig., XVI, 3.)

§ 53. — Faut-il en croire ces textes et chercher l'explication de cette anomalie dans l'idée d'une possession transmise ou dérivée, ou plutôt faut-il penser que les expressions des jurisconsultes romains ont trahi leur pensée : expliquer ce qu'ils ont voulu dire; maintenir la nécessité d'un *animus domini,* et dénier la possession partout où l'on ne peut la rencontrer. Examinons, et occupons-nous seulement du créancier gagiste, du précariste et du séquestre, en faisant pour un instant abstraction du cas de l'emphytéote auquel je consacrerai tout-à-l'heure quelques explications spéciales.

Ici se révèlera de nouveau l'utilité de la distinction que j'ai tâché de poser nettement entre la possession simple fait et les droits qu'elle engendre. La possession est un pur fait comme un contrat, un délit; mais de ce fait découlent des droits; or il est bien vrai qu'on ne transfère pas un fait. Je ne vais pas vous dire : Je vous transfère le délit dont j'ai été victime, je vous transfère mon contrat, mon occupation (celle que j'ai effectuée), ma tradition, ma mancipation (celles qui ont été faites entre mes mains); mais je puis très-bien vous transmettre les droits qui découlent pour moi de tous ces faits. Or le fait de la possession ne peut se transférer, il existe spécialement chez chaque individu et ne saurait s'acquérir que par la réunion du *corpus* et de l'*animus*. Dans ce cas seulement une possession nouvelle prend naissance; mais comme elle ne peut naître au profit du gagiste, du précariste, qui n'ont pas l'*animus domini*, il suit de là que le débiteur gagiste, le *rogatus* possèdent encore; ils ont seulement transmis certains des droits qui résultent de la possession, en vertu de ce principe qu'en général tous les droits du patrimoine sont transmissibles. J'ajouterai même qu'ils n'ont transmis qu'un seul de ces droits, le droit aux actions possessoires.

Alors les jurisconsultes romains se mirent à dire que le créancier gagiste, le *rogans* possédaient, parce qu'ils voyaient que ces personnes avaient le droit qui résulte toujours de la possession et qu'en même temps ils détenaient matériellement la chose; l'erreur a été pour eux presque fatale. A-t-elle été complète? Nous allons le voir.

Mais, dira-t-on, c'est une méthode assez commode que d'accuser les princes des jurisconsultes d'avoir mal rendu leur pensée, et de substituer aux termes très-clairs dont-ils se sont servis, une théorie plus ou moins vraisemblable sur la transmission du droit aux actions possessoires, indépendamment de la possession elle-même...

§ 54. — Eh bien, ce sont les jurisconsultes romains eux-mêmes qui vont nous dire : 1° que le débiteur gagiste possède; 2° que le créancier ne possède pas.

1. *Du créancier gagiste.* — Tous les textes cités ci-dessus s'accordent à dire que le débiteur possède *ad usucapionem tantum*; l'un d'eux même (l. 16, Dig., xli, 3) ajoute : *Quod ad reliquas omnes causas pertinet, qui accepit possi-*

7

det. Le débiteur possède *ad usucapionem tantum : ce tantum* est bien strict, nous verrons tout-à-l'heure s'il est exact; quant à présent enregistrons toujours cet aveu : le débiteur pourra usucaper. S'il peut usucaper, c'est qu'il n'a pas perdu la possession, car *sine possessione usucapio contingere non potest.* (L. 25, Dig., XLI, 3.) Si le débiteur a conservé la possession, le créancier ne l'a pas acquise, d'après la règle que nous allons exposer tout-à-l'heure : *Duo in solidum poossidere non possunt.*

On objectera peut-être que cette possession reconnue au débiteur, quant à l'usucapion, n'était qu'une fiction juridique admise *utilitatis causâ,* et qui était aussi favorable aux intérêts du créancier qu'à ceux du débiteur. Du reste, ajoutera-t-on, c'était là l'exception unique, tous les autres avantages de la possession étaient réservés au créancier.

Et que répondriez-vous si je vous citais, non pas un, mais deux autres avantages de la possession refusés au créancier, accordés, au moins l'un d'eux, au débiteur. Supposons d'abord que la chose engagée produisît des fruits et que le débiteur ne fût, relativement à cette chose, qu'un possesseur de bonne foi. A qui ces fruits appartiendront-ils? au créancier gagiste ou au débiteur possesseur de bonne foi? Assurément c'est ce dernier qui en profitera, comme le prouve la loi 22, § 2, Dig., XIII, 7.

Le droit aux fruits est un des avantages attachés à la possession de bonne foi. Pour acquérir les fruits, il faut posséder; or c'est le débiteur, et non le créancier, qui profite des fruits, donc c'est le débiteur, et non le créancier, qui possède. Voilà déjà une première brèche faite au *tantum* de Paul et de Javolenus.

Supposons maintenant qu'un esclave possédé de bonne foi ait été donné en gage : Qui acquerra la possession par l'intermédiaire de cet esclave? Ce n'est pas le créancier gagiste. La loi 37 *pr.,* Dig., XLI, 1, nous le déclare for-

mellement. Sera-ce le débiteur possesseur de bonne foi ?
Le croirait-on ? Paul (l. 1, § 15, Dig., XL, 1-2) nous enseigne
que le propriétaire même qui a engagé l'esclave n'acquerra
pas la possession par l'intermédiaire de cet esclave. Cette
solution, en elle-même, est certainement mauvaise, du
moins ce n'est pas celle qui a prévalu. Ulpien, dans la
loi 2, Papinien, dans le *procemium* de la loi 49, au même
titre (j'ai déjà expliqué ce texte), nous apprennent, comme
chose certaine, qu'il n'est pas nécessaire de posséder celui
par l'intermédiaire duquel nous voulons acquérir la possession. Pour revenir au jurisconsulte Paul, il est certain
qu'il refuserait *a fortiori* au possesseur de bonne foi ce
qu'il dénie au propriétaire même de l'objet engagé. Voyez
un peu à quelles conséquences ceci nous amène ! L'esclave, même revenu aux mains du débiteur propriétaire
ou possesseur de bonne foi, en vertu d'un *precarium* de
détention consenti par le créancier gagiste, ne pourra
acquérir la possession pour personne. On en aura la propriété, on pourra le revendiquer, ou bien l'usucaper et le
réclamer par la Publicienne, mais on ne saurait rien posséder, rien usucaper par son intermédiaire !!

N'eût-il pas été bien plus facile d'admettre et de comprendre que le *droit aux actions possessoires* était seul
cédé, que la possession et tous ses autres effets restaient
chez le débiteur ? Et qu'on ne s'étonne pas de voir ainsi
la possession séparée des interdits. Cela peut arriver dans
d'autres cas encore : On m'enlève mon bien par violence ;
le ravisseur a certes acquis la possession même vis-à-vis
de moi ; pourtant j'aurai contre lui les actions possessoires,
et il ne les aura pas contre moi. Dans nos relations, la
possession est donc pour lui, et les interdits pour moi. Tous
ces motifs me portent à persister dans mon idée, que
j'essaierai du reste d'étayer de nouvelles raisons en parlant du précariste.

§ 55. — II. *Du Précariste.* Le précaire est un pacte par lequel le *rogatus* cède au *rogans* la possession (selon moi le *droit aux actions possessoires,* et la détention seulement) d'une chose pour en jouir indéfiniment, jusqu'à ce qu'il plaise au *rogatus* de révoquer la concession, ce qu'il peut faire *ad nutum.*

Je soutiens que la possession est restée chez le *rogatus,* le *droit aux actions possessoires* ayant été seul transféré avec la détention. Personne ne me contestera, je l'espère, que si le *rogatus* était possesseur de bonne foi il usucaperait par l'intermédiaire du *rogans,* puisqu'on me l'accorde, dans le cas du créancier gagiste, et que notre hypothèse est beaucoup plus favorable. Le *rogans,* en effet, ne détient la chose que par le bon plaisir du concédant qui peut la lui retirer à son gré; un texte vient du reste confirmer le principe que j'ai admis. C'est la loi 22, Dig., XLI, 2 : *Non videtur possessionem adeptus is qui ita nactus est ut eam retinere non possit.* Le *rogans* ne peut retenir la possession au préjudice du *rogatus,* donc il ne possède pas, d'après les jurisconsultes romains eux-mêmes. Du reste, le principe que le *rogatus* usucapera, malgré la prétendue possession du *rogans,* est incontestable en droit romain; deux textes le proclament : la loi 15, § 4, Dig., XLIII, 26, et la loi 13, § 7, Dig., XLI, 2.

Et comment pourrait-il en être autrement? Le précaire peut très-bien n'avoir pour objet que la détention. (L. 10 *pr,* et § 1, Dig., XLI, 2.) Le *rogans* n'aura pas ici les interdits, pourtant tous les autres effets du pacte ordinaire se produiront : la convention continuera à s'appeler précaire. Comment expliquer cela? Faut-il dire que la possession est transférée dans le premier cas? Mais la possession, je l'ai prouvé, ne peut se transmettre; il faut l'acquérir à nouveau *animo et corpore.* Or, je vous le demande, dans le précaire de possession l'*animus* du *rogans* est-il davantage *animus domini* que son *animus* dans le précaire de détention. Pas le moins du monde n'est-ce pas? dans les deux cas il lui est impossible de vouloir exercer comme sien un droit qu'il ne tient que du bon vouloir, de la complaisance *précaire,* c'est bien le cas de le dire, du concédant!

Il faut donc admettre que, dans un cas, le droit aux interdits, qui comme tous les droits du patrimoine est transmissible, a été cédé, que dans l'autre, il a été retenu, mais que dans les deux hypothèses la possession est toujours restée chez le *rogatus;* deux textes, du reste, confirment pleinement cette manière de voir, en déclarant que le *rogatus* possède. (L. 15, § 4, Dig., XLIII, 26, et l. 3, § 5, Dig., XLI, 2.) Je reviendrai tout-à-l'heure sur ces textes en expliquant la règle *Duo in solidum possidere non possunt.*

§ 56. — La preuve me semble faite; cependant pour effacer jusqu'à l'ombre d'un doute j'invoquerai la l. 18, Dig., XLIII, 26, ainsi conçue : *Unusquisque potest rem suam, quamvis non possideat, precario dare ei, qui possideat.* Il n'y a que deux manières d'expliquer ce texte : Si l'on dit, avec mes adversaires, que la possession reste au *rogans,* comment expliquera-t-on que le *rogatus* ait acquis l'interdit *de Precario ?* S'il faut admettre qu'il ait pu acquérir cet interdit sans que la possession ait changé de mains, cela prouverait que la convention seule et sans aucune perte ou acquisition de possession, peut procurer un interdit possessoire : ce qui est précisément mon système. Mais cette interprétation est inadmissible, car l'action *de precario* étant un interdit *recuperandæ possessionis* on en serait amené à l'accorder à une personne qui n'a peut-être jamais possédé.

D'un autre côté, à partir du pacte de précaire le *rogatus* va commencer à usucaper. Enfin, avant le pacte, le possesseur avait contre le futur *rogatus* l'interdit *uti possidetis,* et en général, les autres actions possessoires; il ne les aura

plus après le pacte. (L. 17, Dig., XLIII, 26.) A tout cela il ne
reste plus qu'une explication possible et la voici. Au moment du pacte le *rogans* a cessé de posséder pour lui et
commence de détenir au nom du *rogatus* qui est devenu
possesseur, puisque d'un côté il a l'*animus domini*, et que
d'un autre le fait physique de la détention est accompli en
son nom par le *rogans*. Enfin le *rogatus* a cédé à ce dernier le droit aux actions possessoires. Interprété de cette
manière, le texte ne présente plus aucune difficulté. Et
qu'on ne s'étonne pas de me voir insister si longtemps pour
prouver que le précariste (*rogans*) ne possède pas, car si
je suis parvenu, comme je l'espère, à démontrer que sur ce
point les expressions des jurisconsultes romains ont trahi
leur pensée, la même inexactitude de langage que je leur
reproche au sujet du créancier gagiste et du séquestre deviendra, dès lors, et *a priori*, bien plus vraisemblable.

§ 57. — III. *Du Séquestre.* Le séquestre est un dépositaire
entre les mains duquel les parties en procès, ou sur le
point de l'être, remettent la chose litigieuse.

Le dépositaire ordinaire n'a que la détention de la chose
déposée. (L. 3, § 20, Dig., XLI, 2.) Il en est de même du séquestre, du moins en général. Mais si les parties, renon-
çant à la possession et à tous ses avantages, sont conve-
nues que le séquestre posséderait, le séquestre possédera.
(L. 39, Dig., XLI, 2; l. 17, § 1, Dig., XVI, 3.)

Au premier abord on pourrait croire que ces deux lois
élèvent un argument formidable contre la thèse que je
défends. Le séquestre, dira-t-on, n'a évidemment aucun
animus domini, pourtant il possède : impossible de répondre ici qu'il a seulement les interdits ; que l'usucapion reste
aux mains du déposant. Le texte nous le déclare formel
lement : *Si omittendœ possessionis causa res apud seques-*
trum deponitur, ad usucapionem ejus partibus non proce-
dere....

Le séquestre, il est vrai, n'usucapera pas, mais cela ne prouve pas qu'il ne possède point, cela tient seulement à ce qu'il n'est pas de bonne foi....

§ 58. — Avant de répondre à cet argument, examinons si quelqu'un des effets de la possession ne se produirait pas, même dans cette hypothèse, chez l'un des déposants.

Possesseur de bonne foi, en voie d'usucaper une chose, j'intente la Publicienne contre le ravisseur qui veut me l'enlever. Les deux parties conviennent de mettre la possession aux mains d'un séquestre. Mais la chose produit des fruits pendant le procès que le demandeur finit par gagner. A qui appartiendront-ils ? Pas au ravisseur assurément. Au séquestre ? Qui oserait le soutenir ? Pas au *dominus ex jure Quiritium* qui peut-être n'a que le *nudum dominium*. Ce sera donc au demandeur victorieux. Et de quel droit ? Evidemment en vertu de sa possession de bonne foi ! Voilà donc un effet important de la possession qui reste aux mains des déposants.

§ 59. — Revenons à l'argument ci-dessus énoncé. Nous sommes bien d'accord, n'est-ce pas, que pour posséder, il faut un fait volontaire, un *animus* quelconque ; seulement quels doivent être les caractères de cet *animus?* Là naît la difficulté. Une chose certaine cependant, c'est que si dans un cas, un certain *animus,* uni à une certaine détention matérielle, produit la possession, le même *animus*, présentant les mêmes caractères, uni à la même détention, produira aussi la possession. Une cause identique ne peut produire un effet différent, du moins au point de vue de l'usucapion; disons donc, en rectifiant notre formule : le véritable possesseur sera celui qui gagnera le procès, seulement il ne pourra se prévaloir, pour arriver à l'usucapion, du temps pendant lequel la chose est restée entre les mains du séquestre.

Or quel est l'*animus,* la volonté du séquestre, et quel est son but?

Son intention n'est certes pas d'exercer, je ne dis pas pour son compte, mais même dans son intérêt personnel, un droit quelconque sur la chose. Sa volonté n'est aucunement d'agir sur elle, mais seulement d'empêcher l'une ou l'autre des parties de le faire. Or, d'après notre définition, la possession exige la volonté d'agir sur un objet. Cette volonté manque au séquestre : donc il ne possède pas.

Son but n'est pas de conserver la chose pour lui, bien loin de là : c'est de la rendre à celui des plaideurs qui aura triomphé.

§ 60. — Comment faut-il donc expliquer les textes? Ce n'est pas la possession qui a été cédée au séquestre, c'est le *droit aux actions possessoires;* d'un autre côté les parties ont renoncé à l'usucapion en abdiquant la possession qu'ils ont ainsi perdue *animo;* de cette manière tout s'explique et la chose donnée au séquestre n'est possédée par personne.

§ 61. — Pour ne pas interrompre l'argumentation, j'ai négligé jusqu'à présent d'expliquer dans quel but, pour quel motif le *droit aux actions possessoires* avait été cédé au gagiste, au précariste, au séquestre.

Pour donner des sûretés à un créancier on ne connut d'abord à Rome que la forme incommode de la mancipation *cum fiducia.* Le débiteur mancipait la chose au créancier qui s'engageait, par le contrat de fiducie, à la restituer dès qu'il serait payé.

On sent l'immense inconvénient de ce procédé : le créancier, propriétaire, pouvait aliéner, et le débiteur restait avec un pur droit de créance contre un individu peut-être insolvable. Pour y remédier on introduisit le gage. La propriété ne fut plus transférée au créancier; l'objet engagé fut seulement remis entre ses mains et mandat lui fut donné de le vendre à l'échéance. Mais, s'il perdait la détention, comment la recouvrerait-il, et si le débiteur abusait des actions possessoires restées en son pouvoir pour reprendre frauduleusement la chose? Le remède fut bientôt trouvé et le débiteur céda à son créancier le *droit aux actions possessoires*. Lorsque, plus tard, l'hypothèque, perfectionnement du gage, fut inventée, on accorda l'action quasi-servienne au créancier gagiste. Dès lors le droit aux interdits devint superflu, cependant il l'avait et il le garda.

Une fois passées dans les mœurs, les lois subsistent encore longtemps après que leur raison d'être a disparu, comme les monuments d'un autre âge survivent au peuple qui les a construits.

Mais pourquoi ne cédait-on pas le droit aux actions possessoires au locataire, au commodataire? C'est, dit M. de Savigny, qu'il y a dans le contrat de gage quelque chose de spécial : le créancier se défie puisqu'il exige un gage du débiteur; c'est pour détruire cette défiance qu'on lui donne ce droit aux interdits.

§ 62. — L'institution du précaire est difficile à expliquer chez les Romains, qui étaient, on le sait, peu enclins aux libéralités. A cheval sur leur droit, si l'on me passe l'expression, ils ne considéraient pas la reconnaissance comme un loyer suffisant. Mais, pour augmenter leur influence politique, ils ne se refusaient pas à céder quelque chose, surtout quand le sacrifice ne leur coûtait que le bien d'autrui. L'histoire des lois agraires nous apprend que les patriciens s'emparaient volontiers de l'*ager publicus* qui aurait dû être réparti entre tous les citoyens. Pour détacher du parti populaire quelques-uns des plébéiens, pour les attacher à leur cause et les tenir dans leur dépendance, ils leur concédaient, à titre de précaire, certaines portions de cet *ager publicus*, mettant ainsi en pratique la maxime célèbre : *diviser pour régner*.

8

C'était à leurs clients qu'ils faisaient ces concessions, et, comme ils n'avaient sur le bien cédé d'autre droit que la possession, ils leur transmettaient le *droit aux actions possessoires*. Il en résultait pour eux deux avantages : d'abord ils n'avaient plus à s'occuper de ces concessions nombreuses, puisque les concessionnaires pouvaient se défendre tout seuls par les interdits; ensuite ils s'évitaient tout recours de la part de leurs clients s'ils étaient troublés, puisque le précaire n'était pas un contrat.

Il existait, en effet, entre le patron et ses clients, une espèce de lien de famille semblable à celui qui unit le père à ses enfants; voilà pourquoi l'on n'admet pas ici d'obligation proprement dite, ni de contrat véritable, quoique entre personnes étrangères il y eût eu certainement contrat : Festus, v° *Patres*. « *Quique adtribuerint agrorum partes tenuioribus* PERINDE AC LIBERIS, » comme un pécule, par conséquent, où la révocation à volonté allait de soi. (Savigny, p. 439.)

Ceci nous explique pourquoi le précaire ne passait pas aux héritiers, pourquoi le *rogans* n'était tenu que de sa faute lourde, pourquoi le précaire ne s'appliquait en principe qu'aux immeubles. Dans la suite le précaire intervint entre le créancier gagiste et le débiteur, mais seulement pour rendre à ce dernier la détention de l'objet engagé.

§ 63. — Il nous reste encore deux questions à résoudre. Pourquoi le séquestre avait-il les interdits? Pourquoi l'usucapion des parties litigantes était-elle suspendue pendant la détention du séquestre?

Si, dans certains cas, on avait transféré au séquestre le droit aux actions possessoires, c'était évidemment pour lui donner les moyens de garder la chose déposée et de la protéger contre les tentatives possibles de l'une ou de l'autre des parties, ou même contre les usurpations des tiers.

Mais dans quel but les parties renonçaient-elles à l'usucapion en abdiquant la possession? Cela peut se comprendre dans l'interdit *utrubi*. Chacune des deux parties
aurait craint de succomber et de perdre la ressource de la
revendication si l'adversaire eût pu usucaper *pendente lite*,
en joignant la possession du séquestre à la sienne. (M. Machelard.)

Comme conséquence de tout ceci j'admettrais volontiers
avec Schrœter, Thibaut, Weining, M. Molitor et d'autres,
que même dans d'autres hypothèses, et surtout s'il y avait
détention, le *droit aux actions possessoires* pouvait être
transféré, parce que c'est un droit du patrimoine, et qu'en
général, tous les droits du patrimoine peuvent être transmis.

§ 64. — 4. *De l'Emphytéose.* — J'ai l'intention de soutenir
ici que l'emphytéote a un véritable *animus domini* et que,
par conséquent, il ne saurait faire exception à la règle que
j'ai posée : sans *animus domini* pas de possession. En
effet, l'*animus domini* ne 'consiste pas dans la volonté de
se comporter comme un propriétaire *ex jure Quiritium*.
Personne ne doute que les provinciaux n'aient sur leurs
immeubles un véritable droit de possession, cependant il
leur est légalement impossible de vouloir exercer un *Dominium quiritaire,* puisqu'ils savent très-bien que ces fonds
étant au peuple ou à l'empereur il n'est pas possible d'y
prétendre un droit de propriété privée. Gaius, II, 7 : *In eo
solo dominium populi vel Cæsaris est, nos autem possessionem tantum et usumfructum habere videmur.* — Fronti-
nus : *Possidere......* quasi fructus tollendi et præstandi
tributi conditione concessum est; et Théophile, § *per traditionem* du titre *de Rerum divisione : Aggenus Urbicus,
2, de limitib. agrorum : Provinciales prædiorum suorum
possessores sunt sub onere præstandi stipendii populo Ro-
mano, vel sub onere præstandi tributi imperatori, domini
autem prædiorum suorum non sunt nec fieri possunt.*

Ainsi, à côté du *dominium* il y avait encore à Rome deux propriétés spéciales :

1° L'*in bonis,* appartenant par exemple à celui qui avait acquis par tradition une *res mancipi,* et sanctionné par la Publicienne fictice.

2° La propriété provinciale sanctionnée par les interdits possessoires et par une action réelle qui était aussi une Publicienne, mais peut-être une Publicienne *in factum.* L'intention d'exercer ces deux droits constituait évidemment un *animus domini.*

§ 65. — Pourquoi l'emphytéose n'aurait-elle pas été aussi une troisième espèce de propriété tout à fait semblable à la propriété provinciale ? Leurs caractères sont identiques, nous allons le voir tout-à-l'heure.

Le peuple romain, et plus tard le sénat, concédaient aux empereurs, aux municipes, aux colléges de pontifes certaines parties de l'*ager publicus,* dont ils restaient *domini ex jure Quiritium.* Dans le principe, les municipes, etc., n'avaient sur ces fonds qu'un pur droit de possession : ils les concédaient à leur tour à perpétuité, l. 1, Dig., vi, 3, à des particuliers, à la charge de payer une redevance annuelle nommée *canon* ou *vectigal.*

Les fonds ainsi concédés prirent le nom d'*agri vectigales,* et plus tard celui d'*agri emphyteuticarii.* L'emphytéote avait tous les droits du propriétaire provincial, une action *in rem,* et comme actions utiles, toutes celles que le *dominus* lui-même eût pu intenter; enfin les interdits. Il pouvait même léguer son droit, soit à la cité, soit à un tiers. (Dig., xxx, 1, 1. 6, 71 et 85). Il devait, il est vrai, payer le *canon* ou *vectigal,* mais le propriétaire provincial n'était-il pas assujetti, comme condition de son droit, au paiement du *tributum,* du *stipendium?* Comme l'emphytéote, le provincial sait bien qu'il ne peut avoir le *dominium* sur la chose qu'il possède; mais cette idée, nous l'avons vu, n'exclut pas l'*animus domini*. Ainsi, si l'emphytéote possède, s'il a les interdits, c'est qu'il a la volonté d'agir sur la chose comme un propriétaire reconnu, sinon par le droit civil, du moins par le préteur.

Du reste, M. de Savigny qui, dans sa sixième édition, refuse de voir une *propriété* dans le droit de l'emphytéote, tombe en contradiction avec lui-même. La loi 15, § 1, Dig., II, 8, *Qui satisdare coguntur*, nous dit que l'emphytéote ne doit pas *satisdare*, parce qu'il est *possessor*. Or voici comment M. de Savigny s'exprime à ce sujet, p. 87, note 1 : « C'est ainsi qu'il faut interpréter le passage de l'édit d'a- « près lequel les *possessores* de biens fonds n'étaient pas « astreints à fournir caution dans la procédure. (L. 15, *Qui* « *satisdare coguntur*.) *Possessor* désigne ici non le posses- « seur, mais bien le *propriétaire*. » Plus tard, des particu- liers firent aussi des concessions emphytéotiques, parti- culièrement à leurs colons. Les conditions n'étaient plus les mêmes, et l'on eût dû enlever la possession à l'emphy- téote, puisqu'il devait reconnaître un droit supérieur au sien, un domaine utile cette fois et non plus ce domaine. éminent qui appartenait à César, et auquel les simples mortels ne pouvaient pas prétendre. Cependant on lui conserva, à l'exclusion du propriétaire, le titre de posses- seur et les interdits. L'effet survécut à la cause : c'est l'histoire perpétuelle de la routine législative, et, du reste, les beaux temps de la jurisprudence romaine étant passés, le niveau de la science juridique avait bien baissé; la déca- dence byzantine était venue et la ruine approchait.

En résumé, si l'on veut aller au fond des choses et chercher la pensée intime des jurisconsultes romains sous les termes dont ils se sont servis et qui ne sont pas peut- être exempts de reproche, il faut proclamer ce principe que la nature même des choses impose nécessairement : à

l'époque classique il n'y avait à Rome de véritable possession que la possession *animo domini*.

§ 66. — III. Deux personnes peuvent-elles posséder la
même chose pour le tout? *Duo in solidum possidere ne
possunt?*

Nous avons vu à la section précédente qu'on pouvait
bien posséder pour une part indivise. La question que nous
avons ici à résoudre est bien différente, comme le mon-
trent les mots *in solidum*.

La loi 5, § 15, Dig., XIII, 6, et la loi 3, Dig., XLI, 2, posent la règle qu'il faut suivre.

L. 5. *Celsus filius ait..... duorum quidem in solidum dominium* VEL POSSESSIONEM *esse non posse......*

L. 3. *Plures eamdem rem in solidum possidere non possunt; contra naturam quippe est ut cum aliquid teneam,
tu quoque id tenere videaris..... Non magis enim eadem
possessio apud duos esse potest, quam ut tu stare videaris
in eo loco in quo ego sto, vel in quo ego sedes tu sedere videaris.*

Ainsi toute possession est exclusive. C'est là le principe
qui a triomphé en droit romain, mais ça n'a pas été sans
controverses, et l'on a discuté la question de savoir s'il n'y
avait pas possession *duorum in solidum* dans deux hypothèses : dans le cas du précaire et dans celui de la possession violente ou clandestine.

§ 67. — Que le *rogans* possédât c'est ce dont les jurisconsultes romains ne doutaient pas, suivant en cela la méthode
que j'ai signalée et qui consistait à attribuer la possession à
tous ceux auxquels ils reconnaissaient le *droit aux actions
possessoires*.

Mais quelques-uns d'entre eux voulaient que le *rogatus*
aussi possédât: *Sabinus tamen scribit eum qui precario
dederit et ipsum possidere, et eum qui precario acceperit.*
(L. 3, § 5, Dig., XLI, 2.) *Eum qui precario rogaverit ut*

*sibi possidere liceat mancisti possessionem non est dubium.
An is quoque possideat qui rogatus sit dubitatum est. Placet autem penes utrumque esse eum hominem qui precario
datus esset; penes eum qui rogasset quia possederat corpore, penes dominum quia non discesserit animo possidere.*

§ 68. — On conçoit que dans mon système j'explique
aisément cette controverse. En accordant la possession au
rogatus les jurisconsultes n'auraient fait que rentrer dans
la vérité des choses, et exprimer cette fois leur pensée d'une
manière exacte.

Conséquemment, et puisqu'ils admettaient en principe la
règle: *Duo in solidum possidere non possunt,* ils auraient
dû refuser cette possession au *rogans.* S'ils n'allaient pas
jusque-là, c'est qu'ils étaient toujours influencés par cette
idée, souvent inexacte, que là où étaient les interdits, là
aussi devait se trouver la possession. Supposons pour un
instant que mon système soit faux et demandons-nous
pourquoi, en admettant que le *rogans* possédât véritablement, ils voulaient donner la possession au *rogatus?* C'est
évidemment parce qu'ils lui accordaient l'interdit *de precario* et même l'*uti possidetis,* comme nous le reconnaîtrons dans la suite. Or, puisque dans un cas où deux personnes avaient les interdits, ils voulaient leur donner à
toutes les deux la possession, quoique cela fût impossible
à cause de la règle *Duo in solidum,* etc., universellement
admise plus tard, puisque l'idée que la possession et les interdits étaient inséparables les faisait aller à l'encontre
d'une règle certaine, j'ai bien le droit de supposer que cette
même idée leur ait fait commettre quelques inexactitudes
de langage.

Si la possession était violente ou clandestine, Sabinus
et Trebatius admettaient encore deux possessions *in solidum,* celle du *dejiciens* et celle du *dejectus.*

La possession clandestine ne nous occupera guère. Pour

les meubles elle est à peu près impossible; et elle le devint pour les immeubles, lorsqu'on eut admis cette règle qu'on ne pouvait perdre, la possession d'un fonds avant de connaître la prise de possession opérée par une autre personne.

§ 69. — Passons à la possession acquise par violence. — Le *dejiciens* possède, cela est certain; mais le *dejectus*, lui, ne peut-il pas être considéré comme possédant encore? *Idem Trebatius probabat existimans posse alium juste, alium injuste possidere.* (L. 3, § 5, Dig., XLI, 2.) La loi 17 *pr.*, du même titre ajoute : *Si quis de possessione dejectus sit, perinde haberi debet ac si possideret, cum interdicto de vi recuperandæ possessionis facultatem habeat.*

On a vu que toute la partie de cette étude qui traite de la possession dérivée repose sur cette idée que les jurisconsultes romains voulaient à toute force trouver la possession dans tous les cas où, pour une raison ou pour une autre, ils avaient reconnu le droit aux actions possessoires.

Cette idée reçoit ici une nouvelle et éclatante confirmation. Les Romains reconnaissaient bien la possession à celui qui s'était emparé d'une chose par violence, mais ils voulaient aussi que le *dejectus* possédât, ou plutôt fût considéré comme possédant encore, et pourquoi? Parce qu'il avait un interdit pour recouvrer la possession. Peut-on dire que j'ai eu tort de soutenir qu'ils exprimaient incorrectement leurs propres idées en accordant la possession à tous ceux à qui appartenaient les interdits *retinendæ possessionis,* quand on les voit donner cette même possession contre toute raison, même à ceux qui n'avaient que les interdits *recuperandæ possessionis,* et qui, nécessairement, devaient l'avoir perdue, puisqu'ils cherchaient à la recouvrer!

Mais d'autres jurisconsultes, c'étaient les Proculiens,

s'en tenaient strictement à la règle : *Duo in solidum possidere non possunt,* et leur idée, fondée sur la réalité même des choses, avait fini par triompher. Aussi Paul, après avoir rappelé l'opinion de Trebatius, ajoute-t-il : *Quem Labeo reprehendit, quoniam in summa possessionis non multum interest juste quis an injuste possideat,* QUOD EST VERIUS.

§ 70. — Ainsi la règle *Duo in solidum possidere non possunt* avait été admise définitivement et sans aucune exception. Toutefois de ces controverses quelque chose était resté; c'était une fiction juridique, fiction double et qui trouvait son application dans le cas de l'interdit : *Uti possidetis.* Dans cet interdit, lorsque le procès s'agitait entre le *dejiciens* et le *dejectus,* le premier était réputé n'avoir pas acquis la possession, et le second ne l'avoir jamais perdue; le *dejectus* triomphait donc toujours dans cette hypothèse : qu'il eût intenté l'interdit ou qu'on l'eût demandé contre lui, ainsi que nous le reconnaîtrons bientôt en nous occupant de cette voie possessoire : Cette double fiction résulte nécessairement de la loi 17 *pr., Dig.,* XLI, 2: *Si quis de possessione dejectus sit perinde haberi debet ac si possideret...* et de la loi 22 du même titre : *Non videtur possessionem adeptus qui ita nactus est ut eam retinere non possit.* Ces principes posés, il devient facile d'expliquer la loi 3 *pr., Dig.,* XLIII, 15, et de réfuter l'interprétation, évidemment erronée, que lui donne M. Molitor. Cette loi est ainsi conçue : *Si duo possideant in solidum videamus quid sit dicendum, quod qualiter procedat tractemus. Si quis proponeret possessionem justam et injustam, ego possideo ex justa causa, tu vi aut clam, si a me possides, superior sum interdicto, si vero non a me, neuter nostrum vinceretur, nam et tu possides et ego.*

Cette loi, selon M. Molitor, suppose en premier lieu : 1° Un conflit entre le *dejectus* et le *dejiciens* qui possède :

le *dejectus* triomphera par l'interdit *unde vi*. 2° Un second conflit entre le *dejectus* et le *dejiciens*, seulement la possession aurait été enlevée à ce dernier par un autre *dejiciens*. Le *dejectus* triomphera du premier *dejiciens*, encore par l'interdit *unde vi*. 3° Un troisième conflit entre le premier *dejiciens* et celui qui l'a dépossédé : ce dernier perdra son procès, toujours sur l'interdit *unde vi*.

§ 71. — Cette interprétation me paraît inexacte trois fois pour une. Tout d'abord il n'est pas ici question de l'interdit *unde vi*, mais bien de l'*uti possidetis*; la loi se trouve en effet au titre : Uti possidetis. En second lieu, le jurisconsulte suppose toujours un conflit entre le *dejectus* et un possesseur violent. Dans la première hypothèse ce possesseur violent a dépossédé le *dejectus* (*si a me vi possides*). Dans la seconde, au contraire, c'est toujours à un possesseur violent que le *dejectus* à affaire, seulement il n'a pas été dépossédé par lui, mais par un autre à qui le possesseur actuel a enlevé à son tour la possession par violence (*si vi possides, sed non a me*). Il suffit de lire la loi pour se convaincre que cette interprétation est la seule véritable : elle seule, en effet, rend bien la symétrie des idées du jurisconsulte.

Enfin, si l'explication de M. Molitor était exacte, Ulpien n'eût pas dit en terminant : *Neuter nostrum vinceretur*, mais bien *Uterque nostrum vinceret*. Le *dejectus* actionnant le *dejiciens*, il ne faut pas dire : il ne sera pas vaincu, il faut dire : il triomphera. De même, si le premier *dejiciens*, intente l'interdit *unde vi* contre celui qui l'a dépossédé, il en triomphera également. Il ne suffirait pas de dire : il ne sera pas vaincu; ce qui ne signifie rien dans un interdit *recuperandæ possessionis*, où, si le demandeur ne triomphe pas, il est nécessairement vaincu.

Ulpien, dans cette loi, n'a d'autre but que de montrer comment ceux qui nieraient le principe *Duo in solidum*

possidere non possunt, seraient conduits à des conséquences absurdes. Supposons, dit-il, que le *dejiciens* et le
dejectus possèdent. Si l'interdit *uti possidetis* est intenté, le
dejectus triomphera, même en admettant l'hypothèse d'une
double possession; car celle du *dejiciens* étant vicieuse à
l'égard du *dejectus,* ne pourra lui profiter *(non profitere
palam est),* comme dit la loi 1, § 9, au même titre.

Mais, ajoute Ulpien, si l'interdit *uti possidetis* s'agite
entre le *dejectus* et un second *dejiciens* qui aurait violemment dépossédé le premier, voyez où nous mène votre
théorie d'une double possession. Selon vous, le *dejectus*
possédera, mais son adversaire, le second *dejiciens,* possédera aussi. Or, comme sa possession n'est pas vicieuse
à l'égard du *dejectus,* puisqu'il ne l'a pas personnellement
dépossédé, il en résulterait que ni l'un ni l'autre ne succomberait dans l'interdit *uti possidetis (neuter nostrum
vinceretur),* et que le juge ne pourrait empêcher aucune
des deux parties de faire violence à l'autre. (Savigny.)

Il faut absolument adopter cette interprétation et croire
qu'Ulpien employait ici, contre ses adversaires, l'arme de
l'ironie; car ce jurisconsulte professait expressément le
principe *Duo in solidum possidere non possunt,* comme le
prouve la loi 5, § 15, Dig., xiii, 6.

CHAPITRE III

Des droits qui découlent de la possession et des termes employés par les jurisconsultes en matière de pos-session.

SECTION I

Des droits qui découlent de la possession.

§ 72. — Ce chapitre n'est qu'un sommaire. Je me bornerai à énumérer sans entrer dans aucun détail. Parmi les

droits qui découlent de la possession, un seul doit être l'objet de mon étude : le droit aux actions possessoires. Je ne ferai donc que citer les autres.

1° *Le droit aux actions possessoires et les interdits qu'il engendre.* — Cette matière sera traitée dans le troisième titre de la thèse latine.

2° *L'occupation et la tradition.* — Lorsqu'une chose n'appartient à personne, la prise de possession en fait acquérir immédiatement la propriété; sans doute, dans ce cas comme dans celui qui va suivre, ce n'est pas la possession, comme état durable, qui crée le droit de propriété; mais cela importe peu en droit romain, puisque, pour avoir droit aux actions possessoires, une possession, ne fût-elle que d'un instant, est suffisante.

Lorsque, du consentement du propriétaire qui renonce en ma faveur à son droit, je prends possession d'un objet, j'en acquiers aussi la propriété par l'effet de la tradition. C'est encore ici dans la possession qu'il faut voir l'origine de mon droit.

3° L'usucapion aussi conduit à la propriété par l'effet de la possession : il faut, il est vrai, qu'elle ait duré un certain temps; deux autres conditions sont aussi exigées : le juste titre et la bonne foi; mais ce ne sont là que des conditions. C'est la possession qui fait supposer la propriété chez celui qui usucape ou qui fait présumer que le propriétaire antérieur a renoncé à son droit : cela est si vrai que le droit romain lui-même finit par admettre une espèce d'usucapion dans laquelle la possession était seule requise : la prescription *longissimi temporis.* Je sais bien qu'on y a vu plutôt une fin de non-recevoir contre l'action en revendication; mais après tout le résultat est identique.

4° *Acquisition des fruits.* — Le possesseur de bonne foi de la chose d'autrui fait les fruits siens. Cette acquisition trouve encore ici sa source dans la possession, et la bonne foi n'est qu'une condition. Les fruits, par leur séparation, deviennent immédiatement la propriété du possesseur : *Statim ubi a solo separati sunt bonæ fidei emptoris fiunt.* (L. 48, Dig., XLI, 1.) Il n'est donc pas nécessaire de les usucaper, quoi qu'en dise M. de Savigny. Il a été entraîné à cette erreur parce que des textes donnent, en effet, cette solution relativement au part de la femme esclave. Mais le *partus ancillæ* n'est pas un fruit. (Institutes, II, I, 37.)

§ 73. — Tels sont les principaux droits qui découlent de la possession. On a voulu encore rattacher à cette source :

1° L'*in bonis*, la propriété prétorienne. Mais on oublie qu'elle n'existe qu'autant qu'il y a une aliénation émanant du propriétaire *ex jure Quiritium*. Tous ceux qui ont la Publicienne n'ont pas l'*in bonis;* le droit d'invoquer la Publicienne est, je le veux bien, un effet direct de la possession accompagnée de juste titre et de bonne foi ; mais, remarquons-le bien, l'*in bonis* n'existe chez celui qui a la Publicienne, qu'autant qu'il pourra détruire par la réplique *rei venditæ et traditæ* ou toute autre, l'exception *justi dominii* invoquée par le propriétaire quiritaire.

2° On a dit que le possesseur était déchargé du fardeau de la preuve, qui incombait à son adversaire ; mais c'est l'avantage général de la position de défendeur. Cet avantage appartient, du reste, non pas seulement au possesseur juridique, mais encore à tout détenteur ; si dans l'action en revendication le demandeur ne prouve pas, le défendeur sera absous ; or cette action s'intente fort bien contre un simple détenteur. (Dig., l. 9, VI, 1.)

3° Le droit de défendre sa détention même par la violence n'est pas un attribut exclusif de la possession. Un simple détenteur peut user de ce droit, par ce motif que son adversaire, s'il a véritablement un droit sur la chose, doit s'adresser à l'autorité judiciaire pour le faire reconnaître et non pas se faire justice à lui-même.

4° Enfin le droit de rétention ne confère à celui qui veut l'exercer qu'une exception *doli;* il appartient du reste, comme ceux que je viens de citer, à tout détenteur, et non pas seulement au possesseur juridique.

SECTION II

Des termes employés par les jurisconsultes romains pour désigner la détention, la possession, et pour en exprimer les caractères.

§ 74. — Je n'ai pas l'intention de consacrer à ce chapitre de longs développements; la discussion a été épuisée sur cette matière par les recherches et les explications aussi exactes qu'ingénieuses de M. de Savigny. Les conséquences auxquelles il est arrivé sont maintenant pour la science des résultats définitifs, et le système qu'il a professé, adopté aujourd'hui par la voix, pour ainsi dire unanime, des romanistes, me semble irréfutable. Copier servilement ne serait guère de mon goût dans cette étude où, à tort ou à raison, je me suis fait un devoir de mettre du mien le plus possible. Je tâcherai donc d'imiter M. Molitor qui se borne à donner du système de M. Savigny, une analyse succincte, mais excellente :

Civilis possessio, naturalis possessio;
Possessio, naturalis possessio;
Possessio justa;
Possessio bonæ fidei.

§ 75. — 1° *Civilis possessio, naturalis possessio.* Le mot *civilis,* appliqué à une institution, indique qn'elle produit des effets reconnus par le *jus civile. Civilis obligatio,*

civilis cognatio; civilis possessio désignera alors la possession qui produit des effets reconnus par le *Droit civil.* Or
le seul effet de la possession qui soit consacré par le *jus
civile,* c'est l'usucapion, puisque les interdits dérivent du
jus honorarium. Donc la *possessio civilis* sera celle qui
conduit à l'usucapion. (L. 3, § 15, Dig., x, 4; l. 26 *pr.,* Dig.,
xxiv, 1; l. 1, § 2, Dig., xli, 6.)

Eh bien, les mots *naturalis possessio,* s'ils sont mis par
opposition à ceux-ci : *civilis possessio,* désigneront toute
possession qui ne peut conduire à l'usucapion : soit une
possession proprement dite qui engendre les interdits, soit
la simple détention ou possession pour autrui, à titre de
locataire, de commodataire par exemple. (L. 3, § 15, Dig.,
x, 4, précitée; l. 3, § 5, et l. 4, Dig., au même titre; l. 16,
Dig., xvi, 3; l. 1, §§ 9 et 10, Dig., xliii, 16; l. 26, Dig., xxiv,
1; l. 1, § 2, Dig., xli, 6.)

Remarquons ici que les mots *civiliter possidere* peuvent
encore être pris dans un autre sens que celui de *possidere
ad usucapionem.* Dans ce cas le mot *civiliter* se rapporte
aux effets de la possession. Dans d'autres cas *civiliter* peut
s'entendre du fondement même de la possession, de l'apti-
tude à posséder; en ce sens les mots *civiliter non possidere*
indiqueront que le droit civil dénie à une personne la faculté de posséder pour soi. Ainsi, par exemple, pour exprimer cette idée que le droit ne reconnaît pas à un esclave
la faculté de posséder d'une manière quelconque on dira :
Servus civiliter non possidet.

§ 76. — 2° *Possessio, naturalispossessio.* Le mot *possessio,*
employé seul, se prend quelquefois dans un sens tout à fait
général pour désigner à la fois la possession juridique et
la détention. (L. 9, Dig., vi, 1.) Mais toutes les fois que
dans un texte il s'agit de savoir s'il y a oui ou non possession dans tel ou tel cas, comme alors il ne peut être question que d'une possession juridique, le mot *possessio* dési-

gne la possession proprement dite : celle qui engendre les interdits. (L. 1, § 4, Dig., xli, 2 ; l. 1, § 2, Dig., xli, 6; l. 1, § 23, Dig., xliii, 16.) Dès lors les expressions *naturalis possessio, naturaliter possidere, tenere, esse in possessione,* opposées au mot *possessio* pris isolément, désigneront la simple détention. (L. 3, § 8, Dig., xliii, 17; l. 7, Dig., xxxix, 2; l. 10, § 1, Dig., xli, 2.)

Les mots *naturalis possessio* sont encore susceptibles d'une autre acception. Ils peuvent signifier le rapport purement physique entre une chose et une personne à laquelle manque toute intention, toute volonté de posséder pour soi ou pour autrui. (L. 3, § 3; l. 1, § 3; l. 24; l. 41, Dig., xli, 2, et l. 38, § 7, et 8, Dig., xlv, 1.)

Enfin *possessio* sert quelquefois à désigner la position de défendeur dans les actions revendicatoires. (Institutes, IV, 15, § 4.)

Possessio s'emploie aussi dans plusieurs textes pour désigner les fonds provinciaux, ou même ceux d'Italie. (L. 78, Dig., l, 16.)

§ 77. — 3° *Justa possessio* signifie une possession à laquelle on a droit, qu'elle soit d'ailleurs, ou non, une vraie possession au point de vue juridique. Le créancier gagiste ne possède pas *civiliter :* le *Missus in possessionem* n'a même pas droit aux interdits; ce sont pourtant là deux *justæ possessiones.* (L. 13, § 1, Dig., vi, 2; l. 3, § 23 ; Dig., xli, 2.) Au point de vue des interdits on dit encore qu'une possession est *justa,* quand elle n'a été acquise *nec vi, nec clam, nec precario,* en se plaçant après la rupture du pacte. (L. 1, § 9; l. 2, Dig., xliii, 17.)

4° Enfin, lorsque l'on croit avoir le droit de détenir une chose à quelque titre que ce soit, on est possesseur de bonne foi. Cette *bona fides* n'a le plus souvent de valeur qu'autant qu'elle s'appuie sur un titre juridique. Si ce titre est translatif de propriété et si celui qui l'invoque est un véritable possesseur *ad interdicta*, la bonne foi complétera les conditions requises pour que l'usucapion s'accomplisse par le laps de temps que la loi détermine.

TITRE DEUXIÈME

ACQUISITION ET PERTE DE LA POSSESSION.

—

CHAPITRE I

Acquisition de la possession.

§ 78. — *Généralités.* — Maintenant que nous avons étudié avec détail les principes qui régissent la possession en elle-même, nous avancerons plus rapidement en supposant démontré tout ce que nous avons essayé de prouver dans le cours du titre premier.

De même que la possession en elle-même exige deux éléments, de même son acquisition suppose un double fait : un fait intellectuel que nous nommerons aussi *animus*, et un fait matériel : l'appréhension, que nous désignerons souvent par le mot *factum*. Quels sont les caractères de cet *animus*, de ce *factum*, les conditions requises pour qu'il se produise ? par qui doivent-elles être accomplies ? telles sont les questions que je vais examiner aussi brièvement que possible.

SECTION I

De l'animus.

§ 79. — Les caractères de ce fait intellectuel, je les ai déjà exposés au titre premier. Cet *animus* est un *animus domini,* la volonté de se comporter en maître à l'égard d'une chose. Cette volonté doit exister chez celui-là même qui veut devenir possesseur. Paul, v, 2, 1 : *Possessionem acquirimus et animo et corpore, animo utique nostro, corpore vel nostro vel alieno.* De là découle une importante conséquence : les personnes qui sont incapables d'avoir une volonté ne sauraient acquérir la possession. Quelles sont ces personnes ? D'abord les êtres moraux, cités et autres, l'hérédité jacente, puis les fous, enfin les enfants *(infantes).*

§ 80. — 1° D'après la rigueur des principes, les personnes civiles ne devraient pouvoir acquérir la possession dans aucun cas, ni par elles-mêmes : *quia* UNI CONSENTIRE NON POSSUNT, ni par leurs administrateurs, parce qu'en droit romain la représentation d'une personne par une autre n'était pas admise en principe; ni par leurs esclaves, parce que, d'après une ancienne théorie, on ne pouvait acquérir la possession que par l'intermédiaire de ceux que l'on possédait.

Quand la règle opposée eut triomphé, les municipes purent acquérir la possession par leurs esclaves; mais cela ne suffisait pas, et poussés par les nécessités pratiques de la vie, les jurisconsultes romains finirent par admettre qu'on se passerait d'*animus* et que les êtres moraux pourraient acquérir la possession dès que le fait physique qui la constitue aurait été accompli pour leur compte, soit par leurs administrateurs, soit même par toute autre personne libre. (L. 1, § *ult.*, et l. 2, Dig., XLI, 2.)

L'hérédité peut avoir et acquérir toutes sortes de droits, mais elle ne saurait acquérir la possession. Cela tient à ce que l'*animus* fait ici complètement défaut. *Hereditas jacens sustinet personam defuncti.* Or le défunt ne peut, bien entendu, avoir aucune volonté.

L. 1, § 15, Dig., xlvii, 4 : *Possessionem hereditas non habet, quæ est facti et animi.*

§ 82. — 2° Les fous ne peuvent acquérir la possession par eux-mêmes. (L. 1, § 3 et 5, Dig., xli, 2.) Le mal n'était pas sans remède, car ils pouvaient avoir en leur possession des esclaves par l'intermédiaire desquels cette acquisition pouvait s'effectuer *ex causa peculiari.* Comment possédaient-ils leurs esclaves? Cela peut très-bien se concevoir si l'on suppose que la possession de ces esclaves remontât avant l'époque où le maître était devenu fou.

Le *furiosus* qui ne saurait acquérir la possession par lui-même peut très-bien la conserver ; il la conserve tant qu'il ne la perd pas ; cela paraît naïf au premier abord, mais comme la folie ne fait pas perdre la possession, il suit de là que le *furiosus* la conserve. (L. 27, Dig., xli, 2.)

Le fou avait encore une autre ressource : son curateur légitime le représentait par une exception remarquable aux principes du droit romain. (Gaius, II, 62.) Je ne fais aucune difficulté d'admettre que ce curateur pouvait acquérir la possession au *furiosus.*

§ 82. — 4° *Des enfants (infantes).* — Le pupille, en général, peut toujours rendre sa condition meilleure sans l'*auctoritas* de son tuteur, toutes les fois que l'acte à poser ne demande pas plus d'intelligence qu'il n'en a. (L. 1, § 3, Dig., xli, 2.)

Or acquérir la possession ne peut jamais être qu'avantageux. D'un autre côté, on m'accordera bien, je l'espère, que si quelque acte demande très-peu d'intelligence c'est assurément la prise de possession. S'emparer d'une chose pour en user à son gré, c'est peut-être la première idée qui naisse dans le cerveau des enfants. En dernier lieu, rappelons-nous bien qu'en droit romain, le tuteur, lorsqu'il gère, agit en son propre nom, acquiert, aliène pour son compte en principe et ne représente aucunement la personne du pupille.

§ 83. — Ces principes une fois posés, l'interprétation des lois 1, § 3, et 32, § 2, Dig., XLI, 2, ne présentera plus de difficulté. Le jurisconsulte nous dit dans la première : que le pupille, s'il a quelque intelligence, pourra acquérir la possession sans l'*auctoritas* de son tuteur. Dans la seconde, qu'avec cette *auctoritas* l'*infans* lui-même peut devenir possesseur, quoique l'*infans* n'ait aucune volonté, celle de son tuteur y suppléera. Ainsi, *utilitatis causa*, on en est arrivé à ne point demander d'*animus* chez celui qui devient possesseur. La volonté du tuteur y suppléera, dit le jurisconsulte.

On alla plus loin, et l'on décida même que l'*infans* pouvait acquérir la possession : telle est du moins l'interprétation que j'adopte sur la loi 3, C., VII, 32. Cette loi est ainsi conçue : *Donatarum rerum a quacumque persona infanti vacua possessio tradita corpore quæritur. Quamvis enim sint auctorum sententiæ dissentientes, tamen consultius videtur interim, licet animi plenus non fuisset affectus, possessionem per traditionem esse quæsitam : alioquin, sicuti consultissimi viri Papiniani responso continetur, nec quidem per tutorem possessio infanti poterit acquiri.* M. de Savigny, avec plusieurs auteurs anciens, pense qu'il faut supposer que le tuteur avait interposé son *auctoritas*. Pour détruire cette hypothèse il suffit, il me semble, de remarquer qu'elle est purement gratuite, puisque la loi ne parle pas du tout de l'*auctoritas*. Cette supposition n'est du reste aucunement nécessaire. La loi 1, § 3, Dig., XLI, 2, ne distingue pas si le pupille est un *infans* ou non. Or, dans la loi qui nous occupe, il s'agit évidemment d'un *infans* qui avait une certaine intelligence comme le prouvent ces mots : *licet animi plenus non fuisset affectus*. Or, comme il ne faut que peu d'intelligence pour acquérir la possession, cet *animus* imparfait suffira dans l'espèce. Le point avait été, du reste, fort controversé, comme le montre le commencement de la loi.

Ce qui prouve la justesse de cette interprétation, c'est la raison que le rescrit emprunte au *Responsum* de Papinien : Si vous n'admettez pas cette solution, disait le jurisconsulte, il faudra refuser l'acquisition de la possession à l'*infans* même lorsque le tuteur aura seul agi. Dans les deux cas il n'y aura pas selon vous d'*animus* de la part du possesseur. Si donc vous avez admis l'acquisition dans ce cas, c'est *utilitatis causa;* or ici, la même raison d'utilité pratique doit faire donner la même solution.

Pour expliquer le mot *interim* j'adopterai l'idée de Rudorff. L'*infans*, même avec une certaine intelligence, ne peut rendre sa position pire. En acquérant la possession il est difficile de concevoir comment cela pourrait lui nuire. Cependant le tuteur peut juger qu'il n'y a pas avantage pour son pupille, ou que cela présenterait des inconvénients, et sa volonté résoudra, comme par l'effet d'une condition résolutoire, la prise de possession opérée par l'*infans*. Alors on comprend que la possession n'aura été acquise que provisoirement, *interim*.

Aussi en résumé, j'admets que l'*infans*, pourvu bien entendu qu'il ne soit pas absolument dépourvu de toute volonté, pourra acquérir la possession, soit par l'intermédiaire de son tuteur agissant seul, soit avec l'*auctoritas* de celui-ci, soit enfin seul et par l'*appréhension* qu'il aura lui-même effectuée.

SECTION II

Du Factum.

§ 84. — A la différence de l'*animus*, le *factum*, l'appréhension matérielle de la chose, peut être accompli soit par celui qui veut devenir possesseur, soit même par un tiers. Nous nous occuperons d'abord de la première hypothèse.

I

Factum ou appréhension accomplie par le possesseur.

§ 85. — Ce *factum*, cet élément matériel, quel est-il ? Nous le connaissons déjà: c'est la possibilité physique d'agir sur une chose, à l'exclusion de toute autre personne. Mais pour constituer cette possibilité, quels faits doivent se produire ? Ici il nous faut distinguer trois hypothèses. L'on peut vouloir acquérir la possession d'une chose qui n'est possédée par personne ; d'une chose qu'un tiers possède, mais qu'il consent à céder ; d'une chose qu'un tiers possède, mais cette fois contre son gré.

§ 86. — A. — Lorsqu'une chose n'est possédée par personne on pourrait croire que rien n'est plus facile que d'en acquérir la possession, puisqu'il suffira de l'avoir sous les yeux, ou à la portée de la main. Alors, dira-t-on, la possibilité d'en disposer existe évidemment. Prenons-y bien garde, il faut encore que cette possibilité soit exclusive ; or dans notre hypothèse, il suffira qu'un autre plus rapide mette la main sur l'objet dont il s'agit pour que mes espérances de possession s'évanouissent. La plupart du temps un contact matériel sera indispensable. Ceci est très-important au point de vue des choses *nullius,* puisque la prise de possession en fait acquérir la propriété : Ainsi le gibier que j'ai blessé mortellement, je ne le possède pas encore, car il peut tomber entre les mains du premier chasseur venu, ou m'échapper d'une autre manière. Je ne pourrai m'en dire possesseur que quand je l'aurai tué ou saisi. C'est la solution qui a prévalu en droit romain, quoique la question ait été controversée; de même, le sanglier qui s'est pris dans mes filets n'est à moi qu'autant qu'il lui est impossible de s'en dépêtrer, à la condition toutefois que j'aie tendu mes rets sur un terrain qui m'appartienne ou sur lequel j'ai le droit de chasser. (L. 5, § 1; 1. 55, Dig., XLI, 1. Institutes, II, I, 13.)

Le contact physique est en général exigé parce qu'avant cette appréhension il est à la vérité probable, mais non pas certain, qu'on puisse disposer de la chose à l'exclusion de toute autre personne. Cette solution généralisée doit être étendue à toutes les choses *nullius,* les perles, les coquillages qui les renferment et qu'on trouve au bord de la mer.

§ 87. — Me voilà entraîné presque fatalement à me demander qui des deux plaideurs avait raison, en droit, dans la jolie fable que chacun connaît. La question est plus sérieuse qu'on ne le pense. Si nous étendions à l'occupation d'une chose *nullius* la règle que Paul pose à propos de la tradition : *Non est enim corpore et tactu* (1) *necesse apprehendere possessionem, sed etiam* OCULIS *et* AFFECTU (1. 1, § 21, Dig., XLI, 2), dans quel dédale de difficultés n'allons-nous pas tomber !

« Eh! bien, vous l'avez vue, et moi je l'ai sentie : » Si, au contraire, nous exigions l'appréhension matérielle, aucune des deux parties n'aura droit à l'objet en litige. Le juge qui seul l'a saisi en deviendra propriétaire, et la sentence de Perrin Dandin sera irréprochable au point de vue juridique; il faudra même dire qu'il a fait reste de droit aux plaideurs en leur accordant les écailles.

§ 88. — Un trésor, dans le sens ordinaire du mot, est un dépôt d'argent confié à la terre et qui n'appartient à personne. Toutefois, les jurisconsultes romains se servent du même mot pour désigner l'objet enfoui dont le pro-

---

(1) Les manuscrits, en général, lisent *actu,* mais *tactu* est à peine une émendation, et cette leçon est confirmée par les Basiliques (Savigny).

priétaire est connu. Lorsqu'un trésor, dans les deux acceptions du mot, se trouve enfoui dans le fonds d'un
individu, il ne sera possédé par personne, du moins en
général. Eh bien, demandons-nous comment le maître du
fonds pourra en acquérir la possession.

L'acquisition de possession sera, bien entendu, impossible tant qu'on ignorera l'endroit précis où il est caché.
Mais si le maître du fonds en connaît exactement la situation, il faudra encore qu'il en fasse l'appréhension matérielle pour en devenir possesseur. Pourtant, dira-t-on,
n'avait-il pas, avant ce fait, la possibilité physique d'en
disposer, à l'exclusion de tout autre? Non certes, car un
tiers pouvait très-bien s'en emparer, soit en le recherchant,
soit même après l'avoir découvert par le pur effet du hasard. Bien plus, le propriétaire du trésor avait le droit de
venir le rechercher sur le fonds où il était caché, en donnant caution de ne causer aucun dommage, ou de réparer
celui qu'il aurait pu commettre. (L. 15, Dig., x, 4.) Cette
solution est écrite dans les lois 3, § 3, et 44 *pr.*, Dig., xli, 2.
Toutefois on peut voir que le cas était douteux, puisque
les Proculiens admettaient ici l'acquisition de possession
au profit du maître du fonds, même avant qu'il eût appréhendé le trésor. C'est qu'en effet la question de savoir
si la possibilité d'en disposer, à l'exclusion de tout autre,
existait avant le contact matériel, était ici fort délicate.
(Loi 3, § 3, Dig., xli, 2.)

§ 89. — B. — *Acquisition de la possession d'une chose,*
qu'un tiers possède, mais qu'il consent à céder.

La règle ne varie pas; et la seule question que nous
ayons à nous poser ici, c'est celle de savoir à quelles conditions sera réalisée, chez celui qui veut devenir possesseur,
la possibilité physique d'agir sur la chose, à l'exclusion de
toute autre personne.

Pour cela, le contact matériel ne sera pas indispensable;

la présence de la chose, au moment de la tradition, sera seule à la fois nécessaire et suffisante.

La présence de la chose, sans aucun attouchement, sera ici suffisante. Pourquoi cette différence avec le cas d'une chose qui n'est possédée par personne ? Lorsque le possesseur antérieur se retire pour me faire place, il est clair que la chose, étant présente, se trouve à ma disposition. Maintenant, cette disposition est, par le fait, exclusive : le possesseur précédent a, en effet, joui pendant un certain temps sans que personne osât le troubler, ou bien il a su se maintenir en possession de la chose, soit par force, soit par autorité de justice.

Personne ne peut avoir la pensée qu'elle puisse s'emparer impunément d'un objet qui a été si bien gardé ou défendu. La sécurité dont jouissait le possesseur qui me fait tradition, rejaillit sur moi et me protége réellement contre toute atteinte dirigée contre la chose.

Enfin, la présence de cette chose est nécessaire pour qu'il soit évident aux yeux de tous, tant du *tradens* que de l'*accipiens*, que le premier avait exclusivement la possibilité d'en disposer, et que le second acquerra immédiatement cette faculté. La présence de l'objet prouvera que personne ne fait obstacle à cette acquisition au moment de la tradition. On dit alors que la possession est *vacua*.

M. de Savigny, dont je reproduis ici les idées, du moins en partie, rapporte tout cela à la conviction de cette possibilité, conviction qui doit exister chez le futur possesseur. Je ne vois rien de pareil dans les textes. La présence de la chose exigée me semble prouver au contraire qu'on ne s'en rapporte aucunement à la conviction des parties, conviction qui pourrait fort bien exister en dehors de la présence de la chose. Le célèbre auteur allemand prétend qu'au moyen de cette idée de la conviction il rend identiques les conditions qui président à la continuation comme à l'acquisition de la possession. Sans doute, il ne s'est pas souvenu que le furieux conserve, quoi qu'il arrive, la possession de ses immeubles, bien qu'assurément toute conviction, de quelque nature qu'elle soit, lui fasse défaut, mais au contraire précisément parce que toute idée, toute volonté digne de ce nom, lui est absolument impossible. (L. 27, Dig., XLI, 2.)

§ 90. — Presque tous les interprètes anciens et quelques-uns parmi les modernes, ont cru voir dans certains cas des traditions symboliques. Ainsi la livraison des clefs, des titres, c'est-à-dire des papiers relatifs à un bien quelconque, opérait tradition de la chose elle-même. Il y avait là, selon eux, représentation, image, symbole. Ce système perd aujourd'hui ses derniers partisans ; trois objections capitales s'opposent à ce qu'il soit désormais suivi.

1° Les textes ne contiennent aucune expression d'où l'on puisse inférer que les Romains partageassent cette manière de voir.

2° Les symboles et les fictions ne se présentaient que dans les actes qui étaient particulièrement propres au peuple romain, comme la *mancipation*, etc. Rien de pareil ne se rencontre dans la vente, le louage, et en général dans tous les actes juridiques qui sont du droit des gens.

Or, la possession est quelque chose de bien moins juridique, de bien moins particulier à un peuple déterminé, que la vente, que le louage. L'idée des contrats pourrait peut-être n'avoir pas encore pris naissance chez un peuple primitif, mais celle de la possession a dû s'éveiller la première.

3° Si l'on admettait que la tradition pût être symbolique en droit romain, ce n'est pas à quelques cas isolés qu'il en faudrait restreindre l'application, en laissant subsister comme règle générale que la tradition doit être réelle.

L'acquisition de la possession serait toujours symbolique pour les immeubles.

En effet, il n'y aurait de tradition réelle que si l'*accipiens* avait parcouru toutes les parties du fond et posé le pied sur toutes les mottes de terre : « *Circumambulâsset omnes glebas.* » Ce qui, en fait, n'arrivera jamais. (L. 3, § 1, Dig., XLI, 2.)

§ 91. — On a voulu voir une tradition symbolique dans trois cas : Celui où les clefs d'un édifice sont livrées pour opérer tradition des marchandises qui y sont contenues ; celui où les titres ou papiers relatifs à un objet sont remis au nouveau possesseur; enfin les cas de tradition *brevi manu.* (Institut., II, 1, 45 ; l. 9, § 6, Dig., XLI, 1 ; l. 1, § 21, Dig., XLI, 2.) Ce qui prouve bien qu'il n'y a dans la première hypothèse aucune tradition fictive, c'est que la possession n'est acquise qu'autant que les clefs auront été remises en présence des marchandises, devant les bâtiments qui les renferment. (L. 74, Dig., XVIII, 1.) *Clavibus traditis, ita mercium in horreis conditarum possessio tradita videtur,* SI CLAVES APUD HORREA TRADITÆ SUNT... *quo facto, confestim emptor dominium et possessionem adipiscitur, et si non aperuerit horrea.* Ainsi la tradition serait inefficace si elle consistait à me remettre à Rome les clefs des bâtiments situés à Carthage. Si les clefs étaient ici le symbole, la représentation des marchandises, il importerait peu, évidemment, qu'elles eussent été livrées devant les magasins, ou dans un lieu fort éloigné. Donc, si la remise des clefs opère tradition, c'est qu'elle me donne la faculté de me saisir des marchandises quand je voudrai, et si l'on exige que cette remise ait lieu devant les magasins, c'est pour qu'il soit évident que personne ne fait obstacle à ma prise de possession. C'est aussi en supposant la présence de l'objet lors de la remise des titres qu'il faut expliquer la loi 1, C., VIII, 54.

On dit qu'il y a *traditio brevi manu* dans deux cas. Lorsque le *détenteur* de la chose en acquiert la possession du gré du possesseur précédent, et en second lieu, lorsque, pour m'acquitter envers Paul à qui je dois cent écus, j'ordonne à Pierre de lui verser les trois cents francs qu'il me doit à moi-même.

La première hypothèse ne soulève aucune difficulté, puisqu'il s'agit là d'une acquisition de possession en vertu d'une appréhension antérieure à laquelle vient se joindre un *animus domini;* les conditions exigées pour que la possession soit acquise, sont donc remplies. (L. 9, § 5, Dig., XLI 1. Inst., II, 1, § 44; l. 62 *pr.,* Dig., XXI, 2; l. 9, § 9, Dig., XII, 1.)

Quant au second cas il ne peut s'expliquer que par l'effet du *constitut possessoire* dont nous exposerons les règles tout-à-l'heure.

§ 92. — Les principes que je viens d'indiquer rapidement découlent des textes suivants : L. 77, Dig., VI, 1; l. 3 § 1; l. 51, Dig., XLI, 2; l. 79, Dig., XLVI, 3; l. 1, § 21, et l. 18, § 2, Dig., XLI, 2. Un mot sur ces deux dernières lois qui sont ainsi conçues. (L. 1, § 21) : *Si jusserim venditorem procuratori rem tradere, cum ea in præsentia sit, videri mihi traditam Priscus ait.* (L. 18, § 2) : *Si venditorem, quod emerim deponere in mea domo jusserim, possidere me certum est, quanquam id nemo dum attigerit.*

Dans le premier cas, que la possession ait été acquise par la tradition qui résulte de la présence de la chose, ou par l'effet d'un constitut possessoire par lequel le vendeur serait devenu mandataire de l'acheteur à l'effet de remettre la chose au *procurator* de celui-ci, peu importe, puisqu'en définitive il est certain que la possession est immédiatement acquise.

Seulement, si l'on admet le *constitutum,* la présence de la chose ne sera plus indispensable et le jurisconsulte n'en parlerait qu'à titre d'exemple. Mais dans l'hypothèse de la

loi 18, § 2, l'acquisition date-t-elle du moment où l'ordre a
été donné. au vendeur, ou de celui où il l'a exécuté en
déposant la chose au domicile de l'acheteur ? La loi doit
plutôt, à mon avis, s'interpréter dans le premier sens. Elle
ne distingue pas si l'objet vendu était présent ou non. J'admettrai bien, avec M. de Savigny, que le constitut possessoire ne se présume pas en général, mais il peut très-bien
résulter d'un mandat. Or il y a un véritable mandat dans
l'ordre donné au vendeur de remettre la chose, soit dans
la maison de l'acheteur, soit à son procurateur. Eh bien,
puisque dans les deux cas le vendeur conserve la chose
comme mandataire de l'acheteur, c'est que celui-ci est évidemment devenu possesseur en vertu d'un véritable constitut possessoire.

§ 93. — « La glose avait proposé pour expliquer tous
« ces textes un expédient fort remarquable. Ce ne serait
« pas d'après elle le contact physique, mais la perception
« au moyen des sens, qui constituerait l'élément matériel
« dans l'acquisition de la possession. Telle serait par exem-
« ple l'acquisition au moyen de la vue, quand même l'objet
« serait éloigné de *dix milles : per decem millaria.* » (Savigny.)

On conçoit de quelle importance serait cette idée dans
l'exemple que nous avons emprunté au fabuliste. Mais je
ne pense pas devoir l'admettre ; les jurisconsultes romains
n'exigent pas seulement que la chose soit en vue, mais
encore présente ; c'est-à-dire assez voisine pour qu'on puisse
aisément s'assurer d'un coup d'œil qu'aucune action étrangère ne fait obstacle à la prise de possession.

M. Troplong, t. I, n. 265 et suiv., a tenté de rajeunir cette
idée des glossateurs. Pour lui, la fiction ne consistait pas,
comme Pothier le disait, dans la remise des clefs et des
titres, non, mais à un autre point de vue il y aurait eu en
droit romain des traditions feintes. Pour lui la fiction au-

rait consisté dans la présence même des choses que l'on veut acquérir, et le regard qu'on a jeté dessus serait le symbole de l'appréhension matérielle à laquelle la vue de l'objet serait assimilée. Ceci nous mènerait à un résultat bien surprenant : c'est que la tradition aurait été réelle si elle avait eu lieu en l'absence des choses auxquelles elle s'applique, dans un cas où les Romains refusent tout effet à la tradition. M. Molitor réfute ainsi les idées de M. Troplong, mais on peut invoquer encore un autre argument. Si la vue de l'objet eût pu faire acquérir la possession, si le regard eût été l'équivalent du toucher, pourquoi la possession n'eût-elle pas été acquise lorsqu'il s'agissait soit de choses *nullius,* soit de choses possédées par un tiers, lorsque ce tiers ne consent pas à renoncer à la possession au profit de celui qui veut l'obtenir ? Si l'on admet comme condition unique la possibilité d'agir sur la chose à l'exclusion de tout autre individu, ces différences s'expliquent tout naturellement, et la conformité des résultats auxquels nous arrivons avec les solutions des textes démontrent l'exactitude du principe dont nous sommes partis.

§ 94. — 3° Lorsqu'on veut acquérir la possession d'une chose contre le gré du possesseur, un attouchement physique est nécessaire ; cette appréhension matérielle qui doit s'effectuer sera produite par un acte de violence, *vis dejectio,* ou, s'il s'agit de meubles, par une *contrectatio,* qui, le plus souvent, constituera un vol.

Mais dans tous ces cas il y a perte de possession pour le *dejectus ;* réservons donc cette matière pour le chapitre suivant où nous pourrons entrer dans plus de détails.

II

Factum ou appréhension accompli par un tiers.

§ 95.—J'ai montré au § 51 que l'on pouvait fort bien posséder par l'intermédiaire d'un tiers. En matière d'acquisition de possession j'ai déjà prouvé par les textes que si l'*animus* devait exister chez le possesseur, le fait matériel de l'appréhension pouvait très-bien être accompli à son profit par une autre personne. Mais ici il est nécessaire de distinguer si l'acquisition de possession résulte d'un fait posé par un individu soumis à notre puissance ou par une personne libre.

A. — *Acquisition par les esclaves, les fils de famille, etc.*

On dit souvent : puisque par l'intermédiaire de ceux qui sont sous notre puissance on peut acquérir toute espèce de droits, la possession sera aussi acquise par ce moyen. Je ne vois pas qu'il soit nécessaire d'introduire ici aucune idée de représentation. La jouissance que nous avons de nos esclaves produit cette conséquence évidente que tout ce qu'ils détiennent est aussi bien à notre disposition exclusive que si nous-mêmes nous le tenions physiquement.

Pour que la possession nous soit acquise, il faut, outre l'*animus* qui doit toujours exister chez le représenté, un fait matériel posé par le représentant. Ce fait doit être tel, que, si le représentant était libre, il acquerrait la possession pour lui-même : ceci ne souffre aucune difficulté ; de là découle une double conséquence.

§ 96. — D'abord si l'esclave a l'intention d'acquérir pour lui-même, je n'en deviendrai pas moins possesseur : car, s'il eût été libre, il eût acquis pour lui. Ceci est incontestable en droit romain. (L. 15, 1. 40 *pr.*, Dig., XLI, 2.) C'est évidemment par inadvertance que M. de Savigny semble exprimer l'idée contraire (pages 276-277). Le texte qu'il cite à l'appui de cette opinion (1. 1, § 20, Dig., XLI, 2) ne parle pas des esclaves, mais des tuteurs, curateurs, mandataires, etc. Cette extension aux esclaves d'une règle faite par les personnes libres ne peut être de la part du savant auteur qu'une distraction qu'il eût reconnue, j'en suis sûr, si elle lui eût été signalée.

§ 97. — En second lieu, si l'intention de l'esclave est d'acquérir la possession, non pour moi, mais pour Titius, je n'aurai rien acquis : car, s'il eût été libre, ni lui ni moi ne serions devenus possesseurs par ce moyen. (L. 1, § 19, Dig., XLI, 2.) Titius lui-même n'aura rien acquis ; la raison est facile à trouver : la possibilité d'agir sur la chose lui fera défaut d'une manière absolue, puisque cette chose est entre les mains de mon esclave, sur lequel j'ai seul droit ; en un mot, à ma disposition et non à celle de Titius. Les exceptions que souffre ce principe démontrent elles-mêmes l'exactitude du motif : L'acquisition serait possible pour Titius s'il avait la possession de mon esclave, ou si ce dernier n'était possédé par personne. Dans ces deux cas, on comprend très-bien que la chose peut être au pouvoir de Titius. (L. 34, § 2, Dig., XLI, 2.)

Pourtant, dira-t-on, si vous faites dériver l'acquisition par l'esclave de la possibilité d'agir sur la chose détenue par lui en vertu de la puissance dominicale, il semble qu'on devrait obtenir la possession même dans le cas où l'esclave aurait voulu l'acquérir pour Titius. Non, répondrai-je, parce qu'alors la possibilité d'agir n'est pas exclusive chez le maître. Le tiers, Titius, l'a aussi ; l'esclave qui a voulu acquérir pour lui sera bien éloigné de l'empêcher de s'emparer de la chose s'il ne la lui remet pas à l'instant même

Deux personnes pourraient donc disposer de la chose : d'où la conséquence qu'aucune d'elles ne peut posséder.

§ 98. — M. de Savigny et M. Molitor enseignent, d'après une opinion très-répandue, que ces principes admettaient une exception fort remarquable dans le cas de tradition. L'intention du *tradens* étant de faire acquérir la possession au représenté, si l'esclave à qui l'on fait tradition avait la volonté d'acquérir la possession pour un autre, cette volonté n'aurait pas d'effet et la possession serait malgré cela acquise au représenté.

C'est, au reste, ce que décide formellement un passage d'Ulpien, l. 13, Dig., xix, 5 : *Qui mihi donatum volebat servo communi meo et Titii rem tradidit : Servus vel sic accepit quasi socio acquisiturus, vel sic quasi mihi et socio. Quærebatur quid agere et placet, quamvis servus hac mente acceperit, ut socio meo vel mihi et socio acquirat, mihi tamen acquiri. Nam etsi procuratori meo hoc animo rem tradiderit ut mihi adquirat, ille quasi sibi adquisiturus accepit, nihil agit in sua persona, sed mihi adquirit.*

D'un autre côté Julien, l. 37, § 4, 16, Dig., xli, 1, consacre d'une manière non moins explicite l'opinion diamétralement contraire. § 4 : *Quod unius servus per traditionem accipiendo se accipere dixerit domino et Titio, partem domino adquiret, in parte nihil agit. § 6 : Si cum mihi donare velles jusserim te servo communi meo et Titii rem tradere, isque hac mente acciperet ut rem Titii faceret, nihil agetur. Nam etsi procuratori meo rem tradideris ut meam faceres, his hac mente acceperit ut suam faceret, nihil agetur. Quod si servus communis hac mente acceperit ut duorum dominorum faceret, in parte alterius domini nihil agetur.*

On a tenté de concilier ces deux lois en suppléant les mots *ex mente servi, ex mente procuratoris*, dans le § 6 de la loi 37. Alors *nihil agetur* signifieraient : *id non agetur.* Il saute aux yeux que cette interprétation violente le tente comme à plaisir; mais le § 4 lui donne d'ailleurs le plus formel démenti.

Dans une tradition faite pour mon compte, si mon esclave a l'intention de recevoir pour moi et pour Titius, d'après l'opinion d'Ulpien, j'aurai acquis la possession de la chose pour le tout. Or que nous dit ici Julien : *Partem dominio adquiret*; il acquerra à son maître une partie. Et quelle partie? Evidemment la moitié. Le maître deviendra donc possesseur pour moitié. Quant à Titius, il n'aura rien acquis. Les deux opinions s'accordent pour donner cette solution.

§ 99. — Je n'hésite pas à le dire : de ces deux idées, la seule véritablement conforme aux principes, c'est celle de Julien. Je suis heureux d'adopter sur ce point la doctrine de mon savant maître, M. Bodin, doyen de la Faculté de droit de Rennes. Pour en démontrer l'exactitude, prenons l'hypothèse du mandataire qui reçoit la chose avec l'intention d'en acquérir pour lui-même la possession. Que cette volonté n'eût point d'effet, en ce sens que par la tradition le mandataire n'ait rien acquis; c'est ce qui peut à la rigueur se comprendre. Il suffira de supposer qu'il n'ait pas encore appréhendé physiquement la chose.

La tradition peut avoir lieu sans ce contact matériel; nous l'avons démontré. Mais le mandataire ne saurait acquérir la possession sans cette appréhension physique, puisqu'il veut l'obtenir contre le gré du précédent possesseur, c'est-à-dire du *tradens*. Mais que, dans cette hypothèse, la possession ait été acquise au mandant, c'est ce qu'il est impossible de concevoir. La possession ne s'acquiert pas *animo solo*. Tous les textes sont d'accord sur ce point.

Il faut de plus que le possesseur ait la possibilité physique d'agir sur la chose. Or ici le mandant n'a été, à aucun instant, à même de disposer de l'objet. Le *corpus*, élément indispensable à l'acquisition de toute possession, ferait complétement défaut. A un principe certain, reconnu, universel, Ulpien aurait apporté une dérogation que rien ne justifie, et cela par un texte isolé, concis, sans explication, sans même indiquer que l'un des plus grands jurisconsultes romains, que l'auteur de l'Edit perpétuel enseignait l'idée opposée comme chose indiscutable!

Ainsi la loi 13, Dig., xxix, 5, reste inexpliquée : J'ajouterai que je la considère comme inexplicable. A moins qu'on ne veuille admettre des suppositions très-douteuses et des conjectures bien hasardées.

§ 100. — Nous avons vu que le fait intellectuel, élément de la possession, devait toujours être accompli par le représenté. Ainsi, pour que je devienne possesseur du gibier que mon esclave prend à la chasse, ou des choses qu'il reçoit par tradition, il faut que je l'y aie autorisé. (L. 44, § 1, Dig., xli, 2.) *Ignorantibus possessio non acquiritur.* Remarquons qu'il n'est pas nécessaire que je connaisse le moment précis de l'acquisition : la volonté d'acquérir, une fois formée, subsiste et s'applique, même à mon insu, à l'acte physique posé par l'esclave. Mais l'usucapion ne pourra commencer qu'à partir du moment où j'aurai connu la tradition ; bien que la possession existât depuis l'instant où cette tradition s'est effectuée. C'est, qu'en effet, pour usucaper, il faut être de bonne foi, c'est-à-dire se croire propriétaire. Or je ne saurais me croire propriétaire lorsque j'ignore encore si l'acquisition projetée s'est réalisée. Ainsi la bonne foi est requise chez le maître et chez lui seulement, par cette raison qu'il n'est représenté par son esclave que quant au fait matériel de l'appréhension. (L. 2, § 11 et suiv., Dig., xli, 4 ; l. 49, § 2, Dig., xli, 2 ; l. 47, Dig., xli, 3 ; l. 1, C., vii, 32.)

§ 101. — Toutefois en matière de pécule tout change. L'esclave qui a un pécule acquiert la possession pour son maître, à son insu et sans qu'aucune autorisation soit intervenue ; l'usucapion elle-même s'accomplit sans qu'il le sache : c'est la bonne foi de l'esclave et non la sienne que l'on considère. Sans doute, si le maître était de mauvaise foi au moment même de l'acquisition, l'usucapion serait impossible : autrement il usucapera, eût-il été de mauvaise foi dès l'instant où il a connu la prise de possession par l'esclave.

Ces dérogations à des principes si raisonnables n'ont rien de juridique : leur caractère est purement utilitaire ; c'est *utilitatis causa* que l'on admit tous ces résultats, et cela se comprend.

Lorsqu'un père de famille confie un pécule à son esclave, à son fils de famille, c'est pour se débarrasser de l'administration des biens qu'il leur remet : et ce fait constitue par lui-même une autorisation générale d'acquérir la possession, toutes les fois que cette acquisition rentre dans les limites du pécule. Il ne faudrait donc pas dire qu'il n'existe ici aucun *animus*, aucune volonté de la part du maître. Cette volonté existe, seulement elle s'est manifestée une fois pour toutes. L'usucapion, il est vrai, s'accomplira à l'insu du père de famille, et c'est là précisément la véritable et grande dérogation aux principes. On l'admit pourtant *utilitatis causa*, pour que le maître ne fût pas à chaque instant forcé d'intervenir dans l'administration du pécule, de se rendre compte de toute acquisition quelque minime qu'elle fût, de tout surveiller, de tout voir, de tout diriger en un mot, ce qui eût rendu parfaitement inutile la constitution du pécule et replacé sur les épaules du maître un fardeau dont il avait voulu précisément se décharger. (Voir les textes cités ci-dessus.) De là plusieurs conséquences fort remarquables : Les *infantes*, les *furiosi*, les *municipes*, à qui manque tout *animus*, toute volonté, deviendront pourtant possesseurs par l'intermédiaire de leurs esclaves toutes les fois que ceux-ci appréhenderont quelque chose *ex causa peculiari*. Il en sera de même de l'hérédité jacente. (L. 1, § 5, Dig., XLI, 2; l. 29, Dig., XLIX, 15; l. 16, Dig., XLIV, 7.)

Bien plus, le captif de guerre, à qui toute personnalité fait défaut, puisqu'il est *capite minutus*, acquerra la possession par son esclave muni d'un pécule, bien que la faveur du *Postliminium* ne s'applique pas aux *res facti* comme la possession. (L. 12, § 2; l. 22; l. 29, Dig., XLIX, 15; l. 44, § 7, Dig., XLI, 3.)

§ 102. — Pour acquérir la possession par ses esclaves, il suffit de les posséder. Ainsi le possesseur, même de mauvaise foi, de l'esclave d'autrui, acquerra la possession par cet esclave. Paul semble enseigner le contraire. (L. 1, § 6, Dig., XLI, 2.) Mais Ulpien, l. 34, § 2 *eodem*, ne distingue pas entre le possesseur de bonne ou de mauvaise foi. Cette dernière opinion est la seule raisonnable.

Il est certain, en effet, que l'on acquiert très-bien la possession par l'esclave d'autrui, lorsqu'il n'est possédé par personne. (L. 31, § 2, Dig., XLI, 3, et l. 34, § 2, Dig., XLI, 2.) A plus forte raison devra-t-on acquérir par cet esclave si on le possède. Et comme pour le cas de l'esclave *qui in libertate moratur*, il n'y a pas lieu de distinguer entre les acquisitions qui proviennent *ex re nostra*, ou *ex operis servi* et toutes les autres, de même au point de vue de la possession il paraîtrait *a fortiori* très-raisonnable d'écarter aussi cette distinction pour le cas où je posséderais cet esclave de bonne foi. La circonstance que je le possède, au lieu de restreindre pour moi les cas d'acquisition de la possession, devrait au contraire les élargir. Aussi ne comprend-on point que Gaius (II, 94) et Justinien qui le copie (II, IX, § 4 *in fine*), décident le contraire. Le célèbre Sabinien, et avec lui sans doute d'autres jurisconsultes, auront été entraînés à assimiler les effets de la possession à ceux

de l'usufruit, confusion contre laquelle Venuleius les avait
pourtant mis en garde. (L. 52, Dig., XLI, 2. — Voir § 17 *in
fine.*)

Le propriétaire n'acquerra pas la possession par l'esclave engagé, parce qu'il n'a pas la libre disposition de
cet esclave, ni par conséquent des choses appréhendées
par lui. Le créancier gagiste non plus, et pourquoi? parce
qu'il n'est pas de bonne foi. La critique ci-dessus s'applique également à cette solution. L'usufruitier acquerra
aussi la possession par l'esclave, objet de son droit, mais
seulement en tant que des acquisitions proviennent *ex re
sua vel ex operis servi*, ce qui se comprend assez bien,
puisqu'il n'a que le droit d'user et de jouir.

§ 103. — L'acquisition par l'intermédiaire des fils de famille suit les mêmes règles, seulement nous n'avons ici à
parler ni de l'usufruitier ni du possesseur de bonne foi. La
possession ne s'acquiert pas, dit Hermogénien, par l'intermédiaire de celui que je crois mon fils, s'il ne l'est pas
réellement. (L. 50 *pr.*, Dig., XLI, 2.) Cela ne saurait être
toujours exact et il me semble incontestable qu'il faut
distinguer. Si la personne en question est le *filiusfamilias*
d'un autre, la règle d'Hermogénien sera vraie; mais si
c'est un *sui juris,* pourquoi n'acquerrai-je pas la possession par son intermédiaire, à la condition qu'il veuille bien
posséder pour moi, puisque l'acquisition serait possible si
c'était une *extranea persona,* et que la circonstance que
je le crois mon fils ne peut nuire à ce résultat?

Gaius, II, 90, hésite sur la question de savoir si la possession s'acquiert par les personnes *in manu* ou *in manci-
pio.* Nous ne les possédons pas, dit-il : répondons avec
Paul, l. 1, § 8, Dig., XLI, 2 : qu'importe, nous l'acquérons
bien par l'intermédiaire de nos fils de famille (Gaius, II,
89), dont cependant nous n'avons pas la possession : *Nam
nec filium possidemus.*

§ 104. — B. *Acquisition de la possession par l'intermédiaire d'un tiers non soumis à notre puissance.*

Cette partie de notre étude se trouve déjà presque complétement expliquée par les développements que je viens de donner. Pour que l'acquisition se réalise il faut chez le représenté l'*animus;* chez le représentant une prise de possession accompagnée de l'intention d'acquérir pour le représenté; il faut enfin qu'il ait reçu mission d'acquérir la possession. Au reste aucun acte juridique n'est exigé pour constituer cette mission, voilà pourquoi un esclave, même s'il n'est possédé par personne, peut remplir le rôle du représentant.

Quand ces conditions sont remplies la possession est acquise au représenté même *ignoranti;* mais l'usucapion ne commencera qu'à partir du moment où il aura connu la prise de possession. En sera-t-il de même dans l'hypothèse d'un mandat général donné au *procurator universorum bonorum?* Aucun texte ne décide cette question et on ne saurait tirer un argument bien concluant dans aucun sens des passages que l'on invoque généralement. (Paul, *Sentences,* V, 2, § 2, et l. 42, § 1, Dig., XLI, 2.) Je pencherais à croire avec M. Molitor, que l'usucapion procédera même à l'insu du mandant. Ce résultat se produit dans le cas du pécule, non à cause du lien de puissance, mais bien parce que la remise d'un pécule fait présumer une autorisation générale d'acquérir la possession et d'usucaper au nom du maître, l'autorisation que le mandat général suppose au moins implicitement.

À ce principe, que le représenté doit avoir la volonté de posséder, il faut admettre une exception fort remarquable : les *municipes,* les *infantes,* les *furiosi* pourront acquérir la possession par l'intermédiaire de leurs administrateurs, tuteurs et curateurs. (L. 13, § 1, Dig., XLI, 1; l. 1, § 20, 22; l. 2, Dig., XLI, 2; l. 11, § 6, Dig., XIII, 7.)

§ 105. — On acquiert encore la possession par l'intermédiaire d'un tiers dans le cas du constitut possessoire. Lorsque le possesseur d'une chose consent à la détenir en mon nom, j'en acquiers immédiatement la possession. L'*animus* existe chez moi, le *factum* est accompli par lui. Puisqu'il n'en use qu'en mon nom, j'ai la possibilité physique d'en disposer à l'exclusion de tout autre, et s'il en jouit, ce n'est que parce que j'y consens. Le constitut possessoire est véritablement une manière d'acquérir la possession en droit romain, bien que le mot ne se rencontre pas dans les textes. Il ne se présume pas, l. 48, Dig., XLI, 2; l. 1, § 2, Dig., XVIII, 6, mais il n'a pas non plus besoin d'être expressément stipulé, et il résultera de ce que le possesseur consentira à cesser de l'être pour ne plus détenir la chose qu'en mon nom, à titre de locataire, commodataire, dépositaire, mandataire, par exemple : ainsi, toutes les fois que l'on rencontrera un de ces contrats et que le possesseur continuera à détenir la chose à l'un de ces titres, la possession m'aura été véritablement acquise. (L. 18 *pr.*, Dig., XLI, 2; l. 77, Dig., VI, 1.)

Ainsi encore dans toute aliénation, avec réserve d'usufruit, il y a constitut possessoire tacite et tradition implicite. (L. 28, C., XIII, 54.)

De même, dans une société universelle de tous biens, on considère la tradition des objets appartenant à chacun des associés comme parfaite, dès la conclusion du contrat. Comment expliquer cela si l'on ne suppose que chaque associé s'est constitué possesseur pour le compte de ses co-associés? (L. 1, § 1; l. 2, Dig., XVII, 2.)

§ 106. — Le constitut possessoire a fait fortune. Cette clause devint de style dans les actes d'aliénation passés sous l'empire de notre ancien droit français. On l'appela aussi clause de *dessaisine-saisine*. De là à dire que les contrats pouvaient sans tradition transférer la propriété, il n'y avait qu'un pas. Les rédacteurs du Code l'ont franchi; c'est un honneur pour eux d'avoir proclamé cette idée grande et philosophique que la volonté humaine peut créer des droits et les transmettre sans avoir besoin de recourir à des actes extérieurs, vieux débris d'une législation formaliste, et qui n'avait pu s'affranchir des liens de la matière.

§ 107. — Qu'il me soit permis de faire ici une courte digression. La question que je voudrais examiner en vaut la peine. Quelle est l'origine de la mancipation et de la tradition? Pourquoi les Romains exigeaient-ils la première pour que la propriété des *res mancipi* fût transférée, et la seconde quand il s'agissait des *res nec mancipi* ?

Puisqu'ils admettaient le constitut possessoire, ce n'était donc pas dans un but de publicité qu'ils exigeaient la tradition pour que la propriété fût acquise. Les tiers n'étaient prévenus de l'aliénation par aucun signe extérieur, puisque la chose restait entre les mains de l'aliénateur.

Evoquons maintenant les souvenirs de l'histoire; rappelons-nous l'origine de Rome, et l'asile ouvert par Romulus dans la ville naissante à tous les bandits de l'Italie. La guerre a veillé au berceau du peuple romain. Les combats et le pillage, voilà la voie par où il a couru à la richesse et à la domination du monde. Ce n'est pas le travail, c'est le combat qui lui a donné l'empire de la terre, et c'est plutôt de son sang que de ses sueurs qu'il arrosa les champs qu'il a conquis. Aussi, peut-on lui appliquer, en le retournant, un mot devenu célèbre, et dire que pour le peuple Romain, le vol c'était la propriété!

Quel était le fruit de ces expéditions, de ces entreprises continuelles contre ses voisins? Des terres, des troupeaux, des esclaves, sans compter le menu butin. Quant aux premiers objets, le soldat ne les conservait point, c'était la propriété commune, et ils étaient vendus au profit du

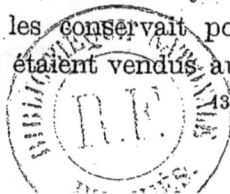

peuple en vertu d'une loi. L'acquéreur des biens ainsi
aliénés, s'appelait *manceps*. Or, pour les Romains, idolâtres
de la forme, la propriété ne pouvait se transmettre que par
le moyen même qui avait servi à l'acquérir. Pour donner
à de simples citoyens la propriété des choses *mancipi*, il a-
vait fallu une loi; une loi sera nécessaire pour les aliéner.
La mancipation était une petite loi; les cinq témoins et le
libripens représentaient les six classes des citoyens romains.
C'était par un achat que l'aliénateur était devenu propriétaire: il ne pourra transmettre son droit que par une
vente; de là cette pièce d'airain, qui représente le prix.
Voilà pourquoi Gaius définit la mancipation : *imaginaria
venditio*, c'est-à-dire vente fictive.

Quant aux menus objets, ils devenaient par le pillage
la propriété individuelle du soldat qui les avait ravis.
Quel était le mode d'acquisition ? Une prise de possession,
l'occupation d'une chose *nullius*, puisque les ennemis n'ont
aucun droit vis-à-vis du vainqueur, et qu'ils perdent même
par leur défaite le plus précieux de tous les droits: la
liberté! Aussi pour transmettre la propriété des choses
nec mancipi, il fallait recourir au moyen dont on s'était
servi pour l'acquérir à l'origine. Une prise de possession, et
voilà la tradition expliquée. On peut même dire qu'elle
constitue l'occupation d'une chose *nullius,* puisqu'au
moment précis de l'acquisition le *tradens* renonce à son
droit.

Ainsi les *res mancipi,* butin commun, devenaient la propriété individuelle des citoyens en vertu d'une loi qui en
autorisait la vente; ils ne pourront s'en dessaisir que par une
vente qui ressemblera à une loi. Les *res nec mancipi,* butin
individuel, sont acquises par la prise de possession, il faudra
ainsi une prise de possession, une tradition pour en transmettre la propriété. En un mot, pour aliéner il faut les
mêmes conditions que pour acquérir. Pour dissoudre un

lien, il faut prendre les moyens mêmes qui ont servi à le former. C'est là une idée vraiment romaine, et nous retombons ainsi sous l'empire d'un adage célèbre en matière d'obligations : *Nihil tam naturale est id eodem modo dissolvi, quo colligatum est.* (L. 153, Dig., L, 17.) *Quibus modis acquirimus, hisdem in contrarium actis amittimus.*

CHAPITRE II

Perte de la possession.

§ 108. — *Généralités.* — En examinant la question qui fait l'objet de ce chapitre, nous en résoudrons implicitement une autre. Les conditions dont dépend la continuation de la possession, sont précisément corrélatives à celles qui sont exigées pour qu'elle soit perdue. Lorsque j'aurai exposé comment elle se perd, j'aurai par là même montré comment elle se conserve.

La possession, nous l'avons vu, se compose de deux éléments : la possibilité physique d'agir sur une chose à l'exclusion de tout autre, jointe à la volonté d'exercer ce pouvoir. Ces conditions président à l'acquisition de toute possession ; elle ne sera conservée qu'autant que subsistera leur coexistence. Seulement, quant à l'élément matériel, si son essence n'est pas modifiée, son degré d'intensité pourra l'être, si j'ose ainsi parler. Ainsi la possession sera conservée tant qu'il nous sera loisible de répéter sur la chose l'acte de maître qui nous a servi à l'acquérir (1. 3, § 13, Dig., XLI, 2) : *Nerva filius res mobiles, excepto homine, quatenus sub custodia nostra sint, hactenus possideri, idem quatenus si volimus naturalem possessionem nancisci possimus.* Ainsi le seul fait de ne pouvoir pour le moment retrouver l'objet, ne fait pas perdre la possession. (Même loi et l. 44 *pr.*, même titre.)

C'est par la coexistence des deux éléments que la possession continue : si l'un des deux vient à faire défaut, elle est perdue. Celui qui ne veut plus posséder cesse par là même d'être possesseur; et le vol accompli, même à notre insu, nous fait perdre la possession de la chose détournée. Les applications de ce principe abondent dans les textes. (L. 3, § 13; l. 29; l. 3, § 6; l. 17, § 1, Dig., XLI, 2.) La règle elle-même est expressément formulée dans plusieurs passages, entre autres la loi 44, § 2 du même titre dont nous détachons les mots : *Ejus quidem, quod corpore nostro teneremus, possessionem amitti vel animo, vel etiam corpore.*

§ 109. — Il est cependant un texte qui semble donner à ces idées le démenti le plus formel; c'est la loi 153, Dig., L, 17 : *Fere quibuscumque modis obligamur, iisdem in contrarium actis liberamur : cum quibus modis adquirimus hisdem in contrarium actis amittimus. Ut igitur nulla possessio adquiri nisi animo et corpore potest, ita nulla amittitur nisi in qua* UTRUMQUE *in contrarium actum.* Le jurisconsulte semble nous dire que pour que la possession soit perdue, il faudra non-seulement que le fait matériel, mais encore que l'élément intellectuel se soient produits dans un sens opposé à celui qui est exigé pour que la possession soit acquise.

Interprété de la sorte, ce passage, dont la loi 8, Dig., XLI, 2, répète les termes, constituerait l'antinomie la plus flagrante si on le compare à tous les autres textes sur la matière. La difficulté porte tout entière sur le mot *utrumque* qui, malgré tous les efforts tentés pour lui donner un autre sens, ne peut absolument répondre qu'à la locution française l'*un* et l'*autre*.

Contre cette signification du mot *utrumque* s'élèvent deux objections impossibles à réfuter : 1° Quand un meuble m'est volé sans que je le sache, j'en perds la possession et comment ? *corpore tantum*, c'est trop clair ; l'élément intellectuel subsiste dans son entier ; l'élément matériel, le *corpus* seul, me fait ici défaut ; 2° *Si in fundo sim et nolim possidere, protinus amitto possessionem*. Le *corpus* reste ici intact, la volonté seule a changé.

L'interprétation de M. de Savigny peut seule résoudre cette grave difficulté ; elle est, du reste, aujourd'hui généralement adoptée.

Aucune possession ne peut être perdue si l'un et l'autre des deux éléments qui la constituent ne se produisent en sens contraire. Il faut qu'il y ait un acte en sens contraire : c'est là l'idée mère du passage de Paul. Or, comme la possession s'acquiert par la réunion du *corpus* et de l'*animus*, il faudra, pour qu'elle soit perdue, un acte contraire à cette co-existence, et ce n'est pas l'*animus* seulement qui doit être contraire quand la possession se perd *animo*, mais dans les cas où elle se perd *corpore* il faut un élément d'appréhension, un *corpus* diamétralement opposé à celui qui peut la faire acquérir.

En un mot le jurisconsulte veut nous prémunir contre cette idée que pour perdre la possession soit *animo* soit *corpore*, il suffirait d'un fait différent, d'un changement quelconque survenu dans l'un de ses éléments ; non, il faut un acte diamétralement opposé, et cette opposition s'applique et au *corpus* et à l'*animus*. L'attention du jurisconsulte s'est portée, non pas sur le mot *utrumque* qui nous donne tant de besogne, mais sur l'expression *contrarium actum*, qui est le fonds même de sa pensée.

Il n'en est pas moins vrai que Paul n'est pas exempt de reproche d'avoir, emporté par l'idée d'une corrélation mathématique et régulière, employé un mot qui pouvait donner à sa phrase un sens différent. Mais il faut se rappeler que Paul n'écrivait pas pour nous et que le principe que la possession peut se perdre soit *animo* soit **corpore** seulement, ne faisait de doute dans l'esprit de personne à l'époque où le jurisconsulte traçait ces lignes, destinées à devenir le terrain de tant de controverses.

Ainsi la possession peut finir *animo*, comme elle peut se perdre *corpore* : chacune de ces idées fera l'objet d'une des deux sections suivantes : des règles spéciales régissent un cas particulier : celui où la possession est exercée par l'intermédiaire d'un tiers, ce sera la matière d'une troisième division.

SECTION I

Perte de la Possession CORPORE.

§ 110. — *A. Perte de la possession des meubles par suite d'un fait matériel.*

C'est l'élément physique qui vient ici à disparaître : ainsi quand ma chose périt matériellement ou juridiquement, par exemple dans le cas de spécification. Le fait d'un tiers fera souvent perdre la possession, ainsi le vol : il n'est pas nécessaire que le ravisseur puisse acquérir la possession ; l'esclave d'autrui agissant sans l'ordre de son maître, par exemple, me fait certainement perdre la possession de l'objet qu'il me vole. La faculté d'en disposer cesse évidemment dans ce cas. Pourtant, si c'était mon esclave qui avait commis la soustraction, la possession ne serait pas perdue pour moi, car je le possède toujours, et par son intermédiaire l'objet qu'il m'a volé.

D'un autre côté, la possibilité d'agir peut aussi disparaître sans qu'il soit besoin du fait d'un tiers : « Si l'endroit où se « trouve la chose devient inaccessible au possesseur (l. 13 « *pr.*, et l. 44 *pr.*, Dig., XLI, 2), ou n'est plus à sa connais- « sance. » (L. 25 *pr.*, *eodem*.) Une remarque cependant est

« nécessaire relativement à ce dernier point. Celui qui con-
« serve une chose dans sa demeure ou qui enfouit un tré-
« sor dans son champ, n'en perd pas la possession par le
« seul fait de ne plus pouvoir immédiatement retrouver
« l'objet en question (l. 3, § 13; l. 44 *pr., eodem*); les me-
« sures pour sa conservation, *custodia,* lui donnent la cer-
« titude de pouvoir le retrouver plus tard. Ainsi le posses-
« seur doit, ou connaître l'endroit où se trouve l'objet, ou
« avoir celui-ci spécialement en sa *custodia,* cette dernière
« n'est donc pas une condition absolue du maintien de la
« possession. » (Savigny.) (L. 3, § 13, 14 et 15, Dig., XLI, 2.;
l. 3, § 2; l. 5 *pr.,* Dig., XLI, 1. Institutes, II, I, § 12.)

Quant à l'esclave fugitif, si l'on considérait que la possession n'était pas perdue pour son maître, c'était là une
règle de pure utilité pratique que la rigueur des principes
n'aurait pas dû admettre. (L. 1, § 14, Dig., XLI, 2.) Mais
c'était, bien entendu, à la condition qu'il ne fût possédé par
personne ou qu'il ne se considérât pas comme un homme
libre.

§ 111. — *B. Perte de la possession des immeubles* COR-
PORE, *c'est-à-dire par un fait matériel.*

Pour perdre la possession d'un immeuble, il ne suffit
pas de s'en éloigner momentanément. Dans ce cas, en effet, rien n'enlève au possesseur la faculté d'en disposer. Il
peut revenir, et tant qu'un autre n'a pas appréhendé l'immeuble, on peut dire que la possession n'est pas perdue.

Plaçons-nous maintenant dans cette dernière hypothèse.
Il est certain que toute possibilité d'agir sur l'immeuble
fait ici défaut, puisqu'il est entre les mains et au pouvoir
d'un tiers. Tout ce qu'on peut dire, c'est que cette prise
de possession sera clandestine à mon égard, et que l'ancien interdit *de clandestina possessione* devait me la faire
recouvrer : tel devait être l'état du droit à l'époque de
Labéon. Plus tard, au moment où Celsus Neratius et Pom-

ponius écrivaient, l'interdit *de clandestina possessione* était tombé en désuétude; on avait trouvé plus simple d'admettre que je conserverais la possession tant que le fait de l'occupation par un tiers ne serait pas venu à ma connaissance.

Ce fait connu, je pouvais, soit m'abstenir de crainte d'être repoussé violemment, ou par un autre motif, et alors je perdais la possession *animo*, soit essayer d'expulser le tiers. Dans ce cas, si j'étais vaincu, je perdais la possession par une *dejectio*, c'est-à-dire par un fait matériel, *corpore* en un mot; si je parvenais à expulser l'intrus, j'étais censé n'avoir jamais cessé d'être possesseur. Ainsi l'on admit le principe que la possession des immeubles ne se perdait pas *corpore* tant qu'on ignorait le fait de l'appréhension par un tiers. (L. 18, §§ 3, 4, et l. 25, § 2, Dig., XLI, 2.) Plus tard encore ce principe que les lois précitées ne semblent pas admettre tout à fait comme une règle absolue, fut enseigné par Paul et Papinien comme ne pouvant plus faire aucun doute. (L. 46, et l. 3, §§ 7, 8, Dig., XLI, 2.)

§ 112. — Ces idées nous permettront d'expliquer aisément un texte qui pourrait donner lieu à bien des difficultés si on l'interprétait autrement. (L. 6, § 1, et l. 7, Dig., XLI, 2.) *Qui ad nundinas profectus neminem reliquerit, et dum ille a nundinis redit aliquis occupaverit possessionem, videre eum clam possidere Labeo scribit. Retinet ergo possessionem is qui ad nundinas abiit. Unde si revertentem dominum non admiserit vi magis intelligitur possidere non clam.* (L. 7.) *Et si nolit in fundum reverti quod vim majorem vereatur, amisisse possessionem videbitur, et ita Neratius quoque scribit.*

On voit que notre règle n'était pas admise du temps de Labéon. L'intrus possédait, clandestinement à la vérité, mais il possédait; et l'interdit *clandestinæ possessionis*, qui est récupératoire, aurait été donné contre lui. Mais à l'époque d'Ulpien on n'admettait plus de possession clandestine ni d'interdit *de clandestina possessione*. Aussi le jurisconsulte ajoute-t-il : *Retinet ergo possessionem qui ad nundinas abiit ;* c'est-à-dire, en vertu de notre nouvelle règle, que la possession des immeubles se conserve *animo* tant que le fait de la spoliation n'est pas connu ; toutes les fois que, du temps de Labéon, on attribuait la possession clandestine à l'intrus, il faut, à notre époque, reconnaître que l'ancien possesseur n'a pas cessé de posséder. Le reste du passage confirme pleinement les principes que nous venons d'exposer sur cette matière.

§ 113. — Ainsi lorsqu'on s'éloigne d'un immeuble sans avoir l'intention d'en abandonner la possession, on la conserve par *l'animus* seul ; pour qu'elle soit perdue, il faut donc un *contrarius actus* relatif à cet élément intellectuel ; c'est-à-dire la volonté de ne plus posséder ; que cette volonté soit libre d'ailleurs, ou déterminée par la crainte de quelque violence.

En résumé, la possession des immeubles que l'on retient *animo*, ne peut se perdre qu'*animo*.

La règle s'applique-t-elle au cas où la possession est exercée en mon nom par une tierce personne, au cas où elle se verrait chassée de l'immeuble. Dans cette hypothèse Papinien décide formellement (l. 44 *in fine*, Dig., XLI, 2) que j'aurai perdu la possession par le fait même de la *dejectio* de mon représentant et même avant d'en avoir acquis la connaissance. Dans ce cas, dit-il, je retenais la possession aussi bien *corpore* qu'*animo*. Je pourrai donc la perdre *corpore*, car, s'il est des cas où l'on ne peut cesser d'être possesseur d'un immeuble qu'*animo* ils supposent tous que la possession est retenue *animo* seulement.

Cette exception était-elle admise par tous les jurisconsultes ? C'est ce que nous examinerons dans un instant.

§ 114. — La possession se perd *corpore*, lorsqu'un individu veut s'emparer par violence de l'immeuble que je

14*

détenais, soit par moi-même, soit par mes esclaves; mais *quid* si saisi de crainte, j'abandonne mon bien avant d'en être expulsé? J'ai pu céder à une vaine terreur, peut-être ne voulait-on pas s'attaquer à moi ; ma faute a pu être inspirée par la crainte d'un danger réel, mais futur, ou bien encore j'ai eu à redouter un péril sérieux et présent.

Dans les deux premiers cas, il ne me restera que la ressource des actions pétitoires; dans le troisième j'aurai en outre l'action *quod metus causâ*. Mais dans les trois hypothèses la possession sera perdue *animo tantum*.

Pour que la voie de l'interdit *unde vi* soit ouverte, il faut encore que les agresseurs aient occupé mon bien par violence, et dans ce cas-là seulement la perte de possession sera due à un élément matériel, diamétralement contraire à celui par lequel je l'avais acquise : elle se produira donc *corpore*.

De cette manière l'interprétation des lois 33, § 2, Dig., XLI, 3; l. 9 *pr.*, Dig., IV, 2; l. 1, § 29, et l. 3, § 6, Dig., XLIII, 16, ne présente plus de difficultés sérieuses. Dans les hypothèses de ces passages, il est certain que la possession est perdue soit *animo* soit *corpore;* les jurisconsultes discutent seulement la question de savoir s'il y a véritablement *dejectio*, c'est-à-dire si l'interdit *unde vi* peut être utilement invoqué par celui qui a perdu la possession.

SECTION II.

Perte de la possession ANIMO.

§ 115. — Pour que la possession soit perdue de cette manière, il ne suffit pas que la volonté de posséder vienne à cesser, soit par suite de la folie du possesseur, soit parce qu'il ne songe pas à la chose, ni par conséquent à la possession qu'il en a. Il faut un *contrarius actus,* un *animus non possidenti,* en un mot la volonté de renoncer à la possession, peu importe du reste qu'elle soit libre ou dictée par la crainte, ainsi que nous venons de le vérifier.

De là résulte que les personnes incapables de volonté ne sauraient perdre la possession *animo*. Cette règle s'applique au *furiosus* et au pupille. Le dernier est en effet incapable de rendre sa condition pire par un acte de sa volonté, si cet acte ne constitue pas un délit. Il lui est donc impossible de perdre la possession autrement que *corpore*. Ceci nous mène à un résultat bien remarquable. Nous avons vu que dans certains cas on pouvait retenir *animo tantum* la possession des immeubles toutes les fois que la faculté matérielle d'en disposer faisait presque défaut, par exemple par suite d'un éloignement momentané du possesseur. Or si le pupille s'abstient, même après avoir appris l'occupation accomplie par un tiers, il ne pourra perdre la possession *animo*, puisqu'il est incapable de cette volonté contraire à son intérêt. Mais cette possession ne pouvait être perdue qu'*animo ;* donc dans ce cas le pupille et le furieux la conservent. (L. 27, Dig., XLI, 2.) De cette manière les lois 3, § 7 et 8, et l. 29, Dig., XLI, 2, se concilient de la façon la plus simple.

§ 116. — Dans ce dernier passage M. Molitor prétend que le mot *corpore* veut dire *re,* en d'autres termes, que le pupille ne perdra la possession que par un changement qui s'opère dans la chose même, par exemple, lorsqu'elle se trouve dans un endroit inaccessible, qu'elle est détruite, ou qu'elle subit une spécification.

C'est évidemment faire fausse route : car il est indubitable que le pupille perdra fort bien la possession *corpore,* dans d'autres hypothèses, par exemple dans celle du vol, sans qu'on ait besoin de recourir au cas d'une *dejectio* accomplie à l'encontre du pupille lui-même ou de ses esclaves, hypothèses que les textes considèrent pourtant évidemment comme une perte de possession s'opérant *corpore.*

§ 117. — M. de Savigny ne me paraît pas être davantage dans le vrai, lorsqu'il soutient (p. 328, note 2) qu'en cas de tradition d'immeubles faite par un insensé ou un pupille, la possession n'est pas acquise à l'autre partie, ce qui l'oblige à supposer bien gratuitement que la loi 2, § 15, 16, Dig., xli, 4, n'a voulu parler que des meubles. Ce passage admet l'usucapion en faveur de l'acquéreur : or l'usucapion suppose une possession acquise, le pupille doit donc l'avoir perdue, ce qui est impossible, dit le savant auteur, lorsqu'il s'agit d'immeubles. L'erreur consiste ici, ce me semble, à avoir formulé la règle d'une façon trop générale. Il ne faut pas dire la possession des immeubles ne se perd qu'*animo*, mais bien : dans les cas exceptionnels où la possession des immeubles se conserve *animo solo,* elle ne pourra se perdre qu'*animo.* Papinien présente cette idée d'une manière très-précise dans la loi 44 *in fine,* Dig., xli, 2.

§ 118. — La volonté de renoncer à la possession ne se présume pas; souvent pourtant elle résultera des circonstances. Ainsi je reste pendant plusieurs années sans cultiver mon champ, soit par négligence, soit que d'autres occupations qui m'en éloignent, un voyage par exemple, m'aient paru plus importantes. Il en est de même dans le cas du constitut possessoire dont j'ai parlé plus haut. La preuve que la renonciation à la possession ne se présume pas, c'est que le demandeur en revendication peut, abandonnant cette action, prétendre qu'il est possesseur. Pourtant la qualité de demandeur en revendication est inconciliable avec celle de possesseur, de telle sorte qu'en intentant l'action j'ai dû reconnaître que je n'étais pas possesseur. Cependant comme il peut très-bien se faire que j'ignore ma qualité de possesseur (par exemple la chose étant entrée à mon insu dans le pécule de mon esclave), il me sera permis de revenir à la voie possessoire. (L. 12, § 1, Dig., xli, 2.)

SECTION III

Perte de la possession par un tiers.

§ 119. — Lorsque je ne détiens pas moi-même, mais par l'intermédiaire d'un tiers, qu'il soit ou non soumis à ma puissance, il est évident que je puis perdre la possession *animo :* par exemple en me constituant possesseur pour le compte de celui à qui j'ai vendu. D'un autre côté, il est certain que, personnellement, je ne saurais la perdre *corpore :* admettons que je sois expulsé violemment, si mon représentant ne l'est pas ma possession continuera. (L. 1, § 45, Dig., XLIII, 16.) *Si quis me vi dejecerit, meos non dejecerit, non posse me hoc interdicto experiri, quia per eos retineo possessionem qui dejecti non sunt.* Ainsi, en résumé, toutes les fois que la possession est exercée par un tiers, elle ne peut se perdre *animo* que par le changement de l'*animus* dans la personne du représenté. Cela posé nous allons examiner les conditions de la perte de la possession lorsqu'elle se produit dans la personne du représentant. Cela peut arriver contre le gré de ce dernier, ou bien au contraire de son consentement, et dans ce cas, le représentant peut avoir trois buts bien différents : 1° abandonner purement et simplement la chose, en un mot, cesser de posséder pour le représenté ; 2° acquérir la possession pour lui-même ; 3° la faire obtenir à un tiers.

§ 120. — 1° *Perte de la possession du chef du représenté, mais contre son gré.*

Ce résultat ne peut se produire que par une **contrectatio** de la chose opérée par un tiers, s'il s'agit de meubles, ou par une *dejectio* s'il s'agit d'immeubles. Alors la possession est perdue.

Dans cette dernière hypothèse il importe peu que le représenté ignore la spoliation de son représentant; et la
règle contraire que nous avons exposée plus haut, ne peut
ici avoir aucune valeur. Pourquoi? C'est qu'elle ne s'applique que dans les cas où la possession était retenue *animo
solo;* or dans notre hypothèse le représenté la retenait
aussi *corpore,* au moyen de la détention du représentant.
(L. 1, § 22, Dig., XLIII, 16.) M. de Savigny admet bien cette
solution, mais non pas le motif que je lui suppose. A la vérité il n'en donne aucun; mais lorsqu'il s'agit de savoir si la
possession peut être perdue par la volonté seule du représentant qui veut se l'approprier, il répond que, quant aux
immeubles, cela est impossible, parce que la possession des
biens-fonds ne se perd pas avant que le possesseur n'ait
connu le fait de l'appréhension par un tiers. Il y a évidemment contradiction, car si dans ce cas la règle relative aux
immeubles doit être admise, il n'y a aucune raison de ne
pas l'appliquer dans l'hypothèse où le représentant est expulsé par un tiers : ceci va tout-à-l'heure être l'objet d'un
examen plus approfondi.

§ 121. — 2° *Perte de la possession du chef du représentant
et de son consentement.*

Supposons tout d'abord que le représentant ait purement et simplement l'intention de cesser d'exercer la détention pour le compte du représenté. Dans ces conditions il abandonne la chose. La possession n'est pas
perdue ; comme l'*animus* du possesseur reste le même, il
faudrait, relativement au *corpus,* c'est-à-dire à la faculté de
disposer de la chose, un *contrarius actus* qui ne se produira
que si un tiers appréhende l'objet; jusque-là, la possibilité
d'agir sur cette chose ne fait pas complétement défaut et
la possession est conservée. Il en sera de même si le représentant vient à mourir : aucune distinction ne doit être
faite à cet égard entre les meubles et les immeubles. (L. 3,

§ 8; l. 44, § 2, Dig., xli, 2; l. 7 *pr.*, Dig., xli, 4; l. 31, Dig., iv, 3; l. 40, § 1, Dig., xli, 2.)

§ 122. — *Le représentant a voulu acquérir la possession pour lui-même.*

Il est clair que la faculté de disposer de la chose a disparu pour le représenté; s'il veut la reprendre ou s'il la transmet à quelqu'un, le représentant refusera de la rendre. Evidemment la possession devrait être perdue d'après la rigueur des principes.

Telle était aussi, en matière de meubles, l'opinion des Proculiens, opinion que Papinien rapporte dans la loi 47, Dig., xli, 2, et qu'il semble même adopter : *Si rem mobilem apud te depositam... tibi possidere neque reddere constitueris; statim amisisse me possessionem, vel ignorantem, responsum sit.* D'un autre côté les Sabiniens, dont l'opinion avait probablement prévalu, maintenaient la possession jusqu'à ce que le représentant eût commis un vol, en appréhendant matériellement la chose. Sans doute elle eût dû être perdue dès qu'il avait changé de volonté; mais comme pour l'acquérir à son profit une appréhension nouvelle était nécessaire, la chose serait demeurée sans possesseur pendant l'intervalle. Ceci les amena à faire durer la possession du représenté jusqu'à la *contrectatio,* l'acte physique accompli par le représentant. (L. 3, § 18, Dig., xli, 2.) Cette remarque me servira tout-à-l'heure lorsque j'essaierai de démontrer, malgré l'opinion de plusieurs auteurs, que la règle *Nemo sibi causam possessionis mutare potest* n'a rien à faire ici; qu'elle n'a pas été faite pour notre hypothèse et n'a jamais eu la moindre importance dans la question de savoir s'il y a ou non *possession* par rapport aux interdits.

§ 123. — Le représentant veut acquérir à son profit la possession de l'immeuble qu'il détient? Le pourra-t-il par le seul effet de sa volonté, c'est-à-dire à l'insu du représenté? Je ne connais aucun texte qui résolve cette question. Les lois 12 et 18, Dig., XLIII, 16, qu'on cite quelquefois, n'en fournissent pas la solution. Quand le fermier repousse son bailleur ou l'acheteur de celui-ci, il lui fait perdre la possession par cette *dejectio*. Mais on peut fort bien supposer que la volonté d'acquérir la possession soit née chez ce fermier précisément à l'instant où il a expulsé le précédent possesseur. La loi 3, § 9, Dig., XLI, 2, n'est guère plus concluante, parce qu'elle prévoit d'autres hypothèses que la nôtre. Il faut donc résoudre la question d'après les principes et l'analogie.

Répétons ici le raisonnement que nous avons fait en parlant des meubles, et nous trouverons que la possession a dû être perdue *corpore*, soit au moment même où la volonté du représentant a changé, soit après qu'il aura accompli une nouvelle appréhension de la chose, par analogie avec la théorie Sabinienne, qui avait prévalu en matière de meubles.

§ 124. — Il ne reste plus maintenant qu'à examiner si cette solution ne doit pas être renversée de fond en comble par la règle qu'on peut retenir *animo tantum* la possession des immeubles.

Il semble bien que non. Il est vrai qu'on ne peut perdre *corpore* la possession des immeubles, mais seulement dans les cas où on ne la retenait qu'*animo*. Or, nous sommes précisément ici dans une hypothèse où la possession était retenue *corpore* par l'entremise du représentant : hypothèse où elle peut fort bien se perdre même à notre insu. (L. 44, § 2; l. 45, 46, Dig., XLI, 2.) Voilà la surface. Pour arriver au fond analysons les faits : Au moment où le représentant change de volonté, la possession devrait être perdue pour moi; mais en vertu de la théorie Sabinienne reçue en matière de meubles et que je puis appliquer ici par analogie, ma possession continuera pourtant jusqu'à ce que le représentant l'acquière par un acte physique. Dans l'intervalle entre la volonté et l'acte physique, ou si l'on veut encore, entre ces deux pensées, l'intention de ne plus posséder pour moi, et celle de posséder pour lui-même, j'aurai retenu la possession non pas *corpore*, c'est trop clair puisqu'il ne possède plus pour moi, mais *animo*. Or, dès que je retiens *animo* la possession d'un immeuble, je ne puis plus la perdre à mon insu; il faudra donc que l'infidélité de mon représentant me soit connue; et alors si je m'abstiens, je perdrai la possession par l'*animus*, puisque je serai censé y renoncer. Ainsi je pencherais à croire que le représentant infidèle n'acquerrait pas la possession, mais j'admettrais bien volontiers qu'il y ait pu avoir controverse sur un point si délicat. Les explications que je vais donner sur le cas où le représentant veut faire acquérir la possession à un tiers rendront cette solution assez vraisemblable.

Le motif que je viens de donner a dû être celui de certains jurisconsultes romains; dans l'hypothèse, assez probable, du reste, qu'ils étaient d'accord pour n'admettre pas la perte de la possession au profit du représentant. On ne s'expliquerait pas autrement comment Paul ait pu dire, dans le cas où la possession est exercée par un tiers en notre nom : *Constat possidere nos donec aut nostra voluntate discesserimus, aut vi dejecti fuerimus.* (L. 3, § 9, Dig., XLI, 2; voir le § suivant.) Cette raison, du reste, n'aurait pas suffi dans certains cas. Supposons, par exemple, que le représenté vienne à mourir, la possession étant alors perdue *animo*, rien ne s'opposerait à ce que le représentant pût l'acquérir, même en matière d'immeubles, puisqu'il ne peut plus être question de la retenir *animo tantum* dans ce cas. Il faut donc donner ici un autre motif qui s'appliquera à toutes les hypothèses : Pour acquérir la possession, il est nécessaire que l'intention du représenté ait changé. Or comment pourra-t-il prouver qu'il a voulu à un certain moment posséder pour lui? On ne le croira pas sur parole lorsqu'il viendra alléguer son infidélité : *Nemo auditur propriam turpitudinem allegans*. Il faudra qu'un fait matériel plus puissant que des allégations vienne démontrer le changement de sa volonté. Par exemple : le refus du fermier de payer son loyer; ou bien, l'achat qu'il aurait fait de celui qu'il croyait être propriétaire. S'il continue de payer les loyers, il ne suffirait pas qu'il ait vendu le bien à un tiers de qui il l'aurait pris à bail de nouveau en lui payant aussi les fermages. (L. 32, § 1, Dig., XLI, 2.) Le premier bailleur intentant l'action possessoire viendra, son contrat à la main, lui dire : Vous possédiez pour moi, vous avez continué de me payer le loyer, vous ne sauriez démontrer votre volonté de posséder pour vous, votre intention restera équivoque, et, dans le doute, il faut admettre qu'elle est demeurée la même, puisque autrement, on arriverait à vous trouver coupable d'un acte d'improbité.

Qu'il me soit permis de rappeler encore une fois que dans mon opinion que je développerai tout-à-l'heure, la règle : *Nemo sibi causam possessionis mutare potest* n'a absolument rien à faire ici.

§ 125. — *Le représentant veut faire acquérir la possession à un tiers.*

Pour les meubles pas de difficulté : il est certain que la possession sera perdue pour le représentant. (L. 33, § 4, Dig., XLI, 3.)

Pour les immeubles la solution eût dû être la même; mais la règle particulière que nous connaissons viendra-t-elle modifier le résultat? Il y avait controverse : la possession est perdue, disent les lois 40, § 1, et 44, § 2, Dig., XLI, 2. Elle subsiste, dit Paul : *Nam constat possidere nos donec aut nostra voluntate discesserimus, aut vi dejecti fuerimus.* (L. 3, § 9, Dig., XLI, 2.) Justinien, l. 12, C., VII, 32,

adopta cette opinion en décidant, pour empêcher les inter-
versions simulées, que l'infidélité du représentant ne nui-
rait pas au représenté. Il indique que sa constitution va
mettre terme à d'anciennes controverses dont les livres
des Sabiniens s'occupaient beaucoup « et qui » dit l'Empereur « sont parvenues jusqu'aux oreilles sacrées de
notre divinité !! »

Une dernière observation : Nous avons toujours parlé
d'un représentant en général, sans distinguer s'il était ou
non sous la puissance du représenté. Dans le premier cas,
la question de savoir s'il peut acquérir la possession à
son profit, ne peut même pas prendre naissance.

§ 126. — Dans tout ce que je viens de dire sur la perte
de la possession par un tiers, on a remarqué peut-être que
je me suis beaucoup écarté de la doctrine de mes guides
habituels, soit comme solutions, soit comme motifs. Je vais
avoir le regret de les abandonner complétement et d'essayer même de les combattre dans la question de savoir
si la règle *Nemo sibi causam possessionis mutare potest* peut
s'appliquer à cette matière.

Quel est d'abord le sens littéral de ces mots : nul ne
peut à lui seul changer le *titre* de sa possession? Ainsi celui qui possède à titre d'acheteur ne peut, en vertu de sa
volonté, commencer à posséder à titre de donataire. La
règle ne signifie aucunement que celui qui détenait pour
autrui ne peut, sans l'intervention d'autrui, posséder avec
l'*animus domini,* c'est-à-dire pour son propre compte ; s'il
en eût été ainsi, la règle eût été énoncée en ces termes :
Nemo animum possessionis suæ mutare potest. Les causes de
la possession ne sont autre chose que les différents titres
en vertu desquels on possède un objet. (L. 3, § 20, Dig.,
XLI, 2.)

Tout le monde reconnaît bien maintenant que la règle en
question n'avait à l'origine aucune importance relative-

ment à l'usucapion ordinaire, ni même à la possession considérée comme condition des interdits : elle eût été parfaitement inutile au cas de l'usucapion ; admettons qu'un détenteur quelconque puisse à lui seul changer son titre, sa mauvaise foi, qui subsiste quand même, l'empêchera toujours d'acquérir la propriété. En matière de possession proprement dite, ce n'est pas le changement du titre qui importe, c'est celle de l'intention : car elle peut très-bien varier, le titre restant le même, et l'on peut très-bien posséder sans aucun titre. Or ce que la règle dont il s'agit prohibe, ce n'est pas le changement de la volonté, c'est celui du titre.

§ 127. — La règle *nemo sibi*, etc..., avait été créée par les prudents pour le cas de l'usucapion *pro herede* ou *lucrativa*, dont Gaius nous a révélé l'existence. (II, §§ 52 et suiv.) Pour forcer l'héritier à faire plus promptement adition, et afin que les sacrifices privés ne fussent pas interrompus, on admit que tant qu'il n'aurait pas pris possession des choses héréditaires, le premier venu pourrait sans crime s'en emparer et les usucaper à titre d'héritier par le délai d'un an, même pour les immeubles. Cependant une exception se présentait relativement aux choses héréditaires dont la possession ou la détention se trouvait aux mains d'un tiers à l'époque de la mort du *de cujus*. Ces détenteurs ou ces possesseurs ne pouvaient usucaper. Celui qui possédait *pro emptore*, par exemple, en vertu d'une vente, ne pouvait commencer à posséder à titre d'héritier, quoique cela pût lui être avantageux en lui permettant d'usucaper même les immeubles par le délai d'un an ; *a fortiori* le détenteur à titre de dépositaire, de fermier, ne pouvait, par la seule volonté de posséder à titre d'héritier, usucaper *pro herede*. Ils ne pouvaient changer leur titre : *Nemo sibi ipse causam possessionis mutare potest.*

§ 128. — Quel motif aurait inspiré cette exception re-

marquable? Ce n'était pas évidemment l'intérêt de l'héritier, intérêt dont on faisait bien peu de cas, puisqu'on
n'hésitait point à le dépouiller de son droit. Les auteurs
que j'ai pu consulter, même M. Machelard, n'ont pas re-
cherché la raison d'être de cette dérogation aux règles de
l'usucapion *pro herede*. Le motif, le voici, ce me semble :
Lorsque le premier venu vient s'emparer d'une chose hé-
réditaire, nul doute qu'il ne fasse un acte d'héritier. Qui
est-ce qui d'habitude s'en saisit dès la mort du *de cujus?*
L'héritier, n'est-ce pas? Ainsi, lorsque cet individu viendra
dire : c'est à titre d'héritier que j'ai voulu posséder la
chose dont je me suis emparé, qui pourra le contredire?
qui pourra supposer qu'il a voulu posséder à un autre titre? Lorsqu'au contraire il s'agit d'un individu qui détenait ou possédait déjà la chose avant le décès du *de cujus,*
il est bien certain qu'avant cette époque il ne possédait
pas *pro herede,* puisque la succession n'était pas ouverte.
Viendra-t-il dire : mais à partir de ce moment j'ai voulu
posséder à titre d'héritier? On ne le croira pas. Ce serait en
général alléguer son infidélité, sa turpitude; il est certain
que la chose est restée entre ses mains, mais il n'en faut
tirer aucune conséquence : car il eût continué à la détenir,
quand bien même il n'aurait jamais eu l'intention de posséder à titre d'héritier. La volonté est donc équivoque, et
dans le doute il ne faut pas supposer qu'il ait commis cet
acte immoral de se présenter comme héritier et de posséder en cette qualité sachant bien qu'elle ne lui appartenait pas. Cela est tellement vrai, que si le détenteur avait
quelque juste motif de croire qu'il était l'héritier, il usucaperait *pro herede,* ainsi que le déclare formellement la loi
33, § 1 *in fine,* Dig., XLI, 3, et dans ce cas, dit Julien, il ne
changera pas la cause de sa possession.

Tel était, selon moi, le motif de la règle : *Nemo sibi causam
possessionis mutare potest.* J'en ai déjà tiré parti au § 124. Si

on l'admet, la théorie que j'ai présentée sur la perte de la possession au profit du représentant, recevra dès lors une nouvelle et éclatante confirmation.

Plus tard l'usucapion *pro herede* disparut, la règle *Nemo sibi causam possessionis mutare potest* perdit par là même sa valeur : aussi les textes ne nous en parlent plus, en général, que pour nous dire qu'elle ne doit pas s'appliquer.

§ 129. — D'après la généralité des auteurs, et notamment MM. de Savigny et Molitor, après avoir perdu son utilité première, la règle, déviée de son sens primitif, servit encore dans deux cas : d'abord à empêcher le représentant d'acquérir la possession à son profit; en second lieu, lorsque le droit impérial eut admis une sorte d'usucapion sans juste titre ni bonne foi *(prescriptio longissimi temporis)*, pour la refuser au fermier, à l'emphytéote, et en général, à tous ceux qui détiennent pour autrui.

Voilà précisément ce que je ne saurais comprendre.

D'abord, comment les Romains, si exacts d'ordinaire, auraient-ils étendu cette règle à des cas pour lesquels elle n'avait jamais été faite ? Remarquons qu'aucun texte, à ma connaissance du moins, ne refuse la possession relative aux interdits en vertu de la règle *Nemo sibi causam,* etc. Puis, s'il s'agit de meubles, elle sera fausse, soit dans la théorie Proculienne, qui admet que le seul *animus inficiandi* chez le représentant fait perdre la possession au représenté, soit même dans la théorie Sabinienne, qui exige encore une *contrectatio* constituant un vol.

Dans ce cas, il est certain que par l'effet de sa seule volonté, le représentant acquerra la possession sans que l'intervention d'un tiers devienne nécessaire.

En matière d'immeubles nous n'avons pas de texte; mais par analogie j'admettrai bien volontiers que le fermier peut, dans le cas où le bailleur ne retiendrait pas la possession *animo,* la lui faire perdre en refusant de payer ses fermages, sous le prétexte qu'il est le vrai propriétaire et entend se comporter comme tel.

§ 130. — Lorsque le droit impérial eut admis une sorte d'usucapion qui pouvait s'accomplir sans juste titre ni bonne foi par une possession de trente ou quarante ans, on peut se demander si la règle *Nemo sibi causam* redevint en vigueur.

Je ne le crois pas : d'abord les constitutions qui ont établi cette prescription *longissimi temporis* ont pris soin d'en refuser expressément le bénéfice à ceux qui détenaient pour autrui. Aucune d'elles n'a, que je sache, basé cette exception sur les termes de la règle ancienne. Sans doute personne ne peut se faire un titre à soi-même, ni par conséquent changer celui qu'il avait sans l'intervention d'un tiers. Mais qu'importe qu'on puisse ou non intervertir son titre sous une législation qui admet la prescription sans qu'il y ait besoin d'aucun titre? Ce qui aurait de la valeur ce serait une loi qui empêcherait le représentant de changer sa *volonté*, ou qui refuserait à cette volonté nouvelle et perverse tout effet légal. Mais la règle parle du *titre* et non de la *volonté* ; elle défend d'intervertir le titre, non de changer la volonté. Au reste, la loi 14, C., xi, 61, semble bien décider que si un emphytéote qui prétend, sans pouvoir le prouver, que le bien dont il jouit lui a été concédé sans obligation de sa part de payer le canon *(dempto canone) ;* si cet emphytéote, dis-je, a passé quarante ans sans rien payer, sa situation ne peut être modifiée, de sorte qu'il gardera le bien sans être tenu à aucune redevance. Or un emphytéote qui ne paie rien ressemble bien à un véritable propriétaire.

Une dernière remarque : Si, sous le droit impérial, le représentant ne peut prescrire, c'est qu'il ne pourra jamais prouver qu'il ait eu l'intention de posséder pour lui, c'est-à-dire de changer sa volonté, sauf le cas que je viens de signaler. Dans l'usucapion lucrative, si l'on ne pouvait usucaper la chose dont on avait été nanti avant l'ouverture de l'hérédité, cela tenait à ce que le détenteur ne pouvait pas en général prouver qu'il avait voulu posséder *pro herede*, changer son titre; dans le cas de la prescription *longissimi temporis*, il ne s'agit pas d'intervertir son titre, mais de changer sa volonté. Si donc l'on veut à toute force trouver dans les constitutions impériales des conséquences de la règle en question, il faudra la modifier un peu et dire : *Nemo sibi ipse animum possessionis suæ mutare potest*, en prenant le mot *possessio* dans son sens le plus large.

TITRE TROISIÈME

DES INTERDITS

CHAPITRE I

Définition, origine, nature, divisions et procédure des interdits.

SECTION I

Définition, origine, nature et divisions des interdits.

§ 131. — *Généralités.* — Nous avons reconnu dans l'étude qui précède que le simple possesseur avait obtenu de la législation romaine le droit de défendre sa possession contre toute attaque et même de la recouvrer, dans certains cas, lorsqu'il l'avait perdue. Ce droit est absolu; il s'exerce même contre le propriétaire, et ne sera inefficace que contre le précédent possesseur, si l'on se trouve dans une des hypothèses où ce dernier aurait pu recouvrer la possession. Ces quelques mots résument tout ce que je vais dire dans cette partie de mon travail. Par quel moyen, de quelle manière s'exerce le droit du possesseur ? Telle est, en effet, la question que je vais m'appliquer à résoudre.

Lorsque les premiers législateurs eurent gravé sur des tables de pierre, ou fixé dans la mémoire des peuples, monument plus durable encore, les règles de droit que leur conscience leur révélait ou que leur imposaient les mœurs de leur temps, ils n'eurent accompli que la moitié de leur tâche. Ces principes législatifs ne parlent encore qu'à l'esprit, il faut qu'ils entrent dans l'ordre matériel des choses et que, par des moyens pratiques, ils contraignent à s'y soumettre ceux qui tenteraient de s'y soustraire. Le droit n'est rien sans l'action qui lui donne le mouvement, c'est-à-dire la vie ; sans le juge qui le déclare, la condamnation qui le consacre, les voies d'exécution qui le sanctionnent.

Ainsi le fait de la possession donne au possesseur le droit de posséder : le fait produit le droit, et l'effet de ce droit sera précisément semblable à la cause qui l'a engendré.

Maintenant, avant de rechercher de quelle manière le possesseur fera respecter par les tiers la faculté légale qui lui est reconnue, il n'est pas sans intérêt de se demander pourquoi cette protection lui a été accordée.

Hâtons-nous de le dire, c'est le préteur qui la lui a attribuée ; Nieburh et M. de Savigny soutiennent que le secours des actions possessoires fut introduit à l'occasion de l'*ager publicus* dont les concessionnaires ou ceux dont l'usurpation avait été consacrée par le temps et par les mœurs, n'auraient eu aucun moyen de se défendre. Qu'il me soit

permis de le dire, c'est là une conjecture bien peu philosophique. Eh quoi! sans l'*ager publicus,* sans cet accident dans l'histoire d'un peuple, les Romains n'auraient pas compris combien est respectable la situation du possesseur, ils l'auraient laissé sans ressource légale, et la propriété seule leur eût paru digne de protection? Cela me semble inadmissible. M. Molitor reproduit ce système, il en étend seulement la base, et l'introduction des actions possessoires aurait eu, selon lui, aussi pour but de sanctionner certains droits qui, comme l'*in bonis* prétorien, n'étaient pas reconnus par la loi civile. Pour moi, le défaut capital de ces hypothèses, c'est qu'elles sont inutiles. Le principe qui a servi de base au droit reconnu aux possesseurs, c'est cette règle de raison que dans une société civilisée nul ne doit innover à la position d'autrui sans un ordre émané de l'autorité judiciaire. Lorsque je jouis d'un objet quelconque, celui qui croit y avoir plus de droit que moi, s'il veut obtenir la légitime satisfaction de ses intérêts, doit s'adresser au juge. Vouloir s'en emparer par force ou par ruse, ou seulement me troubler dans ma jouissance, serait un acte aussi contraire à l'ordre public qu'à l'équité sainement entendue. En un mot, nul ne doit se faire justice à lui-même. Dès les temps les plus reculés, le représentant du pouvoir judiciaire, le préteur, interposait son autorité pour faire prévaloir ce principe : c'est ainsi que dans l'ancienne forme de la revendication, l'action *Sacramenti,* les plaideurs, en face de l'objet litigieux, simulaient une lutte et essayaient de se l'arracher : le magistrat alors intervenant les arrêtait. *Mittite ambo hominem,* leur disait-il, c'est-à-dire : Quels que soient vos droits, gardez-vous d'employer la force pour les faire triompher ; laissez les choses en l'état, que la justice suive son cours.
— *Vim fieri veto,* disait-il encore dans la formule de plusieurs interdits : et le jurisconsulte Pomponius nous ap-

prend que par le mot *vis* il faut entendre tout acte qui tend à empêcher d'user comme on l'entend de la chose dont on jouit. Ainsi le droit du possesseur n'a pas sa source dans une raison toute spéciale à la législation romaine, mais dans un principe d'ordre public qui se présentera avec la même force dans le droit de toutes les nations.

C'est le préteur qui a donné au possesseur des armes pour défendre sa possession : ces armes c'étaient les interdits :

§ 132. — *Erant autem interdicta formæ atque conceptiones verborum quibus prœtor aut jubebat aliquid fieri aut fieri prohibebat.*

Nous n'allons pas ici faire l'histoire de l'origine et des progrès de la puissance législative que le préteur s'attribua peu à peu et par des moyens détournés. Dès que ce magistrat se vit revêtu des attributions judiciaires, démembrement du pouvoir des consuls, il paraît certain qu'en vertu de son *imperium*, le droit de prendre des mesures de police dans toutes les matières qui intéressaient l'ordre public lui fut reconnu sans difficulté. La protection des édifices publics, des lieux sacrés, etc., contre les entreprises particulières, en fit sentir de bonne heure l'impérieuse nécessité. Et puis il est des circonstances où la promptitude de la décision en est la qualité principale : empêche-t-on quelqu'un d'inhumer un mort dans un lieu où il a le droit de le faire? La voie publique se trouve-t-elle embarrassée par le fait d'un particulier? Bien ou mal, il faut statuer et statuer sans délai. C'est au préteur qu'incombera cette mission, il fera pour chaque espèce une sorte de petite loi, un règlement particulier.

Aussi un très-grand nombre d'interdits ont-ils pour objet des matières de police. Les contestations qui peuvent s'élever entre particuliers au sujet de la possession intéressent aussi au premier chef le bon ordre et la sécurité publique. Le droit civil ne les a pas prévues, puis il n'est pas de différends qui soient plus souvent la cause d'acte de violence. *Quoniam in hujusmodi controversiis sæpe contingit et cædes fieri, et vulnera infligi, et plagas inferri.* (Théophile, *Paraphrase des Institutes,* IV, 15 *pr.*) Lorsqu'un possesseur venait se plaindre au magistrat d'un trouble ou d'une dépossession, celui-ci, les faits étant supposés constants, rendait un décret par lequel il défendait à l'auteur du trouble de faire violence au possesseur, ou lui ordonnait de restituer, si la possession avait été enlevée. Cet ordre du magistrat prenait le nom d'*interdit,* parce qu'il était rendu pour trancher le différend existant entre deux personnes (*inter duos dictum).* C'était une petite loi dans laquelle la partie lésée devait trouver la consécration de son droit; mais elle n'avait pas une portée générale ou réglementaire : faite pour une espèce déterminée, elle disparaissait sitôt le différend vidé. On peut conjecturer d'une manière presque certaine qu'avant de tracer dans l'édit les règles qui allaient apporter au droit civil de si profondes modifications, le préteur avait essayé son autorité en faisant les interdits. Enhardi par le succès qu'obtenaient ces décisions d'espèce, et après avoir mille fois tranché le même différend de la même manière, il en vint à généraliser ses solutions et à leur donner la forme d'un principe applicable à toutes les hypothèses. C'est ainsi que les termes mêmes des interdits passèrent dans l'édit, et cependant il était encore nécessaire d'aller solliciter du magistrat un ordre particulier.

§ 133. — Cela s'explique, il me semble, assez facilement. Le préteur en droit romain est le maître de la possession; ce qui le prouve c'est que dans la forme primitive de la revendication, l'action *Sacramenti,* il pouvait à son gré l'attribuer à l'un des plaideurs (Gaius, IV, 16), et par conséquent imposer à l'autre le fardeau de la preuve, ce qui amenait une conséquence fort grave, puisque si ce dernier ne prouvait pas son droit de propriété, la chose litigieuse restait au pouvoir du possesseur intérimaire. Et qu'on ne dise pas que le demandeur, c'est-à-dire celui qui a appelé son adversaire en justice, devra toujours prouver, puisque dans cette action primitive les deux parties sont également demanderesses; chacune d'elles doit revendiquer et dire : *Hunc ego hominem ex jure Quiritium meum esse aio.* Le préteur dans son édit ne défend pas d'une manière générale de faire violence à celui qui possède sans vice; il n'impose pas à celui qui détient de cette manière la restitution de la chose par voie de disposition réglementaire; non, il promet seulement de délivrer un ordre, ou de faire une défense lorsqu'on se prétendra dans l'une des situations prévues par l'édit. La nécessité d'un décret spécial pour chaque espèce reste certaine après comme avant la rédaction de l'édit. Ceci nous amène tout naturellement à signaler les différences entre les interdits et les actions prétoriennes.

§ 134. — On comprend bien que pour toutes ces matières où l'ordre public était si vivement intéressé, où l'on ne trouvait pas dans la loi civile une solution dont la nécessité impérieuse se faisait pourtant sentir, on attribua aisément au préteur le droit de poser dans ses décrets les règles d'après lesquelles la contestation devait être vidée.

Mais en ce qui touchait le droit privé, le pouvoir du préteur trouvait dans la loi civile et le respect qu'elle inspirait un obstacle qu'il n'essaya même pas de renverser. Il le tourna, et l'adresse fit ce que la force n'aurait pu faire. Le droit de poser la question implique nécessairement le pouvoir de la résoudre ; et là, comme dans tant d'autres cas, la forme emporta le fonds. Maître de la procédure, le préteur combina ses formules, il inventa les actions fictices, puis les actions *in factum,* et en inséra les principes dans l'édit. Là il n'émettait point d'ordre: *judicium dabo,* disait-il, et ce *ju-*

dicium il savait l'organiser de manière à faire triompher ses idées. L'édit, à proprement parler, n'est obligatoire que pour le préteur : dans la formule des actions ordinaires, il s'adresse au juge, il lui donne le mandat impératif de prononcer dans tel ou tel sens, selon qu'il aura reconnu l'existence de tel ou tel fait. L'interdit, au contraire, est un ordre intimé aux parties ; elles doivent s'y soumettre, et si elles s'y refusent, tout en reconnaissant qu'elles se trouvent dans le cas prévu par ce décret, la puissance d'exécution qui réside entre les mains du magistrat saura les y contraindre par la force.

Les interdits doivent être fort anciens ; leur procédure, en effet, est calquée sur celle de l'action *Sacramenti,* qui était la procédure usitée à l'origine en matière de droits réels.

Terminons par une remarque qui nous ramène au cœur de notre sujet : Toute action possessoire est précédée d'un interdit ; c'est cet ordre du préteur qui forme le texte de loi positive dans lequel le droit trouve, non pas précisément sa source, mais sa consécration.

§ 135. — Il existe un très-grand nombre d'interdits, mais notre étude doit se borner à ceux qui consacrent le droit né de la possession.

Les autres interdits peuvent se diviser à bien des points de vue, mais ceux qui nous occupent ne sauraient guère être rangés qu'en deux grandes classes :

Les uns, en effet, ont pour but de faire respecter le possesseur actuel et de le protéger contre les voies de fait de toute autre personne ; les autres permettent à celui qui a été indûment dépouillé de recouvrer la possession perdue. Il y a donc des interdits *retinendæ possessionis* et d'autres qui sont *recuperandæ possessionis;* les premiers sont prohibitoires, les seconds restitutoires.

Certains interdits doivent être demandés dans l'année

du trouble; d'autres au contraire sont perpétuels; l'année dont il s'agit ici est une année utile. Ce caractère d'annalité appartient à tous les interdits possessoires, sauf deux exceptions relatives à l'interdit *de vi armatâ* et à l'interdit *de precario*.

Quant aux interdits *adipiscendæ possessionis*, je n'ai pas besoin de faire remarquer qu'ils n'ont pas trait à notre matière; puisque s'ils ont pour but de faire acquérir la possession, ils puisent leur source dans un fait tout autre que la possession.

Une autre division des interdits possessoires correspond parfaitement à celles que nous avons déjà signalées. Il y a des interdits simples dans lesquels la position de demandeur et celle de défendeur sont nettement attribuées séparément à chacune des deux parties. Ce sont les interdits *recuperandæ possessionis* qui sont restitutoires comme leur nom l'indique; dans d'autres, au contraire, chacun des deux plaideurs est à la fois demandeur et défendeur. Pour cette raison on les nomme interdits doubles. Les interdits doubles sont à la fois prohibitoires et *retinendæ possessionis*.

SECTION II

Procédure des interdits possessoires.

§ 136.— L'instance commençait, comme pour les actions, par un ajournement, *vocatio in jus*. Si le défendeur se cachait pour ne point comparaître devant le magistrat, ou si c'était un absent qui ne trouvait personne pour le défendre, le préteur pouvait envoyer le demandeur en possession de ses biens. (Gaius, III, § 78; l. 3, § 14, Dig., XLIII, 29). La comparution des parties une fois assurée par ce moyen énergique, que se passait-il devant le magistrat? Après l'exposé sommaire et contradictoire des faits du procès, le préteur lançait l'interdit, c'est-à-dire qu'il intimait aux parties un ordre ou une défense, en supposant constants les faits allégués par le demandeur; si le défendeur en reconnaissait l'exactitude et se déclarait prêt à obtempérer à l'interdit, le procès au possessoire était arrêté dès son origine. Si dans la même hypothèse le défendeur refusait d'obéir, le préteur, dépositaire de la force publique, l'y contraignait *manu militari*. Dans ces conditions il était traité comme celui « *qui confessus est in jure,* » et par conséquent tenu *pro judicato*. (L. 6, § 2, Dig., xlii, 2; l. 1, § 1, Dig., xliii, 5). Le plus souvent il arrivait que le défendeur niait qu'il fût dans le cas de l'interdit; que se passait-il alors? Le préteur nommait un juge et délivrait aux parties une formule, ou plutôt des formules d'action. Mais la procédure variait selon que l'interdit était simple ou double.

§ 137. — Nous avons déjà vu qu'on donne le nom d'interdits simples aux interdits restitutoires, c'est-à-dire *recuperandæ possessiones,* tel est l'interdit *unde vi.*

Voici comment l'on procédait: le demandeur provoquait son adversaire par une stipulation à peu près en ces termes: Promets-tu de me donner tant, si, contrairement à l'édit du préteur, tu n'as pas restitué? C'était la *Sponsio*, et le défendeur répondait : *Spondeo.* Le défendeur alors prenant la parole à son tour, disait: Promets-tu de me donner tant si je n'ai pas contrevenu à l'édit du préteur? *Spondeo*, répondait le demandeur. C'était la *restipulatio;* de ces deux stipulations naissait au profit de chacune des parties, et contre chacune d'elles, une action civile, la *Condictio,* dont le préteur leur délivrait la double formule. C'est ainsi que ce magistrat était arrivé à sanctionner par une voie civile les principes qu'il avait inventés en matière de possession. Lorsqu'on procédait ainsi, c'était, nous dit

Gaius, IV, § 163 et suiv., *cum periculo*. Chacune des deux parties se trouvait en effet exposée à une condamnation pécuniaire, pour le cas où ses prétentions ne seraient pas trouvées fondées : il succombait sur la formule de la stipulation de l'adversaire. Mais ce n'était pas tout et le même jurisconsulte nous apprend que le demandeur ajoutait à la formule de sa *sponsio*, une autre instance : *Aliud judicium de re restituenda vel exhibenda, ut si sponsione vicerit, nisi ei res exhibeatur vel restituatur...* Le manuscrit présente ici une lacune, mais il faut évidemment continuer ainsi : *adversarius, quanti ea res sit, condemnetur.* (Gaius, IV, § 165 *in fine.*) Je n'hésite pas à voir dans les mots qu'on a pu lire la trace d'une formule arbitraire, les termes *nisi restituatur* en sont pour moi la preuve. Ainsi les *sponsiones* pénales n'empêchaient pas la formule arbitraire de les suivre ; on sait quel en était l'effet : le juge avait le pouvoir de déterminer, par son *arbitrium* ou *jussus*, quelle était la satisfaction que le demandeur était en droit d'exiger du défendeur, par exemple la restitution de la chose même. Cette sentence, préliminaire qui, à une certaine époque, put du reste être exécutée *manu militari* (l. 68, Dig., VI, 1), restait-elle sans effet, le juge prononçait alors une condamnation pécuniaire dont le chiffre pouvait être fort élevé, à raison de l'injuste résistance de la partie condamnée.

Pourquoi les *sponsiones* étaient-elles pénales en matière d'interdits, tandis que dans la procédure en revendication, par exemple, sous le système formulaire, elles n'étaient que préjudicielles, servant seulement à fournir un moyen de vider le différend, sans entraîner par elles-mêmes de condamnations pécuniaires ? Cela tient problablement à ce qu'en cette matière le préteur voulait effrayer, par la crainte de condamnations pécuniaires considérables, ceux qui seraient tentés de troubler la possession d'autrui. Cette

17

idée trouve sa confirmation dans les particularités que présentait le *judicium calumniæ* en matière d'interdits.

§ 138. — Mais la procédure entière changeait et les *sponsiones* pénales disparaissaient si, pendant qu'on était encore devant le préteur, le défendeur (ou même le demandeur) sollicitait une formule arbitraire. Le magistrat la délivrait immédiatement, et Gaius nous dit qu'on agissait alors *sine periculo* : mais ceci ne doit s'entendre que du défendeur. Le demandeur avait encore un danger à redouter, si son adversaire lui opposait l'exception de chicane (*calumniæ judicium*). Ce *judicium calumniæ*, en vertu duquel le demandeur qui avait soulevé une prétention injuste, pouvait être, dans les actions ordinaires, condamné à payer le dixième de la valeur du litige, ce *judicium* s'élevait au quart, lorsqu'il s'agissait d'interdits. Cette circonstance nous prouve de nouveau quelle sévérité le préteur déployait pour prévenir les mauvaises contestations en matières possessoires. Ainsi agissait-on *per sponsionem;* le défendeur, s'il succombait, était condamné deux fois : 1° sur la formule de la *sponsio* du demandeur; 2° sur la formule arbitraire, et le demandeur était absous sur la formule de la restipulation; avait-il le dessous, il était condamné sur cette dernière formule, et le défendeur absous sur les deux autres. Procédait-on par formule arbitraire ? Il n'y avait plus que deux hypothèses possibles, le défendeur étant ou absous, ou condamné.

§ 139. — On donnait le nom de « *doubles* » aux interdits prohibitoires *retinendæ possessionis*. Nous verrons qu'il y en avait deux : l'interdit *Uti possidetis,* et *Utrubi.* Chaque partie jouait à la fois le rôle de demandeur et de défendeur : de là cette conséquence importante qu'il y aura deux *sponsiones,* et deux *restipulationes.* Aulus Aggerius, l'interdit rendu, dira à Numerius Negidius. *Spondesne mihi dare......
si adversus edictum prætoris possidenti mihi vis facta sit ?*

(Gaius, IV, § 166.) Après la réponse congruente de celui-ci, il interrogera son adversaire en ces termes : *spondesne mihi dare... si adversus edictum prætoris possidenti tibi vis facta* NON *sit?* Puis comme Numerius Negidius se prétend possesseur tout aussi bien que son adversaire et se plaint également du trouble qu'il subit, la *sponsio* et la restipulation précédente se reproduiront en sens inverse. De là quatre formules. Deux en faveur de chacune des parties, celles de sa *sponsio* et de sa *restipulatio*. Deux aussi contre chacune d'elles; ce sont précisément les formules de la *sponsio* et de la *restipulatio* de l'adversaire.

§ 140. — Mais avant de procéder à ces interrogations et réponses solennelles, le préteur adjugeait à l'une des parties la possession intérimaire. Cette précaution était nécessaire dans l'espèce, puisque les deux plaideurs, ardents à ne se rien céder et présents tous deux sur le terrain, n'eussent pas manqué de se livrer à des voies de fait perpétuelles. Le préteur adjugeait cette détention provisoire à celle des deux parties qui promettait de donner à l'autre la plus forte somme au cas qu'elle vînt à avoir le dessous dans la lutte judiciaire. Cette opération prenait le nom de *fructuum licitatio*. De là naissait une cinquième formule d'action au profit de celui qui avait été vaincu dans cette adjudication de la possession provisoire; c'était encore la formule de la *condictio*, puisque le possesseur intérimaire s'était engagé par stipulation à donner à son adversaire une certaine somme au cas où celui-ci gagnerait le procès. Ainsi c'était là une stipulation purement pénale, comme nous le marque Gaius (IV, § 167 *in fine*).

D'après ce qui nous est parvenu de ce jurisconsulte, il paraît bien que le possesseur intérimaire devait faire encore une autre promesse : celle de restituer les fruits perçus s'il était condamné. De ce chef une nouvelle formule était délivrée au profit de celui qui avait succombé dans la *fructuum licitatio :* c'était la quatrième à son profit; ajoutons-y les deux formules données à son adversaire, voilà déjà six formules.

Dans la suite, cette promesse relative aux fruits ne fut même pas nécessaire : et même, si elle avait été omise, le possesseur intérimaire qui succombait était condamné à restituer les fruits perçus par un *judicium fructuarium* auquel Gaius donne l'épithète de *secutorium,* c'est-à-dire subséquent, parce qu'en effet il était la conséquence de la victoire sur la formule de la *sponsio.* (Gaius, IV, § 169 *in fine.*)

§ 141. — Mais ce n'était pas tout, et pour obliger le possesseur intérimaire à restituer le cas échéant, la chose litigieuse à son adversaire, on avait organisé, pour compléter l'instance, un *judicium* que Gaius nous décrit en ces termes : *Et hoc amplius, si apud adversarium meum possessio est, quia is fructus licitatione vicit, nisi restituat mihi possessionem, Cascelliano, sive secutorio judicio condemnatur.* L'épithète *secutorium* s'explique par le fait que ce *judicium* suit la victoire sur la stipulation; on l'aurait aussi nommé *Cascellianum* parce qu'il avait vraisemblablement été introduit par un préteur de ce nom.

Je suis convaincu que ce devait être une action arbitraire, c'est-à-dire, dans laquelle le juge, après avoir vérifié et trouvé fondées les prétentions du demandeur (et dans notre espèce chacune des deux parties peut réclamer ce titre), fixe par un *arbitrium* ou *jussus* la satisfaction qu'il est en droit d'exiger du défendeur. Si l'exécution forcée est possible, on y procédera *manu militari;* sinon, le juge prononcera la condamnation pécuniaire du défendeur récalcitrant, et l'on conçoit que cette sentence sera nécessairement fort élevée pour le punir de son injuste résistance.

Le *judicium Cascellianum* devait être une action arbitraire; j'en trouve la preuve dans les mots : *nisi restituat* qu'emploie Gaius en cette occasion; on pourrait, il est vrai, n'y voir qu'une application de la maxime : *Omnia judicia sunt absolutoria* (Gaius, IV, § 47); mais le jurisconsulte ajoute (IV, § 167) : *possessionem restituere* JUBETUR; ce qui indique non pas seulement la faculté de s'affranchir de la condamnation en offrant à l'adversaire une satisfaction suffisante, mais encore un ordre positif du juge enjoignant au vaincu de la fournir; un *jussus* préalable en un mot; ce qui est le caractère distinctif des actions arbitraires.

§ 142. — Il est temps de résumer nos idées sur cette procédure compliquée; quel en sera le résultat?

Si celui qui avait été vaincu dans la *fructuum licitatio* vient à succomber, il subira deux condamnations seulement, et cela à titre de peine :

1° Sur la formule de la *sponsio* de son adversaire;

2° Sur la formule de la *restipulatio* de son adversaire.

Le possesseur intérimaire est absous sur toutes les autres formules. Si le possesseur intérimaire perd le procès les condamnations vont se multiplier; il en subira cinq :

1° Sur la formule de la *sponsio* de l'adversaire;

2° Sur la formule *restipulatio* de l'adversaire;

3° Sur la formule de la stipulation pénale relative à la *fructuum licitatio*;

4° Sur la formule de la stipulation relative à la restitution des fruits, ou, si cette stipulation a été omise, sur la formule du *judicium fructuarium secutorium*;

5° Sur la formule du *judicium Cascellianum* ou *secutorium* relatif à la restitution de la chose.

L'adversaire sera absous sur les formules de la *sponsio* et de la *restipulatio* du plaideur vaincu.

On voit que l'ancienne procédure des interdits n'était rien moins que sommaire; remarquons cependant qu'une fois le jugement rendu sur une seule des stipulations, toutes les autres condamnations ou absolutions étaient dès lors connues, et qu'il n'y avait plus qu'à les prononcer.

§ 143. — On s'est beaucoup demandé pourquoi dans les interdits simples on pouvait éviter le péril des *sponsiones* en sollicitant une formule arbitraire, tandis que dans les interdits doubles ces stipulations pénales étaient toujours nécessaires. Les raisons qu'on en a données me sourient peu; mais je me garderai bien d'en proposer de nouvelles et cela pour deux motifs : le premier, c'est que je n'en vois aucune; celui-là suffirait bien je suppose, mais j'en ai encore un autre. Avant de chercher les raisons d'une différence de procédure il faudrait être bien sûr que cette différence existât, et à mon sens rien n'est moins certain. Gaius nous apprend que dans les interdits doubles les parties, après avoir sollicité l'ordre du préteur, s'en tenaient là, de sorte que la procédure s'arrêtait. Malheureusement le manuscrit lui aussi, s'arrête là, et une lacune considérable autorise toutes les suppositions. Ce qui arrêtait les parties c'était, à n'en pas douter, le danger des *sponsiones* pénales. Pour remédier à cet inconvénient le préteur, nous le savons, institua des interdits... *comparavit interdicta*, dit Gaius, mais on n'a pu lire la suite du manuscrit; pourquoi ne continuerait-on pas la phrase à peu près en ces termes : *comparavit interdicta* IN QUIBUS, ARBITRARIA FORMULA DATA SICUT IN SIMPLICIBUS INTERDICTIS, SINE PŒNA AGITUR...? Tout me porte à former cette conjecture que l'analogie, du reste, rend acceptable.

En admettant l'existence de cette formule arbitraire, il ne s'élèvera plus de difficulté quant à la réparation des dommages causés par le trouble antérieur à l'interdit; dommages que les *sponsiones* pénales avaient sans doute pour but de réparer dans la procédure primitive, mais qui parfois pouvaient se trouver insuffisantes. Leur taux nous est du reste inconnu; il est probable que le magistrat les réglait d'après l'importance de l'affaire et l'étendue du préjudice que chaque partie prétendait avoir souffert, mais on comprend aisément ce qu'une telle appréciation, faite *a priori* et sans autres données que des allégations, devait avoir d'inexact, d'arbitraire et de peu satisfaisant au point de vue de la justice. Toute cette procédure tomba en désuétude vers l'époque de Dioclétien, et sous Justinien on n'en trouve plus de traces. On n'allait même plus demander au préteur l'ordre qui constitue l'interdit; on le supposait rendu et l'om procédait par une action portée devant le magistrat compétent qui jugeait d'après les principes de l'édit. Nous nous placerons souvent à cette époque pour examiner les effets de ces actions auxquelles on a, par habitude, conservé le nom d'interdits.

CHAPITRE II

Des interdits retinendæ possessionis.

SECTION I

De l'interdit UTI POSSIDETIS.

§ 144. — L'interdit *uti possidetis* était prohibitoire, double, *retinendæ possessionis* et spécial aux immeubles. Voici quels en étaient à peu près les termes : *Uti eum fundum quo de agitur, nec vi nec clam nec precario alter ab altero possidetis, quominus ita possideatis vim fieri veto. De cloacis hoc interdictum non dabo, neque pluris quam quanti res erit, intra annum quo primum experiundi potestas fuerit, agere permittam.*

La question posée au juge est celle de savoir qui des deux parties, au moment de l'interdit, avait, à l'égard de son adversaire, une possession exempte de vices; et ces vices sont la violence, la clandestinité, la précarité. (Gaius, IV, 166.) L'utilité de cet interdit peut se concevoir, a-t-on dit, à trois points de vue différents.... Je n'en puis admettre qu'un seul.

Premièrement, il sert à déterminer les rôles dans l'instance en revendication ; par lui on saura à qui incombe le fardeau de la preuve, à qui reviennent les avantages de la défense. Gaius (IV, § 148), Justinien (Inst. IV, 15, § 4), et Ulpien (L. 1, § 2, Dig., XLIII, 17), nous enseignent unanimement que ce fut précisément pour arriver à ce but qu'on imagina les interdits *uti possidetis* et *utrubi*. C'est donc une bien grande hardiesse de la part de M. de Savigny, p. 367, note 2 et p. 373, note 2, que de leur donner une origine différente. Son principal argument consiste à dire que l'édit ne parle pas de cette hypothèse. Qu'est-ce que cela prouve ? Si vous défendez à celui qui n'est pas possesseur de faire violence à celui qui l'est, vous arriverez par là même, ainsi que j'ai essayé de le montrer en décrivant la procédure, à déterminer chez qui réside la possession, puisque la violence contre l'édit du préteur peut consister dans la simple contestation relative à la possession.

Le préteur n'a pas osé dire tout d'abord au juge : Décide quel est le possesseur ; lorsque la loi civile ne tenait aucun compte de cette possession. M. de Savigny a le tort, selon moi, de prendre pour le but du préteur le moyen détourné qu'il a dû prendre pour y arriver. Ce qui l'a encore entraîné à contredire Ulpien, Gaius et Justinien, c'est cette idée inexacte, j'en ai la conviction, que par cet interdit on pouvait obtenir la réparation du préjudice causé par le trouble, antérieurement à la délivrance de l'interdit.

Je ne saurais admettre non plus que cette action possessoire pût servir à contraindre quelqu'un à promettre de s'abstenir de toute espèce de trouble ; donc, et malgré le savant auteur prussien, pas de *cautio de non turbando*.

§ 145. — En un mot, voici la thèse que j'entends soutenir : à l'époque classique, le seul but et l'unique résultat de la procédure de l'interdit *uti possidetis* était de déterminer le véritable possesseur d'un immeuble.

A proprement parler, je n'ai trouvé cette opinion nulle part. Elle s'écarte beaucoup de celle qu'ont professée M. de Savigny, et plus récemment M. Machelard. Elle s'éloigne tout autant du système diamétralement opposé de Heller, Schmidt, etc., suivant lesquels notre interdit ne serait qu'une mesure de précaution bonne à prendre pour obtenir la réparation du trouble postérieur à sa délivrance, ce qui est inacceptable. Elle ne cadre pas complétement avec la doctrine de M. Molitor. Le savant professeur de Gand donne à l'interdit le pouvoir de réparer le préjudice causé par le trouble antérieur dans un seul cas. Est-ce dans l'hypothèse où des voies de fait ont détérioré mon immeuble? Point du tout. Pas de réparation en vertu de l'interdit si le trouble possessoire a causé ce qu'on appelle un *damnum emergens!*

Mais s'agit-il d'un *lucrum cessans,* le possesseur a-t-il été empêché de poser des actes utiles, l'a-t-on seulement gêné dans sa jouissance? L'interdit *uti possidetis,* impuissant dans un cas plus grave, va retrouver ici sa force par je ne sais quelle raison mystérieuse et que l'auteur se garde bien de donner!

Il est impossible de prêter davantage le flanc aux adversaires, surtout lorsqu'on soutient un système excellent qu'on semble vouloir ruiner de ses propres mains.

On regrette de voir M. Molitor fonder cette singulière opinion sur la loi 3, § 11, Dig., XLIII, 17, et dire que l'auteur du trouble sera condamné à payer... *quanti interest possessionem retinere,* lui qui, deux pages plus haut, nous explique si bien qu'en vertu de ce texte même les dommages antérieurs à l'interdit ne sauraient être pris en considération, puisqu'il y a... *possessionem* RETINERE, et non RETINUISSE.

N'est-il pas trop clair que ce passage d'Ulpien s'applique au cas où, sous la procédure en vigueur à son époque, celui à qui la possession intérimaire avait été adjugée venait à perdre son procès, alors s'il se refusait à restituer il devait payer au vainqueur une indemnité égale à l'intérêt qu'avait ce dernier à *retenir* la possession : *quanti interest retinere possessionem*. Il est incontestable, du reste, qu'il s'agit de la possession de l'immeuble tout entier et non pas seulement de celle des choses qui ont pu périr pour le possesseur par suite du trouble.

§ 146. — Supposons que, prêt à moissonner le champ que je possède, j'en sois empêché par un tiers, et que la récolte vienne à périr avant que j'aie pu obtenir l'interdit, ou même après sa délivrance si l'on veut. Je soutiens que dans tous ces cas l'interdit, par lui-même, ne pourra me dédommager de la perte que j'éprouve. En voulez-vous la preuve ? Elle résulte tout d'abord de cette observation bien simple que l'interdit n'a pas été imaginé pour dédommager le possesseur troublé, mais uniquement pour déterminer chez qui se trouvait la possession exempte de vices à l'égard de l'adversaire. Si donc l'interdit, détourné de son but primitif, eût servi, par une extension de jurisprudence, à réparer un préjudice souffert, ce serait à mes adversaires de rapporter la preuve de cette innovation. — En second lieu, le texte de Gaius tranche la question. (IV, § 16, 8.)

Sans distinguer s'il y a eu ou non préjudice souffert de la part du vainqueur sur l'interdit et sur la *fructuum licitatio,* il nous affirme que le vaincu ne doit payer *que* le montant de la *sponsio* de son adversaire et de sa propre *restipulatio* seulement (*tantum*). Aussi aucune formule d'action n'était donnée dans la procédure de l'interdit pour obtenir réparation du dommage causé par le trouble.

§ 147. — Le perturbateur restera-t-il impuni ? le possesseur ne sera-t-il pas indemnisé de la perte qu'il a subie ? Ceci est une autre question, et pour moi il n'y a pas de doute. La procédure de l'interdit était à la fois préalable et préjudicielle : Préalable en ce sens que si l'on avait négligé d'y avoir recours et qu'on voulût intenter contre le perturbateur une action en dommages-intérêts, on s'exposait à ce qu'il opposât le défaut d'intérêt du demandeur. Celui-ci n'a d'autre titre que sa qualité de possesseur, et précisément il a omis de la faire reconnaître par la justice..... Préjudicielle, parce qu'aussitôt que je suis reconnu possesseur, il devient certain que, les faits étant d'ailleurs constants, je triompherai dans ma demande en dommages-intérêts, parce que, quel que fût du reste au fond le droit du défendeur, il a eu le tort d'attenter à une possession qui m'était acquise, au lieu de s'adresser à la justice pour faire reconnaître le droit dont il avait évidemment perdu *l'exercice,* puisque, sans restriction, j'ai été reconnu possesseur.

Maintenant, quelles étaient les actions qui devaient indemniser le possesseur troublé. A cet égard, il est impossible de rien affirmer positivement, et l'on verra tout-à-l'heure pourquoi. Je tiens pour certain que le préteur devait en donner, autrement la législation romaine eût présenté une lacune tellement étonnante, qu'il est impossible de l'admettre. Il est très-probable que le magistrat accordait au possesseur *reconnu tel* qui alléguait un préjudice éprouvé par suite d'un trouble possessoire, l'action de la loi *Aquilia utile* (il la donnait bien à l'usufruitier) (l. 11, § 10, Dig., ix, 2), l'interdit *quod vi aut clam* (dont la seule condition était un intérêt légitime qui, dans l'espèce, résultait de la possession elle-même), ou enfin une action *in factum,* destinée à suppléer aux lacunes que pouvaient laisser les voies judiciaires précédentes.

§ 148. — Plus tard, lorsque la division de l'instance en

deux parties : la procédure devant le préteur, et celle devant le juge, eut disparu, lorsque le magistrat demeura seul chargé de régler le litige, et qu'en même temps on perdit l'habitude de rendre en fait l'interdit, la manière d'agir que je viens d'exposer dut subir une modification profonde. L'action *in factum* fut confondue avec l'interdit lui-même, et le magistrat à qui incombait la tâche de déterminer le véritable possesseur, fixa en même temps l'indemnité qui pouvait lui être due : le tout ne forma plus qu'une action et cette action conserva le nom de l'interdit, qui, en définitive, par sa portée préjudicielle, en était resté la partie la plus importante. Ceci nous explique pourquoi les textes expurgés par Tribonien ne parlent plus d'une manière spéciale de l'instance en dommages-intérêts qui, ainsi que j'ai essayé de le démontrer, devait être, à l'époque classique, tout à fait distincte de la procédure de l'interdit.

§ 149. — Ces idées une fois admises, la question de savoir contre qui l'interdit *uti possidetis* pouvait amener un résultat immédiatement utile, se trouve par là même résolue, et les explications que je viens de donner doivent, il me semble, y jeter quelque lumière. L'interdit sera fort utile contre tous ceux qui troublent le possesseur par des voies de fait, puisqu'il lui permettra d'obtenir dans la suite, et par une action *in factum*, par exemple, la réparation du préjudice subi. Seulement il faudra distinguer. Si le perturbateur ne prétend pas à la possession ni à un droit de servitude quelconque, le débat préalable s'arrêtera *in jure*, l'interdit sera rendu, le demandeur sera reconnu en possession ; mais il est plus clair que le jour qu'on ne pourra aller plus loin, puisque le défendeur se refusera nécessairement à procéder aux *sponsiones* qui sont la base du débat. Il sera considéré comme *confessus in jure;* et si, par hasard, tout en n'élevant aucune prétention à la possession de l'immeuble, il continuait à vouloir l'occuper, la force publique aux ordres du magistrat saurait l'en faire déguerpir. Si le défendeur, qu'il ait ou non commis des voies de fait, soutient qu'il est possesseur, l'interdit amènera ce résultat très-pratique de reconnaître lequel des deux plaideurs est le véritable possesseur, et de lui remettre la chose litigieuse entre les mains. Alors la position de défendeur à l'action en revendication lui sera acquise, et si réellement il a souffert préjudice, les actions que j'ai indiquées plus haut lui seront ouvertes pour en obtenir la réparation.

Tel est le fonctionnement normal de l'interdit *uti possidetis ;* tels sont les cas où il se présente avec sa formule ordinaire, et comme interdit double ; notons seulement ici une hypothèse digne d'intérêt : Le défendeur ne prétend pas à la possession exclusive de l'immeuble litigieux, mais seulement à la copossession par indivis. Il ne conteste donc pas la possession du demandeur pour une moitié indivise.

Il faudra que le préteur introduise dans la formule ordinaire de l'interdit une mention spéciale conçue, par exemple, en ces termes : *Uti possidetis pro dimidia parte de qua agitur.* La *fructuum licitatio* n'était pas impossible dans ce cas : seulement peut-être portait-elle sur la totalité de l'immeuble et non pas seulement sur la moitié litigieuse, parce que, comme le fait fort bien remarquer M. Machelard, il y aurait eu inconvénient à laisser la possession commune entre les parties pendant le litige, si celui qui se prétend copossesseur avait triomphé sur cette *fructuum licitatio.*

§ 150. — Un seul cas reste maintenant à examiner : c'est celui où le défendeur, sans contester la possession du demandeur, prétend en restreindre la portée par l'exercice d'une servitude dont il a lui-même la quasi-possession. Cette servitude peut être l'usufruit. Dans ce cas, l'interdit sera utilement employé. (L. 4, Dig., xliii, 17.) Seulement sa formule devait être modifiiée. On ne pouvait pas dire *uti possidetis*, puisque l'usufruitier ne possède pas. Le préteur devait probablement s'adresser aux parties en ces termes : *Uti tu, A. A..., possides, et tu, N. N..., uteris frue-ris,* etc.; en faveur de ce changement à la formule ordi-naire, on peut invoquer le § 90 des Fragments du Vatican (M. Machelard).

Si la contestation s'élève entre deux personnes qui ne prétendent qu'à l'usufruit, l'interdit sera encore employé avec succès. (L. 4, Dig., xliii, 17.) La formule, dans ce cas, commencerait probablement ainsi : *Uti eum fundum de quo agitur utimini fruimini....*

Supposons maintenant que l'auteur du trouble prétende exercer sur le fonds que je possède une servitude réelle, celle de passage par exemple. Pourrai-je intenter contre lui l'interdit *uti possidetis?* Cela n'est pas douteux. (L. 8, § 5, Dig., viii, 5; l. 5, § 10, Dig., xxxix, 1; l. 3, § 2 et § 9, Dig., xliii, 17.) Le préteur avait admis pour ces sortes de servitudes une quasi-possession qui était acquise si l'on en avait usé trente jours au moins pendant l'année qui avait précédé la délivrance de l'interdit. Pour protéger l'exercice de cette servitude il avait organisé l'interdit *de itinere actuque privato.* Le possesseur du fonds prétendu servant pouvait, avons-nous dit, user de l'interdit *uti possi-detis* pour faire reconnaître que son adversaire n'était pas *en possession,* si j'ose ainsi parler, de la servitude de passage. Seulement, comme celui-ci ne prétend aucunement lui dis-puter la possession du fonds servant, il n'est pas probable que le préteur, s'adressant aux parties, leur tint le langage ordinaire : *Uti possidetis eum fundum....* et M. Machelard propose pour ce cas la formule : *Uti eum fundum, tu Aule, possides, quominus ita possideas a te Numeri vim fieri veto, nisi hoc anno non minus quam trigenta diebus itinere usus sis, nec vi, nec clam, nec precario ab Aulo.* On voit que l'interdit sera simple et que toute la procédure se réduira à une *sponsio* et à une *restipulatio*. La *fructuum licitatio* ne se comprendrait pas ici.

§ 151. — Nous arrivons à une hypothèse extrêmement délicate : *Quid* s'il s'agit d'une servitude négative, par exemple celle de ne pas bâtir? L'interdit *uti possidetis* sera assurément utile au possesseur du fonds assujetti; mais l'adversaire pourra-t-il échapper à la condamnation en invoquant une exception analogue à celle du cas précédent. Pourra-t-il soutenir que lui aussi il possède ou quasi-possède la servitude qu'il invoque? Comment comprendre, je ne dirai pas la possession, mais quelque chose qui y ressemble, quand il s'agit d'une servitude négative? La possession, *lato sensu*, n'est que l'exercice d'un droit. Comment exercer d'une manière continue un droit qui consiste à empêcher le voisin de bâtir sur son fonds? Pour lui c'est une pure faculté, et quand il aurait laissé passer cent ans sans élever de construction, comment pourrait-on en conclure qu'il s'est abstenu pour respecter le droit du voisin? Je pense donc, malgré l'opinion d'un savant professeur, M. Machelard, que l'interdit *uti possidetis* sera utile contre celui qui voudrait m'empêcher de bâtir. Au lieu de soutenir au possessoire un procès impossible, qu'il se garde bien d'arrêter par la force les progrès de la construction; qu'il intente de suite l'action confessoire, il triomphera cette fois et obtiendra la légitime satisfaction due à son droit (voir § 205). Le propriétaire du fonds prétendu dominant a-t-il, oui ou non, une action possessoire pour empêcher le voisin de construire? S'il en a une, qu'on me l'indique. Puisqu'il n'a point cette ressource c'est que la possession lui est refusée, et dès lors celle de son adversaire, n'étant pas entamée par un état de fait contraire, procurera nécessairement à cet adversaire la victoire sur l'interdit *uti possidetis*.

§ 152. — Mais, dira-t-on, si les servitudes négatives ne

sont susceptibles d'aucune sorte de possession : elles ne recevront pas la tradition, car on ne peut faire tradition des choses qu'on ne saurait posséder. Dès lors, comment aurait-on pu constituer ces sortes de servitudes sous Justinien? La mancipation, la cession *in jure* ont disparu; admettre que la convention eût obtenu ce pouvoir de créer des droits réels, c'est bouleverser la législation romaine et renverser la vieille maxime : « *Traditionibus et mancipa-* « *tionibus, non nudis pactis jura in re transferuntur.* » Il est impossible de croire que cette classe de droits ait disparu de la liste des servitudes réelles. Comment fallait-il donc s'y prendre?

Voici ce que je disais à ce sujet dans ma thèse de licence : « Le propriétaire qui veut imposer une servitude négative à son fonds, en fait tradition au maître du champ voisin qui lui en fait immédiatement tradition en sens inverse, mais en en déduisant la servitude. Cette seconde tradition serait sanctionnée par un pacte qui rappellerait le contrat de fiducie. Il existe un texte très-favorable à l'opinion que je défends, c'est le § 51 *in fine*, des Fragments du Vatican : *Adquiri nobis potest usufructus et per eos quos in potestate... habemus... per mancipationem ita posse, ut nos proprietatem quæ illis mancipata sit,* DEDUCTO USUFRUCTU REMANCIPEMUS. Nous voyons donc que, dans un cas où l'usufruit ne pouvait être transféré à celui qui voulait l'acquérir, par suite d'absence par exemple, les Romains avaient recours à la déduction.

Dès lors, raisonnant par analogie, je me demande pourquoi, dans un cas où la servitude réelle ne pouvait être transférée, les Romains n'auraient pas eu recours à un procédé, la déduction dont ils usaient dans un cas identique pour l'usufruit?

On fera ce qu'on voudra de cette idée qui peut paraître tirée de loin; il est peut-être prudent de ma part de ne pas insister et de demander au lecteur pardon d'une digression dont le plaisir de se citer soi-même a peut-être été la cause secrète.

§ 153. — Il me reste à expliquer les derniers mots de l'édit... *Neque pluris quam quanti ea res erit, intra annum quo primum experiendi potestas fuerit, agere permittam.*

Dans la formule du *Judicium Cascellianum,* le préteur donnait au juge le pouvoir d'imposer la restitution de la chose à celui qui avait obtenu la possession intérimaire, et, en cas de refus, de le condamner à payer une indemnité égale à la valeur de la possession : *Quanti interest retinere possessionem.* L'indemnité allouée ne pourra, en aucun cas, dépasser la valeur de l'intérêt qu'avait la partie qui triomphe à retenir la possession. Il n'y a pas *retinuisse,* comme nous l'avons fait déjà observer, mais *retinere;* il ne faudra donc faire entrer en ligne de compte que l'intérêt qu'on pouvait avoir à retenir *actuellement* la possession, et non point celui qu'on aurait eu à n'avoir pas été dépossédé antérieurement. Ainsi ce sera par une formule distincte qu'on obtiendra les fruits perçus depuis l'émission de l'interdit. Quant à ceux que le perturbateur a pu recueillir antérieurement, on n'en doit pas tenir compte, ainsi que le démontre la loi 3, Dig., XLIII, 1. Ceci est une nouvelle preuve à l'appui de l'opinion que j'ai soutenue, à savoir que l'interdit *uti possidetis* n'a pas pour effet, à l'époque classique, d'indemniser le possesseur du préjudice causé par le trouble, antérieurement à l'interdit. Quant au dommage éprouvé postérieurement, il n'est pas réparé non plus; seulement le possesseur interimaire est forcé de rendre les fruits perçus depuis cette époque.

§ 154. — Nous arrivons à l'une des questions les plus intéressantes, et, j'oserai le dire, les plus neuves de cette étude. La solution que je vais proposer n'est pas conforme à l'opinion généralement enseignée en France et même en Allemagne par M. de Savigny. L'insuffisance de mes documents ne me permettra de citer aucune autorité à l'appui de ma thèse; et cependant, comme il n'y a rien de nouveau sous le soleil, je ne jurerais pas qu'on n'en trouverait point au moins le germe ou une partie dans la doctrine de quelque docteur d'Outre-Rhin.

Que signifiaient ces paroles du préteur : *Intra annum quo primum experiundi potestas fuerit agere permittam?* On croit généralement que ces mots s'appliquent à l'interdit qui ne saurait être invoqué quand il s'est écoulé une année utile depuis le jour du trouble possessoire. Cette idée une fois admise, il devient certain, dit-on, que cet interdit devait procurer la réparation du dommage causé par le trouble antérieur à l'interdit; autrement, ajoute-t-on, la condition d'annalité que le préteur impose n'aurait aucun sens! Voici ma réponse : Je crois avoir démontré par les textes que la réparation du trouble antérieur à l'interdit n'était ni le but ni le résultat de l'interdit *uti possidetis.* Dès lors il est très-vrai que la condition d'annalité appliquée à l'interdit n'aura aucun sens. Pourquoi ne me permettre d'intenter l'interdit que dans l'année du trouble, si par cet interdit je ne demande en aucune façon la réparation de ce trouble? La conclusion quelle est-elle? Faut-il abandonner nos prémices qui sont certaines? En aucune façon. Il faut dire tout simplement que la condition d'annalité ne s'appliquait pas à l'interdit. A quoi donc? Nous allons le voir tout-à-l'heure.

Et d'abord il est impossible que la condition d'annalité s'appliquât à l'interdit. Vous me troublez dans ma possession. Plus d'un an après je vous mène devant le préteur et je sollicite l'interdit *uti possidetis.* Or, de deux choses l'une :

1° Ou vous me contestez ma possession, et alors il est

indiscutable que l'interdit nous sera délivré, car votre contestation judiciaire est à elle seule un trouble suffisant. D'ailleurs nous savons que dans une instance en revendication, les deux plaideurs peuvent se disputer la possession par l'interdit *uti possidetis*, sans qu'aucun trouble matériel ait lieu. Que devient dans ce cas la condition d'annalité appliquée à l'interdit? Qu'importe que le trouble remonte à plus d'une année, puisqu'il n'est pas même nécessaire qu'aucun trouble se soit produit pour que l'interdit produise un résultat utile?

2° Ou bien l'auteur du trouble amené devant le préteur ne contestera pas ma possession. Dans cette hypothèse, il est plus clair que le jour que la procédure s'arrêtera court : le défendeur se refusera à toute *sponsio*, et il aura raison. L'interdit n'a point d'utilité dans ce cas, ce n'est pas parce que le trouble remonte à plus d'une année, car serait-il plus récent, le même résultat se produirait : or l'interdit n'est possible que contre celui qui conteste ma possession, soit pour le tout, soit pour quelque partie, en prétendant par exemple, exercer une servitude. Dans cette hypothèse, le préteur me donnera acte de ce que ma possession n'est pas contestée par l'adversaire.

Sur quoi portait donc la condition d'annalité? Qu'est-ce qu'on devait intenter dans l'année du trouble? C'était évidemment l'action *in factum* que le préteur accordait à celui qui avait été troublé pour l'indemniser du préjudice subi, une fois que la possession avait été constatée à son profit, soit par la procédure de l'interdit, soit par l'aveu de son adversaire. Comment a-t-on pu ne pas voir cette vérité quand elle est écrite en toutes lettres dans l'Edit? Le préteur ne dit pas : *Interdictum non dabo... nisi intra annum*, etc., mais bien : *agere permittam intra annum*. Et pourquoi ne permet-il d'agir que dans l'année? Parce c'est là une action purement prétorienne, qu'il crée de sa propre autorité, et qui n'a aucun fondement dans le droit civil. Maintenant est-ce bien le jour du trouble qui sert de point de départ à l'année utile? On le répète souvent, et pourtant, en droit romain, cela n'est pas exact, l'année ne court qu'à partir du jour où l'on a pu agir en justice : *Quo primum experiundi potestas fuerit...*

§ 155. — Hâtons-nous d'ajouter qu'à l'époque où les interdits ont, en fait, cessé d'être rendus, la doctrine que nous combattons va devenir à peu près vraie.

Le débat sur la possession, seul élément jadis de l'interdit, va se confondre avec l'action *in factum* donnée pour réparer le préjudice causé, et la procédure tout entière prend le nom de l'interdit... Alors il est bien vrai de dire que pour obtenir ces dommages-intérêts, il faudra agir dans l'année... mais si l'on n'a pas cette prétention, l'interdit sera toujours utile, à quelque époque que ce soit, pour faire reconnaître ma possession à l'encontre de tous ceux qui la dénient, ce qui démontre une fois de plus que l'interdit, tel qu'il existe sous Justinien, a été formé par la réunion de l'ancien *uti possidetis*, avec l'action destinée à indemniser du trouble, et dont il était la voie préalable et préjudicielle.

J'ai regretté de ne pouvoir suivre dans toute cette partie l'enseignement d'un savant professeur de Paris, M. Machelard, malgré la vigueur et l'habileté avec laquelle il est présenté; c'est ainsi qu'on est forcé d'admirer le talent, même quand il ne réussit pas à convaincre.

§ 156. — En revanche le savant auteur me paraît avoir adopté une doctrine irréprochable sur la grande et difficile question de savoir si l'interdit *uti possidetis* pouvait être de quelqu'utilité pour celui qui ne possédait plus, à l'encontre d'un adversaire dont la possession était vicieuse à son égard. L'affirmative me semble certaine.

Celui qui avait perdu la possession par suite d'un acte

de violence, d'un *precarium* ou d'une occupation clandestine était considéré comme la conservant encore vis-à-vis
d'un adversaire dont la possession était vicieuse à son
égard. On ne tenait aucun compte de cet état de fait contraire au droit, et le dépossédé était, par une fiction juridique dont ce cas n'est pas l'unique exemple, réputé n'a-
voir jamais cessé d'être possesseur. C'est ce que nous disent
en propres termes les lois 17 *pr.*, et 22, Dig., XLI, 2; l. 17 :
*Si quis de possessione dejectus sit, perinde haberi debet ac
si possideret...* L. 22 : *Non videtur possessionem adeptus is
qui ita nactus sit ut eam retinere non possit.*

Or, cette fiction était admise dans l'interdit *uti possidetis.*
Ce qui le démontre ce sont les mots : *quum nec vi, nec
clam, nec precario alter ab altero possidetis*, qui étaient
toujours insérés dans la formule de l'interdit. Sans cette
fiction, ces expressions n'auraient eu aucun sens, aucune
portée, aucun cas d'application. Il est facile de le démontrer.

§ 157. — Supposons pour un instant que la fiction ne
fût pas admise; nous arriverons à constater que l'interdit
sera inutile tant au *dejiciens* contre le *dejectus*, qu'au *dejectus* contre le *dejiciens*, en ce sens qu'aucune condamnation
ne pourra intervenir au profit d'aucune des parties. Le *dejectus* a promis par sa *sponsio* de payer cent au *dejiciens* si,
contre l'édit du préteur, il a fait violence à sa possession
(Gaius, IV, § 166). Il est bien vrai que le *dejiciens* possédait,
il est encore vrai que le *dejectus* lui a fait violence en con-
testant sa possession, mais il n'est pas vrai que ce soit contre
l'édit du préteur. Le préteur ne me défend pas d'expulser
par force celui dont la possession est vicieuse à mon égard,
à plus forte raison ne me défend-il pas de lui faire cette
violence infiniment moins grave qui consiste à lui contester la possession. Donc, la condition de sa *sponsio* n'étant
pas accomplie le *dejectus* sera absous, mais le *dejiciens*

aussi : il a promis cent si contre l'édit du préteur il a fait violence à la possession du *dejectus* (depuis la délivrance de l'interdit, bien entendu.) Or, la condition de sa *sponsio* ne se réalisera pas non plus, puisqu'il est certain qu'à cette époque le *dejectus* ne possédait plus ; la contestation du *dejiciens* n'a donc pu troubler sa possession. Ainsi les deux parties seront absoutes sur les formules de leurs *sponsiones* et par conséquent la procédure s'arrêtera là, puisque tout le reste n'est que la suite de la victoire sur la *sponsio*. Deux condamnations interviendront, il est vrai, nécessairement sur les *restipulationes*, mais étant contraires, elles se neutraliseront.

Si donc la fiction dont j'ai parlé n'est pas admise, nous arrivons à ce résultat, que l'interdit invoqué par le *dejiciens* ou le *dejectus* ne les mène à aucun résultat pratique.

Mais, et voici l'argument capital, il en serait absolument de même si l'on supprimait les mots : *nec clam, nec vi*, etc., qui existent dans la formule. Donc ils seraient sans portée, sans utilité, précisément dans le cas où ils devraient trouver leur application, et le préteur aurait surchargé son édit de clauses banales, superflues. Cela est impossible : au contraire, en admettant la fiction qui consiste à considérer le *dejectus* par exemple, comme n'ayant jamais cessé de posséder, on les comprend parfaitement, puisqu'ils ont précisément pour but de donner naissance à cette fiction.

§ 158. — Certains auteurs dont la doctrine me paraît, je ne puis m'empêcher de le dire, tout à fait contradictoire, admettent que si le *dejiciens* intente l'interdit, la possession devra être adjugée au *dejectus,* mais qu'il en serait autrement si ce *dejectus* avait lui-même sollicité l'interdit.

Si M. de Savigny, qui soutient (page 379) ce système, n'avait pas en sa faveur une assez bonne excuse, on s'étonnerait qu'un génie si profond et si lucide ait pu tomber dans une pareille inconséquence. Que ce soit une inconséquence, c'est ce qui me paraît palpable et plus clair que le jour. Si l'on adjuge la possession au *dejectus* lorsque l'interdit a été sollicité contre lui, c'est que nécessairement il aura triomphé sur la formule de sa *sponsio*. Si cela est, il triomphera également sur la formule de sa *sponsio* dans le cas où il aurait sollicité l'interdit, car les *sponsiones* sont dans les deux hypothèses absolument *identiques*. Or la victoire sur la *sponsio* entraîne nécessairement un *judicium* CASCELLIANUM ou SECUTORIUM par lequel la possession est adjugée au vainqueur. Rappelons-nous toujours que l'interdit est double et qu'aucune des parties ne joue plutôt que l'autre le rôle de demandeur ou celui de défendeur. Par conséquent le résultat de la procédure doit être identiquement le même quel que soit celui des plaideurs qui l'ait entamée. L'erreur, pour moi certaine, de M. de Savigny s'excuse si l'on considère que la quatrième édition de son ouvrage avait paru lors de la découverte du manuscrit de Gaius. Avant donc que la procédure des interdits fût connue, *son siège était fait;* il aurait peut-être adopté une autre opinion s'il n'eût commencé son travail qu'à cette époque.

Ainsi l'interdit *uti possidetis* fera, par le fait, recouvrer la possession à l'ancien possesseur, à l'encontre des possesseurs, *vi, clam aut precurio,* vis-à-vis desquels il est censé ne l'avoir jamais perdue. Il est, au reste, un texte qui consacre explicitement cette idée. L. 3 *pr.,* Dig., XLIII, 17 : *Ego possideo ex justa causa, tu vi aut clam, si a me possides,* SUPERIOR SUM INTERDICTO. Le texte est d'Ulpien et il parle, à n'en pas douter, de l'interdit *uti possidetis* au titre duquel il est du reste placé.

§ 159. — Réfutons maintenant brièvement les objections qu'on pourrait faire à ce système. C'est, dira-t-on, faire de l'*uti possidetis* un interdit *recuperandæ possessionis,* ce qui est contraire aux textes. Non, répondrai-je, en fait vous avez raison, mais en droit et en vertu de la fiction que nous connaissons, l'interdit reste *retinendæ possessionis*. Il n'est pas nécessaire d'aller bien loin pour en trouver la preuve. L'interdit *utrubi* est *retinendæ possessionis*, pourtant il n'est, en fait, jamais donné qu'à celui qui a perdu la possession, seulement, et par une fiction analogue, on considère comme possesseur actuel celui qui a possédé le plus longtemps dans l'année, et la possession de l'adversaire, eût elle duré 11 mois et 29 jours, lui sera inutile si elle est entachée de violence, de clandestinité, de précaire.

Autre objection : Vous supprimez l'interdit *unde vi* qui devient inutile! En aucune façon. — L'interdit *unde vi* est beaucoup plus avantageux que l'*uti possidetis*. Ce dernier n'est pas destiné à faire obtenir la réparation du préjudice causé : l'interdit *unde vi* la procure. Même sous le Bas-Empire, on n'obtiendra par l'action *in factum*, confondue avec l'*uti possidetis,* que les fruits perçus depuis l'interdit et le juge ne pourra tenir compte des pertes subies par le *dejectus,* des meubles, par exemple, qui auraient été soustraits, avec autant de rigueur que dans l'interdit *unde vi,* dont nous étudierons du reste tout-à-l'heure les résultats. Qu'il nous suffise de dire, quant à présent, que, par l'interdit *unde vi,* le *dejectus* se trouvait replacé dans la position qu'il aurait occupée si l'acte de violence n'avait pas eu lieu.

Mais au moins, dira-t-on, l'interdit *de precario* est devenu inutile? Peut-être : ce n'est pas chose si étonnante que de voir deux actions conduire au même résultat. Du reste, la fiction dont nous avons parlé n'a probablement été introduite qu'à l'époque des grands jurisconsultes, tandis que l'interdit *de precario* est fort ancien.

Précisément dans le cas du précaire nous verrons tout-à-l'heure que, pour sanctionner la restitution de la chose, on avait fini par admettre l'action *prescriptis verbis,* sans préjudice de l'interdit *de precario*. Au reste, je suis assez tenté de croire qu'à l'époque où l'on a confondu l'action *in factum* avec l'interdit qui en était autrefois le préalable, et dans les cas où cet interdit jouait le rôle d'un interdit *recuperandæ possessionis*, sa durée, à partir du moment où l'on avait pu agir après la dépossession, était limitée à une année : de là un nouvel intérêt à intenter préférablement le *de precario,* qui était perpétuel.

§ 160. — Enfin, et pour terminer, ajoutons que l'on **ne** pourrait expliquer la disparution de l'interdit *de clandestina possessione,* si l'on n'admettait pas l'interdit *uti possidetis* contre celui qui possède *clam.* De quelle utilité eût-il été d'établir que la possession des immeubles se conservait *solo animo,* si cette règle n'eût donné au possesseur légitime que la ressource de se faire expulser ou repousser par l'intrus pour pouvoir intenter l'interdit *unde vi;* ressource qui devait être bien peu du goût des gens timides. Autrefois l'interdit *de clandestina possessione* eût suffi pour faire restituer la chose. Or, c'est en faveur du possesseur légitime que l'on a admis le principe *prædiorum possessio solo animo retinetur.* Il est donc impossible qu'en vertu de cette règle il fût placé dans une situation plus défavorable, que si l'interdit *de clandestina possessione* eût été conservé. On ne peut admettre qu'à une époque où les règles protectrices de la possession tendaient à devenir plus sévères, celui à qui la possession avait été enlevée *clam* se trouvât sans autre ressource que celle de s'exposer à des violences, tandis qu'auparavant il aurait suffi d'invoquer l'interdit *de clandestina possessione.*

SECTION II

De l'Interdit UTRUBI.

§ 161. — A la différence de notre législation le droit romain connaissait une voie possessoire relative aux meubles : c'était l'interdit *utrubi*.

L'interdit *utrubi* est double, prohibitoire, *retinendæ possessionis*. Il a pour but d'attribuer la libre disposition d'un meuble à celle des deux parties qui, dans l'année qui précède l'émission de l'interdit, a possédé le plus longtemps, *nec vi, nec clam, nec precario ab adversario*. Le préteur s'exprimait ainsi : *Utrubi hic homo, quo de agitur, majore parte hujusce anni fuit, quominus is eum ducat, vim fieri veto*. On voit déjà que cet interdit avait été primitivement inventé pour protéger la possession des esclaves. Les mots *nec vi, nec clam, nec precario* ne se trouvent pas dans cette formule, mais ils y sont sous-entendus, et Gaius (IV, § 150) nous affirme qu'une possession vicieuse ne comptait pour rien. Nous ignorons les détails de la procédure, mais il est certain qu'elle devait ressembler beaucoup à celle de l'interdit *uti possidetis*, si même les deux procédures n'étaient pas identiques. Puisque l'interdit est double, aucune des deux parties ne joue plutôt que l'autre le rôle de demandeur ou de défendeur. Des *sponsiones* devaient intervenir ; mais la nécessité d'une *fructuum licitatio* se fera moins sentir, parce qu'en matière de meubles l'état de possession exclusive chez l'une des parties au moment du procès sera ordinairement certain.

§ 162. — Fallait-il, pour invoquer utilement cet interdit, posséder au moment même où il était délivré, comme semble l'indiquer la classe où les jurisconsultes romains le rangent, celle des interdits *retinendæ possessionis*, ou bien suffisait-il d'avoir possédé pendant la plus grande partie de l'année précédente, bien que l'adversaire fût actuellement en possession ? Cette dernière idée est aujourd'hui unanimement admise. D'abord, et *a priori*, l'on ne comprend guère qu'on puisse être sérieusement troublé dans la jouissance d'un meuble si l'on n'en est pas totalement dépouillé. Puis, outre les passages de Justinien, IV, 15, et de Gaius, IV, § 150, qui nous l'affirment implicitement, le premier commentateur des Institutes, Théophile, pour faire comprendre comment fonctionnait l'interdit *utrubi*, nous donne l'exemple suivant : « Lorsque je possède une chose pendant sept mois, et qu'un autre la possède pendant les cinq mois *suivants*, je gagne le procès, et l'adversaire doit me *restituer* la possession. » Sous son apparence prohibitoire, nous découvrons ainsi dans l'interdit *utrubi* un véritable interdit restitutoire qui, pour les meubles, devait remplacer les interdits *de vi* et *de clandestinâ possessione*, spéciaux aux immeubles. Ceci nous indique qu'il ne faut pas attacher une importance exagérée à la classification des interdits, telle que la présentent les jurisconsultes romains. Tel interdit qui, d'après son nom *(retinendæ possessionis)*, ne devrait servir qu'à protéger la possession actuelle, peut aussi faire recouvrer celle qu'on a perdue.

L'interdit *uti possidetis* nous en a déjà fourni un exemple.

§ 163. — Celui qui intentait l'interdit pouvait invoquer, non-seulement sa possession, mais encore celle de son auteur, de celui dont il était soit l'héritier, soit l'ayant-cause, pourvu qu'aucune de ces possessions ne fût vicieuse à l'égard de l'adversaire. La faculté de joindre ces diverses possessions pour en calculer la durée totale constituait l'accession de possession dont nous parle Gaius, IV, § 151. Plusieurs passages de jurisconsultes que les compilateurs des Pandectes ont insérés dans des titres relatifs à l'usucapion,

avaient été probablement écrits en vue de l'interdit *utrubi*.
Telles sont les lois 46, Dig., xxiv, 1; l. 13, Dig., xli, 2; l. 14,
§ 3, Dig., xliv, 3. Cela est évident pour cette dernière. Il
faut donc user de beaucoup de prudence quand on veut
invoquer ces textes pour résoudre les questions qui peuvent s'élever sur l'accession de possession lorsqu'il s'agit
de la prescription, puisqu'ils n'ont pas été faits pour cette
hypothèse.

§ 164. — Outre l'interdit, le possesseur avait, selon les
cas, la ressource des actions *furti* et *vi bonorum raptorum*,
seulement la sphère d'action de l'interdit *utrubi* était plus
vaste à un double point de vue.

Premièrement, ces actions n'ont d'effet que si un délit a
été commis et seulement contre l'auteur de ce délit; l'interdit, au contraire, procédera même contre le possesseur
de bonne foi et le tiers acquéreur, s'ils n'ont pas une possession aussi longue que celle du demandeur. En second
lieu, pour intenter les actions dont nous parlons, la possession doit être accompagnée d'un intérêt légitime : *Si quâ
honesta causa intersit,* disent les jurisconsultes; ainsi elles ne
compètent pas au possesseur de mauvaise foi. La ressource
de l'interdit *uti possidetis* lui est au contraire ouverte, par
cela seul qu'il a une possession exempte de vices à l'égard
de l'adversaire.

Ce qui précède nous explique pourquoi les interdits restitutoires ne s'appliquaient pas aux meubles. Par le fait,
l'interdit *utrubi* en tenait parfaitement la place, toutes les
fois qu'il ne s'était pas écoulé une année depuis le jour de
la dépossession.

§ 165. — Cette condition d'annalité n'était point exprimée, il est vrai, dans la formule de l'interdit, mais elle n'en
existait pas moins par la force même des choses. Pour
triompher il fallait avoir possédé le plus longtemps dans
l'année : l'adversaire qui m'a dépouillé *vi, clam* ou *precario*

possède depuis onze mois et vingt-neuf jours; mais cette possession étant vicieuse ne peut avoir de valeur; je n'ai possédé qu'un jour, mais ma possession étant exempte de vices, on en tient compte et elle est alors nécessairement plus longue que la sienne puisqu'il n'a pas possédé du tout. Il en serait autrement si l'interdit était invoqué plus d'un an après la dépossession; alors l'état de fait actuel devrait être respecté puisque je n'ai, pas plus que mon adversaire, possédé dans l'année.

§ 166. — Les conditions que comportait à l'origine cet interdit furent dans la suite profondément modifiées. A quelle époque? Cette réforme est certainement postérieure à Ulpien, bien qu'un texte de ce jurisconsulte (1. 1, Dig., XLIII, 31) nous en parle. Ce passage est nécessairement interpolé; car Paul qui vivait précisément à la même époque, nous présente l'interdit sous son ancienne forme (*Sentences,* V, 6, § 1). D'un autre côté, Justinien ne s'attribue pas l'honneur de cette innovation. S'il en eût été l'auteur, il serait vraiment surprenant, pour qui connaît un peu les habitudes de l'empereur et de ses ministres, que Tribonien eût manqué une si belle occasion de glisser quelques-unes de ces discrètes et délicates flatteries dont il avait le secret. Les Instituts en parlent comme d'une réforme déjà faite (*apud veteres...*)

Quoi qu'il en soit, la fiction a été abolie, c'est le possesseur *actuel* qui triomphera comme dans l'interdit *uti possidetis;* et la durée de la possession n'aura plus aucune importance.

§ 167. — On a dit que la possession de meubles était dès lors devenue chose assez précaire; je ne le crois pas. Outre les actions *furti* et *vi bonorum raptorum* qui subsistent toujours, des constitutions impériales (1. 7, C., VIII, 4) ont sévèrement réprimé les actes de violence : celui qui, par violence, enlève à autrui la possession d'une chose, s'il en est propriétaire, est déchu de son droit, sinon il paiera au possesseur dépouillé une indemnité égale à la valeur de l'objet; sans préjudice de la restitution à laquelle il est tenu dans tous les cas. Puis l'interdit *de precario* saura amener à restitution le précariste infidèle. Mais enfin, il reste encore un cas où l'on se trouve, par suite de la réforme de l'interdit, dépouillé de toute voie possessoire. Supposons qu'un individu s'empare sans violence, mais clandestinement, du meuble que je possède : l'ancien interdit *utrubi* m'eût été utile pendant une année. Maintenant en suis-je réduit à l'action pétitoire?

M. de Savigny l'admet, p. 430, note 1. Ceci est bien grave : Voilà deux possesseurs de bonne ou de mauvaise foi qui, par tous les artifices imaginables, vont essayer de se ravir un meuble sans employer la violence, certains tous les deux que leur adversaire ne saurait prouver sa propriété. Aucune action ne leur compètera!! car, s'ils sont de bonne foi, l'action de vol ne procédera pas contre celui qui n'a cru faire que reprendre son bien, et qui, par conséquent, n'a pas l'esprit de lucre; et, d'un autre côté, s'ils sont de mauvaise foi, cette même action ne saurait compéter à un possesseur qui n'en est pas digne!!! Ainsi la loi restera paisible spectatrice de cette lutte de ruse : elle ne pourra intervenir!

Ceci a dû donner à réfléchir au savant jurisconsulte allemand; il est dur d'être contraint d'admettre que la législation romaine présentait une lacune sur un point si important.

§ 168. — Cette lacune existait-elle réellement? En aucune façon, j'en suis convaincu. Je crois, avec M. Machelard, que l'interdit *utrubi*, même sous sa nouvelle forme, forçait à restituer celui qui s'était emparé clandestinement de la possession d'un meuble. Nous avons essayé de prouver que l'interdit *uti possidetis* avait cet effet restitutoire

(§ 156), qu'il rendait la possession des immeubles à celui qui en avait été dépouillé *vi, clam* ou *precario*. Or l'interdit *utrubi* lui est assimilé quant à ses conditions et à ses effets. Inst., IV, 15, § 4 *in fine* : *Nam utriusque interdicti potestas, quantum ad possessionem pertinet exæquata est, ut ille vincat et in re soli et in* RE MOBILI *qui possessionem nec vi, nec clam, nec precario ab adversario litiscontestatæ tempore detinet.* Ainsi, à la place de la fiction ancienne, qui consistait à considérer comme possession actuelle celle qui avait duré le plus longtemps dans l'année, une nouvelle fiction fut introduite, celle-là même qui depuis longtemps était admise dans l'interdit *uti possidetis*. Celui que l'adversaire a dépouillé *vi, clam* ou *precario,* est censé à son égard n'avoir jamais perdu la possession.

Dans le système de M. de Savigny, l'interdit ne serait utile qu'à celui qui, sans être dépossédé, serait troublé dans la possession d'un meuble. C'est là une hypothèse qui doit se présenter bien rarement ; on peut même dire que l'esprit a de la peine à la concevoir.

Toutefois il est certain que le champ de l'interdit *utrubi* sera restreint par la réforme, car autrefois il aurait procédé, même contre un tiers acquéreur dont la possession aurait été exempte de tout vice, si elle n'avait pas été aussi longue que celle du demandeur. Sous Justinien cette ressource est supprimée.

De ce que les deux interdits *retinendæ possessionis* sont assimilés, on peut conclure que l'interdit *utrubi*, dans la forme restitutoire qui sera certes le plus souvent employée, devra être intenté dans l'année.

CHAPITRE III

Des interdits recuperandæ possessionis.

De l'interdit UNDE VI.

§ 169. — Je diviserai cette matière en trois parties :

Dans la première je traiterai de l'interdit *unde vi* à l'époque classique.

Dans la seconde je dirai quelques mots de l'interdit *de vi armata*.

Enfin la troisième partie sera consacrée à l'étude rapide des modifications que les principes reçus primitivement avaient subies à l'époque de Justinien.

A. — *De l'interdit* UNDE VI *à l'époque classique.*

L'interdit *unde vi* est simple, restitutoire, *recuperandæ possessionis;* il a pour but de faire rendre la possession et payer des dommages-intérêts au possesseur qui a été expulsé par violence. C'est un interdit simple : donc les parties peuvent, en demandant une formule arbitraire, éviter le danger des *sponsiones* pénales et assurer l'exécution de la sentence même au moyen de la force armée. (L. 68, Dig., XLI, 1.) L'on a essayé de reconstituer la formule de l'interdit qui ne nous est pas parvenue en entier, et M. Vangerow a proposé la rédaction suivante, qui s'appuie sur plusieurs passages de Cicéron :

Unde tu, Numeri Negidi, aut familia tua, aut procurator tuus, Aulum Agerium, aut familiam, aut procuratorem ejus, in hoc anno vi dejecisti, cum Aulus Agerius possideret, quod nec clam, nec precario a te possideret, eo restituas.

Examinons maintenant rapidement à quelles conditions l'interdit pourrait être utilement invoqué.

§ 170. — 1° *Il fallait que le demandeur possédât.* — Cette condition, bien qu'elle ait été contestée, n'en reste pas moins certaine. Elle est démontrée par la loi 1, §§ 10 et 23, Dig., XLIII, 16, dans laquelle Ulpien refuse au fermier la ressource qui n'appartient qu'au bailleur, et par le témoignage de Cicéron d'après lequel (*Pro Cæcina*) la formule de l'interdit *unde vi* comprenait expressément ces mots : *cum ille...posside-ret.* Mais qu'arrivait-il si la possession du demandeur était vicieuse à l'égard de son adversaire ? L'interdit lui était refusé : le préteur ne me défend pas d'expulser de force celui dont la possession est, à mon endroit, violente, clandestine ou précaire. (Paul, *Sentences,* V, 6, § 7.) *Qui vi aut clam aut precario ab adversario possidet, impune dejicitur.* (Gaius, IV, § 154.) Ainsi celui qui n'avait, à l'égard de son adversaire, qu'une possession vicieuse, ne pouvait recourir à la voie de l'interdit *unde vi* lorsqu'il se voyait expulsé par violence, sauf dans un seul cas, qui trouvera sa place en parlant de la *vis armata.* Pourquoi m'aurait-on forcé à restituer une possession qu'un interdit me ferait recouvrer immédiatement ? Supposons une série de dépossessions successives, celui-là seul sera restitué qui le premier a été privé d'une possession exempte de vices.

§ 171. — 2° *Il fallait qu'il eût été dépossédé par violence.* — L'interdit *unde vi* ne compète qu'à celui qui n'est plus possesseur, il faut que la possession ait été perdue. Par application de cette idée, on décide que si l'auteur de la violence, après avoir expulsé le possesseur en personne, laisse cependant l'immeuble entre les mains du fermier ou des esclaves de celui qu'il a ainsi chassé, ce dernier ne peut invoquer l'interdit, parce qu'il retient la possession par l'intermédiaire de ses représentants. (L. 1, § 45, Dig., XLIII, 16.) Il est presque certain que dans

21

ce texte une négation a été omise par les copistes, et qu'on doit lire *non possidet*, comme le démontre la suite du paragraphe. Dans ce cas, l'auteur de la violence pourra être condamné, mais sur l'action d'injures seulement ou sur le *Judicium publicum*, organisé par la loi *Julia de vi*.

Il faut que la violence soit la cause immédiate de la dépossession. Aussi l'interdit ne s'applique-t-il plus lorsque le possesseur a fait tradition par crainte. On dit que dans ce cas il n'y a pas d'expulsion : *dejectio*. (L. 5, Dig., XLIII, 16.) Mais la loi accorde à celui qui s'est dépouillé par crainte une action plus avantageuse encore, du moins à un certain point de vue, que l'interdit *unde vi*, c'est l'action *Quod metus causa*, qui, à la différence de l'interdit, réussira non-seulement contre l'auteur de la violence, mais encore contre tout tiers détenteur.

La violence dont il est ici question doit constituer ce que les Romains nommaient *vis atrox*. Il ne faut pas entendre par là des mauvais traitements, des coups, mais seulement tout acte de violence qui s'attaque directement à la personne du possesseur ou à celle de ses représentants, et dont l'effet est d'amener une dépossession. (L. 1, § 26, Dig., XLIII, 16.)

Supposons maintenant que le possesseur se soit enfui, sans attendre qu'on l'expulsât, aura-t-il droit à l'interdit *unde vi?* Labéon voyait dans cette hypothèse une véritable *dejectio;* il accordait donc l'interdit. Pomponius le refusait : *Pomponius ait vim sine corporali vi locum non habere.* Ulpien, qui rapporte ces deux opinions (l. 1, § 29, Dig., XLIII, 16), adopte un autre sentiment : il n'y aura *dejectio,* selon lui, que si le fonds que j'abandonne vient à être occupé par ceux dont j'ai redouté l'attaque au point de prendre la fuite. Cette distinction est fort juste : la légitimité de mes craintes est démontrée dans un cas; dans l'autre, au contraire, il est prouvé que j'ai cédé à une vaine terreur, dont il ne faut pas rendre responsables ceux dont la marche menaçante tendait à un autre but.

L'occupation effectuée n'est exigée, prenons-y bien garde, que dans le cas où le possesseur n'aura pas attendu l'ennemi ; s'il lui avait tenu tête, il importerait fort peu que celui-ci, satisfait d'avoir expulsé le possesseur, ne prît pas possession du fonds : l'interdit *unde vi* serait utile contre lui. (L. 4, § 22, Dig.; XLI, 3.) M. Machelard, à propos de ces solutions, fait une observation bien remarquable. Celui qui a été expulsé physiquement et jeté hors de son immeuble, n'a d'autres ressources que l'interdit. Celui au contraire qui s'est dérobé par la fuite à la violence dont il était menacé, aura la même voie de recours, si les assaillants ont occupé l'immeuble, mais en outre, et dans tous les cas, il pourra se servir de l'action *quod metus causa* contre laquelle, ainsi que nous l'avons déjà vu, les tiers détenteurs eux-mêmes ne sont pas garantis. Il paraîtrait ainsi que ce n'est pas à l'homme courageux et fort de son droit, que la loi romaine a réservé ses faveurs, mais au timide citoyen, que la vue seule d'un assaillant a mis en fuite. Ce résultat, à coup sûr peu équitable, est dû à la rigueur inflexible avec laquelle les Romains analysaient les faits, pour en tirer des déductions légales. L'action *quod metus causa* doit avoir pour base un acte volontaire accompli sous l'empire de la crainte, et qui a des conséquences juridiques. On peut, à la rigueur, voir un acte de cette nature dans le fait de l'homme qui abandonne son bien par crainte et qui le livre ainsi, pour ainsi dire, à celui qui a su lui inspirer cette terreur. Il est au contraire impossible de découvrir l'ombre même d'une cession volontaire chez celui que la force brutale expulse de sa demeure. Sa volonté tout entière est de demeurer possesseur, et l'impossibilité physique, contre laquelle elle se heurte, est impuissante à la briser.

§ 172. — 3° *Il fallait que le défendeur fût l'auteur de la violence.* — L'action de l'interdit *unde vi* est personnelle et reste impuissante contre les tiers détenteurs. (L. 7, Dig., XLIII, 16; l. 3, Dig., XLIII, 17.)

Dans la formule primitive le préteur disait au défendeur : *Unde tu dejecisti,* mais comme, abusant de la rigueur des termes, certains défendeurs de mauvaise foi se faisaient absoudre en prouvant que ce n'était pas eux, mais d'autres personnes qui, par leur ordre il est vrai, avaient opéré la *dejectio,* les préteurs introduisirent dans l'interdit une clause destinée à déjouer ces manœuvres. *Unde dolo malo tuo vi detrusus est.*

Plus tard tout le monde fut d'accord pour comprendre le *dejicere facere* dans le mot *dejecisti.* (L. 1, § 11, Dig., XLIII, 16.) Ainsi, si mes esclaves ont, par mon ordre, dépossédé violemment un individu, il aura contre moi l'interdit. Si ç'a été sans mon autorisation je serai évidemment tenu de restituer au *dejectus* tout ce dont sa dépossession m'a enrichi. (L. 1, § 15, Dig., XLIII, 16.) En outre, l'interdit sera délivré contre moi comme action noxale, c'est-à-dire que je pourrai me soustraire aux condamnations prononcées en dehors de la limite que nous venons de fixer, en abandonnant au demandeur les esclaves auteurs de sa dépossession (*ibid.,* § 12). L'héritier du *dejiciens* n'était pareillement tenu que dans la limite de son enrichissement. (L. 1, § 48 et l. 2, Dig., XLIII, 16.) Quant au successeur à titre particulier, nous savons déjà que, fût-il de mauvaise foi, il ne pouvait être inquiété. Nous examinerons tout-à-l'heure les modifications apportées à cette règle. Le *dejiciens* est soumis à l'interdit, quand bien même il aurait cessé de posséder sans faute ou sans dol; il ne peut dans aucun cas échapper à la responsabilité de son délit. L'interdit *uti possidetis* qui pouvait aussi, selon l'opinion que j'ai adoptée, servir à faire restituer la possession enlevée par violence, ne pouvait, au contraire, procéder que contre celui qui possédait encore.

§ 173. — 4° *Il fallait qu'il s'agît d'un immeuble et que l'interdit eût été sollicité dans l'année de la dépossession.* — Que l'interdit *unde vi* ne s'appliquât qu'aux immeubles, c'est ce qui n'est pas douteux à l'époque des jurisconsultes classiques. (L. 1, § 3, Dig., xliii, 16, et Paul, *Sentences*, V, 6, § 5.) Nous avons expliqué précédemment comment, en matière de meubles, l'interdit *utrubi* arrivait à combler cette lacune.

L'interdit devait, en outre, être sollicité dans l'année; passé ce délai on ne pouvait plus obtenir contre le *dejiciens* de condamnation en des dommages-intérêts, mais il était tenu de restituer tout ce dont il s'était enrichi par suite de la *dejectio*. En d'autres termes le *dejectus* n'obtenait réparation du préjudice à lui causé, que dans la mesure du bénéfice réalisé par son adversaire : *Post annum, de eo quod ad eum qui vi dejecerit, pervenerit, judicium dabo.* (L. 1 pr., Dig., xliii, 16). Du reste, tous les interdits temporaires sont perpétuels à ce point de vue. (L. 4, Dig., xliii, 1.) L'année dont il est ici question est une année utile. (L. 1, § 30, Dig., xliii, 16.) Cette condition d'annalité a été modifiée par le droit nouveau, ainsi que nous aurons tout-à-l'heure l'occasion de le constater.

§ 174. — Quelle était la portée des condamnations prononcées sur l'interdit *undi vi*? Le défendeur devait d'abord restituer l'immeuble dont il s'était emparé et pouvait y être contraint *manu militari* en vertu de la formule arbitraire. La restitution en nature opérée peut fort bien ne pas donner satisfaction suffisante au *dejectus* qui peut-être était en voie d'usucaper. Sa possession a été interrompue, et ce fait aura peut-être pour lui les conséquences les plus graves en retardant l'époque de l'acquisition de la propriété, et en laissant au propriétaire à qui le procès sur

l'interdit aura peut-être donné l'éveil, le loisir d'introduire
en temps utile une instance en revendication. Il se peut
aussi que l'usucapion s'accomplisse malgré la *dejectio*, et à
ce point de vue le possesseur n'aura souffert aucun préjudice. Comment arriver à fixer le chiffre des dommages-intérêts dus de ce chef? Le seul moyen de s'en tirer était
peut-être de recourir à une stipulation garantie par des
fidéjusseurs et par laquelle le *dejiciens* aurait promis au
dejectus de l'indemniser, au cas où il viendrait à être évincé
par suite de l'interruption de sa possession. Si la restitution en nature n'était pas possible, le juge condamnait à
payer au demandeur la valeur qu'avait pour lui la possession. Ce devait être bien difficile à déterminer, mais cette
solution n'en est pas moins certaine. L. 6, Dig., XLIII, 16 :
*In interdicto undi vi tanti condemnatio facienda est quanti in-
tersit possidere.*

Les condamnations ne se bornaient pas là, et le *dejiciens*
devait indemniser le *dejectus* de tout le préjudice causé par
la *dejectio : pristina causa restitui debet quam habiturus erat, si
non fuisset dejectus.* (L. 1, § 31, Dig., XLIII, 16.) Les fruits
sont dus à partir du jour de la dépossession (l. 1, § 40, *eod.
tit.*), et quand bien même le défendeur ne les aurait pas
perçus; il faut seulement se demander si le dépossédé les
eût recueillis. Il en est de même des fruits des meubles
dont la possession a été perdue en même temps que celle
de l'immeuble par suite de l'acte de violence. (L. 4, C., *eod.
tit.)* Ces meubles aussi doivent être restitués et, pour en
fixer la valeur au cas où ils auraient disparu, l'empereur
Zénon permit au demandeur de la déclarer sous la foi du
serment, après toutefois qu'un maximum d'évaluation eût
été déterminé par le juge. (L. 9, C., VIII, 4.) Notons encore
une particularité remarquable: le défendeur répond même
des cas fortuits; c'est probablement qu'il est à tout mo-

ment, comme le voleur, en demeure de restituer et que la demeure (*mora*) est assimilée à la faute.

Une dernière remarque : L'exception *Pacti conventi* n'était pas admise contre cet interdit. Il eût été contraire à l'ordre public de stipuler de quelqu'un qu'on aurait impunément la faculté de l'expulser par violence. Il en serait autrement si le pacte était intervenu après la *dejectio,* puisqu'il n'aurait plus porté alors que sur un intérêt privé. (L. 27, § 4, Dig., II, 14.) Ce principe souffrait exception par la force des choses dans le cas du *precarium.* Le *rogans* expulsé de vive force n'avait pas l'interdit contre le *rogatus,* parce que sa possession était vicieuse à son égard.

Je suis heureux d'avoir pu suivre docilement sur toute cette matière la doctrine de M. de Savigny et celle, de M. Machelard, qui lui est de tout point conforme. Nous n'avons pas eu, du reste, de difficultés bien sérieuses à surmonter dans cette partie de mon étude.

§ 175. — *De l'interdit* DE VI ARMATA. — L'interdit avait à l'époque classique deux formes différentes. Nous avons étudié la première, à laquelle Cicéron donne le nom d'interdit *de vi quotidiana,* c'est-à-dire relatif à la violence ordinaire. Mais une circonstance aggravante pouvait se présenter lorsque la *dejectio* avait été opérée à l'aide des armes : les jurisconsultes nous apprennent que le mot armes s'appliquait aux pierres, aux bâtons, etc. Cet interdit était régi par les mêmes règles que l'interdit *de vi quotidiana,* sauf les divergences que nous allons signaler.

La plus considérable était relative à l'exception *vitiosæ possessionis,* qui ne pouvait ici être opposée dans aucun cas. Il ne m'est pas permis d'user des armes pour vous reprendre le bien dont vous m'avez chassé, et cela quand bien même vous y auriez eu recours pour m'expulser. La loi ne peut favoriser ces rixes sanglantes, et la seule voie qui me soit ouverte est celle de la justice.

N'oublions pas cependant que cet emploi des armes n'est prohibé que s'il se produit *ex intervallo*. J'ai le droit de repousser par tous les moyens possibles celui qui vient m'assaillir, et, s'il m'a chassé par la force des armes, je puis les employer aussi contre lui, pourvu que je le fasse sans aucun délai et que la lutte ne soit, pour ainsi dire, pas interrompue. (Gaius, IV, § 152, et l. 3, § 9, Dig., XLIII, 16.)

L'interdit *de vi armata,* à la différence de l'interdit *de vi quotidiana,* permettait à celui qui l'invoquait d'obtenir, même après l'expiration d'une année utile, des dommages-intérêts qui devaient indemniser le *dejectus* de tout le préjudice qu'il avait souffert, quand il n'en serait résulté pour le *dejiciens* aucun bénéfice. (Cicéron : *Epist. ad famil.* XV, 16.) Quand les deux interdits furent confondus, ce caractère s'effaça, et ce fut la règle d'annalité de l'interdit *de vi* qui fut adoptée, bien qu'on eût emprunté la plupart de ses règles à l'interdit *de vi armata.*

Nous arrivons à une question célèbre sur laquelle roule le plaidoyer de Cicéron *Pro Cæcina.* Pour avoir le droit d'intenter l'interdit *de vi armata,* était-il nécessaire de posséder ? Précisons bien la question : il est clair que ce recours sera refusé à celui qui n'a pas même la détention de la chose ; autrement, comment pourrait-il se plaindre d'avoir subi une *dejectio ?* Toute la difficulté est donc de savoir si on l'accordera aux personnes qui sans posséder détiennent, comme le fermier. Or Cujas soutient, *Quæst. Pap.* XXVI, l. 18, *de vi,* que l'interdit *de vi armata* appartient même au colon. La question est bien délicate. Pour l'interdit *unde vi* il m'est démontré jusqu'à l'évidence, par cinq textes d'Ulpien, que la possession était exigée. (L. 9, Dig., XLI, 2 ; l. 3, § 8, Dig., XLIII, 17 ; l. 6, § 2, Dig., XLIII, 26 ; l. 1, § 9 et § 23, Dig., XLIII, 16.) Mais aucun texte du Digeste n'exige cette condition quant à l'interdit *de vi armata.* Cicéron, dans son plaidoyer *Pro Cæcina,* semble bien dire qu'elle n'était pas nécessaire. Voici en quels termes M. de Savigny, qui admet l'opinion contraire, analyse les faits du procès : Cécina prétend avoir hérité d'un fonds ; Æbutius, en invoquant d'autres titres, prétend en avoir la propriété. Le premier, voulant se rendre sur le fonds en question, se voit repoussé par Æbutius, qui est à la tête d'une troupe armée. Il est fort probable que Cécina n'avait pas encore été en possession du fonds..... Plusieurs auteurs ont prétendu, ajoute le savant jurisconsulte prussien, que, d'après Cicéron, la simple détention pouvait, en dehors de la possession proprement dite, donner droit à l'interdit. Mais Cicéron ne pouvait pas même, dit-il, avoir cette distinction en vue : car dans l'espèce il est certain que de deux choses une seule pouvait se produire : ou Cécina était véritablement possesseur, ou bien il n'avait pas même la simple détention... De là il conclut que l'autorité de Cicéron est suspecte en cette matière. J'en demande bien pardon au savant auteur que la science regrette, mais il me semble qu'il faut tirer de là une conséquence opposée... Puisque Cécina ne pouvait, en aucun cas, se poser comme simple détenteur, il est clair que son avocat n'avait aucun intérêt à soutenir que la détention, à elle seule, pouvait servir de base à l'interdit *de vi armata*. Dès lors le désir de faire triompher son client n'a plus rien à faire ici, l'orateur n'est plus en cause, nous restons en face du jurisconsulte dont le témoignage ne peut être récusé.

Si donc nous trouvons dans Cicéron un texte positif, il ne faudra plus douter, puisqu'il n'en est aucun autre qu'on puisse lui opposer. M. de Savigny cite bien un passage qui n'est pas décisif, aussi trouve-t-il d'assez bonnes raisons pour lui refuser la portée qu'on a voulu lui donner ; mais le doute est-il possible quand on entend le prince de l'éloquence latine s'exprimer en ces termes : *Et rursus, in interdicto quotidiano, qui fatetur se dejecisse vincere, si osten-*

*dat actorem non possedisse, in interdicto de hominibus armatis
eum qui ostendere possit eum non possedisse qui dejectus fuit,
condemnari tamen si fateatur a se dejectum.*

M. de Savigny ne cite pas ce passage ; c'est qu'il eût été
peut-être plus difficile à réfuter. Tout cela ne prouve pas
que Cicéron ait défendu une bonne cause, puisque la difficulté qui nous occupe n'avait pas d'intérêt dans le procès ; toute la question était de savoir si Cecina avait possédé : question de fait, question de preuve que nous n'avons
pas à trancher. Le sentiment que j'adopte ici a été défendu
par Cujas (*loc. cit.*), et de nos jours par un savant roma-
niste allemand, M. Keller, dont je regrette de n'avoir
pas l'ouvrage à ma disposition : il est aussi suivi par
M. Rudorff.

§ 176. — C. *Modifications que les règles précédentes avaient
subies à l'époque de Justinien.* — La première et l'une des plus
importantes modifications fut introduite par une constitution de Valentinien et Valens qui forme la loi 7, C., VIII, 4.
Les empereurs décident que celui qui, par violence, se sera
emparé d'un meuble ou d'un immeuble *possédé* par autrui,
sera contraint de restituer ; en outre, s'il est propriétaire,
il sera déchu de son droit ; et s'il ne l'est pas, il devra payer
au possesseur la valeur de la chose. M. de Savigny y voit
l'extension de l'interdit *unde vi* aux meubles. Quel est l'intérêt de la question ? Le voici. La constitution dont nous
parlons n'a pas précisé les conditions auxquelles son application devait être soumise : une seule chose paraît ressortir du texte, c'est qu'elle a été faite dans l'intérêt du
possesseur dans le sens propre du mot, et du possesseur
seul. Maintenant dans quel délai l'action pourra-t-elle être
intentée ? contre qui ? quelle sera la portée exacte des condamnations ? c'est ce qu'elle ne dit pas. M. de Savigny
soutient qu'on devra se référer aux règles de l'interdit
unde vi, tant pour les meubles que pour les immeubles,

puisque la constitution ne distingue pas. On doit remarquer tout d'abord, qu'à l'époque où nous nous plaçons, il n'était pas nécessaire de donner à la possession mobilière une protection spéciale, puisque l'interdit *utrubi*, sous sa forme primitive, suffisait pleinement. Ensuite les conditions d'application de la loi 7 sont faciles à déterminer, sans aller les chercher dans les règles de l'interdit. L'action sera perpétuelle et s'exercera contre l'auteur de la violence; l'exception *vitiosæ possessionis* ne sera pas admise, puisqu'on n'en parle pas. Enfin, ce que la constitution veut assurer, ce n'est pas une restitution que les actions existantes garantissent de reste, elle veut édicter une peine sévère et supplémentaire contre les auteurs de toute violence, contre ceux qui seraient tentés de se faire justice à eux-mêmes : il est impossible de méconnaître le but pénal que les empereurs ont voulu atteindre, et c'était là leur unique objet.

Cette constitution qui, comme toutes les mesures extrêmes, dut être peu observée en pratique, eut cependant un effet considérable sur le droit. Elle amena la confusion, la réunion des interdits *unde vi* et *de vi armata*, et les conditions de ce dernier furent appliquées à tous les cas, sauf une ou deux exceptions, où les caractères de l'interdit *de vi quotidiana* furent conservés. Le nouvel interdit dut être invoqué dans l'année. Mais n'appartient-il qu'au possesseur? Cette dernière question est douteuse. (L. 2, C., VIII, 4, et 1, C., VIII, 5.)

Ainsi il ne sera plus permis de reprendre par force ce qu'on nous a enlevé par violence. Mais ce qui n'a jamais été défendu, c'est de lutter, et tant que la victoire n'est pas définitivement acquise à l'assaillant, il est permis de le combattre et de reprendre sans délai une possession qui alors sera censée n'avoir jamais été perdue. C'est ce que nous déclarent les textes que l'empereur a fait insérer au

Digeste. Il est pourtant un cas où il sera intéressant de constater, même sous Justinien, si la *dejectio* a été opérée à l'aide des armes. Dans ce cas l'interdit sera donné à l'affranchi contre son patron, ou aux enfants contre leurs parents qui ne méritent plus d'égards, à cause de la gravité du délit, tandis que s'il ne se fût agi que d'une *vis quotidiana,* on eût dû recourir à une action *in factum* qui aurait été une voie judiciaire plus respectueuse que l'interdit. (L. 1, § 43, Dig., XLIII, 16.)

Enfin une constitution de Constantin, qui forme la l. 1, C., VIII, 5, a décidé que si la *dejectio* avait été opérée pendant l'absence du possesseur, si ses fermiers, son mandataire, ses esclaves, ses parents, en un mot ses représentants quelconques avaient été chassés, ils peuvent intenter l'interdit *de vi,* même après l'expiration de l'année. Ce droit est accordé aux esclaves eux-mêmes, dérogation bien remarquable, apportée aux principes de la législation romaine ! Mais si ces personnes ont négligé d'agir, le possesseur lui-même, à quelqu'époque qu'il revienne, pourra user de l'interdit dont l'efficacité ne sera arrêtée que par la prescription trentenaire quand elle fut introduite. Je rejette à la fin de la section suivante l'examen d'une extension plus remarquable encore de l'interdit *unde vi* et l'étude de l'action possessoire introduite par le droit impérial sous le nom d'interdit *momentariæ possessionis.*

SECTION II

De l'interdit DE CLANDESTINA POSSESSIONE *et de l'interdit* MOMENTARIÆ POSSESSIONIS.

§ 177. — L'interdit *de clandestina possessione* devait être simple, *recuperandæ possessionis,* et avoir pour but de faire rendre la possession à celui dont l'immeuble avait été occupé à son insu.

Nous n'avons, dans les Pandectes, qu'un seul témoignage de l'existence de cet interdit qui vraisemblablement n'était déjà plus en usage à l'époque des grands jurisconsultes. (L. 7, § 5, Dig., x, 3.)

Sed et si clam dicatur possidere qui provocat, dicendum esse ait, cessare hoc judicium (communi dividundo), nam de clandestina possessione competere INTERDICTUM *inquit (Julianus).* Ulpien nous affirme dans ce passage, que Julien, qui vivait au deuxième siècle de notre ère, admettait un interdit *de clandestina possessione* pour faire rendre la possession à celui dont le bien avait été occupé furtivement et à son insu. Ainsi, toutes les fois que la possession sera clandestine, le possesseur dépouillé par cette occupation furtive aura, pour se faire restituer, un interdit récupératoire. Il est certain que cet interdit a disparu, et précisément à l'époque où fut acceptée la règle que la possession des immeubles que l'on retient *animo solo,* ne peut se perdre qu'*animo.* (Voir les paragraphes 111-116 de cette thèse.)

Voici l'espèce : Un possesseur s'éloigne de son fonds avec l'intention d'y revenir bientôt : *mox revertens.* (L. 1, § 24, Dig., XLIII, 16.) Profitant de son absence momentanée, je m'établis sur l'immeuble qui est ainsi laissé sans défense. Ma possession est clandestine. A coup sûr le possesseur, à son retour, a le droit de m'expulser de vive force, s'il le peut, puisque ma possession est vicieuse à son égard. Mais s'il n'ose entamer cette lutte, il lui restera la ressource de l'interdit *de clandestina possessione; clam possidere eum Labeo scribit.* (L. 6, § 1, Dig., XLI, 2.) Plus tard, on admit qu'il n'avait pas perdu la possession ; le recours à l'interdit *de clandestina possessione* fut supprimé, mais en revanche, s'il essaye de rentrer sur son bien, et que je l'en empêche, il pourra user avec succès de l'interdit *unde vi,* puisque ce ne sera

plus mon occupation clandestine, mais l'acte de vive force
par lequel je l'ai repoussé, qui lui aura fait perdre la possession. (Même loi, *in fine.*) Une autre voie lui sera encore ouverte, du moins dans l'opinion que j'ai adoptée, c'est celle
de l'interdit *uti possidetis.* De là résulte que l'interdit *de clandestina possessione* devint inutile et ne tarda pas à tomber
en désuétude; il n'en reste plus même de trace sous Justinien.

Nous avons dit que l'interdit *de clandestina possessione*
devait être spécial aux immeubles. Cette idée se déduit de
l'analogie parfaite qui existe entre notre interdit et l'*unde vi;*
ils naissent tous les deux d'un vice de la possession, vice
qui l'eût rendue inefficace dans le procès sur l'interdit *uti
possidetis.* Pour les meubles l'interdit *utrubi* suffisait; on n'a
pas dû étendre aux choses mobilières le *de clandestina possessione,* puisque dans un cas de violence, circonstance
bien plus grave qu'une occupation clandestine, on avait
refusé d'accorder un interdit spécial.

§ 178. — Il semble tout d'abord que dans le dernier état
du droit la situation de celui dont l'immeuble est occupé
pendant son absence, et sans acte de violence, est devenue
bien difficile. Il est vrai qu'il conservera la possession jusqu'au moment où cette occupation lui sera connue, mais
à quoi cela lui servira-t-il? L'interdit *uti possidetis,* que j'admets pour ma part dans ce cas, ne sera à sa disposition
que pendant l'intervalle d'une année : sa dépossession remonte peut-être à une époque plus reculée. S'il tente de
rentrer en possession par la force, ne tombera-t-il pas sous
le coup des lois redoutables qui défendent de se faire justice
à soi-même? La difficulté, ce me semble, n'est qu'apparente.

Celui qui, de retour, tente, *sans délai,* de recouvrer son
bien n'a pas encore, nous le savons, perdu la possession;
s'il ne l'a pas perdue, l'auteur de l'occupation clandestine

ne l'a donc pas acquise, et s'il est expulsé il ne pourra par conséquent invoquer les lois contre la violence, puisque celles-ci sont introduites, nous l'avons reconnu, en faveur du possesseur juridique et de lui seul. D'un autre côté il est toujours permis de défendre sa possession par la force, et c'est précisément ce que fait celui qui, dans notre espèce, veut rentrer dans son bien, puisque cette possession, il ne l'a pas encore perdue. Nous avons vu, en effet, que la perte de possession ne se produit pas précisément au moment où la nouvelle de l'occupation de mon immeuble par un tiers me parvient, mais seulement à l'instant où, voulant y rentrer, je suis repoussé, ou bien à celui où je renonce à le faire, par crainte d'une force supérieure à la mienne.

Dans toutes ces hypothèses il faut, remarquons-le bien, que l'absence du possesseur ait été de peu de durée : qu'il soit parti avec l'intention de revenir bientôt. (Institutes, IV, 15, § 5.) *Si non derelinquendæ possessionis animo, sed postea reversurus inde discesserit.* Si son absence se prolongeait, comme après tout la possession n'est qu'un état de fait, il pourrait aisément être censé y avoir renoncé. Je n'ai, du reste, qu'à renvoyer, en ce qui touche ce sujet, aux développements que j'ai présentés en parlant de la perte de la possession.

§ 179. — Ceci nous amène tout naturellement à parler de l'extension importante donnée par Justinien à l'interdit *unde vi* en cas d'absence du possesseur. (L. 11, C., VIII, 4.)

Un individu s'absente, et son éloignement dure assez longtemps pour que l'on puisse supposer qu'il renonce à la possession de son immeuble. Cette possession devient alors *vacua*. Un tiers s'en empare, sans violence bien entendu, puisque nous supposons que l'absent n'a laissé personne pour l'exercer en son nom. Comment venir au secours de l'absent, comment punir la mauvaise foi de celui qui s'est établi sans scrupule sur un bien qu'il savait bien ne pas lui appartenir? Cette question avait, à bon droit, embarrassé le barreau d'Illyrie. Les interdits *unde vi, quod vi aut clam,* toutes les actions possessoires en un mot, étaient inefficaces; il ne restait plus que la périlleuse ressource de la revendication, où la plus juste demande peut succomber, écrasée sous le fardeau de la preuve, de cette preuve si difficile à faire que les commentateurs du moyen âge l'ont nommée *diabolique (diabolica probatio).* Justinien s'indigne contre ces usurpateurs qu'il traite de *prœdones,* et il décide que l'interdit *unde vi* pourra, pendant trente ans, être employé contre eux. Bien que cette constitution se trouve au titre *Unde vi,* nous avons dû en placer ici l'examen, parce qu'en réalité ce n'est pas contre la possession acquise par violence, mais contre une occupation accomplie à l'insu du possesseur, et par conséquent clandestine, qu'elle apporte un remède nouveau.

§ 180. — Ce n'est aussi qu'en cet endroit que je puis dire quelques mots de l'interdit *momentariœ possessionis* dont nous parlent plusieurs constitutions impériales.

D'où vient cette expression *momentaria,* et que signifie-t-elle? Isidore l'entend dans ce sens que cette action requiert célérité, et que le jugement ne doit pas se faire attendre. Isidorus, lib. 5, *Etymol. : Momentum dictum est a temporis brevitate, ut quâ cito quam statim salvo negotio, reformetur, nec in ullam moram produci debeat quod repetitur.* Peut-être pourrait on y voir aussi l'expression de ce fait que l'attribution de la possession n'est que provisoire, et ne sera réglée d'une manière définitive que par l'instance au pétitoire. Quoi qu'il en soit, quelle était la portée de cette nouvelle action possessoire?

Cujas a soutenu (*Comment. in Cod.,* VIII, 4, 1. 8) que c'était là un interdit général qui remplaçait non-seulement les interdits restitutoires, mais encore ceux qui sont uniquement prohibitoires ou exhibitoires. Il a été plus loin, et la portée de cette action est, selon lui, si générale, qu'elle tient lieu des interdits *adipiscendæ possessionis* eux-mêmes. Il est impossible de trouver un texte qui confirme explicitement cette opinion, mais ses partisans la font découler indirectement des dispositions de plusieurs passages du Code, et notamment des lois : 5, 8, 11, C., VIII, 4 ; l. 12, C., VII, 32, et de la rubrique du titre V, livre VIII au Code : *Si per vim, vel alio modo, absentis perturbata sit possessio.*

Il paraît aujourd'hui certain que cette interprétation n'est pas exacte, et que la portée de l'interdit *momentariæ possessionis* était singulièrement plus restreinte, nous n'en voulons pour preuve que la loi 8, C., VIII, 4. *Momentariæ possessionis interdictum quod non semper ad vim publicam pertinet vel privatam, mox audiri, interdum etiam sine inscriptione meretur.* Ce texte nous enseigne que l'interdit *momentariæ possessionis* ne supposait *pas toujours* que la possession eût été perdue par un acte de violence, accompli à main armée ou sans armes, et tombant sous l'application des lois Julia, *de vi publica vel privata.* De là nous tirons cette conclusion aussi légitime que naturelle : l'interdit *Momentariæ possessionis,* supposait *généralement* un acte de violence prévu par les lois pénales; ce n'est donc en réalité qu'un autre nom donné à l'interdit *unde vi,* ce n'est pas autre chose, et les deux actions doivent être au fond identiques, à une différence près cependant. Il y a, la loi nous le dit, des cas exceptionnels, il est vrai, où l'interdit *momentariæ possessionis* pourra être invoqué, bien qu'il n'y ait pas eu d'acte de violence tombant sous le coup de la loi. M. de Savigny propose pour exemple le cas suivant : Pendant l'absence du possesseur, son immeuble est occupé sans violence; à son retour, il n'ose essayer de se remettre en possession; il n'y pas là de *crimen vis,* et cependant l'interdit *unde vi* pourra être invoqué.

L'exemple, il faut bien que je le dise, me semble malheureux, parce que je crois que précisément dans ce cas l'interdit *undi vi* serait inutile. Les textes (l. 3, § 8 et 9; l. 7, Dig., XLI, 2) nous disent, il est vrai, que la possession est alors perdue, mais ils se gardent bien de décider que l'interdit sera admissible. Comment pourrait-on voir dans ce fait une *dejectio* ? Il y a plus : nous savons par le témoignage de Labéon (l. 6, § 1, Dig., XLI, 2) que la possession de l'occupant était dans ce cas clandestine et que, par conséquent, dans l'ancien état du droit, l'interdit *de clandestina possessione* eût trouvé sa place. Or, nous le savons, la modification apportée aux principes primitifs a consisté simplement à admettre que si, voulant rentrer sur son bien, on était repoussé par l'usurpateur, la voie de l'interdit *unde vi* était ouverte, parce que la possession était restée entre mes mains, jusqu'au moment où la tentative que j'avais faite de chasser l'usurpateur était demeurée infructueuse.

Il nous faut donc chercher un autre exemple, et pour cela il n'est pas nécessaire d'aller bien loin; la loi 6, C., VIII, 4, nous le fournira. Muni d'un jugement ou d'un rescrit du prince je néglige de le faire insinuer, j'expulse le possesseur de mon bien : dans ces conditions il est incontestable qu'aucune violence, dans le sens de la loi, ne peut m'être reprochée, puisque je ne fais qu'exécuter une sentence rendue, un ordre émané de l'autorité légitime. Cependant, comme j'ai eu le tort de ne pas suivre la marche régulière et légale, je serai tenu de restituer la possession ainsi obtenue, et c'est par l'interdit *momentariæ possessionis* que j'y serai contraint.

Si je n'ai pas cité comme exemple la loi 11, C., VIII, 4, que je viens d'analyser plus haut, c'est que cette constitution est postérieure à la loi 8, dont nous parlons en ce moment et dont il me reste à expliquer les derniers mots.

L'interdit *momentariæ possessionis* est une action qui re-

quiert célérité (*mox audiri... meretur*); en outre, ajoute le rescrit, on peut quelquefois l'intenter sans *inscriptio* (*interdum
etiam sine inscriptione meretur*). C'est la même idée qu'au
commencement de la loi, l'interdit ne suppose pas toujours
un délit réprimé par la loi. L'*inscriptio* était la dénonciation de ce délit, dénonciation signée par le demandeur, et
qui avait pour effet de le soumettre à la peine du talion,
c'est-à-dire de le faire condamner, au cas où il ne triomphe-
rait pas dans sa demande, précisément à la peine qu'aurait encourue le défendeur, s'il avait succombé. Cette *inscriptio* était exigée toutes les fois qu'un délit était allégué ;
donc pas d'*inscriptio* dans les cas exceptionnels où l'interdit *momentariæ possessionis* était accordé sans qu'il y eût eu
un délit commis.

Enfin, la rubrique du titre *si per vim* VEL ALIO MODO *absentis perturbata sit possessio* ne prouve rien, pour deux raisons : la première c'est que Justinien en est l'auteur et
qu'à son époque il était vrai de dire que la possession devait être restituée à l'absent, même si elle avait été occupée
sans violence en vertu de la loi 11, C., VIII, 4, que j'ai déjà
expliquée ; la seconde, c'est que les deux constitutions qui
composent ce titre ne prévoient aucun cas où la possession
aurait été enlevée autrement que par violence, et qu'à ce
point de vue la rubrique en est inexacte.

En résumé, la portée de l'interdit *nomentariæ possessionis*
était renfermée strictement dans le même cercle que celle
de l'interdit *unde vi* en y comprenant les extensions données à ce dernier par les constitutions impériales.

SECTION II

De l'interdit DE PRECARIO.

§ 181. — L'interdit *de precario* était simple, restitutoire, perpétuel et avait pour effet de forcer le *rogans* à restituer la chose au *rogatus* dès que le *precarium* était rompu.

Nous avons déjà étudié le pacte de précaire aux paragraphes 55 et 62 de cette thèse; les développements que j'ai déjà donnés simplifieront ici notre étude.

L'interdit *de precario* fut longtemps la seule ressource accordée au *rogatus,* parce que le précaire n'était pas considéré comme un contrat. Les Proculiens parvinrent cependant à lui faire donner ce titre; ils le rangèrent dans la classe des contrats innommés de l'espèce *do ut des,* et dès lors l'action *præscriptis verbis* devint applicable. Cette théorie triompha malgré la résistance des Sabiniens. (L. 2, § 2, Dig., XLIII, 26; Paul, *Sentences,* V, 6, § 10.) Ulpien, l. 1 *pr.,* Dig., XLIII, 26, définit le précaire en ces termes : *Precarium est quod precibus petenti utendum conceditur, quandiu is qui concessit patitur.* Le *rogans* a plutôt la jouissance que l'usage de la chose, puisqu'il en fait les fruits siens, et d'un autre côté, il n'est pas absolument nécessaire que des prières aient été adressées, comme nous l'apprend Paul, *Sentences,* V, 6, § 11; la tolérance du propriétaire serait suffisante. Enfin, et sans doute par une extension de jurisprudence, les servitudes elles-mêmes purent être données à précaire. (L. 2, § 3; l. 3; l. 15, § 2, Dig., XLIII, 26.)

Ce pacte, à son origine, dut n'avoir pour objet que des immeubles, puisqu'il a pris naissance dans les concessions de l'*ager publicus* faites par les patriciens à leurs clients.

C'est du reste ce que confirme la loi 4, Dig., XLIII, 26. A

l'époque classique il s'appliquera même aux choses mobilières. Comment cette institution put-elle subsister après que sa source eût été tarie, alors qu'il n'y avait plus de concession à faire sur l'*ager publicus*? Le pacte intervint d'abord dans les relations du créancier gagiste et de son débiteur. (Voir § 62.) Mais ce n'était guère là qu'un précaire de détention. Il était encore utilement employé dans une autre hypothèse. Le vendeur qui craint de n'être pas payé, et qui cependant désire mettre l'acheteur en possession de la chose vendue, lui fournir les moyens de la défendre et se décharger de la responsabilité qui lui incombe, fera avec lui le pacte de précaire; de la sorte l'acheteur aura les interdits contre les tiers qui voudraient le troubler, et le vendeur ne se sera pas sérieusement dépouillé de la possession, puisqu'il aura pour la ressaisir une voie facile, l'interdit *de precario*. (L. 20, Dig., xliii, 26.)

Il existait entre la position du *rogans* et celle du commodataire certaines différences qu'il est bon de signaler. Le *rogans* avait obtenu du *rogatus* la cession des actions possessoires et se trouvait par conséquent vis-à-vis des tiers dans une situation indépendante. A un autre point de vue cependant le commodataire était plus favorisé, puisqu'il n'était tenu, dans le cas ordinaire, de rendre la chose prêtée qu'à l'époque convenue, tandis que le *rogatus* pouvait à tout instant exiger la restitution de la chose, quand même il aurait promis de la laisser jusqu'à une certaine époque entre les mains du *rogans*. (L. 12 *pr.*, Dig., xliii, 26.) Probablement aussi le précariste ne pouvait être remboursé de ses dépenses et améliorations, tandis que l'action *commodati contraria* compétait, dans ce cas, au commodataire. A l'inverse le précariste n'est tenu que de sa faute lourde ou de son dol, tandis que la négligence la plus légère peut être reprochée à l'emprunteur dans le commodat. (L. 8, § 3, Dig., xliii, 26.)

Nous avons expliqué au § 62 la raison de ces faveurs que le précaire doit à son origine. Au reste, le *rogans* n'a, pour se défendre, que la ressource d'ailleurs très-suffisante des interdits, et les actions Publicienne, de vol et *communi dividundo* lui sont refusées. (L. 13, § 1, Dig., VI, 2; l. 14, § 11, D., XLVII, 2; l. 7, § 4, Dig., X, 3.)

§ 182. — Le précaire finit par la révocation émanée du *rogatus*. Si l'on est convenu d'un terme et que la chose soit laissée après l'échéance entre les mains du *rogans*, on en conclut qu'un nouveau pacte a été consenti. (L. 4, § 4, Dig., XLIII, 26.)

Le précaire ne finissait pas par la mort du concédant (l. 1; l. 12, § 1, Dig., XLIII, 26), à moins qu'il n'eût expressément stipulé en ces termes : *Quoad is qui dedisset vellet.* Quant à la mort du *rogans* il y avait controverse.

Les uns (Celse, l. 12, § 1, Dig., XLIII, 26; Paul, *Sentences,* V, 6, § 12) soutenaient que la concession ayant été faite *intuitu personæ*, le bénéfice qui en résultait ne pouvait passer à l'héritier : s'il gardait la chose de mauvaise foi, sa possession, au dire de Paul, devenait clandestine. Papinien, l. 11, Dig., XLIV, 5, semble aussi adopter cette opinion. D'un autre côté, Ulpien (l. 8, § *ult.,* Dig., XLIII, 26) enseigne que l'interdit *de precario* pourra fort bien être intenté contre l'héritier du *rogans :* cet héritier sera tenu de sa faute lourde et de son dol; quant à la faute ou au dol qui pourraient être reprochés à son auteur, il en sera aussi tenu, mais seulement dans les limites de son enrichissement. De là résulte évidemment que l'héritier est tenu de l'interdit *de precario* non-seulement *hereditario nomine,* mais encore *proprio nomine* et que, par conséquent, la concession de précaire a subsisté en sa personne et ne s'est pas éteinte par la mort du *rogans* son auteur. Cette doctrine l'emporta et fut confirmée par le droit impérial. (L. 2, C., VIII, 9.)

§ 183. — A l'époque classique, lorsque le *rogans* refusait

de restituer, le *rogatus* avait le droit de l'expulser de force, pourvu qu'il n'employât pas d'armes, puisque la possession du *rogans* était vicieuse à son égard.

Mais une modification profonde fut introduite par les lois qui défendent de se faire justice à soi-même. Il faudra donc recourir aux voies judiciaires. Nous avons déjà vu qu'il y en a trois : la revendication, dont nous ne parlerons que pour mémoire, l'action *prescriptis verbis* et enfin l'interdit *de precario*.

Ajoutons à cette liste une quatrième action résultant de l'interdit *uti possidetis* qui, dans mon opinion, pouvait ici recevoir son application : je n'ai qu'à renvoyer aux développements que j'ai donnés en parlant de cet interdit.

Par l'interdit *de precario,* le *rogans* était contraint de restituer la chose avec les fruits perçus depuis la litiscontestation. (L. 8, § 4, Dig., XLIII, 26.) Depuis cette époque il est responsable de sa faute même légère. (*Ibid.,* § 5.) En outre si, avant même la délivrance de l'interdit, il s'est dessaisi de la chose par dol ou par l'effet d'une négligence impardonnable, il n'échappera pas à la condamnation. Ceci explique l'utilité de cet interdit, même en admettant que l'*uti possidetis* pût être employé dans ce cas.

En effet, l'*uti possidetis* n'a d'utilité que contre celui qui a la détention de l'immeuble en litige au moment où l'interdit est délivré par le préteur ou, sous le Bas-Empire, au moment de la litiscontestation. Il n'aurait pas d'effet contre celui qui se serait dessaisi, même par dol.

§ 184. — Nous avons vu que l'action *præscriptis verbis* était, selon les Proculiens, applicable au précaire considéré comme un contrat *do ut des.* Les Sabiniens ne pouvaient ouvrir cette voie au *rogatus,* par la raison qu'ils n'admettaient dans aucun cas l'action *præscriptis verbis.* Le témoignage de Gaius est positif sur ce point. Comment se fait-il alors que Julien, jurisconsulte Sabinien antérieur à Gaius, accorde cette action dans le § 2 de la loi 19, Dig., XLIII, 26, ainsi conçu : *Cum quid precario rogatum 'est, non solum interdicto uti possumus sed et incerti condictione, id est præscriptis verbis ?*

L'action *præscriptis verbis* n'est pas une *condictio ;* elle était seulement désignée quelquefois sous le nom de : *incerti actio.* Il est probable que les compilateurs du Digeste auront ajouté ces mots : *Id est præscriptis verbis,* pensant que par *incerti condictio* Julien avait voulu dire *incerti actio.* Le jurisconsulte Sabinien accordait peut-être au *rogatus* la *condictio sine causa,* qui était donnée contre celui qui s'enrichit indûment *(sine causa)* aux dépens d'autrui. Or, il est clair que telle était précisément la position du *rogans* lorsque le précaire était revoqué.

§ 185. — Lorsque l'action *præscriptis verbis* était intentée, il paraît certain que la responsabilité du *rogans* n'était pas aggravée et que jusqu'au moment de la rupture du précaire il n'était tenu que de son dol ou de sa faute lourde. Cela n'est pas fort extraordinaire puisqu'il en est de même dans l'action de dépôt. Mais si l'on employait l'interdit *de precario,* nous savons que l'héritier du *rogans* n'était tenu du dol de son auteur que dans la limite de son enrichissement. (L. 8, § 8, Dig., XLIII, 26). Cette condition d'enrichissement était-elle aussi exigée lorsque l'action *præscriptis verbis* était intentée? Dans toutes les actions qui naissent des contrats, l'héritier est toujours tenu du dol de son auteur. (L. 12 et 49, Dig., XLIV, 7; l. 157, § 3, Dig., L, 17.)

Il est vrai que Justinien (Institutes, IV, 12, § 1) enseigne positivement que l'action d'un contrat ne compète pas contre l'héritier non enrichi par le dol de son auteur, en sorte qu'il y a antinomie. Mais l'erreur est du côté des rédacteurs des Institutes ; ils copiaient Gaius, et Gaius disait que l'action dont étaient tenus les *sponsores* et *fidepro-*

mittores ne pouvait être intentée contre leurs héritiers. Il n'y a plus de *sponsor* ni de *fidepromittor* sous Justinien. Il voulait trouver un autre cas où l'action, quoique non pénale, n'était pas transmissible contre les héritiers ; seulement l'exemple qu'il a chosi n'est pas heureux.

Il faut peut-être décider que la loi 8, § 8, Dig., xliii, 26, ne donne pas une solution générale, qu'il faut la restreindre au cas où l'on agissait par la voie de l'interdit, mais que dans l'action *præscriptis verbis,* comme dans toutes celles qui naissent des contrats, l'héritier était tenu du dol de son auteur, quand bien même il n'en eût retiré aucun enrichissement.

Quand on rencontre chez un auteur dont la science n'est pas contestable une doctrine qui paraît sans reproche, il serait puéril d'aller, poussé par le désir déplacé d'une originalité mauvaise, rajeunir de vieilles erreurs ou s'efforcer d'en inventer de nouvelles, au lieu de reproduire simplement la vérité qu'on trouve sous sa main. Aussi, et puisqu'il faut rendre à chacun ce qui lui est dû, je dois reconnaître que la partie de mon travail qui traite de l'interdit *de precario* est empruntée tout entière à l'excellent ouvrage de M. Machelard, que je n'ai fait ici, pour ainsi dire, qu'analyser.

APPENDICE

§ 185 *bis.* — Deux mots seulement sur la preuve de la possession. On sait que chez les Romains toute espèce de preuve était admise du moment qu'elle portait la conviction dans l'esprit du juge. Or il faut, dans l'interdit *uti possidetis,* dans l'interdit *unde vi,* prouver la possession, soit au moment de la *dejectio,* soit au moment où l'interdit a été délivré. Si la preuve de ce fait précis peut être produite, rien de mieux; mais faudra-t-il admettre que celui qui a prouvé une possession antérieure sera considéré comme n'ayant pas cessé de posséder? Je le crois; la possession une fois acquise ne se perd guère que par la prise de possession effectuée par une autre personne : on la suppose continuant même en dehors de toute action physique. Cela sera vrai surtout pour les immeubles dont la possession se retient *animo*. A l'inverse on ne devra pas conclure de la possession actuelle à la possession antérieure : elle peut très-bien ne dater que d'un instant. En matière de meubles, une autre question peut prendre naissance, question d'un grand intérêt à l'époque où l'ancien interdit *utrubi* était en vigueur. La possession antérieure, unie à la détention actuelle, fait-elle supposer qu'on n'a pas cessé d'être possesseur pendant l'époque intermédiaire? Si l'on rapproche cette question de la solution de celle qui précède, il faudra, par *a fortiori*, répondre affirmativement. Tels sont les principes généraux qu'en l'absence de textes précis je crois devoir adopter sur cette matière.

TITRE QUATRIÈME

DE LA QUASI-POSSESSION ET DES INTERDITS QUASI-POSSESSOIRES.

—

CHAPITRE I

Notion de la quasi-possession.

§ 186. — L'esprit des lois romaines présente assez de grands côtés pour qu'il soit permis de leur en trouver un

petit. Le droit n'est, au fond, que l'application aux relations sociales d'une science plus élevée, la morale. Je ne
veux pas dire que les Romains aient méconnu cette source
quasi-divine; appuyés sur des textes rares et concis, ils en
déduisaient, au moyen de principes peu nombreux, des
conséquences rigoureuses, faisant ainsi rentrer le droit
dans la classe des études mathématiques plutôt que dans
celle des sciences morales. Ah! sans doute, s'il était possible à l'esprit humain de découvrir les lois fondamentales
qui doivent régir les rapports des hommes entre eux et
de les formuler en quelques rapides préceptes, dans une
langue qui ne connaîtrait ni obscurité ni équivoques, la
méthode romaine serait exacte, elle serait sûre! Mais nous
n'avons ni une idée assez précise du juste, ni la facilité
d'exprimer nos pensées dans un langage assez pur et assez
clair, pour pouvoir, en cette matière, nous laisser guider en
aveugle par un raisonnement pour ainsi dire mécanique.
Sans parler de la pensée législative en elle-même, pensée
qui peut répondre plus ou moins aux règles d'équité dé-
posées au fond de notre cœur par la main créatrice de la
Providence, comme une semence fertile ou inféconde,
selon qu'elle est ou non cultivée, la moindre inexactitude
de langage nous fera dévier du droit chemin et nous mè-
nera peut-être à des conséquences qui seront la négation
même du principe dont elles paraissent découler, et pour
parler par comparaison, c'est ainsi que, dans les calculs
astronomiques, la moindre décimale négligée dans la fixa-
tion des bases peut, dit-on, faire manquer le but de plusieurs millions de lieues.

§ 187. — C'est une erreur de langage qui a conduit les
Romains des premiers temps à désigner exclusivement du
nom de possession l'exercice du droit de propriété. Si l'exercice du droit de propriété est respectable par lui-même,
pourquoi celui d'une servitude le serait-il à un moindre

degré? Ces droits ne sont-ils pas réels tous les deux, tous les deux susceptibles d'un exercice qui peut se répéter? Il y a plus: quelle différence voyez-vous entre l'exercice du *dominium* et celui de l'usufruit? Un bon père de famille ne se conduira-t-il pas comme un usufruitier? On dira que l'usage de certaines servitudes n'est pas continu, mais l'usage du droit de propriété l'est-il davantage? Faudra-t-il, pour exercer mon *dominium* sur un champ, que jour et nuit je le laboure, que jour et nuit je le moissonne, ou que, si la saison ne permet point ces travaux, je m'y promène sans cesse? Evidemment non. Les servitudes, comme la propriété, sont susceptibles d'un exercice qui peut se répéter; alors pourquoi accorder à l'une ce qu'on refuse aux autres?

Pour indiquer qu'on a sur une chose le droit de propriété, l'on n'a pas l'habitude de dire tout au long : J'ai le droit de propriété sur ce cheval; la formule elliptique a prévalu : J'ai ce cheval; tandis que lorsqu'on veut énoncer qu'on a une servitude il faut bien dire : J'ai le droit d'usufruit sur ce cheval, ou j'ai l'usufruit de ce cheval. Or, en matière de possession, si l'on s'était toujours exprimé ainsi : J'exerce le droit de propriété sur ce cheval, l'on n'eût éprouvé aucune difficulté à dire aussi : J'exerce le droit d'usufruit sur ce cheval. Le mot posséder est synonyme d'exercer; or, puisque, lorsqu'on n'indique pas le droit dont on veut parler, il s'agit toujours de la propriété, il suit de là qu'on a exprimé elliptiquement la pensée en disant : Je possède ce cheval. Le mot de possession, qui ne porte en réalité que sur un droit, a paru dès lors s'appliquer à la chose elle-même. Mais, lorsqu'il s'agit d'une servitude, comme il est nécessaire, pour éviter toute équivoque, d'en indiquer le nom, l'on était bien forcé de dire : Je possède le droit d'usufruit sur cette chose. Voici maintenant la confusion qu'ont faite les Romains : la possession relative au *dominium* ayant été organisée la première ils ont raisonné de la sorte : On possède fort bien les *res corporales*, c'est-à-dire les choses, mais comment pourrait-on *posséder* un droit, une *chose incorporelle ?* Cela est impossible; de là cette conséquence : en matière de servitude pas de possession, par suite pas de tradition ni d'usucapion. Telle était la règle du droit civil.

§ 188.— Mais le préteur qui consentait volontiers à abandonner au droit civil le domaine des mots, pourvu qu'on lui laissât celui des choses, parvint à tourner une difficulté qui répugnait aux nécessités de la pratique. Sans doute, dit-il, il n'y aura pas de possession en matière de servitude, mais on ne saurait nier qu'il n'y ait là une analogie frappante. On ne possédera pas les servitudes, soit; mais, à certaines conditions, l'on sera considéré comme si on les possédait. *Non possidet, sed quasi-possidet.* Aussi, vais-je organiser pour ces droits quelque chose d'analogue à la tradition, à l'usucapion, et permettre d'invoquer certains interdits pour protéger ce qu'en français nous avons, par une inexactitude de traduction, nommé la quasi-possession, que les Romains appelaient *Juris quasi-possessio.*

Les conditions d'acquisition et de perte de cette *juris* quasi-possession, que, pour abréger, nous désignerons souvent sous le nom de possession, sont parfois les mêmes que pour la possession proprement dite, et parfois différentes. L'*animus,* élément essentiel de toute possession, n'est plus ici un *animus domini ;* il consiste dans l'intention d'exercer une servitude, et nous le qualifierons d'*animus possidendi.* Les interdits qui la protégent sont quelquefois ceux qu'on emploierait pour défendre l'exercice du droit de propriété, et quelquefois aussi il faut recourir à des interdits spéciaux; tout dépend de la nature de la servitude. Aussi une division fort simple s'impose-t-elle d'avance à notre travail. Nous parlerons d'abord des servitudes personnelles, puis des servitudes réelles, qui se diviseront à leur tour en servitudes rustiques et servitudes urbaines.

CHAPITRE II

De la quasi-possession des servitudes personnelles.

§ 189.—Prenons pour type la servitude d'usufruit ; ce que nous en dirons s'appliquera aussi à l'usage. L'acquisition de ce genre de possession s'opérera par les mêmes modes que celle de la possession proprement dite, pourvu qu'on ait eu en vue le droit d'usufruit ; nous n'avons donc qu'à renvoyer ici purement et simplement à la section qui traite de l'acquisition de la possession. J'en dirai autant de la continuation et de la perte de la possession. M. de Savigny, qui est ici mon seul guide, signale pourtant deux différences sur lesquelles nous devons nous arrêter quelques instants ; la première parce que je ne puis l'admettre, et la seconde parce qu'elle m'inspire des doutes sérieux.

§ 190. — M. de Savigny enseigne (p. 450) que la quasi-possession du droit d'usufruit peut se perdre sans que la possibilité d'agir sur la chose fasse défaut. L'usufruit, dit-il, se perd par le non-usage ; or, on peut très-bien ne pas user d'une chose, quoique à tous les instants la possibilité d'agir sur cette chose subsiste. Eh bien, si l'usufruit vient à être perdu de cette manière, on devra dire que la possession n'a pas existé pendant le délai de non-usage. Jusqu'à l'expiration de ce délai elle reste en suspens, mais aussitôt qu'il est expiré on doit dire qu'elle a été perdue dès le moment où l'on a cessé d'user. Voilà précisément ce qui ne me paraît pas exact, et je vais essayer de justifier mon sentiment. Nous verrons tout-à-l'heure que l'usufruitier peut invoquer l'interdit *unde vi.* Mais à quelles conditions? Pour que, en matière de possession proprement dite, l'interdit *unde vi* pût être intenté il fallait que le *dejectus* possédât au moment de la *dejectio*. Par analogie il faut aussi que l'usufruitier quasi-possède au moment où la violence se produit; deux textes consacrent, à mon sens, cette règle, ce sont les § 14 et 17; l. 3, Dig., XLIII, 16; — § 14 : *Ceterum si quis ab initio volentem uti frui prohibuerit, hoc interdictum (unde vi) locum non habet.* § 17: *Qui usufructus nomine qualiter qualiter fuit quasi in possessione hoc interdicto utetur.* Ainsi l'interdit est refusé à celui qui n'était pas en quasi-possession. Supposons maintenant qu'un usufruitier qui, depuis quelque temps déjà, n'usait pas de la chose, éprouve une *dejectio*. Comment cela pourra-t-il se faire? Supposons par exemple que, voulant rentrer sur son fonds, il soit repoussé par un individu qui est venu s'y établir en son absence. Ainsi empêché d'user, l'usufruitier voit son droit s'éteindre avant d'avoir pu obtenir restitution. Si l'on admet la doctrine de M. de Savigny il faudra lui refuser l'interdit *unde vi*, puisque l'usufruit étant éteint il devient certain que la possession n'a pas existé pendant le délai du non-usage et que cette possession est requise précisément au moment de la *dejectio* qui s'est accomplie pendant ce délai. Or, les lois 9 et 10, Dig., XLIII, 16, nous apprennent que l'usufruitier qui a perdu son droit par suite d'un non-usage causé par une *dejectió*, obtiendra des dommages-intérêts par l'interdit *unde vi*, sans distinguer si le non-usage a commencé avant le moment de la *dejectio*, ou bien ne date que de cette époque.

Au reste le § 14, l. 3, du même titre, prévoit expressément cette hypothèse puisqu'il suppose qu'un usufruitier voulant rentrer sur son fonds, dont par conséquent il ne jouissait plus depuis un temps plus ou moins long, est repoussé par un usurpateur, et que dans ce cas il ouvre la voie de l'interdit *unde vi*.

M. de Savigny me semble tomber en contradiction avec
lui-même, lorsqu'il donne sans distinction l'interdit *unde
vi* à l'usufruitier dont le droit a péri par suite d'un non-
usage causé par une *dejectio* (p. 454).

§ 191. — En second lieu, le savant jurisconsulte prussien soutient que l'usufruitier qui cède ou vend l'exercice
de son droit conserve par là même la possession; il s'appuie sur la loi 12, § 2, Dig., vii, 1 : *Nam et qui locat utitur
et qui vendit, utitur, sed et si alii precario concedat, vel
donet, puto eum uti atque ideo retineri usumfructum.....*
puisque l'usufruitier qui a vendu, donné, etc., n'en use
pas moins, dit M. de Savigny, c'est donc qu'il possède, on
ne peut user sans posséder.... Cette solution m'inspire des
doutes. La loi 12 n'a d'autre but que d'indiquer que l'usufruit ne s'éteindra pas dans ces hypothèses par non usage.
La position de l'usufruitier est favorable. Conclure de là
qu'il continue à posséder c'est, ce me semble, aller bien
loin. Il s'est dépouillé, en vendant son droit, aussi complétement qu'il lui était possible de le faire. L'usufruit, il
est vrai, est incessible, mais *son exercice* peut être cédé, et,
prenons-y bien garde, la quasi-possession n'est pas autre
chose que l'*exercice* du droit d'usufruit. Si donc l'acheteur
doit acquérir quelque chose c'est assurément cette quasi-
possession. D'un autre côté, il paraît bien peu pratique de
refuser les interdits à l'acheteur, à qui ils seraient si utiles,
pour les laisser à l'usufruitier qui n'en a que faire. Ainsi je
ne repousse pas, pour le moment, l'opinion de M. de Savigny; je me borne à exprimer un doute, à l'appui duquel je
fournirai du reste un nouvel argument à la fin de ce chapitre.

§ 192. — Les interdits qui protègent la quasi-possession
de cette classe de servitudes, sont absolument les mêmes
que pour la possession proprement dite. Cela tient probablement à ce fait qu'ici la *juris quasi possessio* coïncide

avec la détention de la chose. Les fragments du Vatican, § 90 et suiv., noûs apprennent seulement que, dans ce cas, les interdits se donnaient comme interdits utiles. On sait qu'on donnait le nom d'utile à toute action accordée par extension en dehors du cas pour lequel elle avait été primitivement organisée. Ainsi, si l'objet est un immeuble et que la quasi-possession soit troublée, il y aura ouverture à l'interdit *uti possidetis utile.* Les cas d'application seront nombreux : l'interdit procédera soit contre les tiers, soit contre les co-usufruitiers par indivis, soit contre le propriétaire, soit enfin contre un usager, lorsque ces différentes personnes viendront troubler la possession de l'usufruitier demandeur. (L. 4, Dig., XLIII, 17.)

L'interdit *utrubi utile* trouvera sans doute aussi sa place en cette matière.

§ 193. — Quant à l'interdit *unde vi,* il fera obtenir réparation complète du préjudice causé par la *dejectio.* Si l'usufruit s'est éteint par une autre cause que le non-usage, les dommages-intérêts ne seront dus que pour le temps passé ; il en serait autrement, nous l'avons vu, si la *dejectio,* en prolongeant forcément le non-usage, avait entraîné l'extinction du droit : il ne peut être ici question d'une *dejectio* qui aurait été la cause originaire et unique de ce non-usage, l'interdit *unde vi* serait ici inutile. Le délai du non-usage est en effet de deux ans, sous Justinien il fut de dix à vingt ans. (L. 16, C., III, 33.) L'interdit *unde vi* n'est utile après une année que dans la limite de l'enrichissement de l'usurpateur ; or, que servirait à l'usufruitier d'obtenir la restitution d'un immeuble qu'il serait forcé de remettre immédiatement entre les mains du propriétaire ?

M. de Savigny applique ici son système de l'extension aux meubles de l'interdit *unde vi,* en vertu des constitutions qui punissent la violence. Je doute que la loi 7, C., VIII, 4, pût être invoquée par un usufruitier ; les mots *pos-*

sessor... possessori, dont elle se sert, semblent bien supposer qu'il s'agit d'un possesseur proprement dit.

Nous ne nommons ici que pour mémoire l'interdit *de clandestina possessione*, sur lequel les textes ne nous donnent aucun renseignement.

§ 194. — Enfin les lois 2 *pr.* et § 3, Dig., XLIII, 16, s'expriment ainsi : *Quod precario ab illo habes, id illi restituas.... Habere precario videtur qui possessionem vel juris vel corporis adeptus est.* D'un autre côté, la loi 2, § 2, Dig., VII, 1, déjà citée, nous apprend que l'usufruitier pouvait céder son droit à titre de précaire. De ces textes il paraît bien résulter que, pour ressaisir la jouissance ainsi concédée, l'usufruitier pouvait invoquer l'interdit *de precario*, et M. de Savigny admet cette solution. Mais ne se met-il pas en contradiction avec lui-même ? Prenons-y bien garde, le *de precario* est un interdit *recuperandæ possessionis* et le donner à l'usufruitier, c'est reconnaître que par la cession qu'il a faite il a perdu la quasi-possession. Or M. de Savigny n'admet pas qu'elle puisse être perdue par une cession quelconque. Cependant le § 3 précité nous dit bien en parlant du *rogans : possessionem juris adeptus est.* Ce dernier argument rompt l'équilibre, je doutais jusqu'ici, maintenant je penche à croire que l'usufruitier, en cédant l'exercice de son droit, faisait acquérir au cessionnaire la quasi-possession.

§ 195. — *De la superficie.* Nous avons remis jusqu'à présent à parler de la superficie, c'est-à-dire du droit relatif aux constructions élevées sur le terrain d'autrui. A l'origine, ç'a dû être un pur droit de créance résultant d'un bail. Le propriétaire louait son terrain pour y construire : mais comme ces baux se faisaient à long terme, le préteur, mu par un motif d'utilité pratique, reconnut au superficiaire une sorte de possession, organisa pour lui l'interdit de *superficiebus*, et finit par lui accorder une action réelle.

(L. 1, Dig., xliii, 18.) Maintenant la possession de superficiaire est-elle une *juris quasi possessio*, ou bien une *corporis possessio*, une possession proprement dite? M. Molitor tient pour la seconde opinion, M. de Savigny adopte
la première. Ce sentiment me paraît fondé. Indiquons rapidement les deux arguments principaux sur lesquels il
se base :

1° Si l'on admet que le superficiaire ait une *corporis possessio*, nous nous trouverons dans le cas impossible d'une
possession *duorum in solidum*, car le *dominus soli*, propriétaire aussi de la superficie, a également une *corporis
possessio*, puisqu'il peut invoquer l'interdit *uti possidetis*,
même contre le superficiaire. (L. 3, § 7, D., xliii, 17.) On
n'a jamais rien pu répondre de satisfaisant à cet argument.

2° Les servitudes ne sont susceptibles que d'une *juris
quasi possessio* : or la superficie est une servitude, comme
le prouve la loi 86, § 4, Dig., xxx, 1, ainsi conçue : *Valet
legatum si superficies legata ei cujus in solo fuerit, licet is
dominus soli sit, nam consequetur ut* HAC SERVITUTE *libere-
tur, et superficiem lucrifaciat*. Ce second argument n'est
pas indiqué par M. de Savigny ; il semble bien contraire à
l'opinion de ceux qui voient dans la superficie une sorte
de propriété semblable à l'emphytéose.

La quasi-possession du superficiaire est protégée contre
tout trouble par un interdit spécial, l'interdit de *superficiebus*, double, comme l'*uti possidetis*, dont il reproduit
d'ailleurs tous les caractères. Si l'interdit *uti possidetis* utile
n'a pas été donné ici comme pour l'usufruit, c'est que la
superficie est une institution prétorienne ; quant aux servitudes reconnues de tout temps par le droit civil, il avait
paru tout simple d'en protéger la quasi-possession par
les interdits déjà inventés pour la possession proprement
dite. Si le propriétaire du sol intente contre le superficiaire

l'interdit *uti possidetis*, ce dernier lui opposera une exception tirée de son contrat.

Si le superficiaire est dépossédé par violence, l'interdit *unde vi* lui offrira une ressource assurée. (L. 1, § 5, Dig., XLIII, 16.) Quant à l'interdit *de precario,* il était sans doute possible dans notre hypothèse, puisque, selon M. de Savigny, il s'applique en général à tous les droits susceptibles de restitution.

CHAPITRE III

De la quasi-possession des servitudes réelles.

SECTION I

Des servitudes rustiques.

§ 196. — Toutes les servitudes rustiques consistent *in faciendo,* c'est-à-dire dans un fait positif, posé sur le fonds servant et tout-à-fait indépendant de la possession du fonds dominant; telle est, par exemple, la servitude de passage. On peut très-bien intercepter le chemin sans troubler en aucune façon la possession du fonds dominant. Cette circonstance explique pourquoi l'interdit *uti possidetis* est inapplicable à cette classe de servitudes, et pourquoi des interdits spéciaux ont été organisés pour protéger la quasi-possession des plus importantes. Les servitudes rustiques se distinguent des urbaines en ce qu'elles ne supposent pas nécessairement l'idée d'un édifice construit ou à construire.

§ 197. — La quasi-possession de ces servitudes s'acquiert d'une manière spéciale. Il faut que la servitude ait été exercée au moins une fois, et cela à titre de droit. Ainsi,

celui qui a passé sur le fonds du voisin parce qu'une inondation lui avait, par exemple, fermé toute autre issue,
celui qui s'introduit sur mon fonds pour venir m'y parler,
enfin celui qui y passe, mais qui s'abstiendrait de le faire
s'il savait que je m'y opposasse, n'ont pas acquis la possession. Si, malgré le propriétaire, je passe de vive force
sur son fonds, j'aurai au contraire acquis cette quasi-
possession. Seulement elle me sera peut-être inutile pour
invoquer les interdits, à cause du vice dont elle aura été
infectée.

§ 198. — Comment se perd cette quasi-possession? Par
les mêmes modes que celle des servitudes personnelles, répond M. de Savigny. Cette solution est loin d'être satisfaisante. Il paraît même difficile de la comprendre. Approfondissons un peu plus le sujet. A proprement parler, cette
sorte de possession ne se perd pas : elle existe ou n'existe
pas, voilà tout. Prenons pour exemple la servitude de passage : Je passe tous les jours, du 1ᵉʳ au 31 janvier; j'aurai
acquis la quasi-possession et je la conserverai jusqu'au
2 janvier de l'année suivante. Ce jour-là je ne l'ai plus, car
en remontant d'une année en arrière, je n'aurai usé de la
servitude que 29 jours pendant cette année-là, et il faut au
moins trente jours d'usage pendant l'année pour que la
quasi-possession existe. D'un autre côté, la possession se
perd en général dès que la possibilité physique d'exercer
le droit dont il s'agit vient à faire défaut.

Or, dans notre espèce, supposons que le voisin, en élevant un mur, me rende le passage impossible : je n'aurai
pas perdu pour cela la quasi-possession de ma servitude;
et la preuve c'est que l'interdit *de itinere actuque privato* me sera ouvert; or cet interdit n'est pas restitutoire,
mais simplement prohibitoire.

La quasi-possession peut être conservée en matière de
servitudes réelles, même par un tiers, en dehors de toute

idée de représentation, du moment que la servitude aura été exercée comme qualité du fonds, *fundi nomine*... Un possesseur de mauvaise foi, un *prædo*, celui qui m'a expulsé de vive force, me conserveront, par leur usage, et la servitude et le droit à l'interdit. (L. 12, 1. 24, 1. 5, 1. 6 *pr.*, Dig., VIII, 6 ; l. 1, § 7 ; l. 3, § 4, Dig., XLIII, 19.)

§ 199. — Quelles sont maintenant les actions possessoires ? L'interdit *unde vi* ne peut être invoqué, parce que, comme le dit la loi 4, § 27, Dig., XLI, 3 : *Nemo de mero jure detruditur*. L'interdit *de precario* est au moins inutile, puisque celui qui m'a permis de passer sur son champ à titre de concession précaire, peut se servir de l'interdit *uti possidetis*. Du reste, cet interdit ne s'applique qu'aux cas où une restitution est demandée, et dans notre espèce il n'y a rien à restituer.

Reste l'interdit *uti possidetis*, qui est également inapplicable par la raison que nous avons donnée au § 196. Des interdits spéciaux ont donc été organisés pour les servitudes les plus importantes, telles que celles de passage, d'aqueduc, etc. Quant aux autres servitudes rustiques, elles ne sont pas protégées au possessoire ; et quoi qu'en aient dit certains auteurs, c'est en vain qu'on invoquerait l'interdit *uti possidetis*. S'il en était autrement, ces servitudes moins importantes auraient été protégées d'une manière plus efficace que les servitudes plus anciennes et d'une utilité plus grande. L'interdit *uti possidetis* n'exige en effet, pour pouvoir être invoqué, que la possession au moment où il est rendu ; les interdits spéciaux qui protégent, au possessoire, quelques-unes des servitudes rustiques, sont soumis à des conditions plus rigoureuses. Quelques mots seulement sur ces interdits.

§ 200. — *De l'interdit* DE ITINERE ACTUQUE PRIVATO. — Pour acquérir la quasi-possession de la servitude de passage, et par conséquent, pour avoir droit à cet interdit, il faut avoir passé à trente jours différents dans l'année qui précède la délivrance de l'interdit, et cela à titre de droit, comme nous l'avons expliqué au paragraphe 197, l. 1, §§ 2, 3, Dig., XLIII, 19. Il faut en outre que cet exercice soit exempt des vices de violence, de clandestinité, de précarité, mais ils ne rendent inutiles que le jour ou les jours où le passage s'est exercé d'une manière vicieuse. Si donc, défalcation faite, l'on a usé sans violence, clandestinité ni précarité pendant trente autres jours, l'interdit pourra être invoqué : il est utile contre toute personne qui s'oppose au passage, et le résultat des condamnations consiste dans la cessation du trouble et la réparation complète du dommage causé. Ce dommage peut être fort considérable, si, par exemple, en m'empêchant de passer vous m'avez fait perdre par non-usage mon droit de servitude. Ce genre de préjudice se présentera plus fréquemment en matière de servitudes d'aqueduc.

§ 201. — *De l'interdit* DE ITINERE REFICIENDO. — Nous aurions pu passer cet interdit sous silence : car ce n'est pas, à proprement parler, une action possessoire. Le demandeur doit prouver en effet, non-seulement qu'il est en quasi-possession de la servitude, mais encore qu'il y a réellement droit. Ce point établi, la faculté de réparer le chemin, but principal de l'interdit, en découle, à moins que le défendeur ne prouve que des conventions particulières l'ont enlevée.

Le demandeur doit, dans tous les cas, fournir caution à raison du dommage qui peut résulter de ses travaux.

§ 202. — *De l'interdit* DE AQUA QUOTIDIANA VEL ÆSTIVA DUCENDA, *de l'interdit* DE RIVIS *et* DE FONTE.

Pour acquérir la quasi-possession de la servitude d'aqueduc, il suffit d'en avoir usé une fois dans l'année : seulement, chose remarquable, il faut avoir exercé la servitude de bonne foi, c'est-à-dire dans la conviction qu'on avait le droit de le faire. (L. 1, § 10, 19, Dig., xliii, 20.)

S'il s'agit de ce qu'on appelle *aqua œstiva vel hiberna*, c'est-à-dire de celle qui ne coule que pendant une saison, le délai sera allongé. L'été (*œstas*) est censé commencer à l'équinoxe du printemps (20 mars) et durer jusqu'à l'équinoxe d'automne (23 septembre); dans ce cas il faut avoir usé de la servitude pendant l'été de l'année précédente. Ainsi, je me sers de l'eau le 21 mars 1869, je serai encore dans le délai utile pour invoquer l'interdit le 23 septembre 1870, c'est-à-dire 18 mois après : l'édit, en effet, s'exprimait ainsi : *Uti priore œstate aquam duxisti :* or *prior* est un comparatif, un été ne peut donc être *prior* que relativement à un autre été : d'où cette conséquence fort remarquable que, dans l'espèce que nous avons posée, je serai encore dans le délai utile le 19 mars 1871, c'est-à-dire deux ans moins un jour après avoir usé de la servitude. Puisqu'il faut avoir joui *priore œstate*, et qu'un été ne peut être *prior* que relativement à un autre été, il ne peut s'agir ici de l'été dernier, mais de l'avant-dernier. Cela est tellement vrai, que si la servitude avait été exercée l'été dernier, j'aurais, il est vrai, l'interdit, mais seulement comme interdit *utile*. (L. 1, § 31, 37, Dig., xliii, 20.)

En matière d'aqueduc, il faut toujours, pour obtenir l'interdit, que la jouissance ait été exempte de vice : *nec vi nec clam nec precario*. (L. 1 pr., *ibid*.)

La condamnation assure du reste le libre exercice de la possession et la réparation complète du dommage causé.

L'interdit *de rivis* a pour but d'empêcher le maître du fonds assujetti de s'opposer à la réparation de l'aqueduc. C'est une véritable action possessoire, soumise aux mêmes conditions et aux mêmes règles que la précédente, seulement il faut toujours fournir caution à raison du préjudice que les travaux pourront occasionner. (Dig., xliii, 21.)

L'interdit *de fonte* est relatif à la servitude de puisage ou d'abreuvoir, ses règles sont identiques à celles de l'interdit *de aqua quotidiana vel œstiva :* il faut que la servitude ait été exercée dans l'année, de bonne foi, *nec vi, nec clam, nec precario.* L'interdit *de fonte purganda,* relatif au curage de la fontaine, se régit exactement par les mêmes principes que l'interdit *de rivis.* (Dig., XLIII, 22.)

SECTION II

Des Servitudes urbaines.

§ 203. — Les servitudes urbaines sont de deux espèces : 1° Servitudes positives qui consistent *in habendo.* 2° Servitudes négatives qui consistent *in prohibendo.* Parlons d'abord des servitudes positives. Ces servitudes supposent toujours un ouvrage faisant partie du fonds dominant et avancé sur le fonds servant. Point de doute quant aux servitudes *projiciendi* (de balcon), *tigni immittendi* (poutre introduite dans le mur du voisin) et *oneris ferendi* (servitude de soutènement, droit qui permet au maître du fonds dominant de faire supporter à un mur du fonds servant le poids d'une partie de son édifice). Il n'est pas jusqu'à la servitude *stillicidii immittendi* qui ne suppose un toit avancé sur la propriété du voisin. La quasi-possession de ces servitudes se confond évidemment avec la possession du fonds dominant : elle s'acquiert et se perd en même temps qu'elle. Prise isolément, elle s'acquerra ou se perdra uniquement par la construction ou la démolition de l'ouvrage avancé.

§ 204. — Voyons maintenant quels interdits protégent cette quasi-possession. Deux opinions principales se sont fait jour :

1° MM. Wiederhold et Vangerow n'admettent point l'application de l'interdit *uti possidetis*. J'oserai dire que c'est aller trop loin et que cette opinion n'est pas admissible. Comment! vous viendrez dégrader mon balcon, couper ma poutre, rogner ma gouttière, et je n'aurai pas contre vous qui êtes, je le suppose, non le possesseur de l'immeuble assujetti, mais un tiers; je n'aurai pas, dis-je, contre vous l'interdit *uti possidetis!* Je pourrais très-certainement l'intenter si vous veniez vous attaquer à toute autre partie de mon édifice, ou même au balcon qui donne sur ma cour, à la poutre qui entre dans mon mur, à la gouttière qui surplombe mon terrain; et, parce que ces ouvrages avancent sur le fonds du voisin et non pas sur le mien, la ressource de cet interdit me sera enlevée! Cela, en vérité, n'est pas soutenable. Remarquez bien qu'ici je suppose une contestation entre le possesseur du fonds dominant et un tiers *autre que le possesseur du fonds servant*. Nous verrons tout-à-l'heure le motif de cette importante distinction. Un dernier argument démontre que l'interdit *uti possidetis* s'applique à toutes les servitudes urbaines positives : c'est que le préteur a pris soin d'exclure nominativement de cet interdit une servitude spéciale relative aux égouts (*de cloacis purgandis vel reficiendis*). *De cloacis hoc interdictum non dabo.* (L. 1 pr., Dig., XLIII, 17.) Or, *qui negat de uno, dicit de altero.*

Ainsi il demeure prouvé qu'on peut intenter l'interdit *uti possidetis* contre tout individu, autre que le possesseur du fonds servant, qui trouble en quelque façon la quasi-possession d'une servitude urbaine, en portant la main sur les ouvrages qui constituent cette servitude.

2° Une autre opinion, soutenue par M. de Savigny, enseigne que l'interdit *uti possidetis* pourra, dans notre espèce, être intenté, même contre le possesseur du fonds servant.

Nous reconnaîtrons tout-à-l'heure que cette idée est réfutée par une loi précise ; voyons tout d'abord sur quel texte elle prétend s'appuyer.

C'est la loi 8, § 5, Dig., VIII, 5, qui prévoit une hypothèse assez singulière. Un fabricant de fromages a établi sur son fonds une *taberna casearia*, où l'on *fume* ces comestibles, soit pour les sécher, soit pour leur donner une saveur particulière. Le propriétaire voisin peut, on le conçoit, être offusqué par la vapeur odorante qui s'échappe d'un établissement de ce genre. Le jurisconsulte (Ulpien) reconnaît qu'on n'a pas le droit d'imposer cette incommodité au voisin, et d'envoyer chez lui de la fumée, parce que, dit-il : *In suo hactenus facere licet, quatenus in alium nihil immittat.* Cependant il admet, § 6, que cela peut être établi à titre de servitude. Si la servitude n'existe pas, le voisin agira en disant : *Jus non esse vicino fumum immittere*; c'est là une véritable action négatoire. Peut-être même, quoique le jurisconsulte ne le dise pas positivement, pourra-t-il invoquer l'interdit *uti possidetis*, puisqu'il est troublé par cette fumée dans la possession de son bien.

Si la servitude a été réellement imposée, le fabricant agira en ces termes : *Jus esse fumum immittere*, c'est-à-dire qu'il intentera l'action confessoire. Le jurisconsulte ajoute, et c'est sur ce passage que s'appuie M. de Savigny : *Sed et interdictum uti possidetis poterit locum habere si quis prohibeatur qualiter velit suo uti.* Résulte-t-il de là que la quasi-possession de la servitude *fumi immittendi* soit protégée par l'interdit ? En aucune façon. Le passage suppose qu'on m'empêche de faire sur mon fonds ce que je veux *(prohibeatur).* Or comment m'empêchera-t-on de produire de la fumée, si ce n'est en venant sur mon bien éteindre mon feu ou détruire ma cheminée ? Dans ces conditions c'est à la possession même de mon bien qu'on s'attaque et l'interdit *uti possidetis* trouvera ici une application nécessaire. Le voisin n'a pas le droit de venir chez moi de force m'empêcher d'exercer mon industrie, quelque désagréable qu'elle soit à son odorat. Il devait prendre une voie juridique, intenter l'action négatoire ou l'interdit *uti possidetis*.

Comment, du reste, pourrait s'acquérir la quasi-possession d'une pareille servitude?

Suffira-t-il d'avoir une fois incommodé son voisin pour être déclaré possesseur du droit de l'offusquer à perpétuité?

En vérité, il faut que M. de Savigny se soit trouvé bien à court de raisons pour avoir été cherché une hypothèse qui eût déridé le front de Cujas!

Mais, avons-nous dit, il est un texte qui décide expressément qu'en matière de servitudes urbaines positives l'interdit *uti possidetis* ne peut être invoqué contre le possesseur du fonds servant. C'est la loi 3, § 5, 6, Dig., XLIII, 17, que nous demandons la permission de citer en entier, vu son importance : *Item videamus, si projectio supra vicini solum non jure haberi dicatur, an interdictum uti possidetis sit utile alteri adversus alterum? Et est apud Cassium relatum* UTRIQUE ESSE INUTILE *quia alter solum possidet, alter cum œdibus superficiem.* § 6 : *Labeo quoque scribit : Ex œdibus meis in œdes tuas projectum habeo, interdicis mecum, si eum (uti) locum possideamus qui projecto tegetur; an (al) quo facilius possim retinere possessionem ejus projectionis, interdico tecum sicuti (sic : uti) nunc possidetis eas œdes, ex quibus projectus est.*

Ainsi, j'ai un balcon qui surplombe votre fonds; si vous me troublez dans la possession de ce balcon, l'interdit *uti possidetis* me sera inutile, parce que si je possède ce balcon, vous possédez, vous, avec le sol l'espace qui est au-dessus. Le jurisconsulte, en effet, ne distingue pas par qui l'interdit est invoqué : non, il est inutile à tous les deux *(utri-*

que esse inutile), inutile par conséquent au possesseur du balcon qui vient à être troublé dans cette possession.

Ainsi il demeure certain pour nous que l'interdit *uti possidetis,* utile contre les tiers, restera inefficace à l'égard du possesseur du fonds servant.

Résulte-t-il de là que la quasi-possession de la servitude reste sans défense précisément vis-à-vis de celui dont on a le plus à craindre? En aucune sorte, et le possesseur du fonds dominant trouvera ouverte une voie bien plus avantageuse que l'interdit *uti possidetis.* Je veux parler de l'interdit *quod vi aut clam.* (Dig., xliii, 24.)

Cet interdit, dont nous n'avons pas à nous occuper spécialement ici, parce qu'il ne rentre pas dans la classe des actions possessoires, appartient à quiconque a intérêt à l'invoquer, même à celui qui n'est pas possesseur. Il est relatif aux *res soli,* c'est-à-dire à toute modification des fonds ou des édifices : ainsi il me compète pour obtenir restitution de toute construction ou démolition qui me nuit. (L. 7, § 9 et suiv.; l. 8; l. 9, Dig., xliii, 24.) L'interdit serait inutile cependant si la construction ou la démolition avait été effectuée sur le sol d'autrui. (L. 5, § 10, Dig., xxix, 1.) Pour que l'interdit puisse être invoqué, il faut que le fait dommageable ait été accompli vi *aut* clam. *Vi,* c'est-à-dire au mépris d'une défense même verbale (l. 1, § 7, Dig., xliii, 24); *clam,* c'est-à-dire sans avoir averti celui à qui il pouvait nuire. (L. 3, § 7, Dig., xliii, 24.) Cet interdit est restitutoire, et l'auteur de l'acte est contraint de réparer le dommage qu'il a causé soit en construisant, soit en *démolissant.* Or, nous avons prouvé que pour troubler l'exercice d'une servitude urbaine positive, il fallait nécessairement porter la main sur les ouvrages qui la constituent, en un mot, les démolir ou les dégrader.

Vous ne pouvez en effet troubler la quasi-possession de ma servitude de balcon de soutènement, de ma servitude *tigni immittendi* ou *stillicidii recipiendi*, qu'en démolissant ou dégradant mon balcon, mon mur, ma poutre ou ma gouttière; or, dans ce cas, deux hypothèses peuvent seules se présenter. Ou vous m'avez averti de l'œuvre que vous alliez accomplir, et je m'y suis opposé, alors si vous voulez passer des paroles aux actes, j'aurai contre vous l'interdit *quod vi;* ou bien vous ne m'avez pas prévenu, et alors je recourrai à l'interdit *quod clam;* de toute façon je serai protégé, et ces interdits me serviront tant contre le possesseur du fonds servant que contre toute autre personne.

J'aurais encore la ressource de la dénonciation de nouvel œuvre (*operis novi nunciatio,* Dig., xxxix, 1); mais cette dénonciation n'est qu'une sommation d'avoir à discontinuer un travail, jusqu'à ce qu'il ait été statué sur la question de savoir si vous avez ou non le droit de le faire. Vous ne pouvez passer outre qu'après avoir obtenu la permission du magistrat (*remissio*) ou fourni caution. Si au mépris de ma sommation vous continuez l'œuvre commencée, je ferai rétablir les lieux dans leur état au moment de la sommation, par le moyen d'un interdit restitutoire.

On voit que la *nunciatio novi operis* n'a qu'une utilité, celle de maintenir les choses dans l'état jusqu'à ce qu'une décision judiciaire soit intervenue. Elle est pourtant plus avantageuse que l'interdit *quod vi aut clam,* en ce sens qu'elle peut s'appliquer même au travaux commencés sur le terrain d'autrui, tandis que l'interdit *quod vi aut clam* est, paraît-il, inapplicable dans cette hypothèse; c'est ce qui semble bien résulter de la l. 5, § 10, Dig., xxxix, 1, où il est question de l'interdit *quod vi;* le jurisconsulte ajoute: *At si in suo quid faciat quod nobis noceat,* TUNC OPERIS NOVI NUNCIATIO ERIT NECESSARIA. Je regrette de ne pouvoir adopter l'opinion contraire que M. de Savigny semble émettre (p. 471, note 1).

On conçoit alors que l'utilité de la dénonciation de nouvel œuvre se présentera surtout en matière de servitudes négatives ; ce sera, par exemple, le seul moyen d'empêcher le voisin d'élever son bâtiment plus haut qu'il ne doit en vertu de la servitude *non altius tollendi ;* moyen provisoire, il est vrai, et qui ne peut dispenser le maître du fonds dominant d'établir son droit. L'interdit *de vi* est inapplicable aux servitudes urbaines : cela va sans dire ; car le trouble apporté à la quasi-possession de ma servitude ne pourra jamais aller jusqu'à m'expulser complétement de mon fonds. L'interdit *de precario* sera aussi inefficace, mais pour une autre raison. Je vous ai permis, à titre de concession précaire, d'avancer un balcon sur mon fonds, je ne pourrai le faire supprimer par cet interdit ; il faudrait pour cela prouver que vous possédez le balcon *precario.* Mais vous ne pouvez posséder une partie de votre édifice comme chose distincte, § 43 et suiv. Or, comme la possession de la maison, considérée dans sa totalité, est chez vous, je le suppose, exempte de vices, il en résultera que la possession du balcon sera aussi considérée comme non vicieuse.

§ 205. — Nous arrivons enfin aux servitudes négatives, et pour ma part je ne crois pas qu'elles aient jamais été considérées en droit romain comme susceptibles d'une possession quelconque. A l'appui de cette idée j'invoquerai une double preuve.

D'abord est-il vraiment possible de supposer que la servitude *non altius tollendi,* par exemple, puisse comporter une possession quelconque ? La possession n'est que l'exercice d'un droit, et précisément le droit en question n'est pas susceptible d'un exercice apparent. Je jouis d'une vue superbe par-dessus le terrain non bâti de mon voisin ; quand il ne serait soumis à aucune servitude, je n'en jouirais pas moins de la vue tant qu'il s'abstiendra de bâtir. Cela peut durer indéfiniment. Or, puisque l'existence ou la non-existence de la servitude ne change en rien l'état de fait, ne modifie en aucune façon la jouissance de ma maison, il en résulte nécessairement que cette servitude n'est susceptible d'aucun exercice apparent, partant d'aucune possession. Le titre, la contradiction opposée au maître du fonds servant qui aurait essayé de bâtir, ne change, il me semble, rien à la question, puisque le droit de bâtir étant une pure faculté, l'état de fait, ma jouissance de la vue, serait peut-être identique, quand il n'y aurait [eu ni titre ni contradiction.

Admettons pour un instant que les Romains aient consacré cette quasi-possession. Dans ce cas ils auront évidemment organisé des interdits pour la défendre; elle est trop importante pour qu'on puisse supposer une lacune législative. Quels seraient ces interdits? Serait-ce l'*uti possidetis* par hasard? Mais par quelle extension étonnante l'aurait-on appliqué à ce cas? En quoi troublai-je la possession de votre fonds, lorsque je bâtis sur le mien?

Concluons donc de tout ceci que la seule ressource consistait dans la dénonciation de nouvel œuvre, mesure purement provisoire et dont le seul effet devait être de donner au maître du fonds dominant le temps d'intenter l'action confessoire avant que son adversaire n'eût réussi à mettre les présomptions de son côté, en créant un état de fait contraire à la prétention du demandeur. (Voir § 151.)

CONCLUSION

Tels sont les principes que j'ai cru devoir adopter sur la possession et les actions possessoires en droit romain.

Si j'ai parfois essayé de retourner contre mes maîtres ou mes guides les armes qu'ils m'avaient mises à la main, il ne faut pas m'en savoir mauvais gré; j'ai cédé au désir de m'essayer à bégayer la langue juridique qu'ils m'ont apprise. J'ai mis tous mes soins à chercher la vérité, mais un œil inexpérimenté ne la voit pas toujours sous le même aspect que des talents éprouvés. En m'efforçant de rendre cette étude complète, je n'ai peut-être réussi qu'à la faire longue, mais ma modeste ambition serait satisfaite si elle pouvait être jugée consciencieuse.

FIN DE LA PARTIE DE DROIT ROMAIN.

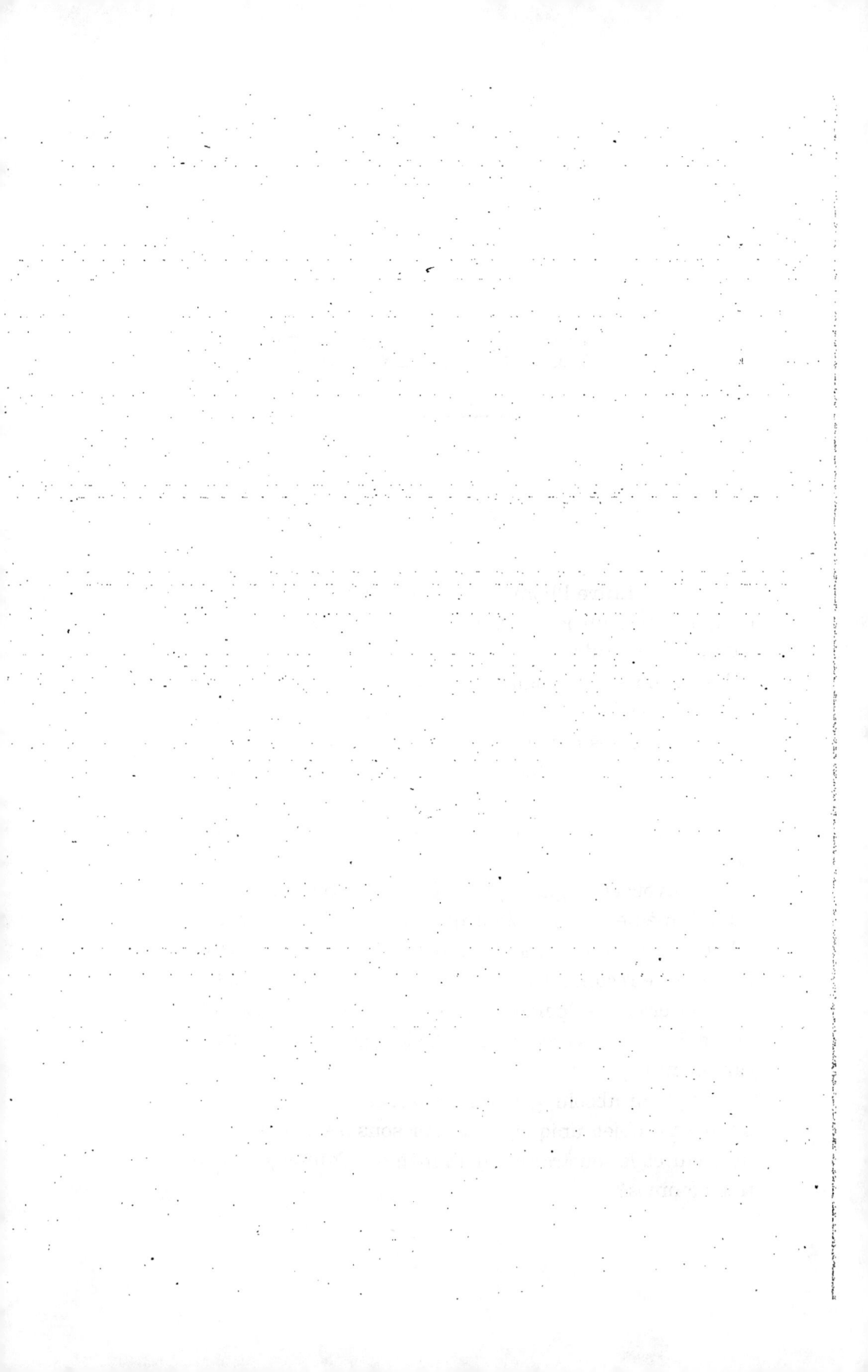

DEUXIÈME PARTIE

DROIT FRANÇAIS

INTRODUCTION

§ 206. — Entre l'homme et les objets créés qui l'entourent, il existe un rapport, rapport de sujétion d'un côté, d'empire de l'autre.

L'homme est le maître de la nature; son intelligence lui donne le pouvoir de la soumettre à sa volonté, de la faire servir à ses besoins. Ainsi, et par la force même des choses, il se rattache tous les autres êtres créés par un lien de puissance qu'il exerce à son profit et qui n'a d'autres limites que celles mêmes que la nature a imposées à ses forces.

Ce pouvoir est légitime, c'est un droit. C'est un droit, et ceux-là même qui ne voient pas dans l'ordre des choses, tel qu'il est établi, une harmonie providentielle, seront forcés de le reconnaître, puisque ce pouvoir est nécessaire à la conservation de notre être, et que tout ce qui est indispensable à cette conservation devient par là même nécessairement légitime.

Ce pouvoir absolu, général, peut-il se spécialiser, s'arrêter sur un objet unique, le ranger sous les lois d'un seul individu et le soustraire par là même à l'autorité des autres hommes?

A cette question, l'étude de nous-mêmes fournit une prompte réponse : l'homme est un être susceptible d'*affection*; mais cette affection n'est pas générale, elle ne porte pas sur tous les objets avec une égale intensité. Un autre sentiment, la *prédilection*, fait partie intime de notre nature; l'homme s'attache à certaines choses, pour d'autres il n'éprouve que de l'indifférence, quand ce n'est pas de l'aversion.

Or, la nature de chaque individu, identique dans son essence, est profondément variée dans ses dispositions, dans ses goûts. Il est donc naturel à l'homme de vouloir exercer sur certains objets seulement le pouvoir qui lui a été donné sur tous. Mais s'il restreint son droit dans son étendue, c'est pour le rendre exclusif dans sa portée; s'il renonce à une puissance générale, mais commune à tous, c'est pour exercer un pouvoir restreint à certaines choses, mais qui sur celles-là lui appartiendra en propre. En un mot, l'homme est naturellement porté à renfermer dans des limites de plus en plus étroites le nombre des objets de la *communauté négative*; il n'attache point de prix à ce qui est commun à tous; toutes les forces d'affection de son âme se concentrent dans une volonté unique : soustraire à l'action commune certaines choses qui ne seront plus soumises qu'à son propre empire.

Mais par quel moyen parviendra-t-il à retirer ainsi du fonds commun les objets de son affection? C'est en leur imprimant le cachet de son individualité. Si à l'origine des âges toutes choses ont pu appartenir à tous, l'homme, du moins, n'a jamais, de par le droit de nature, appartenu qu'à lui-même. En modifiant, par l'application d'une force quelconque, les choses extérieures, il les a rendues parties intrinsèques de son être, il les a fait participer au caractère de son inviolabilité.

C'est donc le travail de l'homme qui a créé le droit de

propriété individuelle : ce droit repose sur une base iné-
branlable, puisque cette base n'est autre chose que le principe sacré de la liberté humaine, du respect dû à l'être
humain.

Ainsi, ce n'est pas là une création arbitraire d'un législateur primitif; c'est une conséquence de la nature même
de l'homme.

Sans doute elle n'a pas été investie dès l'origine de tous
les attributs dont on la revêtit plus tard dans les sociétés
civilisées et qui préexistaient en germe dans son essence ;
mais elle a pris naissance avec l'homme même dont elle
est, pour ainsi dire, un des instincts.

Mais si la source, la cause du droit de propriété individuelle réside dans l'homme lui-même et dans sa nature
intime, comment s'est-il établi? Quel a été le moyen? Ce
moyen, nous le connaissons déjà, c'est le travail, c'est
l'occupation personnelle et exclusive; cette occupation, à
quelle chose s'est-elle d'abord appliquée?

Essayons de percer les ténèbres qui enveloppent le berceau de l'espèce humaine, et de lever le voile que le temps
a jeté entre les premiers âges et notre époque; que voyons-
nous? Des familles, des tribus si l'on veut, errant à l'aven-
ture en quête des meilleurs pâturages, vivant de fruits
naturels et du produit de leurs troupeaux. Ces fruits naturels une fois détachés, ces animaux une fois rendus dociles, croyez-vous que cette famille, cette tribu ne les considérât pas comme siens? De quel œil pensez-vous qu'elle
se les aurait vus ravir? N'est-il pas évident pour tous que
dans l'esprit de ces hommes primitifs le fait de détacher ces
fruits, de garder, de soigner, de conduire ces troupeaux,
leur en avait attribué la jouissance exclusive?

Quant au sol qu'ils occupaient, ah! je vous le concède,
ils n'avaient aucune idée de se l'approprier! Qu'importait
à ces pasteurs nomades ce que pouvait devenir le lendemain l'endroit où la veille ils avaient planté leur tente?

La multiplication de la race n'avait pas encore rendu insuffisantes les ressources du pâturage et forcé les hommes à creuser un pénible sillon. La plaine s'étendait vaste devant eux, rien ne pouvait les attacher à un sol qu'ils foulaient sans l'occuper. L'idée de l'appropriation individuelle de la terre a dû dès lors ne venir qu'en second lieu et lorsque la propriété mobilière, reconnue dès le premier instant, était déjà devenue jalouse de ses droits.

On le voit, l'idée de possession n'a pas encore trouvé sa place; sans doute, tant qu'une famille couvrait de ses troupeaux une certaine étendue de territoire, celui qui se serait permis de venir l'en chasser pour s'y établir à sa place aurait violé un principe fondamental de la loi morale, puisqu'il eût empêché son semblable de jouir d'une partie du fonds commun à laquelle ce dernier avait autant de droits que lui; mais s'il n'eût fait que planter sa tente à côté de celle du premier occupant et d'envoyer ses troupeaux aux mêmes pâturages, il n'y aurait eu là aucun droit violé, puisqu'aucune appropriation particulière de ce fonds n'avait eu lieu, puisqu'aucun des deux individus n'avait, en le modifiant par son travail, imprimé au sol le cachet de sa personnalité.

Sans doute aussi, c'était par une occupation, c'est-à-dire en définitive, par une prise de possession réalisée au moyen d'actes matériels, que la chose était distraite de la masse de la *communauté négative* pour être attribuée en propre à un individu déterminé. Mais une fois cet acte posé, je crois très-fermement que le droit acquis était durable, qu'il ne s'évanouissait pas lorsque l'on venait à perdre momentanément la détention de la chose: en d'autres termes, ou bien le droit individuel que l'on s'attribuait était durable, ou bien l'on n'en acquérait véritablement aucun. Maintenant ce droit durable a dû tout d'abord porter sur des choses mobilières et pourquoi? C'est que, en fait de meubles, il est

bien difficile d'en jouir sans en modifier la substance d'une
manière si grave, qu'elle laissera après elle des traces, sinon
ineffaçables, du moins telles que l'objet les gardera longtemps. Comment jouir d'un fruit sans le séparer de sa tige;
comment jouir d'un troupeau si l'on ne le garde pas, si l'on
ne veille pas à sa subsistance, si l'on ne rend pas dociles
par l'éducation les animaux qui le composent, en leur imprimant par là un caractère de domesticité qui modifie
profondément leur nature et qui les rendra reconnaissables
à l'avenir?

Pour le sol, c'est bien différent : le pasteur primitif, dont
j'ai parlé tout-à-l'heure, jouissait de la terre sans la modifier
par son travail, sans y laisser de traces durables de son
passage. C'était pour lui un lieu de halte et rien de plus.
Ainsi dans ce cas, il n'y avait point d'appropriation, aucun droit ne naissait au profit de l'occupant, si ce n'est
celui qui résulte de la liberté de l'homme, du respect qui
est dû à sa personne, à l'inviolabilité qui la couvre, comme
aussi de la liberté d'user à l'égal de tout autre des choses
ainsi laissées dans le domaine de la *communauté négative*.

Au contraire, le sol était-il modifié d'une manière durable par le travail? la sueur de l'homme créait le droit. Il
ne nous reste plus qu'à démontrer qu'il était durable, et
qu'un abandon volontaire pouvait seul rendre à la chose
sa nature primitive.

Non, il n'est pas permis au premier venu de s'emparer
de l'objet que j'ai modifié par mon travail, parce que j'ai
été forcé de m'en séparer un instant. Et pourquoi? C'est
qu'alors il profiterait injustement de mon labeur; c'est que
ceux-là seuls ont le droit de récolter qui ont enfoui la semence ou qui l'ont fait fructifier. C'est qu'il serait contraire
à toute équité, à toute justice qu'un autre s'engraissât de
mes sueurs; c'est, qu'en un mot, l'homme travaille pour
lui et non pour autrui

Oui, le droit de propriété est durable; oui, il l'a toujours été; jamais, à aucune époque, il ne s'est évanoui avec la détention de l'objet, parce que s'attaquer à la chose que j'ai retirée du fonds commun pour la modifier par mon industrie, c'est s'attaquer à ma personne elle-même dont cette chose fait pour ainsi dire partie, et que la personne de l'homme est, de par le droit de nature, revêtue d'un caractère sacré et inviolable.

Ainsi, et jusqu'à présent, l'idée de possession ne nous est pas encore apparue; voyons dans quelles conditions elle a surgi, dans quelles causes elle a pris naissance.

§ 207. — Cependant l'humanité a marché; la civilisation quittant l'Asie, son berceau, pour s'avancer toujours à l'Occident, jeta en Grèce un vif éclat, pour venir enfin s'implanter en Italie, où elle trouva un sol fécond. La grande société romaine s'organisa. C'est alors qu'à côté de la propriété, aussi ancienne que l'homme lui-même, on voit surgir un autre droit, le droit de possession. Alors il fut admis que le possesseur, celui qui réunissait les conditions que nous avons énumérées dans la partie de cette étude qui traite du droit romain, pourrait défendre sa position acquise, même à l'encontre du propriétaire, à l'aide de moyens de droit que l'on appela les interdits. Pourquoi cette institution nouvelle? pourquoi cette protection accordée au possesseur? Les uns n'ont vu là qu'une organisation accidentelle dans son origine, due à l'existence de ce qu'on appelait à Rome l'*ager publicus;* d'autres, et M. Troplong à la tête d'une nombreuse et brillante phalange d'auteurs, ont vu dans la possession une présomption de propriété; de sorte que ce ne serait pas au possesseur en tant que tel, mais au propriétaire présumé, que la loi accorde sa protection.

Je n'adopterai aucune de ces opinions; la première a

été examinée au paragraphe 131; j'essaierai de réfuter la seconde en traitant des actions possessoires.

Pour moi, la véritable base du droit de possession repose sur une raison d'ordre public. Nul ne doit se faire justice à soi-même. Les positions acquises doivent être respectées tant qu'un ordre émané de l'autorité judiciaire n'est pas intervenu pour les modifier. Dans une société civilisée, nul ne doit innover à la situation d'autrui sans avoir fait préalablement reconnaître son droit par la justice. J'ai développé déjà ces idées au paragraphe 131 de ce travail : il suffira de s'y reporter.

Nous pouvons maintenant aborder directement notre matière : nous la diviserons en trois parties.

Le titre premier traitera de la possession en général, de ses caractères, de ses modes d'acquisition et de perte.

Le titre second comprendra l'étude des actions possessoires, de leur procédure et des règles spéciales qui leur sont propres.

Enfin dans un titre troisième, qui sera comme l'application pratique des principes posés dans les deux premiers, nous examinerons toutes les choses au sujet desquelles on peut intenter les actions possessoires; en un mot, l'*objet de la possession*.

Enfin, et cette remarque est capitale, nous n'étudierons la possession que sous un seul point de vue, en tant qu'elle donne naissance aux actions possessoires.

TITRE PREMIER

DE LA POSSESSION, DE SES CARACTÈRES, DE SES MODES
D'ACQUISITION ET DE PERTE

—

CHAPITRE I

Notions générales.

§ 208. — Dans la première partie de ce travail, j'ai défini en droit romain la possession; c'est, ai-je dit, le rapport qui s'établit entre une chose et une personne, lorsque chez cette dernière la volonté d'agir sur la chose se joint à la possibilité physique de le faire à l'exclusion de tout autre individu (§ 5). Sous notre législation, la définition doit être plus large, parce que, nous pouvons le dire, elle se base sur une idée plus philosophique et plus vraie. En droit romain, la possession ne s'appliquait en effet, dans la stricte acception du mot, qu'à l'exercice du droit de propriété. En droit français, au contraire, tout droit réel peut, en principe, être possédé toutes les fois qu'il est susceptible d'un exercice répété.

Peu de définitions, même dans le Code, sont aussi exactes que celle de l'art. 2228 : La possession est la détention ou la jouissance d'une chose ou d'un droit, que nous tenons ou que nous exerçons par nous-mêmes, ou par un autre qui la tient, ou qui l'exerce en notre nom. Ainsi la possession n'est autre chose que la jouissance ou l'exercice d'un droit, ajoutons pour être exact, d'un droit réel. Lorsque l'article précité nous parle de la détention d'une *chose,* que veut-il dire, sinon l'exercice du droit de propriété ? Et cette manière de parler tient, combien de fois ne l'avons-nous pas répété, à ce que quand il s'agit du *dominium*, le droit s'efface, pour ainsi dire, devant la chose, le lien juridique reste sous entendu, et le regard s'attache seulement à l'objet auquel il s'applique. (Voir § 186 et 187.)

Pour le moment, de cette définition ne retenons qu'une chose, c'est la consécration de l'antique règle : *Is possidet cujus nomine possidetur*. Pour avoir véritablement droit au titre de possesseur, il faut, d'après le Code civil lui-même, détenir en son propre nom, comme exerçant un droit réel qui nous est propre, en un mot à titre de maître. C'est ce que Marcadé (art. 2228, n° 1) a démontré avec sa verve ordinaire contre Troplong (*Prescription*, n° 239), dont l'argumentation ne repose, à vrai dire, que sur un véritable abus des mots. Tout le monde, du reste, est d'accord sur le fond : ni le fermier, ni le dépositaire, ni le commodataire ne sont de véritables possesseurs, et le terme de détenteur ou détenteur précaire, si l'on veut, est celui qui caractérise le mieux leur situation : ainsi, il y a détention lorsqu'on exerce au nom d'un autre un droit réel ; il y a possession, au contraire, au profit de celui au nom duquel le droit est exercé.

Mais, dans le système de nos lois, la possession actuelle par elle-même n'est pas suffisante pour permettre d'invoquer la plus importante au moins des actions possessoires, la complainte, il faut encore que cette possession ait duré un an. D'un autre côté on conçoit fort bien qu'on puisse exercer le droit de propriété sans en être le véritable titulaire : rien n'est plus fréquent que de voir la jouissance séparée du droit, et comme le dit la loi romaine : *Nil commune habet proprietas cum possessione*. Ainsi il peut se faire que vis-à-vis d'une même chose, quatre personnes occupent des positions qui sont pour ainsi dire juridique-

ment hiérarchiques; par exemple moi, Primus, je suis propriétaire du fonds Cornélien; Secundus en a été possesseur
pendant un an; il a, depuis peu, perdu cette possession
qui est actuellement aux mains de Tertius, et Tertius lui-
même a loué à Quartus. Quartus est simple détenteur;
Tertius, possesseur; Secundus, possesseur annal, a droit à
la complainte, et moi, Primus, propriétaire, je les évincerai
tous par une action pétitoire.

§ 209. — Puisque la possession n'est que la jouissance
d'un droit, puisqu'elle est à ce droit ce que le corps est à l'âme,
puisqu'elle en constitue seulement la manifestation exté-
rieure, il est donc vrai de dire en droit français comme
en droit romain que la possession en elle-même n'est qu'un
simple fait. A ce titre de pur fait elle ne sera donc pas ré-
gie, quant à son acquisition, sa transmission et sa perte,
par les règles qui régissent l'acquisition, la transmission,
la perte des droits du patrimoine; et cette remarque est
capitale.

§ 210. — Mais de ce simple fait, la loi, par des motifs
d'ordre public que nous avons déjà indiqués, a fait découler certains droits comme elle en a fait résulter des contrats, des délits, qui par eux-mêmes ne sont aussi que de
purs faits. Ces droits sont la prescription acquisitive, c'est-
à-dire le droit de propriété lui-même, et le droit aux actions
possessoires qui seul doit être l'objet de notre étude. Nous
avons essayé de démontrer (§ 20-25) qu'en droit romain
même c'était un droit réel; démonstration difficile, car il
présentait cette anomalie de n'engendrer que des actions
personnelles, puique les interdits, sauf un seul, l'*utrubi*
sous sa forme primitive, sont inefficaces contre les tiers
détenteurs. En droit français la tâche sera plus aisée, et,
sans reproduire ici l'argumentation que nous avons déjà
présentée, et qui, dans notre opinion, conserve ici toute sa
valeur, il nous suffira de faire remarquer que notre action

possessoire par excellence, la complainte, procédera même contre les tiers. Ce résultat embarrasse singulièrement ceux qui comme un auteur tout récent, M. Léon Wodon (*Traité de la possession et des actions possessoires*, Bruxelles, 1866), profondément imbu, et souvent avec raison, des idées de M. de Savigny, attribuent encore à nos actions possessoires le caractère personnel des interdits. Pour se tirer de ce pas difficile ils sont obligés de supposer je ne sais quelle fiction légale qui, il faut bien le dire, sort tout armée, non pas de la loi, mais de leur cerveau, et en vertu de laquelle le tiers détenteur doit être considéré comme étant lui-même l'*auteur du trouble!* (Léon Wodon, § 88 et 151.) Mais n'est-il pas certain que la fiction de la loi n'est pas là, qu'elle consiste, comme l'art. 2243 le dit en propres termes, en ce que le possesseur annal est, pendant un an après sa dépossession, considéré comme étant encore possesseur ; or, quand on est possesseur on l'est contre tout le monde ! Si vous considérez fictivement le tiers détenteur comme l'auteur du trouble, il faudra bien que, malgré vous, vous arriviez à cette conséquence absurde de le faire condamner en des dommages-intérêts, même s'il est de bonne foi !

Que ce caractère de réalité attribué aux actions possessoires vienne, comme l'enseigne M. Molitor (n° 126), de ce que la possession annale était, dans son principe, une prescription qui donnait la propriété, que ce ne soit au contraire que le développement naturel du principe d'ordre public que j'ai indiqué tout-à-l'heure, principe par lequel celui à la situation duquel il a été innové autrement que par voie judiciaire, a le droit d'être préalablement rétabli dans cette position, peu importe : on concevrait très-bien que la réalité de l'action fût due à cette dernière cause ; du moment que je dois être remis en possession en vertu d'une règle d'ordre public, qu'importe que mon bien soit entre les mains de l'auteur du trouble ou d'un tiers détenteur? Ainsi le droit aux actions possessoires est un droit réel : il le serait, dans notre opinion, quand bien même il n'engendrerait, comme en droit romain, que des actions personnelles; mais sous notre législation, la question ne nous paraît pas douteuse puisqu'il serait tout-à-fait anormal dans notre droit que des actions qui procèdent contre tout tiers détenteur pussent naître d'un droit purement personnel.

§ 211. — Revenons à la possession en elle-même. Nous parlerons des éléments qui la composent : l'*animus* et le *corpus,* lorsque nous traiterons des manières par lesquelles elle s'acquiert. On se servait autrefois des mots possession naturelle, possession civile, dont nous avons expliqué, d'après M. de Savigny, le sens en droit romain. Aujourd'hui ces expressions sont généralement abandonnées, parce qu'elles ne répondent plus à des idées nettes et précises. On se sert des termes détention pour exprimer un fait physique de jouissance exercé *alieno nomine;* possession juridique, pour désigner celle qui engendre les actions possessoires et la prescription de trente ans; possession de bonne foi avec juste titre, ou possession utile, pour prescrire, pour désigner celle qui mène à l'usucapion par le laps de dix à vingt ans. La possession peut, en effet, s'exercer de bonne ou de mauvaise foi, selon que le possesseur croit ou non qu'il est le véritable titulaire du droit dont il jouit. Nous négligerons cette distinction qui, en matière d'actions possessoires, ne présente pas d'utilité, puisque la mauvaise foi elle-même ne rend pas indigne, à ce point de vue, de la protection légale.

§ 212. Mais il est certaines causes qui peuvent empêcher une possession juridique de produire les actions qui nous occupent, la possession peut, en effet, être entachée de certains vices qui, sans l'attaquer dans son essence, lui font refuser toute protection légale. Parmi les faits auxquels la loi attribue cet effet, il en est un, le précaire, qu'elle a rangé à tort parmi les vices de la possession. Le précaire ne peut être un vice possessoire, par la raison qu'il entraîne avec lui la négation de l'élément le plus essentiel de la possession, l'*animus sibi habendi*. Je m'expliquerai tout-à-l'heure plus amplement sur ce point, et nous voilà tout naturellement amenés à examiner quels caractères doit revêtir la possession pour que la loi lui attribue le privilége d'engendrer l'action possessoire.

CHAPITRE II

Caractères de la possession. — Observations générales.

§ 213. — Lorsque nous recherchons ces caractères, deux textes s'offrent tout d'abord à nos regards : l'art. 23, C. pr., qui détermine les conditions de la possession pour agir au possessoire ; l'art. 2229, C. civil, qui règle les caractères qu'elle doit revêtir pour arriver à la prescription. Ces deux articles ne sont pas identiques dans leurs termes. Selon le texte de l'art. 23, C. pr., il suffirait que la possession fût paisible et non précaire. L'art. 2229 exigerait en outre qu'elle fût continue et non interrompue, publique et non équivoque.

L'on s'accorde généralement à dire que, pour donner naissance à la complainte, la possession doit réunir tous les caractères énumérés par l'art. 2229. Personne n'a jamais soutenu que l'équivoque, la clandestinité ne fussent pas des vices qui excluaient l'idée de l'action possessoire. *Quid* de la non-continuité, de l'interruption ? Un savant professeur de la Faculté de droit de Dijon, M. Serrigny (1), après avoir démontré de la manière la plus nette cette idée, aujourd'hui

(1) Traité de l'Organisation de la Compétence et de la Procédure en matière contentieuse administrative, II, n° 695.

incontestable que la prescriptibilité n'est pas une condition rigoureuse pour l'exercice des actions possessoires, ajoute incidemment que pour devenir recevable, il n'est pas nécessaire que la possession réunisse toutes les conditions exigées par l'art. 2229, C. civ., par exemple la non-continuité, la non-interruption; c'est avec raison, ajoute-t-il, que la Cour de cassation en a conclu que l'action possessoire était recevable de la part de celui qui était troublé dans la jouissance d'une servitude discontinue fondée sur un titre. (Cassation, 2 mars et 17 mai 1820 (deux arrêts); Sirey, 20, 1, 243, 273, 324.) Quelque respect que nous inspire l'opinion du célèbre doyen de notre école, nous lui demandons la permission de la combattre. Et d'abord les arrêts cités ont-ils été rendus par ce motif que la continuité, la non-interruption ne sont pas exigées en matière de possession de servitudes discontinues. Il suffit, pour se convaincre du contraire, de jeter les yeux sur les trois arrêts cités par M. Serrigny : « Considérant, dit le premier, qu'il « est vrai que la possession annale, en matière de servi-« tude discontinue, ne peut former l'objet d'une com-« plainte, puisque la possession, quelque longue qu'elle « fût, serait toujours *réputée précaire.* — Attendu, dit le « second, que le possesseur d'une servitude discontinue... « est recevable à intenter l'action possessoire... pourvu « qu'il prouve qu'il possède *à titre non précaire.* — Con-« sidérant, dit le troisième, qu'en prononçant ainsi sans « juger préalablement que les titres invoqués ne faisaient « pas cesser la *présomption de précaire,* ce tribunal a « violé l'art. 23..... » Nulle part, dans ces arrêts, vous ne rencontrerez cette idée que la continuité de possession n'est pas exigée en matière d'actions possessoires. Nous essaierons de démontrer du reste, au § 48, que la possession d'une servitude, même *discontinue,* peut être très-continue, dans le sens que l'art. 2229 attache à ce mot.

La possession utile, pour exercer la complainte, doit revêtir les caractères énumérés dans ce texte de loi ; sans reproduire ici l'argumentation concluante à mon sens, de M. Belime (n° 29), sans faire remarquer avec lui que l'article 23 est incomplet, même dans l'opinion de l'auteur qu'il combat, puisqu'il n'exige pas une possession publique et non équivoque ; que par conséquent il faut le compléter, et que ce point acquis, c'est à un texte de loi qu'il faut recourir et non à une formule qui pourrait être fort bonne, mais qui resterait toujours extra-légale ; sans développer à nouveau toutes ces raisons, il me semble qu'un argument décisif doit se tirer du discours prononcé au Corps législatif par le tribun Faure, lors de la discussion du Code de procédure ; discours dans lequel on lit textuellement ces mots : « Celui qui forme cette action (l'action posses- « soire), doit être en possession depuis un an au moins. « *La possession doit avoir été, durant cet intervalle, con-* « *tinue, non interrompue, paisible, publique, non équi-* « *voque, et à titre de propriétaire.* »

Ainsi la possession, pour agir au possessoire, doit avoir les mêmes caractères que celle requise pour prescrire, cela ne veut pas dire que l'action possessoire ne puisse s'appliquer qu'à des choses prescriptibles. Une distinction est ici nécessaire. Il est des choses dont la loi prohibe la prescription, parce qu'elle répute précaire de plein droit la possession qu'on peut en avoir. Dans ces cas, on peut dire que ces objets ne recevront pas non plus l'action possessoire qui est incompatible avec l'idée de précarité, à moins que quelque fait extraordinaire ne vienne réduire à néant la présomption de la loi et démontrer que le droit en question est véritablement exercé à titre de maître, et non comme une concession précaire et de pure tolérance. Que si la loi les a revêtus du caractère d'imprescriptibilité pour un autre motif, cette imprescriptibilité ne suffirait plus pour rendre non recevables les actions possessoires.

SECTION I

La possession doit être exercée à titre NON PRÉCAIRE.

§ 214. — Nous avons étudié le précaire en droit romain (§ 55, 62 et 181). C'était, nous l'avons vu, une concession révocable à volonté, qui avait pour effet de transporter au cessionnaire, appelé *rogans,* le bénéfice des actions possessoires, et même la possession, dans la terminologie des jurisconsultes romains. La possession du *rogans,* utile à l'égard des tiers, était entachée, vis-à-vis du cédant, d'un vice particulier, *la précarité,* qui attribuait à ce dernier la victoire dans la procédure des interdits. Ainsi le cessionnaire possédait, mais sa possession était vicieuse à l'égard du *rogatus.* Dans le langage de nos lois le mot *précaire* s'entend dans une acception beaucoup plus étendue : pour donner une formule à la fois générale et exacte, il faut dire avec Delaporte (*Pandectes françaises*), et en modifiant un peu ses expressions : « Le détenteur précaire est celui qui « détient une chose ou qui exerce un droit en vertu d'un « titre incompatible avec l'idée que le détenteur est pro- « priétaire de la chose ou titulaire du droit. »

Ainsi le fermier, le mandataire, le commodataire, le dépositaire, le mari quant aux biens même dotaux de sa femme, ne sont que des détenteurs précaires. Il faut en dire de même de l'usufruitier, de l'usager, de l'emphytéote, du superficiaire, en ce qui concerne le fond de la chose sur laquelle s'exerce leur droit. Tous ces droits réels ont en effet cela de particulier, qu'ils ne peuvent s'exercer si la détention de la chose qui en est l'objet n'est pas remise entre les mains des titulaires.

§ 215. — Mais, et cette remarque est de la plus haute importance, ces divers personnages sont de véritables possesseurs, relativement au droit réel dont ils jouissent, puisqu'ils l'exercent à titre de maître. Vis-à-vis de la nue-propriété, du très-fonds de la chose, leur titre est en effet incompatible avec l'idée qu'ils puissent en être propriétaires, puisque ce titre constate à leur profit un droit de servitude, et que : *Nemini res sua servit, jure servitutis.* Mais ils sont possesseurs de leur droit d'usufruit, etc., puisqu'ils en jouissent en qualité de véritables titulaires.

L'ancien pacte de précaire est tout-à-fait inusité dans nos mœurs, du moins en tant qu'il porte sur la détention même de la chose; cependant on peut supposer qu'il intervienne. Le cessionnaire n'aura certainement pas acquis la possession, comme en droit romain, puisque son titre est incompatible avec l'idée de propriété : peut-être pourrait-il exercer les actions possessoires si le cédant lui avait expressément accordé le droit de les intenter; car je ne vois pas pourquoi le droit aux actions possessoires ne serait pas cessible comme tous les droits du patrimoine; mais, même dans ce cas, il ne les exercera qu'au nom et comme mandataire du cédant.

§ 216. — C'est en matière de servitudes que l'ancien pacte de précaire romain pourrait rencontrer sous notre législation son analogue, dans ces concessions de pure tolérance qu'on se fait entre voisins. Ainsi tous les actes de mince jouissance, qui ne causent aucun préjudice au propriétaire, et que des tiers exercent sur son fonds, doivent être considérés comme accomplis en vertu d'une concession purement précaire, que le maître du fonds peut révoquer *ad nutum.* La loi répute précaires, *a priori,* les faits de passage, puisage, etc., et en général toutes les servitudes discontinues, comme résultant de cette tolérance et ne créant, par conséquent, qu'une possession précaire. Nous examinerons en temps et lieu si cette présomption de la loi peut s'évanouir dans certaines circonstances. Ajoutons, pour être complets, que l'exercice d'une servitude, même continue, peut être entachée de précarité si le maître du fonds dominant a reconnu qu'il n'en jouissait qu'en vertu de la tolérance du propriétaire du fonds servant. Cette reconnaissance, ainsi que le dit fort bien Belime, n'est pas nulle, aux termes de l'art. 2220, comme constituant une renonciation faite par avance à la prescription. L'art. 2220 ne doit s'entendre que de la prescription à l'effet de se libérer, ou du moins il ne peut frapper qu'une renonciation pure et simple, et non pas celle qui consiste dans la reconnaissance d'une concession révocable *ad nutum,* reconnaissance qui n'empêche la prescription que d'une manière indirecte en entachant la possession de précarité.

§ 217. — En dehors de ces cas il est des choses dont la loi répute la possession précaire, soit pour des raisons d'utilité publique, soit pour d'autres motifs. Ainsi les particuliers ne sauraient acquérir sur les choses du domaine public, qu'une possession précaire, c'est-à-dire exclusive de l'*animus domini* (1): la jurisprudence a aussi décidé que la possession des tiers n'est pas utile à l'encontre du propriétaire d'un étang, relativement au terrain que l'eau couvre quand elle est à la hauteur de la décharge de l'étang. (Cassation, 23 avril 1811; *id.* 11 mai 1835.)

Nous venons de dire que la possession des choses du domaine public par les particuliers était de plein droit réputée précaire !... Quelle est l'étendue de cette présomption, dans quel sens faut-il entendre ce mot précaire, quelles seront les conséquences de ce principe ? ce sont là autant de questions redoutables qu'il serait hors de propos d'exami-

---

(1) Telle est du moins l'opinion de quelques auteurs; nous aurons l'occasion de la combattre au chap. 2 du titre 3.

ner ici, et qui trouveront naturellement leur place lorsque
je parlerai des choses du domaine public.

§ 218. — Le mot précaire a, de notre temps, deux signi-
fications bien différentes et qu'il importe de distinguer ; on
a voulu appliquer à la possession précaire en droit français
les règles que les Romains avaient adoptées pour un contrat tout spécial à leur législation, et le nombre d'erreurs,
de faux motifs, de mauvaises décisions qui est né de cette
confusion est, pour ainsi dire, incalculable.

1° Possession précaire, dans un sens restreint, dans le
sens romain du mot, veut dire cet exercice d'un droit qui
n'a lieu qu'en vertu d'une concession révocable *ad nutum*,
par suite de la tolérance d'un individu qui, pouvant s'opposer aux actes d'exercice dont s'agit, ne le fait pas, soit
parce qu'ils ne lui causent aucun dommage appréciable, soit
pour tout autre motif de bienveillance, bon voisinage,
amitié ou familiarité.

2° Dans une seconde acception plus large, le mot de possession précaire s'entend des actes posés par tout individu
qui ne les pose que comme exerçant le droit d'un autre,
dont il se constitue, à ce point de vue, le représentant. Dans
ce sens le mot possession précaire exclut l'idée de l'*animus
domini* puisque le détenteur n'agit pas comme exerçant
un droit qui lui est propre.

C'est dans ce sens que le Code civil emploie deux fois
le mot précaire : Art. 2236... *Ainsi, le fermier, le dépositaire, l'usufruitier et tous autres qui détiennent précairement la chose du propriétaire ne la peuvent prescrire....*
Art. 2239. *Ceux à qui les fermiers, dépositaires, et autres*
DÉTENTEURS PRÉCAIRES, etc. Ainsi, dans le langage de nos lois,
le détenteur précaire est celui *qui possède pour autrui*.
(Art. 2239.)

§ 219. — L'intérêt capital qui s'attache à la distinction
nette et précise de ces deux sens du mot précaire gît tout

entier dans cette question : Le vice de précarité est-il absolu ? Ne peut-il au contraire être opposé que par celui à l'égard duquel le vice existe ? Si l'on prend le mot dans sa signification large, dans son second sens exclusif de l'*animus domini*, la réponse ne pourra être douteuse, le détenteur précaire n'est pas un véritable possesseur, il n'a droit aux interdits, ni contre celui de qui il tient la chose, ni même contre toute autre personne.

Mais si l'on entend par le mot précaire l'exercice d'un droit que la tolérance d'autrui nous concède, alors la question deviendra délicate : elle trouvera sa place dans cette étude au § 222.

§ 220. — Parmi les difficultés que nous avons eues à résoudre, il en est peu d'aussi subtiles que la question de savoir si le vendeur qui, depuis le jour de la vente, est resté de fait en possession de la chose vendue, doit être considéré comme un détenteur précaire ?

J'avoue que cette question m'a arrêté quelque temps ; et ce que je lisais dans les auteurs n'était guère de nature à m'encourager.

Ouvrons Dalloz, cet arsenal du droit français où toutes les erreurs peuvent trouver des arrêts et tous les paradoxes des autorités ; au § 542, v° *Actions possessoires,* nous lisons : « Quant au vendeur qui reste en jouissance jusqu'au jour « fixé pour la délivrance, il peut aussi, ce semble, se pour- « voir au possessoire en cas de trouble de la part des tiers... » ; puis il cite M. Belime. Cela est bien laconique : le vendeur, d'après M. Dalloz, n'est pas un détenteur précaire ; mais pourquoi ? en vertu de quel principe ? Point de réponse, aucune discussion.

Si nous nous reportons à M. Belime, nous tombons de Charybde en Scylla : d'un auteur qui ne motive pas sa décision nous passons à un autre qui donne deux solutions contradictoires. C'est la conclusion qui se tire nécessairement du

rapprochement des trois passages suivants, p. 43 : « Ce n'est
« pas là (il s'agit du vendeur) un détenteur précaire dans le
« sens propre, car, etc. » Ainsi le vendeur n'est pas un détenteur précaire et M. Belime est d'accord avec Dalloz. Mais
qu'ajoute-t-il p. 180 ! « A partir du moment où le contrat a
« été consenti, le vendeur... n'a plus cet *animus domini* sans
« lequel la possession n'existe pas. Il détient encore, à la vé-
« rité, jusqu'à la livraison, mais cette détention ne peut con-
« stituer une possession véritable... » et plus bas, p. 184 :
« Nous avons suffisamment démontré... qu'à dater du jour
« du contrat, le vendeur, s'il conservait encore la chose, ne
« la détenait plus qu'au nom de l'acheteur *comme une sorte*
« *de détenteur précaire.* » Ainsi le vendeur est maintenant
un détenteur précaire!! Au milieu de ces solutions contradictoires il est difficile de deviner quelle était l'opinion du
regretté M. Belime !

§ 221.—Pour arriver à la vérité, il faut, je crois, analyser
profondément les faits et distinguer au moins trois cas.

Premier cas. — Le vendeur, tout en vendant actuellement, a stipulé expressément, comme cela lui est permis, que
la propriété ne serait transférée qu'à l'échéance d'un
terme. Dans ce cas point de difficulté : le vendeur demeure,
comme avant la vente, nanti de la possession juridique.

Deuxième cas. — On est convenu que la propriété serait
immédiatement transférée, mais que l'acheteur n'entrerait
en jouissance qu'à partir d'une certaine époque. Le vendeur qui conserve ainsi la chose est-il un détenteur précaire ?

Pour résoudre cette question, il suffit de savoir à quel
titre il reste nanti de la chose, mais c'est là précisément
que commence la difficulté. S'il détient, ce n'est pas à coup
sûr à titre de vendeur, puisque s'il n'avait pas vendu il n'en
détiendrait que mieux la chose : la cause de sa possession
actuelle réside évidemment dans sa possession antérieure.

Il possède parce qu'il a possédé. Il faudrait, pour que cette possession fût déclarée précaire, que la vente contînt une clause de *constitut possessoire :* or ce pacte ne se présume pas. Il est à remarquer cependant que, dans cette hypothèse, il y a eu renonciation à la possession, du moins toutes les fois que l'acte permet à l'acquéreur de se mettre lui-même en jouissance. La possession a donc été perdue un instant pour le vendeur, elle ne laisse pas d'avoir été interrompue et par conséquent de ne pouvoir, pendant un an, servir de base aux actions possessoires.

Troisième cas. — On a stipulé que la livraison aurait lieu de suite, seulement l'acheteur ne l'a pas encore exigée, et le vendeur, qui n'est pas mis en demeure, jouit encore de la chose vendue. Le vendeur, dans cette hypothèse, est-il un détenteur précaire?

Suivons toujours la même méthode : quel est le titre en vertu duquel il jouit? Il n'en existe point : le vendeur possède *pro possessore.* Or, *melius est non habere titulum quam habere vitiosum,* donc dans cette hypothèse encore, le vendeur sera véritablement possesseur juridique. Il aura les actions possessoires contre les tiers. Mais les aurait-il contre l'acheteur qui voudrait se mettre en possession? Je ne le pense pas. Pour exercer la complainte il faut être troublé; or, nous verrons par la suite qu'un fait autorisé par le possesseur ne peut constituer un trouble; or, le vendeur a, par l'acte de vente, autorisé l'acheteur à prendre possession, donc il ne pourrait avoir la complainte contre lui.

§ 222. — Examinons maintenant la question de savoir si le vice de précarité, dans le sens romain du mot, entache la possession d'un vice absolu ou seulement relatif.

Celui qui possède précairement, dans le sens large du mot, c'est-à-dire celui qui exerce un droit réel, non pas comme titulaire de ce droit, mais au nom d'autrui, en vertu d'un titre qui exclut chez lui l'intention d'agir en maître du droit, celui-là certes n'est pas un possesseur juridique, et tout le monde est d'accord pour lui refuser le droit d'intenter les actions possessoires, non-seulement à l'encontre de celui dont il est le représentant, mais encore à l'encontre de toute personne. Telle est la possession du fermier : l'art. 2229, en effet, et il ne fait en cela que traduire l'expression, à titre non précaire, de l'art. 23, C. pr., exige, pour que la possession soit utile, qu'elle soit exercée *à titre de propriétaire*. Or, il est par trop évident que si, vis-à-vis d'une personne déterminée, votre possession ne s'exerce pas à titre de propriétaire, elle ne s'exerce par là même à ce titre vis-à-vis d'aucune personne; ou bien je possède à titre de propriétaire vis-à-vis de tout le monde; ou bien je ne possède à titre de propriétaire vis-à-vis de personne: il n'y a pas de milieu. Le vice de précaire dans le sens large et français du mot, est donc un vice absolu, ou pour parler plus exactement, c'est une circonstance qui ne vicie pas seulement le fait de la possession juridique, mais qui l'attaque dans son essence même et qui l'empêche d'exister. En un mot, la possession précaire n'est pas une possession juridique; elle n'a pas droit à la protection des interdits.

Si nous prenons maintenant le mot précaire dans le sens que lui donnaient les Romains : jouissance ou détention qui n'existe qu'en vertu de la tolérance d'autrui, la solution devra-t-elle être différente? Evidemment non. Si dans la législation romaine on avait considéré le précariste (*rogans*) comme un véritable possesseur vis-à-vis de tous autres que le concédant (*rogatus*), ou si, pour mieux dire, on lui avait accordé, pour protéger sa jouissance contre les tiers, les interdits possessoires qui devenaient, du reste, entre ses mains une arme inutile toutes les fois qu'il voulait la retourner contre son bienfaiteur, cette dérogation à la règle commune : *nulle* possession juridique ne peut exister sans *animus domini*, cette anomalie, dis-je, est, de l'*aveu de tous*, spéciale au droit romain; elle a trouvé sa source dans des motifs historiques, disparus avec la civilisation qui les avait enfantés, et dont il n'existe plus de trace à notre époque. Aujourd'hui, et c'est l'opinion unanime de toutes les personnes versées dans la science du droit, aujourd'hui toutes ces anomalies ont disparu, il n'existe plus de possession dérivée; en fait de possession juridique nous ne connaissons plus que celle qui s'exerce à titre de maître. Or, je vous le demande, l'idée qu'on jouit d'un droit en vertu de la seule tolérance d'autrui, en vertu de la bienveillance d'une personne qui d'un mot peut faire cesser cette jouissance, cette idée, dis-je, n'exclut-elle pas chez le possesseur toute pensée d'agir à titre de maître, comme titulaire du droit qui l'exerce? Evidemment oui, et dès lors puisque l'élément intellectuel de la possession, la volonté d'agir en maître, fait défaut, n'est-il pas vrai de dire, comme tout-à-l'heure, qu'elle fait défaut non pas vis-à-vis de telle personne déterminée, et de cette personne seulement, ce qui est impossible, mais encore vis-à-vis de tous, à l'égard de la société tout entière? Ainsi la possession fondée sur la tolérance d'autrui n'est pas une possession juridique aux termes des art. 23, C. P., et 2229, C. N.; elle est donc inefficace pour fonder le droit aux actions possessoires et cela d'une manière absolue, parce que, encore une fois, il est impossible de posséder à titre de propriétaire vis-à-vis de l'un et de posséder à un autre titre vis-à-vis d'un autre ; on a ou l'on n'a pas l'*animus domini :* entre ces deux hypothèses on ne peut rien placer.

Je sais bien qu'on m'opposera certains arrêts de la Cour de cassation rendus en matière de domaine public; nous verrons en traitant ce sujet s'il faut combattre ces décisions, ou plutôt si en adoptant des solutions justes il ne convient pas de critiquer des motifs scientifiquement inexacts. Peut-être même verrons-nous que si certaines doctrines paraissent au premier abord peu satisfaisantes, il faut s'en prendre quelquefois, non pas aux arrêts, mais aux arrêtistes. *Traduttore traditore.*

§ 223. — Pour en avoir fini avec ces notions générales sur la possession précaire, il nous reste à examiner quelle pourra être l'influence des jugements rendus au possessoire, sur la possession acquise ou conservée depuis la sentence par la partie qui a succombé.

Le seul auteur qui ait, à ma connaissance, discuté sérieusement la question, est Curasson (*Compétence des juges de paix*, p. 313 et suiv.), et bien qu'il propose, comme nous allons le voir, une distinction excellente, il ne me paraît pas cependant avoir pénétré jusqu'aux entrailles du sujet.

Si c'est le demandeur, dit Curasson, qui a été débouté de sa demande, comme ce rejet pur et simple n'est dû qu'au défaut de justification de la possession annale, rien ne saurait l'empêcher de continuer sa possession ou d'en commencer une nouvelle après le jugement et d'agir en complainte si, possédant depuis plus d'une année, il vient à être troublé; cette possession n'a rien de précaire.

§ 224. — Il faut, selon moi, creuser encore davantage la matière : Ah! sans doute, si la prétention du demandeur n'a été rejetée que par ce seul motif que sa possession n'était pas annale, la solution de Curasson est parfaitement juste!... Mais *quid* si elle a été déclarée précaire ? Alors, évidemment ce demandeur vaincu ne pourra pas joindre utilement cette possession antérieure au jugement à celle qu'il aurait pu conserver depuis; mais si nous supposons qu'après le jugement et pendant une année il ait continué à exercer les actes ainsi qualifiés précaires, un second jugement pourrait-il apprécier différemment ces actes nouveaux, mais identiques aux premiers, et les prendre pour base d'une possession utile; ou bien, au contraire, la première décision imprime-t-elle, quoi qu'il arrive, un caractère de précarité aux actes postérieurs ?

Oui, pourrait-on répondre, le défendeur, fort de son triomphe, n'a dû attacher que peu d'importance aux actes posés par le demandeur, lorsqu'ils sont pareils à ceux que la justice a déclarés inefficaces; s'il en était autrement, l'avantage du jugement prononcé en sa faveur se retournerait contre lui, et la justice qui lui a été rendue n'aurait servi qu'à lui inspirer une dangereuse sécurité.

Tout bien considéré, l'opinion contraire me sourit davantage, et je n'hésite pas à la proposer. La précarité ne consiste que dans l'absence de l'*animus domini;* il faut considérer l'intention de celui qui exerce les actes, et non pas celle de l'individu qui les subit. Or, tant de circonstances peuvent révéler cet *animus domini* chez celui qui ne paraissait pas l'avoir : un titre obtenu, une contradiction formelle opposée aux droits de celui qui a triomphé sur le premier jugement, et même en dehors de toutes ces causes, ne peut-il pas arriver qu'un juge plus éclairé découvre l'esprit de maître là où un magistrat, moins bien informé peut-être, ne l'a pas aperçu ? L'autorité de la chose jugée n'est pas ici en jeu : les faits, quoique semblables, ne sont pas identiques, et les deux demandes ne sont pas fondées sur la même *cause.*

Prenons un exemple : Je fais paître mes bestiaux sur un terrain *qui ne comporte par sa nature que cette utilité* (1); un autre y mène les siens : j'agis en complainte; le juge, appréciant que mes actes de pâturage ne sont exercés qu'à titre de servitude, déclare ma possession précaire et rejette

(1). Voir rejet 8 janvier 1855, S. V., 35. 1, 538. — Lorsque le terrain ne comporte par sa nature que le pacage des bestiaux et l'enlèvement des litières, ces faits cessent alors d'avoir le caractère d'une simple servitude; ils deviennent des faits de possession ou de co, ossession autorisant la complainte.

ma demande. Rien ne m'empêchera, un an après, de la renouveler et de triompher peut-être. Il a été jugé en ce sens que le rejet d'une action possessoire n'implique pas de plein droit la reconnaissance de la possession du défendeur. (Cass., 18 déc. 1865, S. V. 66, 1, 555.)

§ 225. — Revenons à la distinction de Curasson : « Pour « ce qui est du défendeur qui a succombé au possessoire, « dit-il, il faut distinguer s'il n'a fait que continuer sa pos- « session, malgré le jugement qui l'a condamné à délais- « ser et sans l'avoir exécuté; *dans ce cas on conçoit que* « *sa possession ne soit que précaire :* tant que le jugement « n'est pas prescrit, son adversaire peut le forcer à délais- « ser; comment alors pourrait-il accuser de trouble celui « qui ne fait qu'user de son droit en mettant à exécution le « jugement qu'il a obtenu? Mais supposons qu'après avoir « délaissé la possession et exécuté les condamnations « prononcées contre lui, le défendeur commence une nou- « velle possession postérieurement à cette exécution, com- « ment cette nouvelle possession pourrait-elle être consi- « dérée comme précaire? »

§ 226. — La solution est juste et la distinction heureuse, mais il est un motif que je ne puis laisser passer. Que le défendeur ait ou non exécuté le jugement, sa possession n'est ni plus ni moins précaire qu'elle l'était auparavant : la possession se compose de l'intention et du fait; le juge- ment intervenu ne peut rien sur le premier élément; il ne peut agir sur le second que par son exécution. Après l'exé- cution du jugement une possession nouvelle peut commen- cer, comme le dit Curasson; cela ne fait pas de doute, et le jugement rendu précédemment ne peut avoir aucune influence sur le caractère de cette possession. Ce que je critique, c'est le mot *précaire.* Si avant l'exécution du ju- gement le défendeur, vaincu au possessoire, ne peut, tant qu'il ne s'est pas écoulé trente ans, intenter la complainte, bien qu'il ait continué de posséder, ce n'est pas parce que cette possession postérieure au jugement est *précaire;* non, il possède; il est possesseur juridique; mais il ne suffit pas d'être possesseur pour avoir droit à la complainte, il faut encore qu'on soit *troublé :* or, l'exécution d'un jugement ne peut être considérée comme un trouble; les actions possessoires sont fondées sur un motif d'ordre public; l'ordre public est-il troublé par l'expulsion du défendeur vaincu dans la lutte judiciaire? Bien au contraire, il serait en péril si le jugement ne pouvait être exécuté, puisqu'alors la décision de la justice ne serait plus qu'une lettre morte.

Au reste, un arrêt tout récent (Cassation, 26 janvier 1869, S. V. 69, 1, 206) a décidé, confirmant ainsi notre opinion, que « la sentence rendue au possessoire en vue de la pos-
« session annale reconnue alors exister au profit d'une
« partie, ne préjuge rien sur l'état de la possession à une
« époque postérieure de plusieurs années, c'est-à-dire à
« un moment où la possession annale peut avoir changé
« de mains ou de caractère, et par suite, cette sentence ne
« saurait être invoquée comme ayant l'autorité de la chose
« jugée, sur une autre action possessoire intentée ulté-
« rieurement par la même partie. »

Et qu'on ne pense pas que, sans aucune utilité pratique, par pur amour de subtilité, j'abuse ici du *distinguo...* Non, il est important de reconnaître que si l'action possessoire est refusée au défendeur qui n'a pas exécuté le jugement, ce n'est pas, comme le dit à tort Curasson, parce que sa possession est précaire : l'intérêt est très-grave. Le vice de précarité est absolu, nous avons essayé de le démontrer; si la possession de notre défendeur était précaire, il devrait succomber même vis-à-vis de personnes autres que celle qui a obtenu contre lui un jugement au possessoire; si au contraire sa possession est inefficace par ce motif seulement que l'exécution d'un jugement n'est pas un trouble, il devra triompher contre les tiers, si sa possession présente d'ailleurs les conditions exigées par la loi.

§ 227. — Un exemple entre mille, le premier qui me vient à l'esprit : Primus est propriétaire d'un réservoir ali- menté par une source; Secundus et Tertius en dérivent l'eau au moyen d'aqueducs; seulement, Secundus a le droit de le faire, tandis que Tertius n'est qu'un usurpateur qui, sur la complainte de Primus, est condamné à détruire son aqueduc. Le jugement n'est pas exécuté. Plus d'un an après Secundus veut à son tour essayer de faire sup- primer l'aqueduc de Tertius. Il allègue, avec Curasson, que la possession de cet aqueduc est *précaire* vis-à-vis de Pri- mus, puisque Primus a obtenu jugement non exécuté contre Tertius; or, ajoute-t-il, le vice de précarité est ab- solu; donc la possession de Tertius est aussi précaire vis- à-vis de moi Secundus, donc il faut le condamner. Cette pré- tention ne serait pas soutenable; le vice du raisonnement de Secundus consiste à dire que la possession de Tertius est précaire. Non, elle n'est pas précaire, à la condition bien entendu qu'elle ne le fut pas avant le jugement qui n'a pu en changer la nature. Elle n'est pas précaire; seu- lement Primus pourra pendant trente ans forcer Tertius à démolir son aqueduc, parce qu'il a obtenu jugement contre lui, et que, malgré que la possession de Tertius soit devenue plus qu'annale, il ne sera pas recevable à agir en complainte, parce que l'exécution d'un jugement n'est jamais un trouble.

§ 228. — L'exemple que j'ai choisi nous servira à dé- montrer de nouveau que le vice de précarité est absolu. Modifions légèrement l'hypothèse, et supposons que Ter- tius ait obtenu de Primus, à titre de tolérance, la permis- sion d'établir son aqueduc qui enlève une partie des eaux réservées à Secundus : Secundus pourra-t-il, même après une année, agir en complainte contre Tertius? Celui-ci pourrait-il lui répondre : Ma possession est précaire, il est vrai, vis-à-vis de Primus, mais à votre égard elle ne l'est pas. Quand je regarde Primus, je dérive l'eau par tolérance, je reconnais que je n'y ai pas droit; mais lorsque je me place en face de vous, j'ai la prétention d'exercer une servitude? Secundus ne pourrait-il pas répliquer avec raison : Ou vous avez l'*animus domini* vis-à-vis de tous, ou vous ne l'avez vis-à-vis de personne. Or vous reconnaissez ne pas l'avoir à l'égard de Primus; donc, à mon égard, vous ne l'avez pas non plus. La volonté humaine est une, elle ne peut pas en même temps exister et n'exister pas. Cela me semble plus clair que le jour, et l'exemple que j'ai choisi nous servira encore à éclairer la discussion à laquelle nous nous livrerons en parlant des concessions administratives qui ont le domaine public pour objet.

On voit quelle importance ont les motifs en semblable matière : quoi qu'il en soit, cette analyse nous aura fait découvrir un troisième sens qu'on attache au mot précaire. Certains auteurs et certains arrêts appellent précaire toute possession qui, pour un motif quelconque, qu'on ne se donne pas la peine de spécifier, reste inefficace. Trois acceptions pour un seul mot! sans compter le sens qu'on lui donne dans le langage vulgaire! Est-il permis de le dire ici, sans être accusé de digression intempestive? tant qu'on n'aura pas adopté pour la science du droit, comme pour les sciences exactes, une terminologie précise, il ne faudra pas espérer de voir diminuer le nombre des controverses!

La question que nous venons d'examiner a été résolue par deux arrêts, 12 juin 1809, Rejet (S. 14, 1, 89), et 17 mars 1819, Rejet (S. 20, 1, 1), dont les motifs laissent beaucoup à désirer, mais dont les solutions sont probablement justes,

eu égard aux espèces sur lesquelles ils statuaient. Le dernier a décidé que l'acquéreur d'une propriété était non
recevable à intenter la complainte lorsque son auteur
avait été condamné au possessoire sur une action semblable. Pour que cette solution soit juridique, il faut : 1° que
l'auteur ait été défendeur à l'action en complainte ; 2° que
le jugement n'eût pas reçu d'exécution. Tel était probablement le cas : mais la Cour de cassation s'est appuyée,
selon nous, sur un motif erroné ou du moins bien vague,
en déclarant précaire la possession de l'acquéreur.

SECTION II

La possession doit être continue.

§ 229. — *La possession doit être continue et non interrompue...* Ces deux caractères que la possession doit revêtir
pour pouvoir donner naissance aux actions possessoires,
lui sont imposés par l'art. 2229, C. civ., applicable, comme
nous l'avons vu, à notre matière. La continuité, la non-interruption, voilà des choses dont nous n'avons pas eu à
nous occuper en droit romain, parce que sous cette législa-
lation la possession actuelle, ne datât-elle que d'un moment, suffisait pour assurer le bénéfice des actions possessoires. Notre droit, au contraire, ne protége par la
complainte que la possession annale.

La possession doit être continue, c'est-à-dire que si elle
a été abdiquée, puis reprise, la possession ancienne ne
comptera pas : l'année de possession, indispensable pour
former complainte, ne commencera à courir qu'à dater
du jour où un nouvel acte de maître a été posé.

Quelles circonstances révèlent chez le possesseur l'intention d'abdiquer son droit, à quel degré de négligence doit-

il arriver? C'est ce qu'il est malaisé de décider ici ; la solution de ces questions trouvera sa place lorsque nous parlerons de la perte de la possession par l'intention (*animo*).

Disons seulement ici qu'il y aura des distinctions à faire selon qu'il s'agira de propriété ou de servitudes, et aussi selon la nature du bien possédé, les besoins de son exploitation, etc., etc.

§ 230. — Quoique ce soit une idée maintenant rebattue, il faut bien dire avec tous les auteurs récents que les servitudes *discontinues* sont, autant que tous autres droits réels, susceptibles d'une possession *continue*. La continuité n'est pas une qualité fixe, invariable ; elle est susceptible, au contraire, de bien des degrés ; la possession se traduit, en effet, par des actes plus ou moins fréquents, plus ou moins rapprochés, selon l'objet auquel elle s'applique. Pour posséder d'une façon *continue,* il n'est pas nécessaire d'agir *continuellement* sur la chose ; cela n'est même pas possible. Le laboureur n'est pas toujours penché sur son sillon, et les travaux de l'agriculture ne s'exécutent qu'à de certains intervalles. Si l'on exigeait des actes incessants, le droit de propriété lui-même ne saurait être possédé d'une manière continue. Au surplus, il est maintenant reconnu par tout le monde que si le Code a proscrit la prescription des droits de servitudes discontinues, c'est par ce motif unique que leur possession est précaire ou tout au moins équivoque ; nous reviendrons, du reste, sur ce sujet en parlant des servitudes.

§ 231. — Examinerons-nous la question de savoir à partir de quelle époque courra la prescription ou la possession utile au possessoire, au profit du propriétaire qui a planté des arbres trop près de son voisin, sans observer la distance légale? Ce sera évidemment, selon nous, à partir du jour où cette plantation a pu être connue du voisin ; mais cela ne suffirait pas, il faudra encore que les arbres aient pris un certain développement, de façon à attirer son attention sur les conséquences que doit entraîner leur croissance normale. Ce sont là des questions de fait plutôt que de droit.

Que dire des branches qui avancent sur le voisin ? La solution me semble bien simple : Le voisin pourra toujours les faire rogner, mais seulement jusqu'au point qu'elles avaient atteint un an avant l'introduction de l'instance au possessoire, puisqu'il est certain que le propriétaire de l'arbre les a possédées depuis une année dans leur état de développement jusqu'à ce point : tandis qu'au delà sa possession n'est pas annale. Même réponse si, dans une instance au pétitoire, le possesseur de l'arbre invoque la prescription : les branches devront être rognées jusqu'au point qu'elles avaient atteint trente ans auparavant. Je n'ai pas à m'occuper ici des difficultés pratiques qui ne seraient peut-être pas insurmontables : je ne dois rechercher que les solutions juridiques et celles-là me paraissent aussi simples qu'exactes.

Nous avons dit plus haut qu'en cas de discontinuité, lorsque la possession a été abandonnée, puis reprise, l'ancienne possession ne peut plus compter.

Nous développerons cette idée en parlant de la possession non-interrompue.

SECTION III

La possession doit être non interrompue.

§ 232. — L'interruption diffère de la discontinuité : la dernière est l'œuvre du possesseur qui abandonne la chose ; la première émane du fait d'un tiers : toute possession interrompue est par là même discontinue ; mais il peut y avoir discontinuité sans interruption.

L'interruption est ou naturelle ou civile : occupons-nous d'abord de l'interruption naturelle.

Il y a interruption naturelle, dit l'art. 2243, lorsque le possesseur est privé, pendant plus d'un an, de la jouissance de la chose, soit par l'ancien propriétaire, soit même par un tiers. Ainsi, toutes les fois qu'une personne se sera substituée au possesseur et aura exercé sur l'immeuble des actes de maître, la possession sera interrompue ; mais pour que cette interruption ait des conséquences légales, pour qu'elle rende inutile la possession antérieure, il faut qu'elle ait duré un an : c'est la loi elle-même qui le dit. La plupart des auteurs enseignent que l'art. 2243 n'est fait que pour une hypothèse spéciale. Si la possession avait déjà duré un an, au moment de l'interruption, il faudra, pour qu'elle perde toute efficacité, que cette interruption dure elle-même une année ; dans ce cas, l'art. 2243 s'applique. Le possesseur dépouillé avait en effet pendant un an l'action possessoire pour se faire rendre la chose ; la possession n'est définitivement perdue pour lui que lorsque s'est éteinte l'action qu'il avait pour la recouvrer : *Qui actionem habet ad rem recuperandam, rem ipsam habere intelligitur*. (Belime, nᵒ 61.)

S'il s'agit, au contraire, d'une possession qui n'est pas annale, une interruption moins qu'annale suffit pour l'effacer définitivement.

§ 233. — Cette doctrine me laisse un doute. L'art. 2243 ne distingue pas : il exige pour tous les cas possibles une interruption annale. L'opinion généralement reçue ne se fonde guère que sur une raison de symétrie juridique, si j'ose ainsi parler. Possession annale, interruption d'un an ; possession moins qu'annale, interruption de moins d'un an ; c'est là une base bien fragile. Est-il nécessaire de supposer que le possesseur a recouvré l'immeuble par une action possessoire ? En aucune façon, il peut l'avoir repris, se l'être fait rendre autrement, l'usurpateur a peut-être abandonné la chose. Admettons que la reprise de possession soit due à l'exercice d'une action possessoire ; faut-il en conclure que la possession était annale avant l'interruption ? Cette conséquence est loin d'être forcée puisque la réintégrande, qui est une action possessoire, n'exige point l'annalité. L'exposé des motifs de Bigot-Préameneu n'est pas défavorable à ces idées. L'orateur s'exprimait ainsi devant le Corps législatif. « On présume que c'est une « simple erreur de la part de celui qui s'en est emparé « (emparé du fonds); on présume aussi que celui qui était « en possession *s'en est ressaisi* ou a réclamé aussitôt qu'il a « eu connaissance de l'occupation, et qu'il n'a aucunement « entendu la souffrir. Ainsi nul ne peut être dépouillé du « titre de possesseur, que par la possession d'une autre per- « sonne pendant un an...... »

§ 234. — Il y a entre l'interruption et la discontinuité, cette différence que la discontinuité, n'eût elle duré qu'un instant, rend inutile la possession qui a précédé, dès que j'ai volontairement abandonné la possession, quand bien même je l'aurais reprise le lendemain: il y a là un intervalle que rien ne peut combler.

Quand il s'agit d'interruption au contraire, l'art. 2243, expliqué par l'exposé des motifs que nous venons de citer, nous montre qu'après la restitution opérée, la possession de l'usurpateur profite au possesseur légitime, ou plutôt cet article nous prouve que la règle: *Prædiorum possessio animo solo retinetur*, n'est pas applicable au droit français.

§ 234. — Mais cette différence entre la discontinuité et l'interruption naturelle n'est, à vrai dire, que théorique. En pratique elle s'efface presque complètement. Il est bien rare, en effet, qu'on ait la preuve directe de ce fait, l'aban-

don volontaire de la possession par le possesseur. Cet abandon, cette perte de possession par l'intention *(animo)*,
c'est la négligence, c'est la cessation de jouissance plus ou
moins prolongée qui la fera présumer, combien de temps
doit-elle durer pour qu'on en puisse tirer cette conclusion?
C'est là une question laissée à la discrétion du juge: les
anciens commentateurs avaient fixé le terme de dix ans,
mais notre Code n'a pas consacré cette règle; le délai va-
riera suivant la nature de la chose possédée, mais, sans
approfondir cette question qui sera examinée en son lieu
(perte de la possession *animo*, § 268 et suiv.), je puis bien
dire ici que, s'il s'agit de la possession du droit de propriété, une cessation de jouissance d'une année ne serait
pas en général suffisante pour faire présumer l'abandon de la possession. Ainsi, quoiqu'en théorie l'effet
de la discontinuité soit plus grave que celui de l'interruption, puisqu'il suffira d'un abandon volontaire d'un instant
pour que la possession antérieure soit définitivement effacée ; en pratique la règle sera renversée, puisqu'une cessation de jouissance de plus d'une année ne serait pas, en
général, suffisante pour faire supposer l'abandon volontaire, sauf ce qui sera dit relativement aux servitudes,
pour lesquelles des principes spéciaux devront être
adoptés.

§ 236.—Quelques mots seulement sur l'interruption civile.

L'art. 2244 indique comme causes d'interruption civile
de la prescription la citation en justice, le commandement,
la saisie, auxquelles il faut ajouter, avec l'art. 2240, la reconnaissance que le possesseur fait du droit de celui contre
lequel il prescrivait. La citation en conciliation a aussi pour
effet d'interrompre la prescription si elle réunit les conditions prescrites par l'art. 2245.

Il est difficile de concevoir comment un commandement,
une saisie, une citation en conciliation pourraient trouver

leur place et avoir quelqu'effet en matière possessoire. Reste la citation en justice, encore faut-il la restreindre au cas où c'est une action possessoire qui est intentée. L'ajournement au pétitoire, loin d'empêcher de compter (quant aux actions possessoires bien entendu) la possession antérieure du défendeur, ne ferait que lui confirmer son titre de possesseur puisque le demandeur paraîtrait reconnaître par là même qu'il a affaire à un possesseur annal. (Art. 26, C. pr.)

Enfin, la reconnaissance du droit de celui au préjudice duquel on possède a non-seulement pour effet d'interrompre la possession, mais encore de lui ôter toute efficacité quand bien même elle aurait déjà duré plus d'un an ; puisqu'elle la transforme en détention précaire. (Voir § 216.)

La citation devant un juge incompétent interrompt la prescription (art. 2246). En est-il de même en matière purement possessoire ? On peut en douter : en général on n'évite pas une déchéance par la citation devant un juge incompétent. La loi a fait à ce principe une exception, mais elle doit être restreinte au cas spécial auquel elle s'applique ; à la prescription, *exceptiones sunt strictissimi juris*. La loi, comme le dit Belime, s'est montrée clémente parce qu'il s'agissait de la dernière espérance du propriétaire qui allait être brisée sans retour, si son assignation, vicieuse pour incompétence, n'avait pas eu au moins l'effet de suspendre le délai fatal.

Evidemment la position du demandeur en complainte est loin d'être aussi digne d'intérêt.

§ 237. — Puisque nous parlons de continuité et de non-interruption, je crois que c'est ici le lieu d'examiner la présomption contenue dans l'art. 2234. « Le possesseur actuel qui prouve avoir anciennement possédé, est présumé avoir possédé dans le temps intermédiaire, sauf la preuve contraire. »

C'est la consécration d'un ancien adage : « *Probatis ex-*
tremis, media præsumuntur. » M. Belime a voulu repousser l'application de cet article aux actions possessoires; par
possesseur actuel la loi n'a voulu parler, selon lui, que du
possesseur *annal :* voici comment il essaye de justifier son
opinion. « Nous sommes en matière de prescription, dit-il, il
« faut donc supposer un procès au pétitoire. Or, de deux
« choses l'une : ou bien il y a eu une instance au possessoire,
« et dans ce cas le possesseur actuel est nécessairement pos-
« sesseur annal; ou bien le propriétaire a directement reven-
« qué contre celui qui prescrivait, et alors il a lui-même re-
« connu chez son adversaire la qualité de possesseur annal. »
(Ce dernier point est une erreur, comme nous aurons l'occasion de le montrer en parlant de la préséance du
possessoire sur le pétitoire. M. Belime abuse, ce me
semble, du mot *actuel,* qui n'a pas dans la loi l'importance
qu'il lui attribue; pour faire tomber son dilemme il suffit de
montrer qu'une troisième hypothèse est possible. Ne peut-
il pas arriver que ce soit précisément celui qui a usucapé
qui revendique après avoir perdu la possession, depuis
plus d'un an même si l'on veut. M. Belime aurait objecté
peut-être qu'il n'est plus alors possesseur *actuel,* et partant
ne peut plus invoquer la présomption de l'art. 2234. Ce serait évidemment étouffer l'esprit de la loi sous sa lettre.
L'art. 2234 a été, comme beaucoup d'autres du même titre,
puisé dans Dunod : c'est la pensée de Dunod qu'on a entendu reproduire, et si les termes ont un peu changé, c'est
qu'un texte de loi ne peut pas toujours être pris tel quel
dans un ouvrage juridique. Or, Dunod s'exprimait ainsi
(p. 18.) « Si l'on prouve que l'on a possédé au commence-
« ment et à la fin, il est hors de doute que l'on est présumé
« avoir possédé pendant le temps intermédiaire, suivant la
« règle qui dit : *Probatis extremis, media præsumuntur.* » Au

reste, après avoir nié que l'art. 2234 fût applicable en matière possessoire, M. Belime ne laisse pas d'en faire l'application fort exacte au § 428.

Ainsi, s'il s'agit du droit de propriété, la possession prouvée à deux points extrêmes se suppose dans l'intervalle.

§ 238. — Mais en est-il de même en matière de servitudes discontinues? Nous répondrons *non* avec une entière conviction.

Et d'abord l'art. 2234 a été fait pour la prescription, il suppose dès lors que la chose est prescriptible. Or les servitudes discontinues ne le sont pas (art. 691). On me répondra peut-être qu'il est maintenant généralement admis que ces servitudes sont prescriptibles quand elles s'exercent en vertu d'un titre : soit; mais cela n'empêchera pas que l'art. 2234 leur soit inapplicable, parce que sa présomption se verra toujours effacée par la preuve contraire dont il parle, et que cette preuve sera toujours toute faite.... je m'explique :

J'ai, en vertu d'un titre, droit de passage sur votre fonds ; cette servitude est, je le suppose dans l'espèce, susceptible de s'exercer plusieurs fois par an. Je prouve que j'ai passé une fois dans l'année, une fois il y a dix ans : pourrai-je dire : je suis possesseur annal, car : *probatis extremis media præsumuntur ?* Non, et pourquoi? C'est que si, lorsqu'il s'agit de la propriété, la possession se conserve sans qu'il soit nécessaire de faire des actes de jouissance, il n'en est pas de même des servitudes qui s'éteignent par le non-usage. La raison de cette différence est facile à saisir : contre mon droit de servitude, contre la possession que j'en ai, il y a toujours un autre droit, une autre possession qui lutte sans relâche et qui tend toujours à les anéantir. C'est le droit, c'est la possession du propriétaire du fonds servant.

Je ne perds pas la possession de mon fonds parce que je reste un an sans en user. Au contraire, si, pendant une année, je cesse d'exercer ma servitude, le maître du fonds servant aura dès lors, pendant un an, possédé son héritage comme libre : donc il sera possesseur annal d'un héritage libre ; donc j'aurai, par une conséquence nécessaire, perdu la possession de ma servitude.....

En matière de propriété, quand bien même j'avouerais que je n'ai fait sur mon fonds que deux actes de maître à dix ans d'intervalle, je n'en serai pas moins réputé, en vertu de l'art. 2229, avoir possédé dans l'intervalle, à moins que mon adversaire ne prouve ou bien que j'ai entendu abdiquer la possession, démonstration bien malaisée ! ou bien que l'immeuble a été occupé par un tiers ; mais ici, en matière de servitude, du moment que, pendant un an, je n'ai pas usé, j'ai perdu la possession et le maître du fonds servant l'a acquise. Ma possession a été, non pas *discontinue,* entendez-le bien ! mais *interrompue;* interrompue, puisqu'en jouissant de son héritage comme libre, le maître du fonds servant m'a privé de l'exercice de ma servitude, ni plus ni moins que s'il m'eût, de vive force, empêché d'en user. S'il le fait après cette année de nonjouissance, aurai-je la complainte contre lui? Evidemment non. Ce serait lui qui pourrait l'intenter contre moi; il prendrait le fait de passage pour trouble et me dirait : Vous voulez passer sur un héritage que depuis plus d'un an je possède sans que cette servitude y ait été exercée : je le possède donc comme libre, et par votre passage vous me troublez. Et, remarquez-le bien, il n'aurait pas à prouver que dans l'année je n'ai pas passé, non; la présomption de liberté qui appartient à tout héritage milite en sa faveur au possessoire aussi bien qu'au pétitoire : mon titre même ne peut le combattre, car nous sommes au possessoire devant le juge de paix ; ce magistrat ne peut interroger les

titres que pour éclairer la possession ; et là où aucun fait
de possession dans l'année n'est allégué, il doit se garder
d'y recourir. (Remarquez bien, ce point est important,
que nous raisonnons dans l'hypothèse d'une servitude
susceptible de s'exercer plusieurs fois l'an.) C'est cette présomption de liberté des héritages à laquelle je donne l'a-
vantage sur celle de l'art. 2229 ; pour écarter cet article, il
suffit en effet que le maître du fonds servant prouve que
pendant un an je n'ai pas usé de la servitude. Ce premier
point est certain : or cette preuve, je soutiens que la loi le
dispense de la faire ; la loi suppose, jusqu'à preuve contraire, que tous les héritages sont libres, en fait comme en
droit. Si je soutiens le contraire, c'est à moi de prouver au
pétitoire que je suis titulaire d'un droit de servitude ; au
possessoire, que j'en ai usé dans l'année.

On le voit, nous sommes forcés d'anticiper ici sur deux
parties subséquentes de cette étude : sur l'acquisition et la
perte de la possession, notamment en matière de servitudes, comme aussi sur le paragraphe qui traitera de la
preuve de la possession.

Nous verrons alors comment s'acquiert ou se perd la
possession des servitudes qui s'exercent, soit à plusieurs
reprises, soit une seule fois dans l'année, soit encore à de
plus longs intervalles.

§ 239. — La possession ancienne doit-elle faire présumer la possession actuelle ? Evidemment oui, selon nous,
à condition, bien entendu, qu'il ne s'agisse pas de servitude, et que rien n'indique d'ailleurs chez le possesseur
ancien l'intention d'abdiquer son droit. Le juge doit jouir
ici d'une grande latitude d'appréciation, puisque cette présomption, à la différence de la précédente, n'est pas même
écrite dans la loi. L'opinion que j'adopte se justifie aisément, c'est une conséquence directe du principe indiscuté
que la possession des héritages se conserve sans qu'il soit

nécessaire de faire des actes de jouissance. Deux arrêts de cassation qui pourraient paraître contraires à cette doctrine (6 février et 3 avril 1833) ont été précisément rendus en matière d'usage dans les bois; et nous avons eu soin d'expliquer que nous n'entendions pas l'appliquer aux servitudes discontinues. La règle que j'ai adoptée est ancienne : *Olim possessor, hodie possessor præsumitur, et ex possessione de præterito arguitur possessio de præsenti et medii temporis, nisi contrarium probetur.* (Doctrine conforme, M. Belime.)

§ 240. — Enfin il nous semble également certain que de la possession actuelle à elle seule on ne peut tirer aucune conséquence relativement au passé. Disons cependant avec tous les auteurs, que si le possesseur actuel avait un titre il serait censé avoir possédé depuis la date de ce titre; ce ne serait là, il est vrai, qu'une présomption de l'homme, non écrite dans la loi, et qui devrait céder, non-seulement à la preuve contraire, mais encore à de simples présomptions, si le juge croyait devoir leur donner la préférence.

Un fait de force majeure, comme une inondation, qui empêche temporairement le possesseur d'user de la chose, n'interrompt pas la possession, parce qu'elle n'est pas alors perdue, comme nous le verrons en traitant de la perte de la possession.

§ 241. — Est-il besoin d'ajouter ici que la discontinuité, l'interruption, ne sont pas, à proprement parler, des vices de la possession : c'en est la négation même. Pendant l'interruption, pendant la discontinuité, la possession n'existe pas; il faut que postérieurement elle reprenne naissance et qu'elle dure un an pour pouvoir engendrer la complainte. En un mot, et pour parler un langage impropre, mais adopté, la discontinuité et l'interruption sont des vices *absolus* de la possession, et non pas, comme la clandestinité et la violence, des vices purement relatifs qui ne rendent la possession inefficace qu'à l'égard de ceux vis-à-vis desquels ils existent.

La possession doit être paisible.

§ 242. — Pour mériter l'épithète de paisible, la possession ne doit avoir été ni acquise, ni conservée par violence. Peu importe que la violence ait été exercée sur le possesseur même ou sur ceux qui détiennent en son nom, (l. 1, § 22, et l. 8, Dig., xliii, 16), qu'on l'ait exercée soi-même ou par d'autres, ou ratifié les actes de violence. (L. 152, Dig., l, 17 ; Dalloz, *Prescription,* n° 372.)

Nous suivons jusqu'ici le droit romain dans toute la pureté de ses principes.

Mais supposons que je m'empare d'un héritage pendant l'absence du possesseur et qu'à son retour je le repousse par la violence. Ma possession eût été violente en droit romain, parce qu'on admettait le principe *prædiorum possessio solo animo retinetur ;* en dépit de l'occupation par un tiers, le précédent possesseur ne perdait la possession que lorsqu'ayant connaissance de cette usurpation il ne se présentait pas de suite pour la faire cesser. Alors, s'il était repoussé, on le considérait comme *dejectus* et la voie de l'interdit *unde vi* lui était ouverte. Il n'aurait pas eu, sans cette fiction, d'autre ressource. L. 6, § 1, Dig., xli, 2 : *Verum si revertentem dominum non admiserit, vi magis intelligi possidere, non clam.* En droit français, le principe *prædiorum possessio,* etc., est inutile, parce que le possesseur annal, dépouillé même sans violence, peut, pendant un an, agir en complainte. Dès lors la possession a été perdue pour lui par le fait même de l'usurpation; et comme elle s'est accomplie sans violence, la possession doit être considérée comme paisible, puisqu'elle n'est pas *fondée* sur un acte de violence, aux termes de l'art. 2233.

§ 243. — Mais, il faut aller plus loin. Le mot paisible a une autre signification; dans son sens le plus naturel, il veut dire : qui n'est pas troublé. Ah! sans doute ma possession ne cessera pas d'être paisible, si après l'avoir acquise sans violence j'ai repoussé par la force deux ou trois agressions. Mais, comme le dit fort bien M. Troplong, si les contestations étaient éclatantes et géminées, si la possession n'avait été qu'une longue dispute accompagnée de voies de faits, de rixes, d'empiétements ou d'entreprises, elle manquerait de ce caractère pacifique que l'art. 2229 exige d'elle.

Ici nous nous écartons des principes romains. Ulpien disait : *Qui per vim possessionem suam retinerit, vi non possidere Labeo scribit.* Nos anciens auteurs confondaient la possession paisible, dans ce dernier sens, avec celle qui n'était pas interrompue. Aussi Dunod décide-t-il que si l'empêchement n'a consisté que dans des voies de fait nonobstant lesquelles on a continué d'user du droit, on achève de prescrire comme s'il n'y avait point eu de trouble. Et le président Favre, dans son Code : *Interrumpi præscriptionem..... si prohibitio effectum habuerit, alioquin si prohibitus.... perseveraverit, tanto fortius erit jus præscribentis.* C'était aussi la doctrine de Domat. Mais sous le Code civil, le mot paisible a un double sens, à la fois actif et passif; il traduit, en l'accentuant de manière à ne laisser aucun doute, les expressions : *franchement et sans inquiétation,* dont se servaient les art. 113 et 118 de la Coutume de Paris.

Revenons à la possession acquise par violence, et supposons que l'acte de violence ait porté, non sur la prise de possession elle-même, mais sur le contrat translatif de propriété. Dans ce cas le contrat serait rescindable, mais la possession ne serait pas violente. *Non est vi dejectus qui compulsus est in possessionem inducere.* (L. 5, Dig., XLIII, 16.) Tout le monde est d'accord sur ce point.

§ 244. — La violence dont parle l'art. 2233 doit surtout s'entendre de l'intimidation. Il est difficile de supposer une contrainte physique durable, et le texte ajoute que la possession utile commence dès que la violence a cessé. Si l'on devait restreindre la portée de ces termes à une violence purement matérielle, la disposition de la loi serait pour ainsi dire puérile, aussitôt l'expulsion du possesseur achevée l'usurpateur commencerait à prescrire. Il faut remarquer du reste que toute violence est de nature à causer au violenté une intimidation très-capable de l'empêcher de réclamer avant que le temps n'ait dissipé sa terreur. Quel sera ce délai pendant lequel le possesseur dépouillé sera réputé n'avoir pu agir par suite de la crainte qui lui aura été inspirée? La solution, on le comprend, dépendra surtout des circonstances.

Ainsi de simples menaces suffiront pour imprimer à la possession le caractère de violence, si elles présentent, du reste, les conditions exigées par l'art. 1112. Il en était autrement en droit romain, mais la disposition finale de l'art. 2233 nous paraît exiger une autre solution.

§ 245. — La possession utile commence dès que la violence a cessé... Ces quelques mots contiennent l'abrogation d'une règle célèbre qu'Ulpien exprimait en ces termes: *Non ratio obtinendæ possessionis, sed origo nanciscendæ exquirenda est.* Ce n'était pas le caractère *actuel* de la possession qu'il fallait rechercher, c'était celui qu'elle avait revêtu à son origine. Nos législateurs sont partis d'un autre principe plus conforme à l'équité et à la raison, selon nous, que la rigoureuse déduction des logiciens de Rome. Dès que la violence a cessé, dès que le possesseur dépouillé a pu recouvrer assez de liberté morale pour agir, la possession de l'usurpateur devient paisible; à partir de ce jour elle est utile : elle reçoit sa consécration de l'acquiescement libre de celui qui avait le droit de se plaindre. Delvincourt a méconnu ces idées qui avaient trouvé pourtant une éclatante confirmation dans l'exposé des motifs de M. Bigot-Préameneu. Delvincourt s'est attaché à la règle antique : *Non ratio obtinendæ, sed origo nanciscendæ, exquirenda est*. Pour lui une possession, violente à son origine, ne peut jamais devenir utile, et pour expliquer les derniers mots de l'art. 2233, il a été réduit à chercher une hypothèse que le législateur n'avait certes pas eu en vue; celle où le possesseur aurait, en vertu d'un nouveau titre, appréhendé la possession. Une trop grande servilité pour les décisions romaines a fait échouer cet esprit si lucide; il a oublié que si, pour un jurisconsulte, le droit romain est un phare, un phare aussi devient un écueil quand on veut le serrer de trop près !

§ 246. — Encore un mot. Si la violence est l'œuvre d'un tiers : le possesseur qui en a profité sans en être le complice n'en a pas moins une possession paisible. En matière de contrats, l'art. 1111 annule la convention entachée de violence sans distinguer si la contrainte émane ou non du co-contractant. Cela se conçoit, la volonté du violenté est atteinte d'un vice qui l'annule; dès lors le contrat qui est : *duorum in unum placitum consensus*, disparaît. Mais ici celui qui a pris possession n'a pas contracté avec le possesseur dépouillé, il ne le connaît pas, il ne tient de lui aucun avantage. Tirons de là une conséquence, c'est que le vice de violence est purement relatif : ma possession, paisible à l'égard de tous, est vicieuse relativement à celui à qui j'ai fait violence, à celui dont j'ai à repousser tous les jours les incessantes attaques. L'ordonnance de 1667, et notre Code lui-même, se sont inspirés de la Coutume d'Orléans; l'ancienne Coutume d'Orléans portait ces mots : *On acquiert possession d'héritage, droit corporel ou incorporel, en jouissant par an et jour*, NEC VI, NEC CLAM, NEC PRECARIO AB ADVERSARIO. Or, ces derniers mots, c'est Pothier qui nous l'apprend (*Traité de la possession*, n° 96), n'ont été retranchés, lors de la réformation, que comme superflus et devant être suffisamment sous-entendus. Ce point est aujourd'hui hors de toute controverse.

SECTION V

La possession doit être publique.

§ 247.—On possède publiquement, lorsque, selon l'énergique expression de la Coutume d'Orléans, on exerce le droit *au vu et au su de tous ceux qui l'ont voulu voir et savoir*. N'allons pas croire que nous nous écartons ici du droit romain; au fonds, la règle était la même : *Clam possidere eum dicimus qui furtive ingressus est possessionem, ignorante eo quem sibi controversiam facturum suspicabatur et ne faceret timebat.* (L. 6 *pr.*, Dig., XLI, 2.) Il faut que celui à qui la possession doit nuire ait pu en avoir connaissance; c'est relativement à lui que la publicité est exigée. Ainsi, la solution romaine doit être suivie sur ce point; le vice de clandestinité est purement relatif; qu'importe que j'aie dérobé ma possession à tous les yeux si je n'ai rien fait pour la cacher à celui contre lequel je veux maintenant l'invoquer? La maxime qui figure en tête de ce paragraphe signifie donc uniquement que vous seriez mal venu à qualifier ma possession de clandestine parce qu'elle ne vous a pas été connue du moment qu'il n'a dépendu que de vous de la connaître, que je n'ai usé d'aucun artifice

pour vous la cacher. Dans l'ancien droit romain, la possession était clandestine lorsqu'on s'emparait, même au grand
jour, de l'héritage d'un absent; il en est autrement sous
nos lois : c'est l'absent qui est en faute ou de s'être éloigné,
ou de n'avoir laissé personne pour veiller à ses intérêts. Du
moment que j'ai possédé *publiquement* votre ignorance ne
saurait rendre ma possession vicieuse. Si le propriétaire,
par suite d'absence, n'a pu connaître dès l'origine l'attentat
dirigé contre lui, il est certain que la possession a toujours
été clandestine à son égard. Ces mots que j'emprunte à
M. Léon Wodon, exprimeraient une erreur si l'on ne sous-
entendait pas que le possesseur a pris des précautions pour
dissimuler sa possession au propriétaire : l'absence de ce
dernier n'a, à elle seule, aucune importance. En un mot ma
possession sera clandestine, toutes les fois que j'aurai pris
des précautions pour la cacher à celui contre qui je l'invoque. Peu importerait que je l'eusse dissimulée à tout autre.
Ces principes posés, la question de savoir si une possession est clandestine ou non, devient une question de pur
fait.

§ 248.— Un arrêt de la Cour de Paris, du 28 février 1821,
a refusé de reconnaître le caractère de publicité aux antici-
pations qui se font graduellement par l'effet du labourage.
Cet arrêt est critiqué vivement par Belime et Troplong. Il
me paraît d'autant plus mal rendu que dans l'espèce les
parties demandaient à prouver qu'elles avaient possédé depuis trente ans *dans les limites actuelles.*

Comment concevoir qu'on ait pu leur interdire cette
preuve? Que l'anticipation sillon par sillon ait pu être clandestine à son origine, peu importe, puisqu'en définitive on
offrait de prouver que depuis trente ans on avait possédé
même le dernier sillon; le propriétaire ne devait s'en prendre qu'à lui de n'avoir pas plus tôt découvert que son héritage se trouvait notablement diminué. On a invoqué l'au-

torité de Dunod; c'est une erreur manifeste. « Lorsqu'il
« n'y a pas de bornes entre les héritages des particuliers,
« mais qu'ils ont des titres qui portent l'étendue de leurs
« héritages, et que l'un d'eux exerce l'action en délimi-
« tation » (c'est précisément dans ces conditions qu'est
intervenu l'arrêt de 1821), « celui qui se trouvera avoir pos-
« sédé pendant trente ans *doit être conservé dans sa pos-*
« *session,* quoique la quantité énoncée dans le titre de
« l'autre ne se trouve pas dans le terrain dont il jouit. »
On croirait lire l'exposé des faits de l'arrêt que nous combattons. Dunod cite un arrêt de la Cour de Dijon, par lequel, sans s'arrêter aux limites désignées dans les anciens
titres, il fut dit que la délimitation serait faite selon l'ancienne possession : *Contempta fide terminorum, secundum
usum veterem, pro æquis partibus fines esse regundos, cu-
ria judicavit.* Le même Dunod décide, il est vrai, que s'il
y avait des bornes, et qu'il ne fût question que d'un petit
espace, il faudrait s'en tenir aux bornes; mais il a soin
d'ajouter que s'il s'agissait d'un terrain plus considérable,
la possession devait régler les parties.

§ 249.—Une question vivement débattue entre MM. Troplong et Belime est celle de savoir si le possession publique
peut devenir clandestine ou *vice versa,* et quels en seront
alors les effets. Pour nous, la solution est bien simple :
l'ancienne règle romaine : *Non ratio obtinendæ, sed origo
nanciscendæ, exquirenda est,* a été abrogée par l'art. 2233.
La possession, clandestine à son origine, peut certainement devenir publique : alors elle est utile. Si, publique
au commencement, elle cherche dans la suite à se cacher,
la voilà devenue clandestine, partant inefficace pendant
tout le temps que durera cette clandestinité. On s'étonne
que des solutions si simples aient coûté tant de controverses
à des esprits si distingués.

SECTION VI

La possession ne doit pas être équivoque.

§ 250. — Quelques auteurs ont regardé ce mot comme une redondance; ce n'est, disent-ils, que la confirmation des autres conditions exigées par la loi. Selon nous, il est au contraire fort utile. Et d'abord il confirme sans aucun doute les autres conditions, mais il y ajoute un élément de plus : il indique que les caractères requis pour que la possession soit utile, doivent exister d'une manière nette. Si donc le défendeur peut arriver à mettre en doute leur réalité, le juge ne peut plus regarder cette possession suspecte comme efficace.

Sans doute c'est au défendeur, une fois la possession annale prouvée, à démontrer qu'elle est vicieuse; sans doute le possesseur est censé, jusqu'à preuve contraire, avoir l'*animus domini,* en vertu de l'art. 2230. Mais il suffira à son adversaire, pour triompher, de jeter quelqu'incertitude dans l'esprit du juge. Si ce dernier n'a pas la certitude que les conditions voulues par la loi sont remplies, il ne doit pas accueillir l'action possessoire.

Mais la condition de non-équivoque a de plus une portée qu'on n'a pas encore assez mise en lumière. Supposons qu'il soit démontré que le possesseur a agi *animo domini,* cela suffira-t-il? Non. Il faudra encore que ses actes aient été assez caractérisés pour que le public n'ait pu concevoir aucun doute sur l'existence de cet *animus domini.* Aussi ce mot *équivoque* creuse-t-il un abîme entre le droit français et le droit romain. Pour les Romains, l'intention du possesseur devait seule être prise en considération. Il faut

encore, sous notre droit, que les actes accomplis aient révélé à tous, d'une manière certaine, la nature du droit que
le possesseur entendait exercer : point de possession utile
si le public n'a pu savoir avec certitude que c'était le droit
de propriété qu'on prétendait exercer, et non pas une simple
servitude. Voilà pourquoi le membre d'un corps moral, le
communiste qui usent de la chose publique ou indivise,
n'en ont qu'une possession équivoque ; de même pour celui qui fait paître ses bestiaux sur des terrains vagues. Il
résulte de tout ceci que l'équivoque peut être un vice relatif ou absolu selon le caractère de possession juridique
qu'il vient rendre douteuse.

SECTION VII

La possession ne doit pas être fondée sur des actes
de pure faculté.

§ 251. — Telle est la disposition de l'art. 2232 ; il est aisé
de la comprendre. Les actes de pure faculté sont ceux
qu'on exerce en vertu du droit commun. Ainsi, ma maison
joint la propriété du voisin, si je reste plus d'un an sans
ouvrir dans le mur les jours de souffrance autorisés par la
loi (art. 676), il n'aura pas acquis le droit de m'empêcher
de les ouvrir, et la complainte lui sera refusée.

SECTION VIII

La possession doit-elle ne pas être délictueuse ?

§ 252. — Nous renvoyons ici aux explications que nous
donnerons dans la suite de cette étude, en parlant des
droits d'usage dans les bois et forêts.

CHAPITRE III

De l'acquisition de la possession.

§ 253. — Les solutions que nous avons données dans la première partie de ce travail, § 78-107, sont en général applicables au droit français. Ce sont plutôt les différences entre les deux législations qu'il importe de signaler ici. Les développements que nous avons déjà donnés nous permettront d'avancer plus rapidement dans cette étude.

Pour acquérir la possession il faut avoir, comme nous l'avons vu, et l'intention d'agir sur une chose à titre de maître du droit qu'on entend exercer, et la possibilité physique de le faire à l'exclusion de tout autre ; il faut donc réunir l'intention à l'appréhension matérielle, l'*animus* au *factum* ; nous traiterons séparément chacun de ces deux éléments.

En droit français, toute personne peut posséder, qu'elle soit capable ou incapable, physique ou morale, mais autre chose est posséder, autre chose est acquérir la possession. Cette faculté sera refusée à certains individus, ainsi que nous le verrons dans un instant.

SECTION I

De l'intention ou ANIMUS.

§ 254. — L'intention exigée pour acquérir la possession, c'est la volonté d'exercer un droit en qualité de véritable titulaire de ce droit, delà résulte que les personnes incapables d'avoir une volonté ne pourront par elles-mêmes acquérir

la possession; le fait physique d'appréhension qu'elles ac-
compliraient resterait sans valeur. Ainsi les insensés ne
peuvent acquérir la possession, parce qu'ils ne sauraient
avoir une volonté digne de ce nom. Un fou qui s'empare de
mon héritage et qui, pendant sa démence, y fait des actes
de maître, n'en devient pas pour cela possesseur. Je parle
d'un fou, remarquez-le bien, et non d'un interdit. C'est
peut-être ici le seul cas où il y ait lieu d'examiner si l'interdit a agi ou non dans un intervalle lucide.

Dans la première hypothèse, il a véritablement acquis la
possession, il a le droit de s'en prévaloir. L'interdit n'est
pas en effet, de par la loi, incapable de vouloir; l'art. 1125
le démontre puisqu'il défend aux tiers qui ont traité avec
lui de se prévaloir de son incapacité, du moment qu'il ne
l'invoque pas lui-même : « Il peut, selon qu'il y trouvera
« son avantage, faire annuler la convention comme s'il
« n'y avait pas consenti, ou la faire exécuter en se don-
« nant comme ayant contracté dans un moment de raison:
« c'est lui qui en sera juge. » Ainsi s'exprime M. Belime,
n° 90; il tire de là cette conséquence, parfaitement juste,
que l'interdit a pu consentir: « Si l'interdit n'a pas consenti
« comment serait-il possible de forcer l'autre contractant
« à l'exécution? Y a-t-il des contrats sans deux volontés ?
« Une partie peut-elle, en voulant toute seule, s'obliger, par
« vente ou par échange, envers une autre qui n'accepte
« pas? »

§ 255. — J'en tombe d'accord; mais voici en quoi je diffère profondément de M. Belime : j'admets qu'on sera reçu
à prouver que l'interdit, au moment où il a appréhendé la
chose, était privé de raison; partant de volonté ; que par
conséquent il n'a pu acquérir la possession. Et qu'on ne
m'objecte pas l'art. 1125 qui défend aux personnes capa-
bles d'exciper de l'incapacité de l'interdit; cet article, il le
dit lui-même en propres termes, ne s'applique qu'à ceux

qui *ont contracté* avec l'interdit. Or je n'ai pas, je le suppose du moins, *contracté* avec l'interdit. Voici mon hypothèse : Un interdit vient, pendant sa démence, occuper mon héritage. Sa folie durant toujours, il le détient pendant une année, puis il recouvre la raison et en jouit paisiblement pendant encore vingt-neuf ans. Je revendique. Si la possession lui a été acquise dès le premier moment de son occupation, il a prescrit. Si au contraire, comme je le prétends, il n'a commencé à posséder que du jour où la raison lui est revenue, c'est-à-dire il y a vingt-neuf ans, mon droit est demeuré intact. Or, je soutiens que je dois être admis à prouver qu'il y a trente ans il n'avait ni raison, ni volonté; que par suite il n'a commencé à posséder, partant à prescrire, que du jour où sa volonté fut dégagée des liens de la démence. L'art. 1125 ne me regarde pas, dirai-je, car je n'ai pas *contracté* avec lui. Je ne vois pas, je l'avoue, ce qu'on peut répondre à cet argument.

Si mon adversaire n'eût pas été interdit, n'aurais-je pas été recevable à prouver qu'il n'a pu acquérir la possession parce qu'il était fou au moment de l'appréhension; qui en doute? Eh bien! la circonstance qu'il est interdit ne me regarde pas puisqu'encore une fois je n'ai pas *contracté* avec lui. Ces idées, que je crois justes, ne s'appuient malheureusement sur aucune autorité.

§ 256. — J'hésite à poursuivre, car l'opinion que je vais émettre, avec bien de la réserve, du reste, sera peut-être, je ne me le dissimule point, regardée comme un paradoxe. Voyons cependant. Voici la question : l'art. 1125 doit-il être entendu en ce sens, que si j'ai contracté avec un interdit, je ne pourrai être admis à prouver que ce dernier était fou au moment du contrat, qu'il n'avait ni raison, ni volonté; que, par suite, il n'a pas consenti; que, dès lors, je ne suis pas lié moi-même, puisqu'un contrat suppose nécessairement l'accord de deux volontés: *Duorum in unum placitum consensus.)* Je doute que telle soit la portée de l'art. 1125. Entendons-nous bien : je suppose qu'après avoir contracté avec un interdit pendant sa démence, j'aie avant toute acceptation de la part de son représentant ou de la sienne, en le supposant revenu à la raison, retiré mon consentement. L'interdit veut se prévaloir du contrat. Je réponds : il n'y a pas eu de contrat ; un contrat, pour exister, exige deux volontés ; or, dans l'espèce, il n'y en a jamais eu d'autre que la mienne, et je l'ai retirée avant que vous ayez pu la rendre obligatoire en y faisant adhérer la vôtre ou celle de votre représentant. En effet, au moment du contrat vous n'aviez point de volonté et je le prouverai. Mais, répondra l'interdit, vous excipez là de mon incapacité, et l'art. 1125 vous le défend. Je n'excipe pas du tout de votre incapacité d'interdit, répliquerai-je ; je ne le pourrais pas ; je suppose même que vous ne soyez pas interdit, toujours est-il que vous n'avez pas consenti ; pour le prouver, je n'invoque votre interdiction ni de près, ni de loin, je démontrerai votre folie par d'autres moyens ; or, sans consentement de votre part, point de contrat. Qui a raison ? Est-ce l'interdit, est-ce son adversaire ?

§ 257. — Je ne puis croire que ce soit l'interdit. La loi, en interdisant les fous, a voulu éviter mille difficultés, mille procès. Elle a dit aux tiers : vous ne prouverez point que celui-ci était, lorsqu'il a contracté, dans un intervalle lucide, je vous le défends. Pour le protéger contre vous, j'étends artificiellement son incapacité naturelle aux moments même où il jouit de sa raison. Mais cette incapacité nouvelle que je crée, je ne l'organise que dans l'intérêt de l'interdit ; vous ne pourrez donc vous en prévaloir. Le législateur peut tenir ce langage, il dispense à qui il veut le bénéfice de ses créations ; ce bénéfice il le refuse à l'adversaire de l'interdit. Mais remarquez-le bien, cet adversaire de l'interdit, ce n'est pas l'incapacité organisée par le législateur qu'il invoque; il ne vient pas dire : Vous étiez interdit, partant incapable, donc je ne suis pas lié; il dit : Vous n'avez pas consenti, et je le prouverai; je n'invoque point la création du législateur, ajoutera-t-il, création dont il pouvait me refuser le bénéfice, et il me l'a dénié; j'invoque la force même des choses. Lorsque le législateur a déclaré nuls les actes d'un fou interdit il n'a rien disposé de nouveau si l'on considère les moments où la raison sommeille; sa création porte uniquement sur les instants où elle peut se réveiller. En un mot, l'article 1125 ne peut s'appliquer ici : il me dé-fend d'opposer l'incapacité de l'interdit, c'est-à-dire l'inca-pacité résultant de l'interdiction; or, je n'excipe de l'in-terdiction ni de près ni de loin, parce qu'en définitive l'incapacité du fou, dans les instants où il est fou, ne résulte que de ce qu'il est fou et non de ce qu'il est interdit, puis-que s'il n'était pas interdit, il n'en serait pas moins inca-pable dans ses moments de folie.

§ 258. — Ce que j'ai dit des interdits, je le dirai des mi-neurs : ils pourront ou non acquérir la possession par eux-mêmes, selon qu'ils auront ou non assez d'intelligence pour vouloir posséder. L'incapacité des femmes mariées s'efface en matière de possession.

§ 259. — Au reste, toutes ces personnes pourront deve-nir possesseurs sans qu'elles en aient l'intention si leurs re-présentants légitimes l'ont pour eux; et par représentants légitimes il faut entendre les tuteurs, les maris, etc.; de même les personnes morales acquerront la possession pourvu que le fait intellectuel, l'*animus domini,* soit accom-pli par leurs administrateurs. En un mot, l'*animus* doit exister nécessairement ou chez celui-là même qui va deve-nir possesseur, ou chez la personne revêtue de son mandat soit général, soit spécial, pourvu, en ce qui touche le mandat spécial, qu'il ait pour objet, au moins implici-tement, l'acquisition de la possession.

De là résulte que le fermier ne pourra, quoique Dalloz (*Action possessoire*, n° 235) semble l'enseigner, acquérir la possession pour son bailleur à l'insu de celui-ci ; car le bail ne contient aucun mandat, même tacite, d'acquérir la possession ; toutefois ce résultat peut se trouver modifié : le gérant d'affaires peut, en effet, acquérir la possession pour celui dont l'affaire est gérée ; mais il faudra pour cela que ce dernier ait ratifié cette acquisition, auquel cas il sera réputé possesseur *ab initio,* parce que la ratification produit un effet rétroactif.

§ 260. — Au principe que l'*animus* doit exister chez le possesseur lui-même ou chez son représentant légal, il faut apporter une remarquable exception où des motifs d'utilité pratique ont fait fléchir la rigueur de principes. En droit strict, les êtres moraux, les communes par exemple, ne devraient pouvoir acquérir que si l'intention de posséder existait chez leurs représentants. Aussi le jurisconsulte Paul disait-il : « *Municipes per se nihil possidere possunt quia uni consentire non possunt.* » Aujourd'hui il est admis que les communes acquièrent la possession par la jouissance de leurs habitants, ou de quelques-uns d'entre eux seulement, toutes les fois que les actes de possession sont posés par ces particuliers en qualité d'habitants de la commune. Leur jouissance profite à tous, bien que tous n'aient pas l'*animus domini,* et que cette intention de posséder n'existe pas chez le représentant de la commune. Encore une remarque et nous avons terminé : l'intention d'agir comme titulaire du droit qu'on exerce se présume jusqu'à preuve contraire. (Art. 2230.)

SECTION II

De l'appréhension physique ou FACTUM.

§ 261. — Pour acquérir la possession, il ne suffit pas de
vouloir posséder, il faut encore avoir la possibilité physique
d'user de la chose à son gré. Quand pourra-t-on dire que
cette possibilité existe? Ici se reproduisent les distinctions
que nous avons faites en droit romain. Il faut relire les
§§ 85, 86, 87, 88 et 94. S'agit-il d'une chose que personne
ne possède, un attouchement physique est, en général, nécessaire; il le sera toujours s'il faut acquérir la possession
contre le gré du précédent possesseur. Reste le cas où ce
possesseur consent à s'en dessaisir, mais c'est là un cas de
translation de possession; cette hypothèse sera examinée
à part, après que nous aurons parlé de la perte de la possession.

§ 262. — Lorsqu'un fait matériel est exigé, en quoi doit-
il consister? Ce doit être, dit M. Belime, un acte de maître
public et non équivoque, c'est-à-dire qui ne pourra s'interpréter que comme emportant une prétention à là propriété ou à un droit de servitude. En un mot, le fait physique doit révéler l'*animus domini,* l'intention d'agir en
maître. Tout dépend, au reste, des circonstances et surtout
de la chose à posséder. Mais enfin, à travers les applications multiples, le principe reste le même et la question
que doit se poser le juge reste toujours identique. La possibilité physique de disposer de la chose résulte-t-elle de
l'acte posé? Si du fait accompli on peut tirer cette conséquence, l'acte aura pu faire acquérir la possession, sinon
elle ne saurait être acquise. Tel est le critérium qu'il faut
adopter; il n'a été indiqué d'une façon précise que par

M. de Savigny; il découle à la fois des textes du droit romain et de la plus saine philosophie. Ne le perdons jamais
de vue; c'est pour l'avoir oublié ou ne l'avoir pas connu,
que tant d'auteurs, que tant d'arrêts ont amassé sur cette
question tant de solutions si peu juridiques. Au reste, il
serait difficile de comprendre comment l'acquisition de la
possession, dans les cas qui nous occupent, pût se produire
en vertu d'un fait qui n'aurait rien de matériel, comme, par
exemple, un acte judiciaire ou extra-judiciaire. Ce fait matériel peut être accompli, soit par le possesseur lui-même, soit
par un tiers, mais il faut que ce tiers veuille acquérir pour
le représenté. Il est donc nécessaire que le représentant
soit capable de vouloir. Autrement la possibilité d'agir ne
serait pas aux mains du représenté. Mais on peut acquérir
la possession par l'intermédiaire d'une machine, d'un ani-
mal; ainsi je deviens possesseur du gibier saisi par le chien
qui chasse devant moi. Du moment que l'intention d'acquérir existe chez celui qui va devenir possesseur, le fait
matériel de l'appréhension peut être accompli même par
une machine. Cette machine n'agissant que par ma volonté, la possibilité d'agir se trouve dès lors constatée
comme si j'avais opéré moi-même. Il y a plus, le laisser
faire équivaut à l'action directe : l'arbre que je laisse pous-
ser naturellement plus près de l'héritage voisin que la loi
ne me permet, me fait acquérir la possession du droit de
le maintenir à cette distance, du moment que l'existence
de l'arbre, dans ces conditions, est connue du voisin. Toutes
ces espèces ne sont que les applications multiples de cette
règle supérieure, qui peut se résumer ainsi : Pour acquérir la possession, il faut : 1° la volonté de posséder chez celui qui va acquérir; 2° la possibilité physique d'agir sur la
chose, et cette possibilité peut, on le conçoit, découler de
mille sources différentes.

Pour ne pas subdiviser indéfiniment la matière, nous

dirons comment s'acquiert la possession des servitudes, en indiquant comment elle se perd.

CHAPITRE IV

De la perte de la possession.

§ 263. — Pour traiter avec clarté cette partie de notre étude il faut distinguer avec soin plusieurs hypothèses :

1° Perte de la possession quand on possède par soi-même. Ici il faudra encore sous-distinguer, selon que la chose possédée sera un bien-fonds ou une servitude ;

2° Perte de la possession lorsqu'on l'exerce par l'intermédiaire d'un tiers et alors quatre cas peuvent se présenter :

A. — Le représentant abandonne purement et simplement la chose ;

B. — Il veut devenir lui-même possesseur juridique ;

C. — Il veut faire acquérir la possession à un tiers ;

D. — Il est expulsé par un tiers.

SECTION I

Perte de la possession des choses que l'on possède par soi-même.

§ 264. — *A. Perte de la possession des héritages ou biens-fonds.*

La possession, nous l'avons vu, suppose nécessairement la coexistence de deux éléments : l'un matériel, c'est la possibilité physique de disposer de la chose ; l'autre intellec-

tuel, c'est la volonté d'agir en maître. Pour que la possession soit perdue il suffira que l'un de ces éléments vienne
à manquer. Ceci nous amène à reconnaître que la possession peut être perdue soit *corpore* soit *animo*.

1. Perte de la possession CORPORE.

§ 265. — La première application du principe c'est que
la destruction de la chose entraîne forcément la perte de
la possession, la possibilité de disposer fait alors complétement défaut. Ainsi la submersion complète et définitive
d'un fonds est une cause de perte de la possession et des
avantages qui y sont attachés. Si, par un hasard aussi
heureux qu'imprévu, la submersion venait à cesser, ce serait une possession nouvelle qui commencerait, l'ancienne
serait pour toujours réduite au néant.

Mais il en serait autrement d'une inondation dont on
peut prévoir le terme, dût-elle durer plus d'un an, car
alors, si la possibilité de disposer de la chose fait momentanément défaut, au moins est-on certain qu'un jour l'obstacle sera levé. Une impossibilité de jouir momentanée
n'est donc pas suffisante pour faire perdre la possession.
Les textes du droit romain qu'on a voulu présenter comme
défavorables à cette opinion, lui prêtent au contraire l'appui de leur autorité. (L. 3, § 17; I. 30, § 3, Dig., xli, 2;
l. 23, Dig., vii, 4.)

§ 266. — Quand un tiers s'empare de mon héritage, je
cesse de pouvoir en disposer à mon gré, aussi la possession est-elle perdue ; elle est perdue, disons-nous, sans distinguer si l'occupation de ce tiers a duré plus ou moins
d'une année. La disposition de l'art. 2243 n'est, en effet,
qu'une fiction légale en vertu de laquelle si le possesseur
dépouillé vient à ressaisir la chose avant l'expiration de
l'année, il sera censé n'avoir jamais cessé de la posséder.

Mais en fait il a perdu la possession, cela se démontre aisément. Supposons que l'interruption ait duré un an, la possession est perdue, tout le monde est d'accord sur ce point. Mais à partir de quel moment? Du jour de l'usurpation ou bien d'un an après? Du jour de l'usurpation bien évidemment : donc, comme il faut bien que la possession soit perdue ou ne le soit pas, c'est bien évidemment, et dans tous les cas, à dater de ce jour que le premier possesseur aura cessé de posséder ; seulement s'il recouvre la possession dans l'année, il sera, par la volonté souveraine du législateur, réputé l'avoir toujours conservée.

§ 267. — Il n'est pas nécessaire que l'on ait connu l'usurpation. Il en était autrement en droit romain, du moins lorsqu'il s'agissait d'un fonds dont la possession était retenue *animo tantum*. Nous avons expliqué les raisons en vertu desquelles on avait admis, par une fiction, que la possession était conservée tant que l'occupation du tiers restait ignorée du possesseur. En droit français cette règle n'a pas survécu aux raisons d'utilité qui l'avaient fait établir. Chez nous le possesseur dépouillé a un an pour se pourvoir par la complainte dans laquelle on n'exige point la possession actuelle. (Art. 23, C. pr.)

2. Perte de la possession ANIMO.

§ 268. — Il y a perte de possession, en second lieu, lorsque le possesseur renonce à la possession. Et, remarquons-le bien, il ne suffit pas qu'il cesse de vouloir, autrement l'on perdrait la possession toutes les fois qu'on dort; il faut qu'il veuille ne plus posséder, en un mot un *animus contrarius* est nécessaire. Nous avons expliqué les effets de cette renonciation en parlant de la possession discontinue. (Voir § 235.)

Nous avons expliqué que cette renonciation pouvait résulter d'un long abandon dont la durée est laissée à l'appréciation souveraine du juge. Les anciens commentateurs avaient arbitrairement fixé le délai à dix ans. Ils avaient cru trouver cette règle, comme tant d'autres, dans un texte de droit romain mal compris. Le jurisconsulte Gaius (l. 37, § 1, Dig., XLI, 3) disait qu'on pouvait sans violence acquérir la possession d'un immeuble dont le possesseur était depuis longtemps absent (*longo tempore abfuerit*). Rien de plus naturel, puisque cette absence prolongée devait faire supposer la renonciation à la possession! Mais le mot *longum tempus* a trompé les commentateurs; comme la prescription *longi temporis* s'accomplissait par dix ans, ils ont conclu de là que le mot *longum tempus* voulait dire dix ans!

En droit romain la mort du possesseur faisait perdre la possession; ce n'était pas une exception à la règle précédente, en vertu de laquelle une cessation de volonté n'est pas suffisante. Mais sur la tête de qui la possession, chose de fait, se serait-elle posée? Elle était perdue parce qu'il n'y avait pas de possesseur. Chez nous il en est autrement. Le *mort saisit le vif*, c'est-à-dire que le *de cujus* est censé avoir, au moment de son décès, fait tradition de toutes les choses héréditaires à son héritier, qui en est ainsi devenu possesseur.

§ 269. — L'incapable ne saurait perdre la possession *animo*; il y a plus, ses représentants ne le pourraient pas. De là résulte une conséquence de la plus haute gravité. Nous avons vu que l'intention de ne plus posséder pouvait quelquefois résulter d'un long abandon de la chose. Mais si le possesseur est un incapable, une commune par exemple, on ne pourra faire résulter d'une négligence, si longue qu'elle puisse être, l'intention de renoncer à la possession, puisqu'en raison de son incapacité cette renonciation lui

35

est interdite et ne produirait aucun effet, fût-elle faite en termes exprès.

§ 270. — Une question bien moins délicate est celle de savoir si en formant une demande au pétitoire on est censé renoncer à la possession. La négative ne me paraît pas douteuse : de ce que je ne puis plus agir au possessoire, il ne s'ensuit pas que j'aie perdu la possession ; cela est tellement vrai que la plupart des auteurs, et la jurisprudence unanime, admettent le demandeur au pétitoire à agir par la complainte pour faire réprimer un *nouveau* trouble apporté à sa possession depuis l'introduction de l'instance. Cassation, 6 août 1863 (S. V. 63, 1, 474). Je ne fais pas un doute que le demandeur, pour compléter le temps de prescription qu'il invoque, ne puisse compter sa possession même pendant l'année qui a précédé l'introduction de l'instance ; par sa demande, il n'a pas reconnu que la possession annale était aux mains de l'adversaire. On a présenté comme ayant jugé cette question un arrêt de rejet du 9 juin 1852. (D. P., 53, 1, 166, S. V. 52, 1, 555.) Il s'agissait de savoir si, en agissant au pétitoire, l'on avait renoncé à se prévaloir de la possession comme servant de base à la prescription. Dans l'espèce de cet arrêt, la commune demanderesse avait possédé, depuis 1762 jusqu'en 1813 et même jusqu'à l'origine du procès, en 1848. Quand bien même il eût reconnu que la possession annale était au défendeur, il serait encore resté à la commune quelque chose comme 70 ans de possession.... Mais ce qu'il faut lire, c'est l'arrêt de la cour d'Aix, contre lequel on avait formé pourvoi. Formez-vous les idées les plus justes, les plus nettes sur la matière qui nous occupe, puis lisez l'arrêt......!

« Attendu qu'il est de doctrine et de règle de droit que,
« sans une juste cause, la détention n'est qu'une usurpa-
« tion. C'est ce qu'enseigne Domat et, avec la loi romaine,

« il enseigne aussi que c'est en vue de la possession, si
« elle a commencé par un mauvais titre (comme dans l'es-
« pèce) que, si la question de possession se trouvait dou-
« teuse, ne paraissant pas avoir assez de fondement
« pour maintenir l'un des possesseurs, le possessoire serait
« jugé en faveur de celui qui aurait le titre le plus appa-
« rent.... Il enseigne encore que... la troisième cause de la
« détention est l'usurpation par voie illicite, et cette ma-
« nière de détention ne mérite pas le nom de possession.
« Ainsi, ajoute-t-il, c'est par la cause de la détention qu'il
« faut juger si une détention est une possession ou une
« usurpation. Il enseigne encore que la vraie possession est
« celle du maître : *proprietas a possessione separari non*
« *potest, etc.* (Dig., *de Acq. vel amitt.*), toutes maximes
« qui repoussent les exceptions et la possession des in-
« timés. »

Arrêtons-nous ici! *Proprietas a possessione separari non
potest!!!* et il y a au Digeste un texte conçu en ces
termes là!! Le rédacteur de l'arrêt précise encore, c'est au
titre *de Acq. et amitt.* Ainsi la possession ne se sépare pas
de la propriété! Le propriétaire seul peut vraiment posséder!! Et nous qui avions cru jusqu'à présent que la possession n'avait rien de commun avec la propriété! *Nil commune habet proprietas cum possessione. Proprietas et
possessio misceri non debent, separata esse debet possessio a
proprietate.* (L. 12; l. 52, Dig., xli, 2; l. 1, § 2, Dig., xliii,
17.) Inutile d'ajouter que les bribes empruntées à Domat
par le *savant* rédacteur de l'arrêt, et qu'il a accommodées
à son style, ne rendent en aucune façon la pensée de cet
auteur, par qui la matière de la possession n'a pas été, du
reste, fort heureusement traitée. (Opinion de M. de Savigny.) Tout commentaire est inutile!!

§ 271. — *B. Perte de la possession des servitudes.* — Une
idée générale, d'où découleront toutes les conséquences

que nous allons exposer, se présente tout d'abord à l'esprit : La possession des servitudes ne peut se conserver pendant plus d'un an sans qu'on les exerce. Cela ne tient pas, comme on l'a dit, à ce que les servitudes se perdent par le non-usage. Non, cela résulte d'une autre circonstance. Dès que, pendant un an, vous n'aurez fait aucun acte de servitude, le possesseur du fonds servant aura, pendant un an, possédé son héritage libre de toute charge : donc vous ne pourrez agir contre lui en complainte, donc vous avez perdu la possession. Vous ne pouvez agir contre lui en complainte, cela est facile à démontrer. Lorsqu'une personne a la complainte contre une autre, il en résulte nécessairement que cette autre ne l'a pas contre la première. Or le possesseur du fonds servant aurait certainement contre vous la complainte si, après un intervalle de plus d'une année, vous tentiez d'exercer de nouveau la servitude. Ne pourrait-il pas dire en effet : Je suis possesseur annal; pendant un an j'ai possédé mon héritage sans qu'aucune possession soit venue entamer la mienne, c'est donc le droit de propriété plein et entier que j'ai possédé, et non un droit démembré par l'exercice d'une servitude. Je demande à être maintenu dans ma possession, telle que je l'ai exercée pendant un an : or, pendant cette année, j'ai joui de mon héritage exclusivement, sans que qui que ce soit se présentât pour y exercer une servitude quelconque. Evidemment il obtiendrait gain de cause : donc au bout d'un an la possession de la servitude est perdue. Pourquoi le résultat anormal? C'est qu'en cette matière la possession du fonds servant interpelle, interrompt tous les jours la possession du fonds dominant, en telle sorte qu'elle serait perdue immédiatement après chaque acte de jouissance, n'était le principe protecteur de l'art. 2243, en vertu duquel la possession ressaisie dans l'année n'est pas réputée interrompue.

Les servitudes continues doivent être soigneusement distinguées de celles qui sont discontinues.

1. De la perte de la possession des servitudes continues.

§ 272. — Nous allons suivre pas à pas M. Belime, dont le travail sur cette matière est excellent; nous nous écarterons pourtant quelquefois des solutions qu'il donne.

Les servitudes continues n'ont pas besoin du fait actuel de l'homme pour s'exercer : telles sont les servitudes de vue. Dès que la fenêtre est percée, on jouit de la servitude; la possession en est acquise : qu'elle dure un an, et l'action possessoire pourra être intentée.

Les auteurs qui ont traité cette question sont tous partis d'un faux point de vue. Pour déterminer comment se perd la possession des servitudes continues, ils ont emprunté aux art. 706, 707, etc., du Code civil, les règles relatives à l'extinction de ces droits par le non-usage. M. Belime lui-même a suivi cette voie : pourtant autre chose est la possession d'une servitude (possession utile pour intenter les actions possessoires, bien entendu), autre chose est l'usage ou le non-usage. Nous démontrerons en effet tout-à-l'heure qu'une servitude peut très-bien ne pas s'éteindre par le non-usage, bien que le possesseur n'en ait eu, à aucune époque, une possession suffisante pour intenter les actions possessoires.

Aussi les auteurs exigent-ils un acte contraire à la servitude pour que la possession en soit perdue : ils se demandent de qui cet acte contraire doit émaner; si la démolition de la maison où les fenêtres étaient percées fait au bout d'un an perdre le droit aux actions possessoires. Toutes ces questions, selon moi, sont oiseuses; et, si l'on eût bien établi le principe, les solutions n'auraient pu donner lieu à l'ombre d'une controverse.

§ 273. — En matière de servitudes continues, comme en toute autre, la possession est acquise dès que la possibilité d'user de la servitude existe (nous supposons l'*animus domini*). Que cette possibilité dure un an, et le droit aux actions possessoires est né. A l'inverse, dès que la possibilité d'user de la servitude cesse, la possession est perdue; que cette impossibilité dure un an et le droit aux actions possessoires s'éteint à son tour, parce que le maître du fonds servant est, dès lors, devenu possesseur annal d'un fonds libre.

Voilà quels sont, selon moi, les vrais principes de la matière; ils ont au moins l'avantage d'être simples et clairs.

§ 274. — Quantité de conséquences en découlent tout naturellement. Il y a possibilité d'user tant que subsiste l'ouvrage qui constitue la servitude continue. L'impossibilité commence dès que cet ouvrage ne peut plus être utilisé; qu'il soit démoli ou qu'il se trouve dans un si mauvais état que la servitude ne puisse plus s'exercer, peu importe. La cause de cet état importe également fort peu; qu'il soit l'œuvre de qui l'on voudra, il n'en est pas moins vrai que l'élément de la possession, le *corpus*, vient à faire défaut, et que dès lors elle est perdue. Toutefois, si le possesseur du fonds servant allait obstruer clandestinement mon aqueduc, je n'aurais pas, au bout d'un an, perdu la ressource des actions possessoires; car la possession annale d'un héritage libre, possession qu'a pu acquérir le maître du fonds servant, est clandestine : or la possession clandestine ne peut ni engendrer les interdits, ni faire perdre la possession à celui au préjudice duquel elle s'exerce.

§ 275. — J'ai dit que l'impossibilité d'user de la servitude devait porter sur l'ouvrage même qui la constitue; peu importerait qu'eu égard à la sècheresse je ne pusse plus faire couler d'eau dans mon aqueduc. Et pourquoi? C'est que dans l'esprit de nos lois la servitude de conduite d'eau ne consiste pas à faire couler l'eau, mais bien à *avoir* un *aqueduc*, comme la servitude de vue ne consiste pas à regarder, mais à *avoir* une *fenêtre*. Autrement ces servitudes ne mériteraient pas le nom de continues, puisque l'eau ne coule pas sans cesse dans les aqueducs, et qu'il est impossible de regarder toujours par la fenêtre.

Aussi déciderai-je sans aucune hésitation que le maître d'une servitude de vue dont la maison est démolie s'expose à voir la complainte du possesseur du fonds servant réussir contre lui, s'il ne rebâtit pas sa maison avant l'expiration de l'année.

§ 276. — Rien n'est plus instructif que l'embarras des auteurs qui, comme M. Belime, se posent la question suivante : Vous avez consenti à me laisser ouvrir des jours sur votre terrain; je reste plus d'une année sans les ouvrir. Pourrez-vous vous prévaloir de mon inaction pour me citer au possessoire lorsque je voudrai plus tard prendre les vues en exécution de mon titre ? Le savant professeur de la Faculté de Dijon, qui enseigne la négative, va jusqu'à dire : « On se prévaudrait inutilement de ce qu'il « n'y a jamais eu prise de possession de la servitude pour « soutenir que la possession n'en a pas été perdue. » Il est certain au contraire que cette objection est irréfutable : *Nemo potest amittere quod non habet*. Voilà une proposition qui a l'évidence d'un axiome. Selon M. Belime, le maître de la servitude sera condamné au possessoire.

Mais il faut distinguer : Si le maître du fonds dominant, voulant user de la servitude continue ou discontinue qui a été constituée, s'en voit empêcher par le maître du fonds servant, il ne pourra intenter contre lui l'action possessoire, car il n'a jamais eu aucune possession de la servitude. Le *corpus*, l'élément matériel de la possession, fera ici complétement défaut. La possibilité de passer, si nous supposons une servitude de passage, n'existe point. La

possibilité de voir existe encore moins dans la servitude
de vue, alors que le bâtiment où seront percées les fenêtres
n'est pas encore entièrement construit. Ainsi le titulaire de
la servitude ne pourra agir qu'au pétitoire.

Mais le maître du fonds servant, lui, pourrait-il se dire
troublé par le passage effectué sur son terrain, ou par la
construction de l'édifice dont les fenêtres ont vue sur son
fonds? La réponse sera affirmative ou négative selon qu'il
se sera écoulé plus ou moins d'un an depuis l'acte de constitution de la servitude. En effet, si par cet acte le cessionnaire n'a acquis aucune possession, il n'en est pas moins
vrai que le *cédant*, lui, a renoncé à la possession de son
fonds *en tant que cette possession faisait obstacle à l'exercice de la servitude.* Expliquons bien ceci : propriétaire,
ma possession s'applique au droit de propriété et à tous les
démembrements dont il est susceptible. Dès que je constitue une servitude sur mon fonds, je démembre par là
même mon droit de propriété, et je renonce par suite à la
possession de la partie de mon droit que j'abandonne.
Ainsi, je vous vends la servitude de passage sur mon fonds
par tel endroit; dès cet instant j'ai renoncé à la possession
exclusive de l'endroit par où elle doit s'exercer.

Mais remarquons-le bien, il faut un acte de volonté
pour diviser ainsi par l'idée l'exercice du droit de propriété et pour renoncer à l'une de ses parties en conservant
l'autre. Tant qu'une possession contraire matériellement
exercée ne viendra pas faire obstacle à la mienne, celle-ci
s'étendra forcément à toutes les parties du droit de propriété, à moins d'une intention contraire constamment
exprimée.

Cette intention contraire elle a été, dans l'espèce, exprimée une fois, le jour de la constitution de la servitude,
mais depuis, le maître du fonds servant ayant continué de
jouir comme auparavant, sa possession s'étend forcément

au droit de propriété tout entier. Toute possession est, en effet, et de plein droit, présumée exclusive, tant qu'une autre possession n'est pas venue la restreindre et la limiter. Mais il n'en est pas moins vrai que, relativement à l'obstacle qu'il pouvait apporter à l'exercice de la servitude, la possession du maître du fonds servant a été interrompue par l'acte de concession, et il faudra qu'il s'écoule une année depuis cet acte pour qu'elle puisse de nouveau donner naissance à l'action possessoire.

Dès lors le maître du fonds dominant actionné en complainte par celui du fonds servant répondra : La complainte n'appartient qu'au possesseur annal dont la possession n'a pas été interrompue. Vous avez renoncé à la vôtre, *cet acte* le prouve, et depuis cet acte vous n'avez pu acquérir de nouveau la qualité de possesseur annal puisqu'il ne s'est pas encore écoulé un an.

On comprend qu'il ne pourrait plus tenir ce langage si l'acte qui a constitué la servitude remontait à plus d'une année. Pour combattre ce système on objectera peut-être que la possession du maître du fonds servant serait, depuis l'acte, équivoque ou précaire à l'égard du propriétaire de l'héritage dominant. Il n'en est rien, puisqu'il continue à jouir comme par le passé, et que pour posséder à titre précaire il faut nécessairement avoir fait acquérir la possession à une autre personne. Or ici l'adversaire ne possède point; un contrat, par lui-même, ne peut faire obtenir la possession qu'autant qu'il contiendrait une clause de constitut possessoire. D'un autre côté, dans notre espèce, comme rien n'est changé dans la manière de jouir du maître du fonds servant, sa possession ne saurait être taxée d'équivoque.

M. Belime donne aussi cette solution, mais il la fonde sur un motif qui ne me paraît pas exact. Au bout de trente ans, dit M. Belime, la servitude sera éteinte par non usage, ce qui montre que l'adversaire possède la liberté de son fonds et qu'au bout d'un an il aura pour lui la possession annale avec le droit de m'attaquer en complainte si je veux entrer en jouissance. Oui, la servitude serait éteinte par non usage; un texte de droit romain le décide du reste expressément pour ce cas. (L. 19, § 1, Dig., VIII, 6.) Oui, l'adversaire possède la liberté de son fonds, mais ce n'est pas là une conséquence de ce que le non-usage éteindrait la servitude. L'extinction par non-usage ne nous semble pas une prescription acquisitive pour le fonds servant, autrement on ne verrait pas pourquoi elle ne s'accomplirait pas par dix ou vingt ans avec juste titre et bonne foi.

2. De la perte de la possession des servitudes discontinues.

§ 277. — Nous avons annoncé que nous indiquerions ici comment s'acquiert la possession de ces servitudes. Des distinctions nombreuses sont nécessaires: il faut aussi faire remarquer que c'est une théorie toute nouvelle que nous allons exposer.

Et d'abord, si le fonds servant porte le signe indiscutable de la servitude, si, par exemple, il existe un chemin partant du fonds dominant et traversant le fonds servant, s'il est certain que ce chemin a été créé pour l'avantage du fonds dominant, eh bien! tant que ce chemin subsistera, la possession de la servitude de passage ne se perdra que par les mêmes moyens que se perdrait la possession d'un héritage; sans doute s'il se passe un temps fort long sans que la servitude soit exercée, la possession en sera perdue, parce que le possesseur sera censé y avoir renoncé; mais le seul défaut de jouissance dans l'année n'amènera pas, au bout d'un an, la perte de la possession. Et pourquoi? C'est qu'ici leur possesseur du fonds servant n'aura pas acquis la possession annale d'un héritage libre: en effet, il faudrait pour cela qu'il eût l'*animus domini*, et cet *animus* consiste ici dans la volonté de posséder un fonds affranchi de toute charge. Or comment pourra-t-il soutenir qu'il a cette volonté, lui qui laisse subsister sur son héritage un chemin évidemment pratiqué dans l'intérêt du fonds dominant, et par lequel le maître de cet héritage pourrait, s'il le voulait, passer à chaque instant. Cette remarque importante une fois faite, examinons, en dehors de cette hypothèse spéciale, comment s'acquiert et se perd la possession des servitudes discontinues.

§ 278. — Supposons tout d'abord qu'il s'agisse d'une servitude qui, par sa nature, peut s'exercer plusieurs fois l'an : par exemple un droit de passage pour la desserte d'une habitation. Dès que l'on a passé une seule fois, la possession est acquise. Mais, prenons-y bien garde, s'il s'écoule une année avant que l'on ne repasse, cette possession est perdue. Le maître du fonds servant recommence à posséder son héritage comme libre, dès que le titulaire de la servitude ayant, par la nature même de cette servitude, la faculté de l'exercer, s'abstient de le faire. Et comme il s'agit ici d'une servitude qui peut s'exercer à tout instant, comme immédiatement après avoir passé, on avait la faculté de repasser encore; la possession utile pour le maître du fonds servant commence à partir du moment même où le passage a été effectué. Il faut donc, pour que la possession de la servitude ne se perde pas, il faut, pour qu'elle devienne annale, que dans l'année on ait repassé une seconde, une troisième fois, de manière qu'il ne se soit pas écoulé un an entre chaque fait de passage : ainsi si je passe le 1er janvier, puis le 1er juillet 1869, je ne serai pas encore possesseur annal; mais si je passe de nouveau le 1er janvier 1870, alors je suis possesseur annal, car, d'un côté, entre mes divers actes de possession, il ne s'est pas écoulé un an, et, d'un autre côté, le premier remonte à plus d'une année.

§ 279. — Supposons maintenant qu'il s'agisse d'une servitude qui ne peut, d'après sa nature, être exercée qu'une fois l'an (par exemple le droit de passage pour l'enlèvement de la récolte d'un champ). Dès que la servitude est exercée, la possession est acquise ; mais cette possession ne se perdra pas aussitôt après chaque acte de passage, comme dans l'hypothèse ci-dessus. La raison de cette différence est bien simple. Ce qui fait que la possession des servitudes discontinues ne survit pas à leur exercice, et qu'au bout d'un an l'action possessoire est perdue, c'est que la possession utile du maître du fonds servant vient sans cesse l'interpeller et lui faire obstacle. Mais ici, à partir de quel moment la possession utile a-t-elle pu commencer pour le maître du fonds servant ? A partir de quel jour a-t-il réellement possédé son héritage comme libre ? Certes, il ne peut soutenir qu'il avait l'intention de posséder son héritage comme libre, l'intention de s'opposer à tout acte de servitude à une époque où, par sa nature même, la servitude ne pouvait s'exercer ! On ne peut pas avoir l'intention de s'opposer à un acte qui, par la nature même des choses, ne peut pas être accompli. Je ne puis pas avoir l'intention d'empêcher mon voisin de passer pour emporter la récolte de son héritage, alors qu'il n'y a pas de récolte, ou que le jour de la moisson n'est pas venu... Cette intention de s'opposer à tout acte de passage, on peut bien la supposer chez le maître du fonds servant, quand le passage peut s'exercer tous les jours, et que, pendant un an, le possesseur du fonds servant n'a pas usé de cette faculté. Mais dans notre hypothèse, cette intention de posséder son héritage comme libre ne peut exister chez le possesseur du fonds servant qu'à dater du jour où il a été exposé à voir s'effectuer sur son héritage l'exercice d'une servitude. C'est donc à partir de ce jour-là seulement que la possession sera perdue pour le maître de la servi-

tude : qu'un an s'écoule à partir de ce jour, et l'action possessoire lui sera refusée ; elle sera au contraire devenue
la prérogative du maître du fonds servant.

§ 280. — Dès lors les mêmes principes vont devenir la
source de solutions tout à fait analogues, si nous supposons qu'il s'agisse d'une servitude qui ne peut être exercée
qu'à un intervalle de plusieurs années (droit de passage
pour l'exploitation des coupes d'un bois, par exemple). La
possession de la servitude sera conservée jusqu'au jour où
les besoins de l'exploitation d'une nouvelle coupe amène-
ront l'exercice du droit de passage. Si l'on enlève la coupe
par un autre chemin, la possession sera perdue.

§ 281. — Si la servitude n'avait pas de terme fixe d'exercice, la solution serait la même. M. Belime cite une espèce
qu'il a vu se présenter. Le propriétaire d'un moulin avait
le droit de passer sur un pré pour y amener des matériaux
toutes les fois qu'il y avait nécessité de réparer son écluse ;
la possession serait conservée jusqu'au jour où la réparation de l'écluse deviendrait nécessaire ; si le maître du moulin la laissait se dégrader sans vouloir la reconstruire, ou
s'il amenait les matériaux par un autre chemin, la possession serait perdue pour lui, et dès qu'une année se serait
écoulée il se verrait même privé du bénéfice des actions
possessoires.

§ 282. — Que si par un événement de force majeure,
comme une inondation, l'exercice de la servitude se trouvait suspendu, il est clair, d'après les principes que nous
avons posés, que la possession ne serait pas perdue. Alors,
en effet, la possession du maître du fonds servant ne viendrait plus interrompre et combattre celle du titulaire de la
servitude, puisque lui-même se trouverait privé de la jouissance de son terrain, sur lequel sa possession serait également suspendue.

§ 283. — On sait que pour que la possession d'une servitude discontinue soit conservée, il suffit qu'elle ait été exercée par le premier venu, du moment qu'il a agi *fundi nomine (sufficit enim fundi nomine itum esse. L. 6 pr.,* Dig., VIII, 6). Ainsi, un copropriétaire par indivis conserve-t-il la possession de la servitude à ses copropriétaires, quand bien même il l'aurait seul exercée.

§ 284. — M. Belime se demande quel peut-être l'effet du partage du fonds servant sur la conservation ou la perte de la servitude due au fonds dominant; il emprunte la plupart de ses solutions à Celse. (L. 6, § 1, Dig., VIII, 6.) Mais nous ne pouvons les adopter en aucune façon. La question n'est délicate que dans le cas où on a sur le fonds servant un droit de passage qui peut s'exercer indistincte-ment sur toutes les parties de l'héritage, à la commodité du propriétaire du fonds dominant. Selon nous, elle ne présente pas un grand intérêt, parce que, nous le croyons, le maître du fonds servant aurait toujours le droit de faire fixer par justice un chemin spécial pour le passage ; la con-vention qui permettrait de le pratiquer par où l'on vou-drait aurait quelque chose de contraire à l'ordre public en empêchant de mettre en culture le fonds servant. Mais ad-mettons qu'elle soit valable, qu'importe que l'héritage ser-vant soit ou non partagé? Pour nous la solution sera tou-jours la même. Du moment que le maître du fonds qui doit la servitude aura, par un acte matériel accompli sur son héritage, manifesté l'intention de soustraire une partie de ce fonds à l'exercice de la servitude, il en aura fait perdre la possession à son adversaire qui, au bout d'un an, n'aura plus même la ressource de la complainte : car, aux termes de l'art. 708, C. civ., le mode de la servitude peut se prescrire; s'il peut être prescrit, c'est qu'il peut être pos-sédé. Dès lors il est inutile de faire aucune distinction; car, d'un autre côté, l'héritage étant partagé, je ne passe que sur l'un des lots; je n'aurai pas pour cela perdu la possession du droit de passer sur l'autre, tant que le propriétaire de cette dernière parcelle n'aura pas manifesté l'intention de s'y opposer, en élevant une clôture par exemple. En effet, le partage accompli ne peut avoir pour effet de morceler ma servitude à mon préjudice; c'est un acte passé en dehors de moi, et, d'un autre côté, la possession du lot sur lequel je n'ai pas passé serait *équivoque* à mon égard en tant que possession d'un héritage libre.

Ainsi, tant qu'on ne m'aura pas fait connaître l'intention de m'empêcher de passer sur une parcelle, je conserverai la possession de mon droit de passer par où je voudrai, du moment que j'aurai passé par quelque endroit.

§ 285. — J'ai indiqué tout-à-l'heure qu'il n'y avait rien de commun entre l'extinction des servitudes par le non-usage et la perte de leur possession. Cela est tellement vrai qu'il est très-possible de conserver une servitude, d'en jouir souvent, et d'empêcher qu'elle ne soit perdue par le non-usage, quoiqu'à aucune époque on n'en ait eu la possession utile pour intenter les actions possessoires. Supposons une servitude de passage qui peut s'exercer tous les jours. Elle est constituée en 1840. Je passe le 1er janvier 1841, puis en 1842, mais le 3 janvier, c'est-à-dire plus d'un an après, puis encore en 1843, mais le 5 janvier, et ainsi de suite jusqu'en 1870, en espaçant toujours mes actes de passage de telle sorte qu'entre chacun d'eux il s'écoule plus d'une année. Il est clair que je n'en ai jamais eu la possession annale, puisqu'à aucune époque je n'aurais pu dire, j'ai passé deux fois depuis une année. Cependant il est incontestable qu'une servitude dont j'ai joui trente fois, dont j'ai usé tous les ans, ne peut se trouver éteinte par le non-usage.

§ 286. — Nous voilà tout naturellement amenés à relever chez M. Belime une opinion qui ne nous paraît pas fondée.

Selon le savant auteur la servitude serait éteinte par non-usage pendant trente ans, bien qu'on en eût usé une fois, si cette fois-là on avait été condamné au possessoire sur la complainte du propriétaire du fonds servant : « On « ne pourrait, dit-il, se prévaloir d'un acte qui aurait été « jugé illégal pour prétendre qu'on a conservé la servi- « tude. » Et pourquoi donc ? M. Belime a été entraîné ici par ses idées sur la possession délictueuse et son inefficacité. Même en les admettant, une possession illégale n'est pas délictueuse. Mais il faut aller plus loin. Comment! vous déclarez illégal un acte de passage quand je prouve que j'avais le droit de passer ? Vous m'avez concédé cette servitude, je l'ai exercée, et c'est là un acte illégal ? Sans doute j'ai été imprudent, j'aurais dû m'assurer de vos dispositions ; mais j'en ai été puni, j'ai été condamné à vous payer des dommages-intérêts, mais encore une fois, autre chose est user, autre chose est posséder. Et puis, pourvu que j'aie joui, du moment que je n'ai commis aucun délit, qu'importe ? Une condamnation au possessoire prouvera bien que je n'étais pas en possession, mais autre chose est user d'une servitude, autre chose est la posséder.

M. Belime ajoute : J'en dirais autant, si lors de cet acte de passage unique, le propriétaire assujetti s'y était opposé en faisant à son adversaire une défense de recommencer, à laquelle celui-ci aura paru acquiescer par son inaction postérieure.

Tout cela est, à mon sens, ajouter à la rigueur de la loi, et dans un cas où elle édicte une déchéance; le législateur n'a pas été si sévère; pour que la servitude soit perdue, il faut qu'on ait cessé de jouir depuis trente ans; du moment qu'on a joui, ne fût-ce qu'une fois, eût-on été condamné au possessoire, l'adversaire vous eût-il défendu de recommencer, qu'importe, vous avez joui et cela suffit.

SECTION II

Perte de la possession quand on l'exerce par
l'intermédiaire d'un tiers.

§ 287. — A. *Le représentant abandonne purement et*
simplement la chose.

Dans ce cas il n'y a point de difficulté. La possibilité
physique d'agir sur la chose existe ici chez le représentant,
et par suite aussi chez le représenté, puisque par l'intermédiaire du détenteur, il peut agir sur la chose. Mais
l'*animus* n'existe que chez le représenté, donc l'abandon
fait par le représentant ne peut avoir pour effet de faire
perdre la possession au principal, puisque d'un côté son
intention n'est pas modifiée, et que, de l'autre, le départ
du représentant, en laissant la chose à l'abandon, la
laisse par là même à la disposition du représenté, qui
conserve, dès lors, comme auparavant, la possibilité
d'agir sur elle.

§ 288. — B. *Le représentant veut acquérir pour lui-*
même la possession juridique.

Un principe consacré par l'art. 2236 s'oppose à ce résultat : le détenteur précaire n'est pas possesseur juridique ;
il ne peut le devenir, parce qu'en vertu de l'art. 2231,
quand on a commencé à détenir pour autrui on est toujours censé détenir au même titre ; les héritiers et successeurs universels des détenteurs précaires ne sont pas plus
que leurs auteurs des possesseurs juridiques ; ils ne le dé-
viendront jamais, fût-ce par mille ans, *né mille annis*
quidem.

Cependant le détenteur précaire a un moyen de devenir

37

possesseur, c'est d'intervertir son titre en remplissant les conditions exigées par l'art. 2238.

L'interversion peut résulter soit de la contradiction opposée au droit du propriétaire, soit d'une cause venant d'un tiers.

Voyons en premier lieu ce que c'est que la contradiction.

§ 289. — Et d'abord, il est clair que si le détenteur précaire signifie au propriétaire qu'il entend posséder désormais en son propre nom, il y a là une contradiction flagrante. Elle ne le serait pas moins si le fermier, par exemple, avait refusé de payer ses fermages en se prétendant propriétaire; si, après l'expiration du bail, il s'était maintenu en jouissance par la force; enfin il y a contradiction toutes les fois que le détenteur annonce ses prétentions par un acte dont le propriétaire est directement touché. Ainsi il a été jugé que l'abus du droit d'usage, par une commune usagère, ne pouvait être l'équivalent d'une contradiction opposée au droit du propriétaire. (Cassat., 28 déc. 1857, S. V. 1858, 1, 741 et les arrêts cités en note.) La jurisprudence de la Cour de cassation, désormais fixée sur ce point, est tout à fait conforme au principe que nous avons adopté, puisqu'elle décide aussi que, si dans les faits de possession on pouvait voir l'intention de posséder *animo domini* se révélant d'une manière éclatante et de façon à interpeller le propriétaire, à le mettre en demeure de faire valoir ses droits, ces faits constitueraient une véritable interversion du titre par la contradiction opposée au droit du propriétaire. (Cassat., 15 juin 1858, S. V. 58, 1, 744 et la note.)

§ 290. — Le détenteur précaire peut encore intervertir sa possession au moyen d'une cause venant d'un tiers (art. 2238).

Que faut-il entendre par là? Evidemment un acte translatif de propriété consenti par un tiers au profit du détenteur précaire. Mais faut-il que ce détenteur soit de bonne foi ? M. Belime le pense. Faut-il, comme M. Vazeille semble l'enseigner, que le titre d'acquisition soit notifié au représenté ? Faut-il au contraire dire avec Troplong et Marcadé, que la bonne foi, pas plus que la signification du titre, ne sont exigées ici ; qu'il suffit qu'il y ait un titre et que, depuis, le détenteur précaire ait joui *animo domini* d'une manière publique et non équivoque, de façon à ne laisser aux tiers aucun doute sur son intention de posséder à titre de maître. C'est cette dernière opinion qu'il faut suivre. Dès que le détenteur précaire a obtenu d'un tiers un acte translatif de propriété, la cause de sa possession se trouve intervertie et il possède *animo domini ;* mais remarquons-le bien, une possession équivoque ou clandestine, si elle est inefficace pour celui qui l'exerce, ne peut non plus nuire à celui contre lequel elle est exercée ; tant que la possession de l'usurpateur reste clandestine ou équivoque, le précédent possesseur n'est pas dépouillé, au point de vue légal, de la possession et de ses attributs.

Ainsi il faudra que le fermier, par exemple, cesse de payer ses fermages ; mais cela ne suffirait pas : il faut en outre que sa manière d'agir change, qu'il fasse des actes publics qu'il ne pourrait accomplir que s'il était propriétaire. Remarquez-le bien, nous n'exigeons pas, comme dans le cas de contradiction, que le propriétaire en ait été touché, autrement nous réduirions à une seule les deux causes d'interversion permises par l'art. 2238, non, il a pu les ignorer ; il suffit que le détenteur précaire ne se soit pas caché pour les accomplir.

Toutefois, on ne devra pas regarder comme une cause venant d'un tiers l'acte qui ne serait que le résultat d'un concert frauduleux entre le détenteur précaire et celui de qui il prétend tenir la chose. Qu'ils aient été tous les deux de mauvaise foi, peu importe ; mais ce qui importe beaucoup, c'est qu'ils ne se soient pas entendus pour dépouiller le propriétaire par un acte qui n'aurait rien de sérieux, même à leurs propres yeux. Il faut, en effet, saisir ici l'esprit de la loi plutôt que de s'attacher strictement à la lettre. Or il est bien certain que le détenteur précaire qui aurait organisé de concert avec un homme de paille la comédie dont nous parlons, aurait lui-même, et lui seul, changé la cause de sa possession, ce que l'art. 2240 lui interdit absolument de faire.

Le concert frauduleux serait aisément supposé, si, les deux parties étant du reste de mauvaise foi, l'acte d'aliénation avait consisté dans une donation ou dans une vente dont le prix n'aurait jamais été payé.

Tel est, à mon sens, le système mixte qu'il faut adopter.

§ 291. — Il nous reste à examiner quelques hypothèses spéciales.

Lorsqu'après l'extinction de l'usufruit, les héritiers de l'usufruitier restent en jouissance, il est certain qu'ils ne peuvent acquérir la possession juridique, par quelque laps de temps que ce soit, à moins qu'ils n'intervertissent leur titre. L'art. 2237 donne en effet à l'usufruitier la qualification de détenteur précaire, et l'art. 2237 décide que les héritiers de ces détenteurs ne peuvent prescrire, partant qu'ils ne peuvent posséder *animo domini*.

§ 292. — Quelques auteurs décident que le créancier antichrésiste, demeuré en possession après le paiement de la dette ou le terme fixé pour la fin de l'antichrèse, pourra posséder, parce que, disent-ils, ces circonstances équivalent à une interversion de son titre. (Troplong, n° 480 ; Dalloz, *Prescription*, n° 409 et 440.) Mais cette opinion, réfutée par M. Belime, n° 122, ne me paraît pas exacte. Il en est de l'antichrésiste comme des héritiers de l'usufruitier. Sans doute après le paiement de la dette il n'y a plus d'antichrèse, mais après la mort de l'usufruitier il n'y a pas non plus d'usufruit; pourtant les héritiers ne peuvent prescrire. Le paiement de la dette, l'arrivée du terme constituent-ils une contradiction aux droits du propriétaire ou une cause venant d'un tiers? Non évidemment; or, l'art. 2238 ne permet au détenteur précaire d'intervertir son titre que par ces deux moyens, or le créancier antichrésiste est un détenteur précaire; donc il ne peut prescrire par quelque temps que ce soit, et la possession juridique restera aux mains du débiteur.

§ 293. — Le tuteur, tant que dure la tutelle, n'est, relativement aux immeubles du pupille, qu'un détenteur précaire. Pourtant, d'après certains auteurs (Troplong, *Prescription*, n° 487; Demolombe, t. VIII, n° 131), la reddition du compte de tutelle constituerait à son profit une interversion de titre. M. Troplong (n° 489) va même plus loin, et pour lui cette interversion de titre pourrait résulter même de la prescription de l'action *tutelæ directa*.

Dans ce dernier cas, la possession utile pour prescrire commencerait du jour de la majorité du pupille. Rien ne me paraît plus faux que cette doctrine énergiquement réfutée par Marcadé (art. 2236, n° 2) et combattue par deux arrêts (Orléans, 31 décembre 1852, S. V. 53, 2, 712; Caen, 31 juillet 1858, S. V. 59, 2, 97). Dans le système de M. Troplong, il se produirait un assez singulier résultat. Le tuteur qui n'a rendu aucun compte prescrirait du jour de la majorité de son pupille : celui qui a rendu compte, seulement du jour où ce compte aurait été rendu, en sorte que le premier serait traité plus favorablement que le second. Mais approfondissons davantage la question.

Pour y arriver il suffit de combiner les art. 2231 et 2238. Quand on a commencé à posséder pour autrui on est toujours censé posséder au même titre, s'il n'y a preuve du contraire, c'est-à-dire si l'on ne prouve l'interversion de son titre, et cette interversion ne peut résulter, d'après l'art. 2238 que d'une contradiction ou d'une cause venant d'un tiers. Cette cause venant d'un tiers, c'est, à n'en pas douter, un acte translatif de propriété émané, soit du *verus dominus,* soit même d'une autre personne. Le tuteur a commencé à posséder pour son pupille, donc il faut qu'il prouve qu'il a interverti son titre. Toute la question se réduit donc à savoir si la reddition du compte de tutelle est une contradiction opposée aux droits du propriétaire, ou un acte translatif de propriété au profit du tuteur. Or, demandez au bon sens si le compte de tutelle est une contradiction opposée aux droits du propriétaire, et le bon sens vous répondra : non. J'admets qu'en signant la décharge le tutelle ait reconnu que tous ses immeubles lui aient été remis. Y a-t-il là dedans une réclamation de sa part relative aux immeubles qui ont été omis ? Y a-t-il de la part du tuteur un refus de faire droit à cette réclamation ? Evidemment non, cela est trop clair; là où il n'y a pas de réclamation expresse, il ne saurait y avoir de contradiction opposée à cette réclamation. D'un autre côté osera-t-on soutenir que la décharge est un acte qui transfère au tuteur la propriété des objets omis dans le compte ? Non, n'est-ce pas ! Dès lors le tuteur n'ayant pas interverti la cause de sa possession par les moyens permis par la loi, est toujours censé posséder au même titre, selon l'art. 2231, c'est-à-dire à titre précaire.

Les adversaires de ces idées, pour moi incontestables, n'ont pas réfléchi que pour échapper à la disposition de l'art. 2231, il ne suffisait pas de prouver qu'on ne possédait plus au même titre, mais qu'il fallait encore démontrer qu'on avait commencé une *nouvelle* possession, appuyée sur un titre *nouveau.* Autrement les héritiers de l'usufruitier pourraient prescrire, ils n'auraient qu'à dire : nous ne possédons plus à titre d'usufruitiers, puisque l'usufruit est éteint.

Et s'ils avaient obtenu du propriétaire une décharge constatant même expressément que tous les immeubles soumis à l'usufruit lui ont été restitués, croiriez-vous qu'ils pourraient acquérir par prescription la propriété de ceux qui ont été omis? Y aurait-il là contradiction? Oui, sans doute, si ces immeubles avaient été réclamés par le propriétaire : mais on n'en peut concevoir aucune dans le cas qui nous occupe, celui où ces immeubles n'ont même pas été réclamés. Soutiendrait-on que cette décharge est un titre de propriété pour les héritiers de l'usufruitier, relativement aux biens qui n'ont pas été restitués? Il suffit de poser toutes ces questions pour les résoudre.

N'est-il pas regrettable que M. Demolombe (t. VIII, n° 131), comme s'il eût oublié et la réfutation péremptoire de Marcadé, et les décisions de la jurisprudence qui avait consacré ses idées, ait pris l'opinion de M. Troplong comme une chose qui allait de soi, sans l'étayer d'aucun argument, quand cette doctrine ne tend à rien moins qu'à effacer de nos Codes les art. 2231 et 2238.

§ 294.— *C. Le détenteur précaire veut faire acquérir la possession à un tiers.*

« Ceux à qui les fermiers, dépositaires et autres détenteurs précaires ont transmis la chose par un titre translatif de propriété peuvent aussi la prescrire. » Tels sont les termes de l'art. 2239. Tout ce qu'il faut en conclure, en ce qui touche notre matière, c'est que si l'immeuble avait été remis au tiers par un titre non translatif de propriété, un bail, un dépôt, la possession ne serait pas perdue pour le locateur ou dépositaire primitif. Que le fermier, sans passer aucun acte, remette purement et simplement la chose à un tiers, il lui fera acquérir la possession et lui permettra de prescrire la propriété par trente ans. Encore faut-il n'entendre qu'avec une certaine restriction les termes trop généraux de l'art. 2239. La loi ne veut parler que d'une acquisition à titre particulier. L'art. 2237 nous apprend, en effet, que la possession reste précaire chez les héritiers des détenteurs. Il n'entre pas directement dans le sujet de notre étude de discerner les actes d'acquisition à titre particulier de ceux qui sont à titre universel.

Toutefois il me paraît juste de ranger parmi les successeurs universels le légataire universel ou à titre universel, l'institué contractuel, le donataire de biens présents et à venir, à moins qu'il n'opte pour les biens présents à la mort du testateur, comme le lui permet l'art. 1084. Au contraire, les enfants du détenteur précaire, auxquels il aurait consenti une démission de biens par acte entre-vifs (art. 1076 et suiv.), seraient des acquéreurs à titre particulier. Il en serait autrement si le partage avait été fait par acte de dernière volonté.

§ 295. — Supposons que le détenteur précaire aliène l'immeuble au profit d'un tiers, la possession sera acquise à ce tiers et perdue pour le représenté. Il importerait peu dans ce cas que le fermier, par exemple, eût continué de payer ses fermages, à moins que ce ne fût de connivence avec l'acquéreur, auquel cas la possession de ce dernier serait clandestine, et partant inefficace à l'égard du bailleur.

Toutefois il faut faire encore ici une réserve. Si la chose était restée aux mains du détenteur précaire par l'effet d'un constitut possessoire, dans ce cas il faudrait encore sous-distinguer. Si l'acquéreur était de mauvaise foi, il y aurait alors une présomption invincible qu'il n'a laissé l'immeuble aux mains du détenteur précaire que pour endormir la vigilance du propriétaire dans une trompeuse sécurité, et sa possession serait clandestine ; par conséquent le représenté n'aurait pas perdu la possession. Mais

s'il avait été de bonne foi, il n'y aurait aucune clandestinité, bien que l'aliénation eût dû rester presque fatalement
ignorée du propriétaire, parce qu'il n'y a de possession
clandestine qu'autant que celui qui l'exerce a l'intention
de la cacher. Ici doivent trouver leur application les principes de la loi romaine : *Clam possidere videtur qui furtive
ingressus est possessionem..... nec quemquam clam possidere incipere, qui sciente aut volente eo, ad quem ea res
pertinet, aut aliqua ratione bonæ fidei possessionem nanciscitur..... clam nanciscitur possessionem, qui futuram controversiam metuens, ignorante eo quem metuit, furtive in
possessionem ingreditur.* (L. 6, Dig., XLI, 2.) Mais dans ce
cas même la possession serait infestée d'un autre vice qui
la rendrait inefficace : c'est l'*équivoque.*

§ 296. — Que décider si l'immeuble ayant été partagé
entre les héritiers du détenteur précaire, l'un d'eux ven-
dait sa part à l'autre? Dans ce cas, il me semble, malgré
l'autorité de M. Belime, que si la vente était sérieuse, l'a-
cheteur pourrait obtenir la possession juridique de la partie
ainsi acquise. J'en dirais autant s'ils échangeaient entre
eux les lots qui leur seraient advenus. Même solution dans
l'hypothèse où deux fermiers du même bailleur feraient
entre eux échange des immeubles donnés à bail, et ce dans
l'intention de transférer, si faire se peut, la propriété : le
tout, bien entendu, à la condition qu'il n'y aurait pas entre
les parties une connivence qui, je l'avoue, pourrait facilement être présumée.

Dans ce cas, en effet, l'aliénateur ne serait véritablement
qu'un homme de paille, un personnage apposé tout exprès, et si l'on allait au fond des choses on reconnaîtrait
que dans ce cas le détenteur précaire change véritablement à lui seul le titre de sa possession. Autrement, je ne
vois pas de quelle façon on pourrait, sans étendre la loi
arbitrairement, faire tomber ces acquisitions sous le coup

de l'art. 2240, mais on pourrait considérer la possession comme équivoque.

§ 297. — *D. Le détenteur précaire est expulsé par un tiers.*

Pour que la possession soit perdue dans ce cas, il faut de la part du tiers un acte tel que le représentant lui-même eût été dépossédé s'il eût de sa personne exercé la possession.

De là résulte qu'un acte matériel sera indispensable. Ce qu'on appelle des troubles de droit ne produirait aucun effet.

Assignez-moi en revendication, faites-moi sommation d'avoir à délaisser l'immeuble, tout cela ne m'enlève pas la possession : *telum imbelle sine ictu.* Donc vous ne sauriez me l'enlever non plus, lorsque n'ayant même pas le courage de vous adresser à moi, vous allez accabler mon fermier de vos exploits.

Que ce fermier consente à posséder pour vous, à vous payer ses fermages, que m'importe! Que m'importe son intention! L'*animus*, l'élément intellectuel de la possession, ce n'est pas *chez lui*, c'est chez moi qu'il doit exister. Vainement objecterait-on que l'infidélité de mon colon m'enlève la possibilité de disposer de la chose; car à cet argument on peut faire deux réponses catégoriques.

Qui vous prouve que je ne puis plus disposer de ma chose; qui peut répondre des dispositions actuelles ou futures d'un représentant dont le passé a été si peu stable? Pour perdre la possession il ne suffit pas que la possibilité d'user de la chose disparaisse momentanément, il faut qu'elle se soit certainement et à tout jamais évanouie.

Enfin, en admettant même que l'adversaire ait acquis la possession, ce ne pourrait être qu'une possession clandestine à mon égard, et partant inefficace, puisqu'au lieu de s'adresser au possesseur juridique il s'est procuré un triomphe aisé mais inutile, en choisissant un adversaire moins retoutable, un simple détenteur précaire. Aussi un arrêt de la Cour de cassation du 12 octobre 1814, qui s'était écarté de ces principes, a-t-il été critiqué par tous les auteurs.

§ 298. — Une autre question, qui a été discutée, ne me semble cependant pas bien malaisée à résoudre. Le détenteur peut-il, en déclarant au propriétaire voisin qu'il ne jouit que par la tolérance de ce propriétaire, rendre précaire la possession du représenté?

Ainsi, ma maison a vue sur votre jardin. Vous obtenez de mon locataire une reconnaissance constatant qu'il ne conserve ces fenêtres que par tolérance. Ma possession à moi, bailleur, deviendra-t-elle précaire? Non. Il est facile de le démontrer. Supposons que je fusse en voie de prescrire le droit de vue. Au bout de trente ans je l'aurai usucapé; la prescription n'est interrompue par la reconnaissance du droit contre lequel on prescrit, que si cette reconnaissance émane du possesseur qui prescrivait : telle est la disposition de l'art. 2248. Or, si le bailleur a pu prescrire, c'est que sa possession n'était pas précaire.

Réfléchissons-y bien. L'intention du représentant est indifférente du moment qu'il remplit son rôle purement mécanique, si j'ose ainsi parler. Cela est si vrai que l'on possède une servitude par l'intermédiaire d'individus qui ignorent qu'elle soit due : ainsi, par exemple, si mes amis, pour arriver chez moi, passent sur le champ du voisin sans savoir que j'y ai droit de passage, j'aurai usé de la servitude; car en passant ils exercent mon droit et cette intention elle existe chez moi.

CHAPITRE V

De la translation de la possession.

§ 299. — J'ai déjà expliqué pourquoi cette matière devait être traitée à part. Nous l'avons examinée déjà en droit romain, §§ 89-93, 105-107; les solutions que j'ai données d'après les textes sont de tout point applicables au droit français, j'y renvoie donc pour éviter les redites.

Cependant une question d'une incontestable gravité doit ici nous arrêter quelques instants. Les principes du droit romain ne vont-ils pas recevoir une dérogation importante; la possession, en droit français, se transfère-t-elle *solo consensu?* Nous avons déjà examiné un côté de la question lorsque nous nous sommes demandé si le vendeur resté en possession après la vente était un détenteur précaire. Pour soutenir que, par l'effet de la vente, la possession passe à l'acheteur on argumenterait en vain de ce que la propriété est transférée d'après les principes du droit nouveau. Nous nous sommes attaché à démontrer dans toutes les parties de cette étude que la possession était de tout point indépendante de la propriété, qu'elle pouvait fort bien en être séparée, qu'elle avait ses modes d'acquisition particuliers. En droit romain, remarquons-le bien, la tradition n'était ni le seul, ni le premier moyen de transférer la propriété. Il y avait encore et d'abord, la *mancipation*, la *cession in jure*, l'*adjudication*, le *legs*. Dans tous ces cas la propriété était transférée, et cependant la possession n'était pas acquise tant que les conditions par lesquelles elle s'obtient n'avaient pas été remplies.

Sous le Code civil même l'art. 1604 nous montre que la vente n'a pas pour effet de transférer la possession à l'acheteur, puisqu'il classe parmi les obligations du vendeur la délivrance, c'est-à-dire le transport de la chose en la possession de l'acheteur.

§ 300. — Ce point reconnu, examinons quelle sera la position des parties.

Le vendeur resté en possession aura les actions possessoires contre les tiers, les aura-t-il contre l'acheteur qui essaierait sans violence de se mettre en possession de l'immeuble ? Ceci est une question de fait. Si par l'examen du titre et sans rien préjuger de sa validité, le juge de paix se convainc que le vendeur avait autorisé l'acheteur à se mettre en possession, cette première tentative au moins sera assurée de l'impunité, puisqu'il n'y a pas de trouble lorsque le fait incriminé a été autorisé par le possesseur.

Quant à l'acquéreur, il n'aura les interdits ni contre le vendeur, ni contre les tiers.

Mais une fois la tradition opérée, tout change, l'acquéreur a la possession, il peut y joindre celle de son vendeur et exercer les actions possessoires tant contre ce dernier que contre les tiers.

Mais si la contestation s'élève entre le vendeur et l'acquéreur, n'allons-nous pas voir surgir une grave difficulté : la question de validité du titre, indispensable, dit-on, pour que l'accession de possession se produise ? Avec notre système, nous évitons tous ces écueils. Du moment qu'il est constaté que je suis entré en possession du consentement du précédent possesseur; du moment, en un mot, qu'il est constant qu'il y a eu tradition en vertu d'un titre valable ou non, mais capable d'inspirer à l'acquéreur l'*animus domini*, il est clair que la possession perdue pour le vendeur est acquise à l'acheteur.

§ 301. — Que si deux acquéreurs se disputent la chose au possessoire, celui-là pourra invoquer la possession de l'auteur commun qui, le premier, aura reçu tradition ; et

remarquez-le bien, je ne dis pas celui qui, le premier, aura
appréhendé la chose; car, pour acquérir la possession par
tradition, il n'est pas nécessaire de toucher la chose : la
remise des clefs, une simple tradition verbale en présence
de l'immeuble, sont tout-à-fait suffisantes. Rien ne s'oppose
par conséquent à ce qu'un second acquéreur ne se trouve
plus tard nanti de l'objet litigieux.

§ 303. — Supposons maintenant qu'il y ait eu erreur,
que le *tradens* ait entendu livrer la possession d'un fonds,
l'*accipiens* recevoir celle d'un autre. Ulpien prévoit cette
hypothèse dans la loi 34, D., XLI, 2. M. Belime, en déclarant que la solution du jurisconsulte romain n'est plus
applicable sous notre droit, montre bien par là, qu'à mon
sens, il n'a pas complétement saisi la signification du texte :
*Si me in vacuam possessionem fundi Corneliani miseris,
ego putarem me in fundum Sempronianum missum, et in
Cornelianum iero, non adquiram possessionem.* Non, le
jurisconsulte a raison, la possession n'est pas acquise dans
ce cas. Mais n'allons pas plus loin que sa solution, elle
n'est pas acquise en *vertu de la tradition.* Il est impossible
de comprendre le texte autrement; car dès que l'acquéreur
est arrivé sur le fonds Cornélien, il a nécessairement perçu
son erreur, autrement cette erreur n'eût porté que sur le
nom de l'immeuble; ce qui, le jurisconsulte se hâte de le
dire, motiverait une toute autre solution. Mais en dehors
de la tradition, si l'acquéreur eût appréhendé physiquement le fonds avec l'intention de le posséder, il est indubitable que dans ce cas il en fût devenu possesseur, car
alors la volonté du *tradens* deviendrait de nulle conséquence, et la possession serait acquise quand bien même
il n'y aurait jamais eu de tradition. La même solution doit
être admise en droit français. Supposons que possesseur
de deux immeubles, tous deux affermés, je vous vende
l'un d'eux et vous en fasse tradition en vous en remettant

les clefs ou les titres, comme cela est possible. Mais nous ne nous sommes pas bien entendus, j'ai eu en vue le premier héritage, vous avez cru acquérir le second. Dans ce cas, il est clair que nous n'avez obtenu la possession ni de l'un ni de l'autre.

Supposons maintenant que, dans un cas analogue, vous *soyez venu vous établir* sur le fonds que je n'ai pas entendu vous vendre; vous en acquerriez certainement la possession, nonobstant l'erreur, et au bout d'un an vous auriez les actions possessoires.

Que si, par impossible, l'erreur avait porté sur le titre lui-même; si vous aviez entendu me louer et moi acheter, sans doute je deviendrais possesseur; car on est toujours censé posséder pour soi, sauf la preuve du contraire, et en admettant que mon erreur ait été plausible. Mais pour que cette possession fût efficace, il faudrait encore que j'eusse fait sur la chose des actes qu'un propriétaire seul a le droit d'accomplir, autrement ma possession serait équivoque à votre égard.

Nous avons, aux paragraphes 105 et 106, 89-93, traité du constitut possessoire et de la tradition *brevi manu;* il est donc inutile de revenir de nouveau sur ce sujet.

CHAPITRE VI

De la preuve de la possession.

§ 304. — Pour terminer ce que j'avais à dire sur la possession en elle-même, il me reste à examiner comment elle se procure.

Tous les modes de preuve reconnus par la loi sont ici admissibles : les titres, les témoins, les présomptions, l'aveu et le serment.

Et d'abord les titres : Qu'on se garde bien de croire qu'il s'agisse ici de documents qui tendraient à établir le droit de propriété : ils n'ont au possessoire d'autre valeur que de caractériser la possession, de montrer qu'elle n'est point précaire. Mais en dehors des titres, il faut établir le fait matériel ; les titres dont nous parlons ici sont ceux qui constatent la possession elle-même : un procès-verbal de délivrance par exemple, un jugement rendu au possessoire, une reconnaissance émanée de l'adversaire ou de ses auteurs, démontreraient qu'à leur date celui qui en excipe avait la possession. Si des titres de cette nature étaient représentés par les deux parties, on devrait accorder la préférence aux plus récents, selon la maxime de Loisel : *En simple saisine les vieux exploits valent mieux, en cas de nouvelleté, les nouveaux ou les modernes.*

D'autres actes qui n'émaneraient pas de l'adversaire, comme des baux, des quittances de marchés ou d'impôts, ne sauraient à eux seuls faire preuve de la possession. Le bail, par exemple, peut très-bien n'avoir pas reçu d'exécution ; bien plus, pour affermer il n'est pas nécessaire d'être possesseur : un simple fermier peut sous-louer. Mais ces actes pourraient très-bien avoir la valeur de présomptions graves, précises et concordantes, qui suffiraient au juge pour baser sa décision, ainsi que nous le verrons tout-à-l'heure.

La preuve par témoins est celle qui se présente le plus fréquemment en cette matière. Elle est admissible en vertu des termes exprès de l'art. 24, C. proc. ; elle le serait quand ce texte n'existerait pas, parce qu'on est toujours recevable à prouver par témoins un fait dont on n'a pas pu se procurer une preuve écrite. Du reste, la possession pouvant changer de mains tous les jours, il faudrait donc que tous les jours le possesseur se procurât une preuve écrite de son droit.

L'art. 24 ajoute que l'enquête qui sera ordonnée ne pourra porter sur le fonds du droit.

Cette enquête n'est pas indispensable, et le juge peut, si sa conviction est formée dors et déjà, prononcer de suite. Mais, à l'inverse, il peut aussi l'ordonner d'office, bien que les parties n'aient pas conclu ; il suffit qu'elles soient contraires en fait, et même au cas où le défendeur ferait défaut : car, pas plus que tout autre juge, il ne doit admettre les conclusions du défendeur, si elles ne lui paraissent pas suffisamment justifiées. Cette enquête, il faut en fixer précisément l'objet (art. 34, C. proc.); mais cet objet sera suffisamment déterminé quand on aura dit qu'elle portera sur la possession annale. Il faut aussi noter les dispositions des art. 38 et 39, C. proc., éminemment applicables aux actions possessoires. Le premier donne au juge la faculté d'ordonner que l'enquête se fera sur les lieux, dans le cas où la vue du terrain litigieux peut être utile : il en sera presque toujours ainsi dans notre matière. Le second dispose que dans les causes appelables (et les jugements sur actions possessoires le sont toujours), le greffier dressera procès-verbal de l'audition des témoins.

Il est maintenant de jurisprudence que les habitants d'une commune peuvent être entendus comme témoins dans les affaires qui la concernent, s'il est reconnu qu'ils n'ont pas dans la contestation un intérêt direct et personnel. (Bordeaux, 10 janvier 1856.)

Quant au fermier, s'il ne tient plus à bail l'immeuble litigieux, il est clair que son témoignage n'est point reprochable, puisqu'alors il n'a plus d'intérêt dans la contestation. S'il est encore en jouissance, la question devient plus délicate ; il faut, à mon sens, laisser au juge le pouvoir de décider, selon les circonstances, si l'intérêt qu'il peut avoir à la solution du litige est assez considérable pour faire craindre qu'il ne sacrifie à cet intérêt la vérité et la foi du serment : la jurisprudence s'est prononcée en ce sens. (12 mai 1847, Bourges, j. av. 72, 495; Limoges, 8 mars 1838, D. P. 40, 2, 11.)

Enfin, les présomptions de l'homme peuvent aussi suffire, puisqu'elles sont admissibles toutes les fois qu'est recevable la preuve testimoniale.

Nous avons examiné ailleurs (§ 239) si la possession ancienne fait présumer la possession actuelle, ainsi que les autres questions qui se rattachent à ce sujet.

TITRE DEUXIÈME

DES ACTIONS POSSESSOIRES.

CHAPITRE I

Notions générales, histoire, fondement, nature, but des actions possessoires ; délai dans lequel elles doivent être formées.

§ 305. — Suivre la destinée des actions possessoires à travers les ténèbres du moyen âge jusqu'à la renaissance; déterminer les éléments qu'elles empruntèrent alors, soit aux coutumes barbares des conquérants, soit à l'influence plus douce comme aussi plus éclairée du droit canonique ; préciser comment la jurisprudence et les auteurs d'avant la révolution leur donnèrent, pour ainsi dire, la dernière main ; dire de quelle manière les principes de notre sujet reçurent à la source de la science romaine retrouvée comme un baptême régénérateur; expliquer comment les usages germaniques et les décrétales des papes, éblouies, pour ainsi dire, par la lumière qui jaillit du droit romain reconquis, vinrent lui demander ses formes, ses termes, mais surtout ses idées; exposer enfin comment tous ces éléments divers, accrus de l'expérience des siècles, vinrent se fondre pour former les textes malheureusement trop rares et trop courts du Code de procédure; démontrer que si un si long et si étonnant travail n'a abouti, par une inexplicable négligence du législateur, qu'à un avortement plus surprenant encore, on peut, on doit y remédier par l'étude approfondie des jurisconsultes romains, unie à la lumière d'une philosophie soigneusement dégagée des liens de la routine, et non moins soucieuse du respect des principes qu'éclairée sur leur application possible à l'état social moderne...., c'eût été sans doute une étude digne d'intérêt, féconde en aperçus élevés : il ne m'a pas été donné de l'entreprendre.

Bien des raisons m'ont déterminé au silence; chacune d'elles, à elle seule, était capable d'arrêter ma plume.

Et d'abord mon travail déjà trop long se fût accru dans des proportions qu'il ne m'était pas permis d'atteindre.

Puis une pareille étude n'aurait pu aboutir sérieusement que si j'avais pu consulter nombre de documents historiques qu'il ne m'était pas possible de me procurer.

Enfin l'utilité pratique eût été médiocre; c'est à peine si l'on peut trouver deux ou trois questions de quelque gravité que la connaissance approfondie de l'ancien droit aiderait à résoudre. L'important, c'était de demander au droit romain les lumières qu'il peut fournir, et elles sont vives; je n'avais pas négligé cette source.

§ 306. — Mais si l'étude historique dont nous avons parlé présenterait peu d'utilité en pratique, il est au contraire fort important de rechercher quel est le fondement

des actions possessoires : ce fondement, d'après la grande
majorité des auteurs, c'est une présomption de propriété ; ce
n'est pas le possesseur en tant que tel que la loi protége, c'est
le propriétaire présumé. Nous ne saurions nous élever avec
trop de force contre cette opinion qui, dans la pratique,
amène les plus mauvais résultats. Nous avons essayé déjà
de la réfuter aux paragraphes 131 et 207 de cette étude, et
sans revenir sur les raisons déjà données à l'appui de notre
sentiment, qu'il nous soit permis de l'étayer encore ici par
quelques considérations. Si la loi avait protégé la possession parce qu'elle y voyait une présomption de propriété,
elle n'eût pas accordé d'action au possesseur contre le véritable propriétaire ; car de deux choses l'une : ou cette
présomption que l'on imagine admet la preuve contraire,
ou elle ne l'admet pas. Si elle ne l'admet pas, il n'y aura
plus de pétitoire ; si elle l'admet, le possessoire et le pétitoire seront confondus, et le propriétaire devra triompher
sur la complainte, qu'il soit possesseur ou non ; car il est
impossible de concevoir que, devant un juge, je sois réputé
propriétaire, nonobstant la preuve évidente du contraire,
et que, devant un autre juge, cette preuve contraire puisse
être admise. Le droit de possession et les actions possessoires qu'il engendre découlent bien plutôt du privilége
qu'aucune législation ne peut sainement refuser à l'homme :
à savoir de ne pas voir sa position dans la société relativement aux choses, ses rapports avec les objets matériels,
troublés, modifiés par le fait d'un autre homme sans l'intervention de la justice ; seulement nos lois, plus philoso-
phiques en cela peut-être que celles de Rome, n'ont considéré ces rapports comme dignes de respect qu'autant qu'ils
n'étaient pas purement accidentels, qu'ils avaient duré
un certain temps. Ainsi c'est une raison d'ordre public, de
respect pour la personnalité humaine, qui sert de base
aux actions possessoires ; ce motif seul peut expliquer

pourquoi elles ont traversé tous les âges, survécu à toutes les législations.

§ 307. — M. Léon Wodon est bien près de la vérité lorsqu'il enseigne (p. 51 et 81) que les actions possessoires naissent de la loi, qu'elles ont leur fondement dans une obligation légale. Cette proposition n'a qu'un défaut, celui d'être trop vraie et par suite de ne rien préciser. Tous les droits naissent de la loi, toutes les actions se basent sur une obligation légale; il faut chercher plus avant, trouver le *fundamentum remotum*. Et quand le même auteur tire de son idée cette conséquence que le droit aux actions possessoires est un droit personnel, que ces actions sont personnelles, ne peut-on pas dire que sa déduction n'est aucunement forcée? Le droit de propriété lui-même a son fondement prochain dans l'obligation imposée à tous de ne point s'immiscer dans ce qui m'appartient. Est-ce à dire que la revendication soit une action personnelle? Nous avons essayé de prouver (§ 20, 25 et 210) qu'en droit français les actions possessoires naissent d'un droit réel, que ce sont des actions réelles; tous les auteurs sont du reste d'accord là-dessus, mais encore une fois cela ne tient aucunement à ce que le droit de possession résulte d'une présomption de propriété; qu'on se reporte aux développements donnés aux paragraphes ci-dessus cités.

§ 308. — Les actions possessoires ont un double but : un but principal qui est de faire respecter la possession, de la faire maintenir ou restituer; un but accessoire qui est de faire obtenir des dommages-intérêts pour le dommage résultant du trouble ou de l'expulsion. Il est clair qu'ici nous ne rencontrerons plus la difficulté qui nous a arrêté quelque temps dans la première partie de cette étude, et que le demandeur, s'il triomphe, obtiendra la réparation totale du préjudice causé tant avant que depuis l'introduction de l'instance, la restitution complète des fruits, etc.

§ 309. — Toutes les actions possessoires doivent être intentées dans le délai d'un an. (Loi de 1838, art. 6, n° 1.) Ce temps court invariablement à partir du trouble dont on demande la réparation.

Il est bon d'entrer ici dans quelques détails qui ne soulèvent au reste aucune controverse.

Que le trouble ait opéré une dépossession ou non, peu importe, c'est toujours à dater du jour du trouble que court le délai. Ainsi, si je suis troublé le 1ᵉʳ janvier 1870, le 1ᵉʳ janvier 1871 sera le dernier jour où il me sera permis d'agir au possessoire. Plus tard l'action pétitoire seule me serait ouverte ou l'action civile en réparation du dommage causé en vertu de l'art. 1382; mais alors il est clair que je devrai justifier de mon droit au fonds.

Le délai court contre le possesseur troublé alors même que par la négligence de son préposé il aurait ignoré le fait du trouble; mais si ce fait s'était produit d'une manière clandestine, comme par exemple le creusement de caves, l'année utile ne compterait qu'à dater du jour où la clandestinité a cessé, où le possesseur a connu l'atteinte portée à son droit.

Lorsque le trouble consiste dans un fait successif, comme par exemple la construction d'un édifice, c'est à partir du commencement de la construction qu'il faut compter le délai utile; et si la construction ne cause point de trouble ou dommage *actuel*, mais menace seulement le possesseur d'un préjudice futur, comme par exemple un barrage établi sur un cours d'eau, et qui, dans les crues, pourra inonder le riverain supérieur, ce dernier aura une année pour intenter l'action à partir du jour de l'inondation dont il a été victime et non pas à compter de l'établissement du barrage.

Le délai n'est prorogé en faveur d'aucunes personnes; il court contre les mineurs, les interdits et l'Etat, mais on comprend qu'il puisse être allongé par suite de certaines circonstances. L'action se prescrit par un an, soit; mais cette prescription peut, comme toutes les autres, être interrompue soit naturellement, soit civilement. On ne pourrait cependant donner le caractère d'interruption civile à une poursuite en police correctionnelle suivie contre l'auteur du trouble.

§ 310. — Enfin toutes les actions possessoires sont, en vertu du même texte, de la compétence des juges de paix, quel que soit le chiffre de la demande, mais aussi le jugement rendu pourra toujours être attaqué par la voie de l'appel qui sera portée devant le tribunal civil. Cette attribution de compétence a ses avantages en ce qu'en confiant à un juge qui est sur les lieux la connaissance d'un litige où l'enquête sera souvent nécessaire et où la vue du terrain contesté peut être indispensable, la loi a assuré aux plaideurs une justice toujours prompte et basée sur des faits précis. Mais d'un autre côté il est quantité de cas très-difficiles, toutes les fois, par exemple, qu'il s'agit de cours d'eau, que l'administration est en jeu ou qu'il y a danger de cumuler le pétitoire avec le possessoire, et, pour dire vrai, ce dernier écueil se présentera toujours; toujours l'une au moins des parties cherchera à entraîner le juge sur ce terrain glissant. Il est nombre d'hypothèses où les meilleurs esprits se troublent, où la jurisprudence hésite, se tait ou présente des solutions inconciliables; alors que fera le juge de paix, de qui la loi n'exige pas, et avec raison, la connaissance approfondie des difficultés les plus abstruses de la science du droit. On peut le dire sans manquer de respect à des magistrats distingués, il est des espèces tellement hérissées de difficultés, que la question ne se discute sérieusement qu'en appel, et encore!...

Au-dessus des tribunaux de première instance, on ne trouve plus qu'un grand vide, il faut monter, monter jusqu'aux hauteurs sereines où la Cour suprême rend ses arrêts. Enfin, et pour combler la mesure, la loi a consacré cinq articles rapides à une matière sur laquelle on a écrit des volumes. A tous ces inconvénients quel remède? Celui de faire une loi nouvelle et détaillée sur les actions possessoires ; mais une loi où la matière sera plus sérieusement étudiée qu'elle ne l'a été en 1838. Codifier le droit administratif, éclaircir les nombreuses hypothèses où la compétence est douteuse, où le conflit entre l'autorité administrative et judiciaire est à redouter, et surtout expliquer un peu ce qu'on entend par la prohibition de cumul du pétitoire et du possessoire!

CHAPITRE II

Prohibition du cumul du possessoire et du pétitoire.

§ 311. — « Nous abordons le chapitre le plus difficile
« sans comparaison de cet ouvrage. Ici l'ancien droit fran-
« çais est presque muet : la doctrine des auteurs modernes
« n'a jeté sur la question qu'une lumière incomplète, la
« jurisprudence de la Cour de cassation est contradictoire
« et vacillante, tant il est souvent difficile de distinguer ce
« qui est permis au juge de paix d'avec ce qui lui est dé-
« fendu! tant la nuance qui sépare le possessoire du péti-
« toire est souvent imperceptible! » (Belime, *Traité de la
Possession.*)

On ne saurait mieux dire. L'expérience de trente ans, depuis la publication du livre de M. Belime, n'a fait que confirmer ses appréciations. Après avoir longuement médité tous les monuments de la jurisprudence sur cette matière et comparé toutes les doctrines qui ont surgi, voici en définitive à quels principes j'ai cru devoir m'arrêter.

§ 312. — L'art. 25 du Code de procédure civile est ainsi

conçu : « Le possessoire et le pétitoire ne seront jamais cumulés. »

Qu'a voulu dire la loi par ces termes laconiques? C'est ce qui, à mon sens, n'a pas été jusqu'à présent sinon compris, au moins clairement expliqué par les auteurs.

De ce texte on tire généralement trois conséquences, toutes fort exactes en elles-mêmes, mais les deux premières me semblent découler de principes tout à fait indépendants de l'art. 25.

§ 313. — 1re *Conséquence.* — Les conclusions prises devant le juge de paix ne doivent tendre qu'à la maintenue possessoire. Cela est parfaitement vrai; mais ce qui est également vrai, c'est que nous n'avons pas besoin de l'article 25 pour établir ce principe. Les règles qui déterminent la compétence suffisent parfaitement.

Le juge de paix est un juge d'exception : la loi ne lui a pas donné le pouvoir de trancher les questions de propriété; il ne peut donc s'en occuper. Or, ce sont les conclusions qui déterminent la compétence; donc si les conclusions du demandeur tendent à faire déclarer, non pas la possession, c'est-à-dire l'exercice d'un droit dans les conditions légales, mais l'existence même de ce droit, le juge de paix devient par là même incompétent : il est tenu de se dessaisir. Que si les conclusions du demandeur tendaient tout à la fois à la maintenue possessoire et à la reconnaissance du droit au fonds, l'incompétence du juge de paix est tellement absolue, qu'il devrait rejeter la demande pour le tout comme excédant la limite de ses attributions; du moment que les conclusions contiennent à la fois une demande pétitoire et une demande possessoire, il est incompétent sur le tout, parce qu'ici le fonds emporte l'accessoire, c'est-à-dire le possessoire, et qu'un juge ne peut statuer sur l'accessoire d'une demande en se déclarant incompétent quant au principal, parce qu'aussi l'action pétitoire est exclusive de l'action possessoire, et qu'on ne peut intenter cette dernière du moment qu'on a introduit l'instance sur le fonds du droit. (Art. 26.)

Il est inutile de dire que ce ne sont pas les motifs, mais le dispositif, si j'ose parler ainsi, des conclusions qu'il faut consulter, et que si les conclusions du demandeur étaient ambiguës, le juge de paix devrait plutôt supposer que c'est une matière de sa compétence qu'on a entendu lui soumettre. C'est justice que d'interpréter, en cas de doute, l'objet d'une demande de la manière qui rend compétente la juridiction qui en est saisie. Quant aux conclusions du défendeur, quoiqu'elles puissent, en certains cas, écarter la compétence du juge de paix, il n'y a pas lieu de s'en occuper. L'exception de propriété elle-même est ici de nulle conséquence, parce que, quand bien même le juge de paix pourrait la vérifier, cela ne le dispenserait pas de faire droit au possesseur demandeur.

Mais, encore une fois, cette conséquence découle des principes de la compétence et non de l'art. 25.

§ 314. — 2e *conséquence.* — Le juge de paix doit se garder de rien statuer sur le fonds du droit.

Un juge de paix qui trancherait une question de propriété immobilière ou de servitude sortirait évidemment des limites de sa compétence. *Quid* si, par un interlocutoire, il autorisait la preuve de la possession immémoriale, dans une matière où cette possession entraîne la prescription du droit? La Cour de cassation n'a pas voulu annuler un jugement qui avait autorisé les demandeurs à prouver qu'ils avaient *toujours joui* et notamment depuis plus d'une année. Le pourvoi fondé sur la violation de l'article 25 devait en effet être rejeté. L'interlocutoire ne lie pas le juge, donc le tribunal n'avait rien préjugé quant à la propriété. Mais en eût-il été de même si l'on avait fondé le pourvoi sur la violation de l'article 24. « L'enquête qui sera

« ordonnée ne pourra porter sur le fonds du droit. » Or, une enquête dans laquelle on prouve sa possession immémoriale d'un fonds de terre, porte-t-elle sur le fonds du droit? Il me semble bien que oui, puisqu'elle résout implicitement la question de propriété, qui a nécessairement été acquise par prescription. (Comp. Cass., 19 avril 1869, S. V. 69, 1, 265.)

Mais il est évident que la prohibition de rien prononcer sur le fonds du droit résulte non de l'article 25, mais d'un principe plus général, de l'incompétence du juge de paix en ce qui touche la propriété immobilière.

§ 315.—Les ordonnances défendaient de conduire le possessoire et le pétitoire ensemble. L'art. 25 n'a pas été fait pour confirmer cette règle, puisqu'aujourd'hui les deux instances ne peuvent plus être suivies devant la même juridiction.

Les ordonnances défendaient encore de poursuivre le pétitoire et le possessoire *en même temps, même séparément,* c'est-à-dire devant deux tribunaux différents.

L'art. 25 ne peut pas non plus avoir eu pour but de reproduire cette seconde règle, c'est là l'objet des art. 26 et 27, dont le premier défend au demandeur au petitoire de revenir au possessoire, et dont le second interdit au défendeur dans l'instance possessoire de se pourvoir au pétitoire avant d'avoir exécuté la sentence rendue sur le possessoire. Ces deux articles établissent parfaitement la distinction des deux instances et la préséannce de l'une sur l'autre; l'article 25 serait une redondance injustifiable, s'il n'avait pour but que de répéter, en termes sibyllins, les dispositions précises des textes qui le suivent.

§ 316. — Pour nous l'art. 25 n'a qu'un sens possible, mais il a une importance capitale et malheureusement trop méconnue. Le juge du possessoire ne doit pas se déterminer par des motifs tirés du fond du droit.

J'ai employé à dessein une expression vicieuse ou du moins trop vague. Le *fond du droit*, qu'est-ce que cela? Le droit a-t-il un fond, une surface, en telle sorte que le pétitoire représenterait l'un et le possessoire l'autre, de sorte encore que le jugement sur la possession ne serait qu'une décision superficielle ? Evidemment non. Si par fond du droit en entend soit droit de propriété, soit droit de servitude par opposition à l'exercice ou possession de ces mêmes droits, je n'ai plus rien à dire. Mais si par cette expression on veut indiquer toute question qui est de la compétence exclusive du tribunal civil, je ne suis plus d'accord. On abuse souvent de cette expression : *fond du droit*, j'en donnerai bientôt un exemple.

Si le juge de paix motivait ainsi sa sentence de maintenue possessoire : « Attendu qu'un tel est propriétaire du « terrain litigieux, par ce motif, le tribunal le maintient en « possession. » Il est plus clair que le jour qu'il aurait cumulé le possessoire et le pétitoire, et violé l'art. 25. La Cour suprême a cassé le 11 janvier 1865 (S. V. 65, 1, 88) un jugement qui avait méconnu ces principes. Le sommaire de l'arrêt est ainsi conçu : « Il y a cumul lorsque le « juge du possessoire prend pour unique base de sa décision le droit au fond qui lui paraît établi par les « titres. »

Mais les hypothèses qui se présentent dans la pratique sont loin d'être aussi simples que celles que nous avons supposées, et la question de savoir s'il y a ou non cumul est toujours des plus délicates. Essayons de formuler quelques règles générales qui doivent, selon nous, inspirer les solutions.

§ 317. — Les arrêtistes disent à l'envi : le juge du possessoire peut, sans cumuler, se fonder, pour maintenir le demandeur dans sa possession, sur des motifs qui tiennent au fond du droit, si d'ailleurs dans son dispositif il ne statue que sur la possession.

Si l'on suivait cette règle, il faudrait rayer de nos codes l'art. 25, C. pr., puisque, nous l'avons démontré, c'est aux motifs du jugement seulement qu'on peut en faire une application utile, et si le juge de paix statuait sur le fond du droit dans le dispositif, ce n'est pas en vertu de l'art. 25, surabondant en cette matière, que son jugement devrait être cassé, mais par l'effet d'un principe plus élevé et plus général, le principe de son incompétence en matière de propriété.

La règle formulée par les arrêtistes reçoit d'ailleurs un démenti formel de l'arrêt de cassation du 11 janvier 1865, cité plus haut. Voyons sur quelles décisions judiciaires ils prétendent s'appuyer.

§ 318. — Il n'y en a qu'une qui puisse leur paraître favorable, c'est un arrêt de rejet du 2 février 1848 (S. V. 48, 1, 235). Analysons-le brièvement. Les demandeurs appuyaient un volet sur un mur mitoyen avec le défendeur, celui-ci met sur le mur un obstacle pour repousser le volet. Complainte possessoire, accueillie par le juge de paix, par ce motif que les demandeurs avaient la possession annale du droit d'abattre le volet sur le mur. Ce jugement était, on le voit, irréprochable. Appel. Le tribunal, *sans adopter* les considérants du premier juge, confirme, mais par ce motif que le mur était mitoyen. Pour nous, il n'y a point de doute que ce jugement n'eût cumulé le possessoire et le pétitoire; c'était aussi l'avis du conseiller rapporteur, magistrat si distingué, M. Mesnard. Après avoir rapporté les faits que je viens d'analyser succinctement, voici comment il s'exprimait : « Mais il faut bien faire attention que toute cette « *divagation* pétitoire n'a, en définitive, abouti qu'à une « solution purement possessoire. Le jugement confirme « la sentence du juge de paix, qui avait maintenu provi-

« soirement les défendeurs éventuels dans la possession
« par eux prétendue. Voilà donc un jugement dont les
« motifs tendent au pétitoire et qui pourtant ne statue
« que sur le possessoire. A ce sujet on peut dire que notre
« jurisprudence semble avoir établi en principe qu'il ne
« faut consulter que le dispositif et que, si ce dispositif se
« renferme dans les limites du possessoire, il importe peu
« que ces motifs aient touché au fond du droit.

« Cependant il peut, même en présence de cette jurispru-
« dence, rester encore quelque doute au sujet de ce qui a
« été jugé dans l'espèce qui vous est soumise. Sans doute,
« lorsque dans les motifs du jugement, à côté *du fait de*
« *possession et du fait de trouble,* se trouvent quelques
« considérations qui touchent plus ou moins directement
« au pétitoire, et que cependant le dispositif ne statue que
« sur le possessoire, on comprend qu'un tel jugement
« puisse n'être pas cassé. Mais, s'il arrive que rien dans
« les motifs n'ait trait à la possession annale, que toutes
« les préoccupations du juge ce concentrent, comme dans
« notre espèce, sur le fond du droit en lui-même, et que
« ce soit uniquement en considération du droit de pro-
« priété ou de copropriété, que ce juge statue sur la ques-
« tion possessoire, peut-on dire qu'il n'a pas contrevenu
« à l'art. 25, C. pr.? Le jugement attaqué, écartant for-
« mellement tout ce qui se rattachait à la possession
« annale, s'est retranché dans l'appréciation d'une ques-
« tion de mitoyenneté et de servitude. C'est parce que le
« mur est mitoyen, parce que les demandeurs en ont la
« copropriété, parce que l'usage qu'ils en font n'est pas
« préjudiciable à sa conservation que ces demandeurs
« ont été maintenus en possession. Un pareil jugement,
« que laisse-t-il à faire au juge du pétitoire, puisqu'il dé-
« cide nettement la question de propriété? Vous aurez à
« voir si l'influence de votre jurisprudence peut aller

« jusqu'à mettre cette décision à l'abri de votre cen-
« sure. »

Arrêt : « Attendu que le jugement attaqué se borne,
« dans son dispositif, à maintenir les défendeurs éventuels
« dans la possession par eux prétendue, que si quelques-
« uns des motifs de ce jugement paraissent se rattacher
« au droit de propriété, ils n'ont eu en réalité pour objet
« que de caractériser la possession. Que par suite ledit
« jugement n'a point cumulé le pétitoire et le possessoire
« et n'a contrevenu à aucune loi. *Rejette.* »

§ 319. — Cet arrêt, rendu malgré le rapport qu'on vient
de lire et contre les conclusions d'un éminent magistrat,
M. Glandaz, alors avocat général, doit être, il me semble, justement critiqué. Il est facile à tout œil impartial de voir que
l'arrêt a méconnu la vérité des faits lorsqu'il affirme que les
motifs du jugement n'ont pour objet que de caractériser
la possession : avant de caractériser la possession il faut
tout d'abord déclarer qu'elle existe, et c'est précisément
ce que le jugement attaqué s'était abstenu de faire, ne
fût-ce que par un mot.

Des considérations de fait peuvent seuls expliquer cette
décision : l'importance du litige était pour ainsi dire déri-
soire et le jugement attaqué parfaitement rendu au fond.
Dans ces circonstances la Cour suprême a peut-être hésité
à rendre les demandeurs responsables d'une faute impu-
table aux seuls juges d'appel, qui l'avaient commise malgré les parties.

Admettons cependant l'arrêt tel qu'il est : il ne prouve
rien en faveur de l'opinion que je combats, puisque, pour
rejeter le pourvoi, la Cour est obligée de feindre que le
jugement attaqué s'est fondé, après tout, sur la possession
annale.

§ 320. — D'autres arrêts plus récents de la Cour de cassation nous révèleront en quel sens se fixe sa jurisprudence :

« Attendu, dit un arrêt du 18 juin 1850 (S. V. 51, 1, 113),
« que si, dans une partie de ses motifs, le jugement atta-
« qué touche à des considérations tirées du fond du droit,
« l'ensemble des motifs *se rapporte* et *conduit* à un dispo-
« sitif qui statue uniquement sur le possessoire, ce qui
« suffit pour justifier le jugement. »

Le rapporteur (c'était encore M. Mesnard) s'exprimait
en ces termes : « Alors même que le motif ajouté par le
« jugement d'appel (motif tiré du fond du droit) donne-
« rait prise à la critique; cette critique ne saurait s'étendre
« jusqu'au dispositif qui se trouve pleinement justifié par
« les motifs *adoptés* de la sentence du juge de paix. » Le tribunal avait eu le soin de dire : adoptant au surplus les
motifs du premier juge. Citons enfin un autre arrêt du
4 janvier 1854 (S. V. 54, 1, 235) : Attendu que si *après avoir
reconnu et constaté l'absence de contestation sur la* POSSES-
SION du demandeur en complainte, le juge du possessoire
s'est préoccupé de certaines considérations qui tiennent
au fond du droit, ces motifs *surabondants* ne sauraient
vicier une décision qui a prononcé seulement sur la question de possession.

§ 321. — De tout cela il suit que les arrêtistes ont tort de
dire : le juge de paix ne cumule pas lorsqu'en statuant uniquement sur le possessoire, il se fonde sur des motifs qui
tiennent au fond du droit.

Oui, sans doute, cela est très-vrai, si, comme dans l'arrêt
qui précède, ces motifs sont *surabondants, si le juge de paix
a reconnu, par ailleurs, la possession.* Mais il violerait la
prohibition du cumul, même en employant aussi des motifs qui se rapportent au possessoire, si l'on voyait que c'est
à cause des motifs tirés du fond du droit, et à cause de
ceux-là seuls, qu'il a prononcé la maintenue possessoire.

A plus forte raison s'il s'est basé uniquement sur des
motifs qui n'ont rien de possessoire; c'est en ce sens qu'a

été rendu l'arrêt de cassation du 11 janvier 1865 (S. V. 65, 1, 88).

§ 322. — Dans ce cas il est tellement certain que la cassation est encourue, qu'on pourrait, ce me semble, la motiver, non-seulement sur l'art. 23, mais encore sur l'art. 141, C. pr. Il est en effet de jurisprudence constante résultant de nombre d'arrêts, qu'un jugement est nul pour absence de motifs, lorsque les motifs qu'il énonce ne se rapportent pas directement aux questions du procès posées dans le jugement lui-même. Or ici, la question de toute instance en complainte est de savoir qui a la possession annale. Le jugement qui se fonde, pour ordonner une maintenue possessoire, sur ce que la partie qui triomphe était propriétaire, se détermine dès lors par un motif qui n'a, avec la question à résoudre, aucun rapport direct ou indirect. De la propriété il n'y a, en effet, rien à conclure touchant la possession, puisque rien n'est plus facile que de les trouver séparées. *Nihil commune habet proprietas cum possessione.* Je ne vois pas trop ce qu'on peut objecter à cette observation, qui ne paraît pas avoir été présentée jusqu'ici par aucun auteur, du moins à ma connaissance.

§ 323. — Il existe, à mon sens, un procédé, pour ainsi dire mécanique, auquel on ne paraît pas avoir songé, et qui permet de discerner assez exactement si le juge du possessoire a cumulé le pétitoire dans les motifs de son jugement. Il suffit de prendre un à un ces motifs et de voir s'ils peuvent subsister en face de cette proposition que l'on considérera comme certaine dans l'espèce : celui qui est maintenu en possession n'est pas *fondé* en droit. Si le motif subsiste devant cette supposition, s'il n'est pas inconciliable avec elle, c'est que ce motif est véritablement possessoire et peut servir à déterminer le jugement. Si au contraire le motif que l'on compare ne peut s'accorder avec la supposition dont j'ai parlé, c'est qu'il est tiré du fond du droit, qu'il cumule le possessoire. Alors si *tous* les motifs échouent devant cette comparaison, le dispositif ne se trouve plus motivé que par des considérants tirés du fond du droit et l'art. 25 est violé. Sinon, s'il reste un seul motif debout, le jugement doit échapper à la censure de la Cour suprême.

§ 324. — Il nous reste à examiner une question bien délicate, sur laquelle depuis soixante ans l'on n'est pas encore arrivé à se mettre d'accord. Dans quelle mesure le juge du possessoire peut-il examiner et apprécier les titres produits? Une seule théorie bien nette a été présentée, c'est celle de M. Léon Wodon, dans son ouvrage sur la possession et les actions possessoires, où tant de principes longtemps méconnus ont été remis en lumière et solidement établis. Encore cette théorie pêche-t-elle, selon nous, sur plusieurs points, comme nous aurons l'occasion de le montrer.

Le juge de paix peut et doit consulter les titres dans bien des circonstances qu'on peut ainsi classer :

1° Pour déterminer si les faits de possession allégués ont été effectués *animo domini* ou à titre précaire; pour savoir si l'on a entendu user du droit de propriété ou d'une servitude; enfin si la possession a été exclusive ou exercée *pro indiviso;*

2° Quand un acquéreur prétend, pour compléter l'année de possession exigée, s'adjoindre celle de son auteur, le juge de paix doit examiner le titre d'acquisition. Doit-il même trancher la question de validité?

3° Quand il s'agit de servitudes discontinues et dans quelques cas analogues (art. 641), pour savoir si l'action possessoire est recevable;

4° Pour vérifier si la chose que l'on prétend posséder ne ferait pas partie du domaine public;

5° Enfin pour s'assurer si le fait qualifié trouble n'aurait

pas été autorisé par une convention entre parties, un jugement ou un acte administratif.

§ 325. — 1° Le juge de paix doit examiner les titres pour
savoir si les faits de possession allégués ont été effectués
animo domini. Supposez, en effet, qu'un bail soit produit,
il prouvera que le fermier n'a possédé que pour le bailleur,
et qu'à ce dernier seul appartiennent les actions possessoires, à moins que, depuis plus d'un an, le fermier n'ait
interverti son titre. Mais voilà qu'on vient prétendre que
le bail est nul; le juge de paix devra-t-il en apprécier le
mérite?

§ 326. — Et d'abord, le juge de paix est évidemment
compétent pour décider la question de savoir si le bail
allégué existe ou non, s'il est ouï ou non *applicable* à l'objet litigieux. En effet, ce qu'en définitive il faut connaître,
c'est le titre en vertu duquel on est entré en possession,
c'est l'*intention* qui a présidé à ces actes matériels d'appréhension. Si le bail existe réellement, s'il y a eu consentement des parties, si c'est en vertu du bail que le preneur
a mis la main sur un objet compris dans ce bail, ou que
du moins il croyait tel, alors ce fermier n'a pu posséder
que pour le bailleur, il n'a pas droit aux actions possessoires. On le voit, les investigations du juge se portent
ici tout entières sur un seul point. Quelle était l'intention
des parties? Juge de la possession, il est par là même
aussi juge des éléments de cette possession, de l'*animus*
comme du fait physique. Un des éléments qui caractérisent
le bail, c'est que le fermier consent à jouir au nom et
comme représentant du propriétaire. Eh bien! c'est l'existence de cet élément-là, et de lui seul, que le juge de paix doit
constater. Voilà pourquoi si le bail était nié il en pourrait
autoriser la preuve par témoins, ou même par de simples
présomptions, bien que, de droit commun, ce contrat doive
être prouvé par écrit. Ce n'est pas, en effet, la convention

de bail en elle-même, et encore moins les obligations qui en découlent, qui intéressent le juge du possessoire, ce qui lui importe, c'est l'intention des parties, c'est l'*animus* du possesseur ; du moment qu'il lui sera démontré que le détenteur n'exerçait que la possession d'autrui, il aura les éléments de sa décision ; du moment que la possession sera prouvée précaire, il importera fort peu que ce soit en vertu d'un acte de bail ou de tout autre titre qui engendre la précarité.

On conçoit dès lors que le juge de paix pourra rendre une sentence à l'abri de tout reproche. « Attendu, dira-t-il, « qu'il est démontré par les enquêtes que le demandeur a « commencé à posséder à titre précaire..... » Que pourrait-on objecter à une pareille décision ? C'est un principe constant que le juge de paix, comme tout autre juge, dès qu'il est compétent pour connaître d'une action, le devient également pour apprécier le mérite de l'exception et des moyens, à moins que la connaissance ne lui en ait été enlevée par une disposition spéciale de la loi. (Cass., 22 juillet 1861, D. P., 61, 1, 306.) Or, il s'agit ici d'une action possessoire, la possession peut se prouver par tous les modes de preuve possibles ; donc l'existence même du bail peut être prouvée de toute manière. Remarquons-le bien et répétons-le encore une fois, ce n'est pas l'*existence du bail* comme *convention productrice d'obligations* que le juge doit vérifier ; c'est l'existence d'une *convention quelconque* qui reconnaît la possession au profit de l'une des parties, en constituant l'autre en état de précarité. Sur cette matière le juge du possessoire est essentiellement compétent, puisqu'autrement on le réduirait à ne pouvoir connaître que d'un état de pur fait, sans pouvoir en vérifier les caractères ; et la loi, en ne déclarant la possession utile que si elle n'est pas précaire, lui a, par là même, attribué le pouvoir de vérifier cette circonstance par tous les moyens qui peuvent servir à prouver la possession elle-même.

Dès lors on comprend que la question de validité du titre ne puisse même pas s'élever ici. Un bail, même non valable, même consenti par un mineur, par un interdit si l'on veut, n'en exclut pas moins chez le fermier l'*animus domini*. Pour acquérir la possession, il faut que le mineur lui-même ait cet *animus,* qu'il veuille posséder pour lui et non pour autrui ; et cette intention est précisément exclue par la convention de bail, nulle si l'on veut, mais qui n'en existe pas moins à l'état de fait, de fait exclusif de l'*animus domini*.

J'en dirais tout autant si le bail avait été consenti au véritable propriétaire de la chose ; tout propriétaire qu'il était, il est certain qu'il a entendu posséder pour autrui, et l'on sait que ceux qui ont commencé à posséder de cette manière ne peuvent se prétendre possesseurs juridiques qu'autant qu'ils auraient interverti leur titre.

Ce que j'ai dit du bail doit s'appliquer naturellement à toute convention qui crée une détention précaire.

§ 327. — Rien n'est plus utile à consulter que le titre, lorsqu'il s'agit de savoir si c'est une servitude ou le droit de propriété qu'on a entendu exercer. Deux personnes ont fait des actes de pacage sur un même fonds : en principe, ce n'est là que l'exercice d'une servitude. Mais si l'une des parties représente un titre qui lui attribue la propriété du fonds litigieux, elle sera réputée avoir possédé seule à titre de propriétaire et obtiendra gain de cause, toutes choses égales d'ailleurs. Peu importe, on le comprend, que le titre soit valable ou non, qu'il émane ou non *a vero domino ;* puisqu'on peut fort bien posséder comme propriétaire sans aucun titre, à plus forte raison lorsqu'on en produit un ; car il est incontestable qu'un titre même nul, même émané *a non domino,* révèle chez celui qui l'a, l'intention d'agir en maître.

§ 328. — Enfin, si l'un prétend à une possession exclusive, l'autre à une possession *pro indiviso* ou promiscue, il arrivera souvent que les titres produits indiqueront d'une manière certaine quelle a été la véritable intention du possesseur. Je ne pense pas que tous ces points soient susceptibles d'une controverse sérieuse.

§ 329. — 2° Quand un acquéreur, pour compléter l'année exigée, prétend joindre à sa possession celle de son auteur, le juge de paix doit examiner le titre d'acquisition. Il doit même, selon moi, ne lui attribuer d'effet qu'autant qu'il est valable. La question peut se présenter dans deux hypothèses.

Imaginons d'abord que le conflit s'élève entre un prétendu aliénateur et un soi-disant acquéreur ; il faut aussi supposer que l'acquéreur ait été mis en possession. L'hypothèse inverse sera examinée sous le chapitre des troubles possessoires, § 353.

Voilà donc l'acquéreur en possession et une action possessoire intentée par l'aliénateur. Il est clair qu'elle ne saurait réussir. En faisant tradition, il a perdu la possession, non-seulement *corpore,* mais encore *animo;* il y a renoncé, et l'on ne saurait avoir d'action possessoire quand on a volontairement abdiqué la possession. Que le titre soit nul, valable ou rescindable, peu importe, on le conçoit dans notre hypothèse.

Cependant, et ce point est très-important, si l'aliénateur était incapable de perdre sa possession *animo,* on conçoit que la tradition qu'il aurait faite serait nulle. Dès lors, tant que l'acquéreur n'aurait pas acquis de son chef la possession annale, la complainte de l'aliénateur réussirait contre lui. Cet aliénateur dirait en effet : Je possédais depuis plus d'un an, donc j'ai la complainte contre vous qui occupez mon bien.

En vain l'acquéreur répondrait-il : « Mais j'ai le droit de « joindre votre possession à la mienne. » L'aliénateur répliquerait: non, pour cela il eût fallu que j'eusse renoncé en votre faveur à ma possession, et cette renonciation je n'ai pu la faire, j'en suis incapable. On voit qu'ici nous n'abordons pas encore la question de validité du titre, puisqu'il s'agit seulement de savoir si la tradition, la renonciation à la possession, était possible de la part de l'aliénateur, s'il a pu perdre la possession par l'*intention;* et ici le juge de paix est essentiellement compétent, puisqu'il ne s'agit, après tout, que de vérifier si la possession a été perdue de fait et d'intention, ou seulement de fait.

§ 330. — Supposons maintenant que l'acquéreur, toujours mis en possession depuis moins d'un an, veuille intenter la complainte contre l'aliénateur qui le trouble. Pourra-t-il lui dire : Je suis possesseur annal, car j'ai le droit de joindre votre possession à la mienne? Et d'abord il ne pourrait tenir ce langage si l'aliénateur qui a fait tradition était incapable de perdre la possession *animo.* Dans ce cas en effet, il ne peut être question d'*accession* de *possession,* ainsi que je viens de le montrer.

Mais si l'aliénateur était capable, la question deviendrait très-délicate, car pour moi je n'admets la jonction de deux possessions qu'autant qu'elles sont réunies par un titre *valable.*

M. Wodon, que je vais essayer de réfuter, émet une autre théorie : pour lui la validité du titre importe peu, tout réside dans la tradition, et si elle a pu être utilement faite, cela suffit pour que les deux possessions doivent être jointes. Il élude ainsi une grave difficulté : le juge de paix peut-il trancher la question de validité des titres ?

Eh bien non! la tradition, même valablement faite, n'est pas tout.

La possession, nous le savons, ne se transmet pas, c'est une possession nouvelle qu'on acquiert; quand le possesseur change, il y a deux possessions distinctes. La loi, par une disposition spéciale, permet de les joindre pour compléter soit le temps de la prescription, soit l'année requise pour intenter la complainte. Mais il faut pour cela qu'il existe entre l'aliénateur et l'acquéreur un lien juridique, et j'ajouterai un lien juridique *valable*. Comprendrait-on par exemple que je puisse joindre à la possession que j'ai d'un fonds, celle de mon auteur de qui je l'ai reçue par une donation verbale ou par acte sous seing privé? Le juge du possessoire est évidemment compétent pour décider s'il existe réellement un lien juridique entre les deux possessions; j'ajoute que, pour que l'accession se produise, *il faut que le lien soit valable.*

§ 331. — M. Wodon s'est servi avec succès du droit romain : il paraît faire de ses principes le cas qu'ils méritent; cela me donne l'espoir de le toucher par deux arguments empruntés aux écrits des jurisconsultes de Rome. La loi 2, § 16, Dig., XLI, 4, prévoit cette hypothèse : J'ai acheté un fonds d'un furieux que je croyais sain d'esprit; j'usucaperai, dit Paul; cela a été admis par une raison d'utilité pratique (*utilitatis causa),* quoique la vente *soit nulle,* et que, *par conséquent,* il n'y ait pas d'*accession de possession.* Ainsi, point d'accession lorsque le titre d'acquisition est infecté d'un vice de nullité.

Mais le droit romain nous fournit une autre solution plus concluante encore, s'il est possible. On sait que l'ancien interdit *utrubi,* relatif aux meubles, avait une analogie fort remarquable avec nos actions possessoires modernes, en ce que ce n'était pas le possesseur *actuel* qui triomphait, comme dans les autres interdits, mais bien celui qui avait possédé le plus longtemps dans l'année précédente. On sait aussi que, pour calculer le temps de possession, on pouvait user du bénéfice de l'accession, et joindre à la sienne propre la possession de son auteur, quel que fût le titre d'acquisition, même si c'était une donation. (Gaius, IV, § 151.) D'un autre côté, on sait aussi qu'une certaine loi *Cincia* annulait les donations qui dépassaient un certain taux : seulement cette nullité ne pouvait être opposée que par voie d'exception et non pas par voie d'action, c'est-à-dire que le donateur qui avait exécuté la donation se trouvait généralement sans ressource. Cependant le paragraphe 91 des fragments du *Vatican* nous apprend que le donateur qui avait livré le meuble donné pouvait, tant qu'il n'avait pas laissé le donataire posséder six mois, reprendre le meuble donné par le moyen de l'interdit *utrubi,* puisqu'alors sa possession dans l'année était plus longue que celle du donataire.

Je me suis demandé, n'ayant trouvé cette remarque nulle part, comment cette solution pouvait s'accorder avec les principes de l'accession. Le donataire, actionné par l'interdit, ne pouvait-il pas répondre : « Vous ne pouvez m'opposer votre possession; vous êtes mon auteur; j'ai le « droit de joindre votre possession à la mienne, et de la « sorte je me trouve toujours avoir possédé plus longtemps « que vous. » Il est hors de doute, puisque le texte nous affirme que le donateur obtenait gain de cause, que ce donateur devait répliquer par l'exception de la loi *Cincia,* et dire : Vous ne pouvez invoquer l'accession, car la donation est nulle. De là résulte de toute nécessité une conséquence bien remarquable : le juge du possessoire, à Rome, devenait juge de la validité ou de la nullité de la donation; il devait décider si elle excédait ou non le taux autorisé par la loi! Pourtant nous savons que nulle part on ne distinguait mieux qu'à Rome le possessoire du pétitoire.

42

Donc il faut bien dire que dans l'hypothèse que nous avons posée, à savoir, d'un aliénateur capable qui a fait tradition d'un fonds en vertu d'un acte nul ou annulable, en lutte avec son acquéreur qu'il est venu troubler dans l'année, dans cette hypothèse, dis-je, le juge de paix devra forcément apprécier le titre et ne donner à l'acquéreur la complainte que s'il est valable.

§ 332. — Et ce ne serait pas là, selon moi, cumuler le possessoire avec le pétitoire ; employons en effet le procédé indiqué plus haut ; le juge de paix, dans ses motifs, s'exprime ainsi : *Attendu que le titre d'acquisition du demandeur n'est pas valable,* que, par conséquent, il ne peut profiter de la possession de son auteur ; que sa possession personnelle n'est pas annale, etc...... Comparons ce motif avec la proposition suivante : Le défendeur (qui obtient gain de cause) n'était pas propriétaire.... On voit que ces deux propositions n'ont rien d'inconciliable ; il peut très-bien se faire, en effet, que le vendeur (défendeur) ne fût aucunement propriétaire du fonds aliéné : cela ne peut en rien modifier le motif ni la solution. Le fonds du droit, que le juge de paix ne doit pas toucher, ce n'est pas, en effet, pour nous, la question de *validité des titres,* c'est la question de *propriété,* et l'on voit que, dans notre espèce, elle n'est tranchée ni de près ni de loin, puisqu'il peut se faire que ni le vendeur ni l'acquéreur ne soient propriétaires.

Autre chose serait d'examiner, par exemple, si les titres produits émanent ou non du véritable propriétaire. Ce serait là toucher le fond du droit, comme nous le verrons dans la suite.

L'opinion du prince de nos jurisconsultes anciens vient ici étayer ces idées. Dumoulin *(Commentaire sur la Cout. de Paris,* tit. *des Complaintes)* distinguait, en effet, entre le *pétitoire réel* et le *pétitoire personnel.* Le *pétitoire réel,* c'était l'action en revendication, celle par laquelle on pré-

tend être propriétaire ou maître d'une servitude. Le *pétitoire personnel* c'étaient les actions en nullité ou en rescision des contrats. Suivant Dumoulin, ce n'était que pour
le *pétitoire réel* qu'avait été portée la prohibition du cumul,
mais quant à l'autre, les juges pouvaient et devaient
même le juger en même temps que le possessoire.

Rien n'est plus exact, il me semble, rien ne prouve
mieux que le pétitoire qu'il ne faut pas cumuler, ce n'est
que la question de propriété dont il ne faut pas faire dépendre la question de possession. Mais pour la validité ou
la nullité des titres, le juge du possessoire est compétent
pour la résoudre, mais, je me hâte de l'ajouter, il n'est
compétent que s'il est *indispensable* de trancher cette question pour savoir à qui appartient la possession.

Or, puisqu'il faut un titre valable pour que l'accession
de possession puisse être invoquée il résulte de là, jusqu'à
l'évidence, selon moi, que le juge du possessoire doit examiner si les titres sont valables, puisque sans cela il est
impossible de savoir si deux possessions peuvent être utilement jointes.

Mais toutes les fois qu'il ne sera pas *indispensable* de
trancher la question de validité des titres pour connaître
où est la possession annale, il est bien entendu que le juge
de paix sortirait de son rôle en venant s'y immiscer.

Si l'on n'admettait pas le système que je propose, le juge
de paix ne pourrait que se dessaisir ou surseoir; et l'on
tomberait ainsi dans un écueil bien plus dangereux que
celui qu'on veut éviter, puisque, dans le premier cas, le
possessoire ne serait pas jugé du tout, et que, dans le second, il ne le serait qu'après le pétitoire, contrairement au
vœu des art. 26 et 27, C. pr., ce qui reviendrait encore à ne
rien statuer sur la possession, puisque le pétitoire une fois
jugé ce serait une singulière superfétation que de revenir
au possessoire.

Encore une fois, le juge de l'action est aussi le juge de l'exception et des moyens : voilà le principe dont je ne veux pas sortir.

§ 334. — Si nous supposons maintenant deux acquéreurs successifs en lutte, les règles posées ci-dessus nous mèneront à des solutions faciles.

Aucun d'eux n'a la possession annale de son chef. Pourra seul intenter la complainte celui qui représentera un titre valable en lui-même, et qui, en outre, aura le premier été mis en possession de la chose ; car, d'un côté, pas d'accession sans titre valable, et de l'autre, celui à qui la tradition a été faite en dernier lieu, ne peut invoquer la possession de son auteur, puisque ce dernier l'avait déjà perdue à l'époque où il a feint de la lui céder.

§ 335. — Nous avons cité trois autres cas dans lesquels le juge de paix doit apprécier les titres ; nous ne pouvons nous en occuper dans ce chapitre, et nous allons faire un renvoi pour chacun d'eux.

3° En cas de servitudes discontinues (voir § 402) ;

4° Pour savoir si le fonds litigieux ne fait pas partie du domaine public (voir § 448-461) ;

5° Pour s'assurer si le fait qualifié trouble ne serait pas autorisé par une convention, etc. (voir § 353).

CHAPITRE III

De la préséance du possessoire sur le pétitoire.

§ 336. — Le possessoire doit être jugé avant le pétitoire, tel est le principe général qui a inspiré aux rédacteurs du Code de procédure les art. 26 et 27.

Ces articles sont ainsi conçus :

Art. 26. — Le demandeur au pétitoire ne sera plus recevable à agir au possessoire.

Art. 27. Le défendeur au possessoire ne pourra se pourvoir au pétitoire qu'après que l'instance sur le possessoire
aura été terminée. Il ne pourra, s'il a succombé, se pourvoir
qu'après qu'il aura pleinement satisfait aux condamnations prononcées contre lui. Si néanmoins la partie qui les
a obtenues était en retard de les faire liquider, le juge du
pétitoire pourra fixer pour cette liquidation un délai après
lequel l'action au pétitoire sera reçue.

§ 337. — Expliquons d'abord l'art. 26 :

Le demandeur qui s'est pourvu au pétitoire ne peut plus
intenter l'action possessoire ? Que faut-il entendre par le
mot *demandeur ?* Une citation en conciliation n'étant pas
une demande introductive d'instance, n'empêchera point
d'agir au possessoire. Il en est de même d'une allégation de
propriété faite devant un tribunal répressif. La question
de propriété dont on excipe implique celle de la possession,
et le renvoi est demandé à fins tout à la fois possessoires ou
pétitoires. Aussi tous les auteurs sont-ils d'accord pour critiquer un arrêt de la Cour de cassation de France du
18 août 1823, qui l'avait autrement décidé.

Si le demandeur se désiste de son action pétitoire et que
ce désistement soit accepté par le défendeur, selon les règles
de l'art. 402, C. de pr., il me paraît juste de décider que
l'action possessoire pourra être intentée par le demandeur
qui s'est désisté au pétitoire. Nous verrons tout-à-l'heure
le motif de cette décision.

Si la demande au pétitoire était rejetée, si le défendeur était déclaré fondé en droit, il est clair que le demandeur n'aurait plus la ressource du possessoire ; le litige serait définitivement vidé. Mais il peut se présenter une
question plus délicate : un jugement d'incompétence a
peut-être été rendu, et le demandeur débouté pour ne

s'être pas adressé au juge qui devait connaître de l'affaire, pourrait-il revenir au possessoire? Résoudre cette question négativement, comme l'a fait un arrêt de la Cour de cassation du 15 novembre 1865 (S. V. 66, 1, 97), me semble bien dur. Ici le cumul des deux actions, pétitoire et possessoire, même intentées devant deux juridictions différentes, n'est pas possible; la loi du non-cumul est donc respectée; d'un autre côté rien n'a été décidé sur le fond du droit, puisque l'incompétence a été déclarée; voilà pourquoi je ne puis souscrire à l'arrêt sus-indiqué, qui n'a du reste tranché la question que d'une manière incidente.

§ 338. — Quel est le motif de l'art. 26 ? L'on dit souvent qu'en agissant au pétitoire le demandeur a, par là même, renoncé à la possession, qu'il a reconnue au profit du défendeur. Rien n'est moins exact. En droit romain la solution opposée était admise sans conteste, et c'était trop juste : *Non denegatur interdictum uti possidetis ei qui cœpit rem vindicare. Non enim videtur possessioni renunciasse qui rem vindicavit.* (L. 12, § 1, Dig., XLI, 2.)

Aujourd'hui la conséquence est abolie, le possessoire est refusé à celui qui s'est pourvu au pétitoire, mais le principe est resté debout; si le possessoire est refusé, c'est par une raison d'organisation judiciaire et d'ordre public; on a voulu empêcher que les deux actions puissent être instruites en même temps, même devant deux juridictions différentes : c'est le principe du non-cumul qui reçoit ici son application la plus large. Que servirait au juge de paix de statuer sur le possessoire quand le pétitoire est déjà engagé, quand le rôle des parties demandeur et défendeur est définitivement fixé et ne peut plus être changé; quand celui à qui incombe le fardeau de la preuve ne peut plus en être déchargé? Mais encore une fois, la possession n'a pas changé de mains, elle reste là où elle était en fait, nous en pouvons donner une double preuve. La Cour de Bastia et

la Cour de cassation ont formellement décidé que la demande au pétitoire ne supposait aucune renonciation à la
possession, que, même dans cette hypothèse, la prescription pouvait être utilement invoquée. (Cass., 9 juin 1852,
D. P., 53, 1, 166 ; Bastia, 6 janvier 1857, D. P., 58, 2, 35.),

En outre, la jurisprudence, aujourd'hui fixée sur ce
point, permet au possesseur, qui s'est tout d'abord porté
demandeur au pétitoire, de former contre le défendeur
une instance possessoire, même avant le jugement du pétitoire, pour troubles postérieurs à l'introduction de cette
dernière action. (S. V. 63, 1, 474.) Ainsi, ce que l'art. 26
prohibe, c'est l'action possessoire introduite par le demandeur au pétitoire pour troubles antérieurs à l'action sur le
fond du droit. De ce qui précède, nous arrivons tout naturellement à conclure que l'art. 26, dont le texte est d'ailleurs muet sur ce point, ne s'applique pas au défendeur
dans l'instance pétitoire.

Et d'abord, pour les troubles qui se produisent *pendente
lite,* rien ne l'empêche évidemment d'avoir recours à la
voie possessoire.

Et pour ceux qui auraient précédé l'introduction de
l'instance au fond on comprend qu'il ne peut dépendre du
demandeur de se soustraire, en intentant l'action, aux
condamnations qu'il a méritées en troublant indûment la
possession du défendeur.

Puis, cette action possessoire aura encore pour but de
déterminer entre quelles mains se trouve la possession des
parties ; parce qu'on est défendeur cela ne prouve pas
qu'on soit possesseur ; ce rôle n'a qu'un avantage, celui de
rejeter la preuve sur celui qui agit ; voilà pourquoi nous
nous sommes gardé de ranger la dispense de faire la
preuve parmi les avantages de la possession.

Ainsi, en définitive, la prohibition de l'art. 26 ne s'applique qu'au demandeur, et encore alors seulement qu'il s'agit de troubles antérieurs à l'instance pétitoire.

§ 340.—L'art. 27, dont nous connaissons déjà les termes, vient ajouter une nouvelle sanction à la règle qui veut que le possessoire ait la préséance sur le pétitoire; lorsque l'action possessoire a été intentée il n'est pas permis à l'une des parties de quitter la lice avant que la sentence n'ait donné la victoire à l'une d'elles, et lorsque la sentence est rendue le vaincu doit l'exécuter en entier avant que de se pourvoir devant les juges du fond du droit.

Nous n'avons pas distingué entre le demandeur et le défendeur, pourtant l'art. 27 ne semble parler que de ce dernier.

Mais ici, il faut consulter l'esprit de la loi; l'ordonnance de 1667 s'appliquait aux deux parties, et le législateur a formellement déclaré qu'il n'entendait pas s'en écarter : dans les discussions au Corps législatif on a parlé du demandeur comme du défendeur; enfin, l'on sait que le but de la loi, comme celui de l'ordonnance, est de prohiber le cumul; or, si le demandeur au possessoire pouvait, *pendente lite,* intenter l'action pétitoire, la règle de la préséance et du non-cumul serait manifestement violée.

§ 341. — Dans le cours de l'instance pétitoire il peut survenir, de la part du demandeur comme du défendeur, une action possessoire qui entraînera certaines condamnations : faudra-t-il qu'elles soient liquidées en vertu de l'art. 27 pour que l'instance pétitoire puisse être reprise par la partie qui les aura encourues? Je ne le pense pas, la loi a défendu de se pourvoir au pétitoire; or, par le mot *pourvoir,* le législateur n'a pu prévoir que l'introduction d'une action et non la continuation d'une instance déjà entamée.

Enfin quelle sera la sanction? Le tribunal civil doit refuser toute audience à celui qui aurait enfreint les prescriptions de l'art. 27. Cependant l'exploit d'assignation ne serait pas nul; aucun texte, en effet, ne prononce cette nullité; mais la question devient plus délicate quand on se demande si l'exception proposée en vertu de l'art. 27, est péremptoire ou seulement dilatoire, en d'autres termes, pourrait-elle être couverte par une défense au fond ? J'hésite à le croire, malgré l'autorité de certains arrêts; il me semble que l'art. 27, qui a pour but d'empêcher le cumul, est basé sur un motif d'ordre public et que par conséquent l'exception qui en résulte pourrait être invoquée en tout état de cause.

Si le vainqueur au possessoire était en retard de faire liquider les frais, le demandeur au pétitoire pourrait, sur son assignation même ou par des conclusions y ajoutées, faire fixer par le tribunal civil un délai, passé lequel son action serait reçue malgré que les frais de l'instance possessoire ne fussent pas encore liquidés.

Ainsi, et en résumé, le *possessoire* a la *préséance* sur le *pétitoire.*

§ 342. — Mais il y a deux actions possessoires distinctes, la complainte et la réintégrande; sont-elles exclusives l'une de l'autre, ou bien au contraire, après avoir succombé sur l'une peut-on encore intenter la seconde ?

Supposons d'abord que le demandeur en complainte ait succombé : il ne me paraît pas douteux, malgré l'opinion de MM. Poncet, Chauveau et Léon Wodon, que la réintégrande puisse lui compéter. Les deux actions, dit-on, ont le même but; je veux bien l'admettre, mais pour moi la question n'est pas là. Il s'agit de savoir si elles reposent sur les mêmes moyens : la réponse à cette question ne peut être que négative. Quand on intente la complainte, on dit : en vertu de ma *possession annale,* la libre disposition de tel héritage doit m'être restituée. Or, il est reconnu que je n'étais pas possesseur annal, par suite ma demande est repoussée : ne paraît-il pas tout naturel que je puisse revenir à la charge et dire : eh bien soit! je ne suis pas possesseur annal, mais du moins j'avais la détention, et l'on m'a expulsé par violence? N'est-il pas vrai de dire qu'alors j'intente une action dont le but est analogue, je le veux bien, mais qui repose sur des moyens tout nouveaux, absolument comme après avoir revendiqué sans succès un héritage dont je me prétendais acquéreur, je puis fort bien le réclamer de nouveau comme m'appartenant à titre d'héritier?

§ 343. — Par un raisonnement analogue j'admettrai que le demandeur qui n'a pas réussi en intentant la réintégrande, peut obtenir gain de cause en formant la complainte.

Il s'était prétendu dépossédé par violence, il concluait à sa réintégration, il a été débouté parce que le juge n'a pas reconnu dans les faits allégués les caractères de la violence; ne peut-il pas revenir invoquer un nouveau titre, celui de possesseur annal et dire : qu'il y ait ou non violence, il n'en est pas moins vrai que depuis plus d'un an j'avais la possession, et que depuis moins d'un an je l'ai perdue; je ne vois pas quelle raison on peut opposer à ce langage qui me paraît fondé sur une utilité pratique incontestable autant que sur une saine logique.

§ 344. — Examinons maintenant le cas où le *défendeur aurait succombé*. Si c'est sur la complainte, il est évident qu'il n'a plus d'autre voie à prendre que celle du pétitoire. Il est impossible de comprendre comment il pourait agir en réintégrande, car, puisqu'il a été condamné sur la complainte, c'est qu'il avait, en troublant son adversaire, acquis une possession qu'il a été condamné à restituer.

Mais le défendeur qui est condamné sur la réintégrande peut fort bien agir ensuite en complainte. C'est peut-être le possesseur légitime, annale, qui n'a eu qu'un tort, celui de reprendre son bien de force et de se faire, par violence, justice à lui-même. Remarquons bien toutefois qu'il ne saurait jamais lui être permis de répondre à l'action en réintégrande par une complainte reconventionnelle; qu'il restitue ce qu'il a pris par violence, ensuite il fera valoir les droits qui découlent de sa possession.

CHAPITRE IV

De la capacité personnelle en matières d'actions possessoires.

§ 345 — Il nous reste, pour en avoir fini avec les notions générales, à exposer quelle est la capacité personnelle en matière d'actions possessoires.

Nous savons que le possesseur seul peut en général les intenter, mais il est des cas où un autre les exerce pour lui; ce sont ces cas que nous allons examiner.

Le principe supérieur qu'il importe de dégager avant d'entrer dans les applications de détail, est celui-ci : l'exercice de l'action possessoire est une mesure conservatoire qui ne compromet en rien la propriété et qui appartient à tout administrateur.

C'est ainsi que les tuteurs des mineurs et des interdits peuvent agir au possessoire, même sans autorisation du conseil de famille, bien que les actions puissent être considérées comme *relatives aux droits immobiliers* du pupille ou de l'interdit. C'est un point désormais hors de toute controverse.

Par la même raison, le mineur émancipé n'aura pas besoin de l'assistance de son curateur, il en serait autrement du prodigue, parce que la loi lui défend *de plaider* d'une manière générale et qui ne souffre aucune exception.

Le mandataire chargé d'administrer les biens immeubles aura aussi la capacité d'agir au possessoire. Nous en dirons autant du mari, relativement aux biens de sa femme, à deux exceptions près :

1° Pour les biens paraphernaux sous le régime dotal ;

2° Pour tous les immeubles de la femme, quand il y a séparation de biens.

Pour les mêmes raisons, l'action possessoire appartiendra :

En matière d'absence, au curateur (art. 112, C. civ.), à l'envoyé provisoire, à l'envoyé en possession définitive ;

En matière de société, à celui qui est chargé de gérer, ou, à son défaut, s'il s'agit d'une société civile, à l'un des associés, du consentement des autres ;

En matière de faillite, aux syndics.

En matière de succession, à l'habile à succéder, et, remarquons-le bien, s'il a soin d'indiquer qu'il n'agit que comme *habile à succéder*, il ne se liera pas à la succession par l'exercice de cette action, qui doit être considérée comme une mesure purement conservatoire.

§ 346. — Les personnes morales étant perpétuellement en tutelle, ne peuvent par elles-mêmes intenter même les actions possessoires.

C'est l'affaire de leur représentant. Ainsi le maire, appuyé d'une délibération du conseil municipal, intentera la complainte au nom de la commune. Il n'aura même pas besoin de l'autorisation du conseil de préfecture, en vertu de la loi du 18 juillet 1837, dont l'art. 55 est ainsi conçu : Le maire peut toutefois, sans autorisation préalable, intenter toute action possessoire ou y défendre..... Mais on s'est demandé si, pour trancher appel, l'autorisation ne serait pas nécessaire, en vertu de ce principe général, que l'autorisation de plaider est exigée pour chaque degré de juridiction, surtout en présence de cette idée qu'ici on ne peut plus invoquer l'urgence, malgré l'autorité de MM. Belime et Dalloz.

Je ne crois cependant pas que l'autorisation soit indispensable. Sans doute elle est nécessaire pour l'appel quand elle est exigée pour intenter l'action, mais nous nous trouvons ici précisément dans un cas où on peut intenter l'action sans l'avoir obtenue. D'un autre côté, la disposition de l'art. 55 de la loi est tout-à-fait général, elle comprend, selon nous, les actions actives et passives, exercées ou suivies, dans les deux degrés de juridiction. Cette opinion s'appuie sur un arrêt de cassation du 2 février 1842. (D. A., v° *Act. poss.*, n° 566, note 1.)

Une question très-délicate est celle de savoir quels sont, en cette matière, les droits des habitants d'une commune agissant *ut singuli*. Nous devons la réserver jusqu'à la fin de cette étude.

CHAPITRE V

De la Complainte.

§ 347. — La complainte est une action possessoire par laquelle le possesseur annal, agissant dans l'année du trouble, est maintenu ou réintégré dans sa possession.

Cette action diffère de l'interdit *uti possidetis* des Romains en deux points principaux : 1° Elle n'est pas donnée au possesseur actuel, mais au possesseur annal; 2° elle est à la fois *retinendœ* et *recuperandœ possessionis,* en ce sens qu'elle est utile même en cas de dépossession totale.

Malgré ces différences et beaucoup d'autres moins radicales, elle ne laisse pas d'avoir avec l'interdit dont nous venons de parler de profondes analogies.

Si l'on a exigé, pour l'exercer, une possession, non pas d'un moment, mais d'une certaine durée, cette réforme, due à une cause purement historique, n'en est pas moins très-heureuse au point de vue philosophique. Lorsque l'ordre établi par la civilisation romaine eut disparu sous le flot de l'invasion germanique, il ne fut plus possible, au milieu de la confusion des biens, et lorsque toute sécurité avait disparu, de protéger le possesseur *actuel* qui, souvent, n'était qu'un usurpateur. L'on n'accorda le titre de possesseur légitime qu'à celui dont la possession avait duré un certain temps, et ce temps fut fixé à un an. Cette idée se trouvait déjà en germe dans le droit romain, à propos de quelques servitudes *prœdiales*.

Le délai d'un an fut adopté par analogie de la saisine des fiefs, parce que la possession d'un an équivalait, en cette matière, à l'*investissement* opéré par le seigneur. De là notre action, qui, comme toutes les actions, s'appelait alors complainte, prit le nom de complainte en cas de *saisine* et de *nouvelleté*.

On nommait le trouble *nouvelleté*, parce que, s'il eût remonté à plus d'un année, il n'y aurait plus eu lieu à complainte.

§ 348. — Maintenant pourquoi, dans notre droit, la complainte peut-elle servir à recouvrer une possession perdue? Il n'en était pas ainsi avant le quatorzième siècle ; les actions possessoires se divisaient en trois branches :

1° Complainte en cas de *force,* c'était la *réintégrande;*

2° Complainte en cas de *nouvelle dessaisine,* c'était l'action possessoire, exercée hors le cas d'une violence matérielle, mais dans l'hypothèse où la possession avait été totalement perdue;

3° Complainte en cas de *nouveau trouble* ou de *nouvel-lelé*, c'était le véritable interdit *retinendæ possessionis*.

Pour intenter les deux premières actions, comme il fallait avouer que l'on avait perdu la possession, l'on exigeait une caution de la part du demandeur, c'était la procédure *d'applègement*. Mais au quatorzième siècle, Simon de Bucy, premier président du parlement, pour éviter cet inconvénient, introduisit une fiction, en vertu de laquelle celui qui avait été expulsé ou *dessaisi,* pouvait ne considérer l'expulsion ou la *dessaisine* que comme un simple trouble, et d'éviter ainsi de fournir caution.

Ainsi la possession, perdue en fait, était censée durer encore; c'est la fiction que l'art. 2243 a consacrée.

Pour intenter l'action de complainte, deux conditions sont requises :

1° Il faut avoir la possession annale et non vicieuse à l'égard de son adversaire;

2° Il faut avoir été troublé depuis moins d'un an.

Parlons tout d'abord du trouble possessoire.

SECTION I

Des Troubles.

§ 349. — On nomme trouble tout acte par lequel un individu porte atteinte à notre possession.

On distingue le *trouble de fait* et le *trouble de droit*.

Le trouble de fait consiste dans un acte matériel; le trouble de droit, au contraire, résulte d'un acte judiciaire ou extra-judiciaire.

Parlons d'abord du trouble de fait.

§ 350. — L'on a longtemps discuté la question de savoir si, pour donner lieu à l'action possessoire, le trouble devait emporter prétention à la possession de l'immeuble. La ju-

risprudence, aujourd'hui fixée sur ce point, donne une solution fort rationnelle : toutes les fois que le demandeur a
pu considérer l'acte de trouble comme un attentat à sa
possession, la complainte sera recevable. En un mot, et
pour adopter la formule très-exacte de M. de Savigny :
« Toute personne à laquelle nous pouvons reprocher d'a-
« voir troublé notre possession, a qualité pour défendre à
« l'action possessoire. » En vain le défendeur voudrait-il
prétendre que par l'acte incriminé il n'a entendu élever
aucune prétention à la possession, on comprend fort bien
qu'il n'était pas au pouvoir du demandeur de deviner son
intention ; mais, et cet argument est catégorique, qui nous
répond que cette intention n'était pas telle? L'allégation
du défendeur ne peut avoir ici aucune influence, elle porte
sur un fait intellectuel qui ne peut être connu que de lui-
même, comment lui serait-il permis, par une affimation
peut-être mensongère, de rendre incompétente la juridiction saisie? Que devant le juge de paix il reconnaisse ma
possession, cela n'empêche pas qu'il ne reste à vider la
question des dommages-intérêts, en supposant que le fait
de trouble soit avoué. (Cass., 16 avril 1833 ; — 21 avril
1834 et 15 juillet 1834.) Mais il est évident que l'acte d'un
maraudeur ne saurait engendrer l'action possessoire. Des
ouvriers, en opérant un chargement sur la voie publique,
brisent une chaîne et des bornes qui forment la clôture
d'un propriétaire riverain. Dans ce cas nous pensons, quoi
qu'en ait décidé un arrêt de requête du 16 avril 1833, que
l'action possessoire ne serait pas recevable, parce qu'il est
évident que cette voie de fait, commise par maladresse,
n'emporte aucunement l'idée d'attenter à la possession du
propriétaire. Conséquence : tout acte qui s'attaque directement au droit de propriété, mais sans affecter la possession, ne peut être pris pour trouble. Exemple : une action
en partage.

§ 351. — Au reste, il n'est pas nécessaire, pour qu'il y ait trouble, que l'acte incriminé ait été accompli sur le terrain du possesseur qui réclame. Ainsi mon voisin, en établissant des fenêtres, en plantant un arbre plus près que les règlements ou la loi ne le permettent, me trouble dans la possession de mon héritage.

Quant aux plantations en particulier, il paraît superflu, en général, d'intenter tout d'abord l'action possessoire. Le juge de paix est, en effet, compétent en vertu de l'art. 6, § 2, de la loi de 1838 pour juger, même au pétitoire, les contestations relatives à la distance prescrites pour les plantations ; il vaut donc mieux, dans la plupart des cas, le saisir directement de la question au fonds. Il peut arriver que la complainte survienne dans le cours d'une action en bornage. Ainsi, telle partie soutiendra que la borne doit être placée en tel endroit, parce que depuis plusieurs années elle a cultivé jusque-là. Nous ne voyons pas qu'une nouvelle assignation soit nécessaire. La question de possession vidée, il est possible, il arrivera même souvent que la propriété ne sera pas contestée, et que par conséquent l'action en bornage aboutira.

§ 352. — Est-il indispensable que le trouble ait causé préjudice? La Cour de cassation l'avait ainsi décidé pendant quelque temps. L'intérêt, dit-on, est la mesure de toute action ; il n'y a pas d'intérêt quand aucun préjudice ne s'est produit. Cette doctrine est aujourd'hui abandonnée par la Cour suprême. (Cass., 29 décembre 1858 et 6 avril 1859, S. V. 59, 1, 593.) On a fait observé, avec beaucoup de raison, qu'il y a toujours intérêt à faire constater sa possession vis-à-vis d'un adversaire qui semble y prétendre et qui, par ses actes, vous donne le droit de prendre, à son égard, vos précautions pour l'avenir. L'art. 23, du reste, n'a pas exigé que le trouble fût dommageable.

Par application de ce principe, il faut décider que si, en

44

dehors de toute atteinte matérielle au droit du possesseur, l'adversaire réplique à la demande en se prétendant investi de la possession, cette défense constitue, à elle seule, un trouble suffisant pour que l'action puisse être poursuivie. C'est ce que disait Imbert : « *Quant au trouble, n'est mestier de le montrer si le défendeur a défendu par contraires possessions, parce qu'en défendant il trouble.* » Cette idée a été consacrée tout récemment par un arrêt de cassation du 5 avril 1869. (S. V. 69, 1, 124.)

§ 353. — Une question des plus délicates est celle de savoir si la complainte est recevable lorsque le fait qualifié trouble a été autorisé par une convention passée *entre les parties ?*

Bien des espèces peuvent être imaginées, nous en avons examiné une en parlant de la perte de la possession des servitudes au § 276. Pour préciser nos idées, supposons le vendeur d'un héritage resté en possession après la vente ou l'époque fixée pour la délivrance. Nous supposons en outre, et ce point est important, que le contrat, soit explicitement, soit tacitement, permet à l'acheteur de se mettre lui-même en jouissance. Il le fait, le vendeur aura-t-il contre lui la complainte ?

Assurément non, et la raison est facile à trouver. Le vendeur n'est plus possesseur *annal*, l'acte de vente contient une renonciation à la possession, renonciation qui interrompt cette possession.

Il faut supposer, on le voit, que l'acheteur n'aura pas laissé écouler une année depuis le jour de la vente.

Ce serait en vain que l'aliénateur viendrait arguer la vente, ou pour généraliser, le contrat, de nullité; la nullité, si radicale qu'on la suppose, ne peut empêcher qu'il n'y ait eu renonciation à la possession, sauf dans un seul cas, celui où il émanerait d'un incapable qui, on le sait, ne peut perdre la possession par le seul effet de sa volonté.

Sous le bénéfice de ces importantes remarques, on peut dire, en règle générale, que le défendeur à l'action en complainte ne peut se soustraire à la condamnation en alléguant qu'il avait le droit d'agir comme il l'a fait. Dire : *feci, sed jure*, c'est aborder la question pétitoire qui ne peut être jugée que postérieurement. Ce principe a été consacré par de nombreux arrêts; citons entre autres : (Cassation, 16 juin 1868, S. V., 68, 1, 446 ; — *id.*, 6 avril 1859, S. V., 59, 1, 593 ; — *id.*, 11 août 1852, et 22 août 1849, S. V., 52, 1, 648.) Mais comme le dit fort bien M. L. Wodon, il en serait autrement si le défendeur prouvait que le droit dont il excipe exclut la possession du demandeur dans ses caractères légaux, ou le trouble dans son caractère de trouble possessoire, ou sert à appuyer ou à colorer une possession contraire.

§ 354. — Nous avons examiné la question dans le cas où le droit invoqué ressort d'un titre conventionnel.

S'il s'agit d'un titre légal, il me semble que le défendeur peut l'invoquer même au possessoire, toutes les fois qu'il n'existera pas chez l'adversaire une possession contraire nettement caractérisée. Ainsi, vous m'intentez la complainte parce que j'appuie des espaliers contre le mur qui sépare nos héritages. — J'oppose qu'en vertu de la loi il est présumé mitoyen, sauf marque du contraire. — Dès lors votre action doit être repoussée bien que je n'aie jamais joui du mur; c'était là pour moi une pure faculté contre laquelle on n'admet pas de possession. Je le possédais donc en communauté avec vous; l'art. 653, qui en déclare la mitoyenneté, m'en a transféré la copossession aussi bien que la copropriété.

Quant aux titres qui naissent d'un droit public sur une chose du domaine public destinée par sa nature à l'usage de tous, c'est une question délicate que celle de savoir si l'on pourrait voir un trouble dans le fait d'avoir usé d'un chemin vicinal, par exemple, dont un particulier se serait indûment emparé : nous la traiterons plus loin.

§ 355. — L'exécution d'un jugement, lorsqu'elle se fait contre la partie condamnée, ne peut évidemment être considérée comme un trouble possessoire; mais *quid* si on exécute contre une personne qui se prétend étrangère à la sentence rendue ?

Un arrêt de cassation du 7 février 1849 (S. V., 49, 1, 401) a décidé qu'un tiers pouvait prendre pour trouble l'exécution d'un jugement qui n'avait pas été rendu contre lui. Ainsi, et en vertu de cet arrêt dont la doctrine doit être suivie, tout individu possesseur annal qui se voit troublé dans cette possession par l'exécution d'un jugement dans lequel il n'a pas été partie, peut, au lieu de former tierce-opposition, agir simplement en complainte et rejeter le désavantage du rôle de demandeur sur celui qui veut faire exécuter ce jugement. Le juge du possessoire devra alors apprécier si oui ou non le complaignant a été partie au jugement intervenu pour décider si l'exécution de cette sentence constitue ou non un trouble à sa possession.

§ 356. — Enfin il est à remarquer que les actes de l'autorité agissant dans la sphère de ses attributions ne sauraient être pris pour trouble et dénoncés à la justice sans violer le principe de la séparation des pouvoirs. Si l'acte est inopportun, s'il est injuste, il faut le faire réformer, s'il est possible, en s'adressant à l'autorité supérieure, à moins que l'administration n'ait statué en excédant les bornes de sa compétence; mais les règles qui dominent cette matière spéciale ne pourront être clairement exposées que lorsque nous parlerons des choses du domaine public.

§ 357. — Il y aurait encore trouble de fait si le fermier ou l'usufruitier voulait rester nanti de l'immeuble après la fin du bail ou l'extinction de l'usufruit. Mais pour simple abus de jouissance de la part de l'usufruitier, la complainte ne saurait être intentée. Il n'y a pas là de débat sur la possession; l'une des parties ne jouit pas conformément à son titre : c'est le tribunal civil qui doit connaître de cette action.

§ 358. — Passons aux troubles de droit : Il y a trouble de droit toutes les fois que par un acte judiciaire ou extra-judiciaire, sommations, procès-verbaux, etc., l'on dispute ou conteste la possession, toutes les fois, en un mot, que l'acte fait supposer que celui dont il émane prétend à la possession. Si l'acte peut s'interpréter comme n'emportant qu'une prétention à la propriété il n'y a pas de trouble : par exemple, hypothéquer, vendre mon bien n'est pas me troubler dans ma possession. Mais *quid* si deux personnes se disputent au pétitoire le bien que je possède, puis-je intenter contre elles l'action possessoire ! Il faut répondre non. En effet, d'après l'arrêt de 1849 cité ci-dessus lors de l'exécution du jugement, la voie de la complainte me sera ouverte sans que je sois obligé de former tierce opposition. Si j'eusse été obligé de recourir à cette voie difficile, comme M. Belime l'a écrit, il serait logique d'admettre avec lui que, sans attendre l'issue du procès engagé, je pourrais former complainte contre les deux plaideurs ; mais la doctrine de la Cour de cassation une fois admise, cette solution ne peut plus être adoptée.

§ 359. — Si deux personnes se disputent mon bien au possessoire il est certain que je puis intervenir, car il est évident que toutes les deux contesteront ma possession, et cette contestation, on le sait, est un trouble. Mais si je puis intervenir, je n'y suis pas forcé. Il en était autrement sous l'ancien droit; la règle : *Complainte sur complainte ne vaut,* signifiait que je devais intervenir par opposition à l'action en complainte engagée entre deux personnes relativement à mon bien, sous peine de ne pouvoir agir au possessoire lorsque la partie victorieuse serait venue faire exécuter la sentence intervenue entre elle et son adversaire. Mais la règle dont nous parlons, n'ayant pas été reproduite par nos Codes, demeure par là même supprimée.

§ 360.— Il importe peu que le trouble de droit soit dirigé contre le possesseur lui-même ou contre son représentant. Celui qui signifie à mon fermier d'avoir à payer entre ses mains, me trouble; celui qui vend mon héritage ne me trouble pas. Le premier, en effet, entrave manifestement ma libre jouissance puisqu'il m'empêche de toucher mes fermages.

Il y a, entre les troubles de *fait* et les troubles de *droit*, cette différence capitale que les troubles de droit, qu'ils s'adressent à moi ou à mon représentant, ne peuvent jamais me faire perdre la possession. Cette vérité a été implicitement méconnue par un arrêt de cassation du 12 octobre 1824, à bon droit critiqué par Belime et Dalloz. A ce propos il faut signaler ici une singulière inadvertance de M. Léon Wodon : « Le trouble de droit, dit-il, doit être dirigé « contre le possesseur lui-même et non pas contre les détenteurs précaires qui possèdent pour ce dernier. »

Il est évident, au contraire, qu'une sommation faite au fermier peut fort bien être prise pour trouble. Il y a trouble dans tous les cas, seulement le trouble de droit ne peut jamais faire perdre la possession lorsqu'il s'adresse au détenteur précaire. On comprend même difficilement que, dirigé contre le possesseur, il puisse avoir cet effet exorbitant.

Dans l'espèce jugée par l'arrêt de 1824 (signification au fermier d'avoir à payer entre les mains du requérant qui se prétend propriétaire), outre les raisons exposées avec talent par M. Belime, § 143-146, pour prouver le mal jugé de l'arrêt, il en est une qu'on pourrait ajouter. Le trouble de droit, qui résulte pour le possesseur d'une semblable signification, est un trouble *continu* puisqu'à toute époque il peut empêcher le fermier de payer. Par suite l'action possessoire aurait dû être reçue même deux ans après la date de ces actes extra-judiciaires. Du reste, ne l'oublions pas, il y a trouble suffisant toutes les fois que devant le juge de paix l'on conteste la possession du demandeur.

Il est bon de dire dans la citation que l'on prend pour trouble telle sommation, tel procès-verbal.

SECTION II

De l'annalité de la possession.

§ 361. — Pour intenter la complainte il faut avoir la possession annale. L'année se compte à partir du second jour de l'entrée en jouissance, le *dies a quo* ne compte pas ; ainsi si le premier acte a été posé le 1er janvier 1870, l'année ne sera accomplie que le 2 janvier 1871, au commencement de la journée, c'est-à-dire après minuit. Tous ces délais doivent, en effet, se compter par jours et non par heures, en outre, l'art. 2243 dispose que la possession n'est interrompue naturellement que par une possession contraire de *plus d'un an;* ce qui suppose bien qu'il faut à l'usurpateur une possession de *plus* d'un an pour avoir droit à l'action possessoire.

§ 362. — Mais la possession annale n'est-elle exigée que contre l'ancien possesseur annal, qui a dû être dépossédé depuis plus d'une année, tandis que la possession *actuelle* suffirait à l'égard de celui qui n'a jamais été possesseur annal? Sous l'ancien droit, Duparc-Poulain faisait cette distinction encore suivie de nos jours par des auteurs recommandables, Carré-Chauveau, Merlin, Belime, et, chose remarquable, par le rédacteur du Code de procédure lui-même, Pigeau. Cependant, elle a été repoussée par un arrêt de cassation du 9 février 1837 (S. V. 37, 1, 609) et critiquée par la majorité des auteurs. Il est possible que, si l'on révisait le Code de procédure, il fût bon d'y introduire cette distinction, mais elle me semble tout-à-fait inadmissible en présence des termes catégoriques de l'article 23. Les actions possessoires *ne seront recevables* qu'autant qu'elles auront été formées.... par ceux que depuis *une année au moins,* etc.

§ 363. — Toutes les fois que, par accession, une chose vient se réunir à une autre, la possession annale du principal s'étend à l'accessoire. Tel est le cas d'une maison bâtie nouvellement sur un terrain que je possède depuis longtemps. Tel est celui de l'alluvion; j'en dirai autant de l'île née dans une petite rivière et qui appartient au riverain. Mais il en serait autrement de la portion reconnaissable d'un champ qui, par l'impétuosité des eaux, viendrait à être entraîné contre le fonds voisin : ici il faudrait une possession annale distincte.

§ 364. — Pour compléter l'année, on peut joindre à sa possession celle de son auteur. Il faut s'expliquer ici sur le sens de ce dernier mot.

La possession, nous l'avons vu, ne se transfère pas; quand un successeur succède à un autre, il y a deux possessions distinctes. La loi, il est vrai, permet de les joindre pour compléter le délai d'un an; mais il faut pour cela la réunion de plusieurs circonstances, que nous allons indiquer tout-à-l'heure.

Cette jonction peut être plus ou moins intime. Il est des cas où l'on admet qu'il n'y a qu'une seule possession qui se continue. C'est quand on la tient à titre d'héritier ou de successeur universel, ou à titre universel. De sorte que, si la possession de l'auteur était précaire, vicieuse, le successeur la continue avec les vices ou les qualités qu'elle avait. Si elle était précaire elle reste précaire.

S'agit-il, au contraire, d'un successeur à titre particulier : celui-là peut, à son gré et selon son utilité, invoquer la possession de son auteur ou ne pas l'invoquer; son titre d'acquisition vaut, s'il le veut, comme titre d'interversion ; d'un autre côté la loi lui permet de l'invoquer pour joindre à la sienne la possession de son auteur. Ainsi, pour l'héritier, il n'y a point jonction, mais continuation forcée de possession, tandis que pour le successeur à titre particulier il y a deux possessions distinctes dont la réunion n'est que facultative.

Ainsi, s'il s'agit d'un successeur à titre universel, d'un héritier par exemple, il ne pourra invoquer la possession du *de cujus,* si les biens ont été, depuis le décès et pendant plus d'un an, possédés par un tiers, un héritier putatif par exemple. Au décès du *de cujus* l'héritier se trouve, par la puissance de la loi, investi de la possession ; mais si un tiers vient à s'emparer de l'hérédité, et que cette usurpation, de bonne ou de mauvaise foi, dure un an, il y aura là une interruption que rien ne pourra effacer. Sans doute, si l'héritier réel obtient, par la pétition d'hérédité, la restitution des biens héréditaires, il pourra se prévaloir de la possession de l'héritier putatif, ainsi que nous le verrons tout-à-l'heure, et ainsi il remontera jusqu'au jour où cet usurpateur s'est mis en jouissance. Mais la possession de l'usurpateur ne se lie par aucun lien juridique à la possession du *de cujus,* puisque cet usurpateur n'était héritier qu'en apparence, en telle sorte que, dans ces conditions, l'héritier réel ne peut se prévaloir de la possession du défunt.

Ce résultat, fort grave au point de vue de la prescription, n'est d'aucune importance en ce qui touche les actions possessoires. En effet, de deux choses l'une : ou bien, comme nous venons de le supposer, la jouissance de l'usurpateur a duré plus d'un an, et alors l'héritier réel qui obtient restitution peut s'en prévaloir, devient ainsi possesseur annal et n'a, dès lors, que faire de la possession du défunt.

Ou bien la jouissance de l'héritier putatif n'a pas duré un an, et alors la possession du défunt, continuée dès le moment du décès par l'héritier réel, n'a pas subi cette interruption d'un an qui seule est importante dans notre droit.

Si la succession est vacante il est clair que le curateur qui l'administre n'est qu'un détenteur précaire possédant pour le compte de l'héritier réel. S'il n'y a pas de curateur, l'héritier réel, saisi au moment du décès, ne peut perdre la possession que par l'usurpation d'un tiers.

§ 365.— Pour que le successeur à titre particulier puisse joindre sa possession à celle de son auteur, quatre conditions doivent être réunies :

1° *Il faut que les deux possessions soient contiguës dans le temps, sans être séparées par une possession vicieuse ou étrangère.*

Cette condition n'a pas besoin d'explications.

2° *Les deux possessions doivent être non vicieuses et de même nature.*

Elles doivent être non vicieuses. Je ne veux pas dire par là que le vice empêche la jonction, mais il la rend généralement inutile. Si la possession de mon auteur est vicieuse, que me servira de l'invoquer? Je dis généralement, car à mon sens il est des cas où la jonction pourrait peut-être devenir utile. Ainsi Paul possède sans vice un fonds, il me le vend, et moi, craignant d'être inquiété par le voisin qui prétend à cette propriété, je la possède clandestinement; le voisin me trouble, je l'actionne au possessoire. Ne pourrai-je pas lui dire : il est vrai que ma possession actuelle est clandestine, mais enfin je possède, je puis donc faire valoir la possession de mon auteur, et alors je me trouve absolument dans la même position que si j'avais moi-même, et pendant plus d'un an, possédé publiquement ce fonds, puis qu'ensuite ma possession fût devenue clandestine ; serai-je pour cela déchu du droit d'invoquer le temps antérieur où j'ai possédé publiquement?

Ce raisonnement devrait-il être accueilli? J'incline à le penser; toutefois il est certain que des doutes sérieux peuvent s'élever sur ce point délicat, qui n'a été, du reste, examiné par aucun auteur.

§ 366. — Nous avons dit que les deux possessions devaient être de même nature. Ainsi, dit Dalloz, on ne saurait, pour prescrire la propriété d'un immeuble, invoquer la possession qu'a eue son auteur d'un droit réel sur cet immeuble.

Mais si celui-ci avait possédé la pleine propriété, le successeur, possesseur d'un démembrement, pourrait, je n'en doute pas, profiter de la possession de son auteur. C'est ce qui explique encore pourquoi celui à qui une servitude a été conférée et qui n'en a pas encore la possession annale ne peut être attaqué par le possesseur du fonds sur lequel elle a été constituée. Le possesseur est, en effet, l'auteur du maître de la servitude, et celui-ci peut joindre à sa possession celle de celui-là.

Mais il faut, bien entendu, que le maître de la servitude en ait joui, en ait eu, au moins un moment, la possession.

Ainsi, et par application de ce principe, l'usufruitier pourra se prévaloir de la possession antérieure du propriétaire, ainsi que la Cour de cassation l'a décidé avec raison le 14 décembre 1840.

Mais la Cour suprême s'est écartée des vrais principes en jugeant le 6 mars 1822, que le propriétaire ne pouvait profiter de la possession antérieure de l'usufruitier. Cet arrêt a été critiqué à juste titre par tous les auteurs, sauf M. Garnier. Mais les critiques de MM. Belime et Dalloz ne

partent pas du vrai point de vue. Ils s'efforcent de prouver
qu'il existe entre l'usufruitier et le propriétaire qui lui succède un lien juridique; il est facile de répondre que l'usufruit s'éteignant par la mort de l'usufruitier, personne ne
peut lui succéder dans son droit. Il faut partir d'un autre
principe. Sans doute l'usufruitier possède *proprio nomine*,
et non pour le compte d'autrui, son droit d'usufruit, mais le
fonds lui-même, il le possède pour et au nom du nu-propriétaire! Ainsi, possesseur juridique pour le droit d'usufruit, il n'est, relativement au fonds lui-même, qu'un véritable détenteur précaire; c'est le terme dont se sert l'art. 2236,
qui est la clef de la question, quand il dit : Le fermier, le
dépositaire, l'*usufruitier* et tous *autres qui détiennent précairement la chose du propriétaire* ne peuvent la prescrire.

Au reste l'arrêt de la Cour suprême n'a pas fait doctrine, et la cour de Paris a rétabli les vrais principes par
sa décision du 12 juin 1826.

Ce que nous avons dit de l'usufruitier s'applique à l'u-
sager, à l'habitant, à l'emphytéote, au superficiaire.

§ 367. — *3° Il faut qu'il existe entre l'auteur et le successeur un titre de transmission, une relation juridique
valable.*

Ainsi le lien qui unit ces deux personnes doit émaner
d'une cause juridique comme une convention, un testament, une sentence judiciaire ou la loi.

La vente, la donation, l'échange, etc., sont de ce nombre.
Il en faut dire autant de toute cause de résolution volontaire ou forcée, réméré, action en résolution, nullité, rescision ou révocation. (M. Léon Wodon.) Seulement il faut
d stinguer s'il s'agit de réméré, de révocation, de résolution,
ou de rescision, etc.; le vendeur à réméré, le révoquant, etc.,
a valablement transmis la possession à l'acheteur, au donataire, etc., puis en vertu du réméré, de la révocation, etc.,

il la reçoit de lui. Ainsi, dans cette hypothèse, chacune des parties a été successivement l'auteur et le successeur de l'autre. L'acheteur, le donateur, etc., ont été possesseurs juridiques, et les trois possessions se lient entre elles par deux liens juridiques, valables tous les deux. (Cujas in l. 13, Dig., xli, 2.)

Dans toutes ces hypothèses en effet, le contrat, quoique résolu, a existé et existe comme titre valable.

Mais s'agit-il de nullité, alors la face des choses va changer.

Le demandeur en nullité qui reprend sa chose, profite bien de la possession du défendeur; mais cette possession du défendeur ne se relie pas à celle qu'avait antérieurement le demandeur, puisque le vice qui existait dans l'acte d'aliénation l'a toujours, et *ab initio*, rendu nul. Ces deux possessions ne se relient donc plus par un titre valable, et dès lors il me semble évident que, par la force des choses, la possession du demandeur en nullité a été interrompue au moment où il s'est dessaisi de l'immeuble. Si cette distinction est fondée, elle a jusqu'ici échappé à tous les auteurs.

Le légataire à titre particulier doit demander la délivrance à l'héritier qui, jusque-là, possède le legs. La tradition qu'il en fait permet au légataire d'invoquer la possession de l'héritier qui a continué celle du *de cujus;* le testament transmet la propriété, la délivrance fait acquérir la possession, absolument comme la tradition qui suit la vente.

S'il s'agissait d'un légataire à titre universel qui n'aurait pas la saisine, le même résultat se produirait. Seulement, comme il serait tenu des obligations du testateur, il s'ensuivrait que sa possession serait précaire si celle du *de cujus* l'avait été.

§ 368. — Enfin un jugement peut aussi servir de lien

entre deux possessions. Je revendique mon immeuble qu'un tiers détient depuis plus d'une année, il est condamné à me le remettre. Je pourrai profiter de sa possession en vertu de la loi romaine : *Si jussu judicis res mihi restituta sit, accessionem esse mihi dandam placuit.* (L. 13, § 9, Dig., XLI, 2.)

Tous les auteurs citent comme ayant décidé le contraire, un arrêt de cassation du 12 janvier 1832. Il est regrettable d'avoir à dire que tous les auteurs ont pris le change, et que cet arrêt n'a rien décidé de semblable, par la bonne raison que la question qui nous occupe n'était pas soumise à la Cour et n'avait absolument rien à faire dans l'espèce. Ce qui est encore plus regrettable, c'est que tous les auteurs se soient laissé égarer par une longue dissertation de M. Troplong, dissertation que je qualifierai de savante si l'on veut bien admettre que le luxe, j'allais dire l'abus des citations, peut s'appeler la science, lorsque ces citations n'ont trait ni de loin ni de près à la question examinée. (Troplong, *Prescription*, n° 448 et suiv.)

On va en juger : j'emprunte à M. Troplong lui même l'analyse des faits du procès relativement à la difficulté soulevée.

Magnoncourt était, avec le duc de Lorges, propriétaire par indivis de la forêt de Poirmont (1751). Magnoncourt prouve avoir possédé exclusivement par son fermier Goux depuis 1779 jusqu'en 1802. En 1802 la dame de Buyer, qui avait acquis du fermier Goux, prend possession; enfin en 1827, après un procès de plus de vingt ans, elle est condamnée à restituer à Magnoncourt et à rendre les fruits perçus, comme ayant acquis de mauvaise foi. Aussitôt elle achète les droits des héritiers du duc de Lorges et réclame la part de ce dernier. Magnoncourt ne pouvant produire aucun titre quant à la part de de Lorges, prétend avoir prescrit par trente ans, savoir : plus de vingt ans par le fermier Goux et le reste par la dame de Buyer elle-même ; en effet, disait-il, je puis invoquer votre possession et m'en servir puisque vous avez été condamnée à me restituer, et cela en vertu de la loi 13, § 8, Dig., XLI, 2.

Ne voit-on pas déjà que cet argument n'avait point de sens ? Il est bien certain que Magnoncourt pouvait profiter de la possession de de Buyer pour la joindre à sa possession propre POSTÉRIEURE, qu'il avait le droit de considérer de Buyer comme son auteur. Mais à quoi cela le menait-il ? Il n'y a pas trente ans de 1802 à 1827. Il émettait l'incroyable prétention de joindre la possession de l'adversaire à sa possession *propre* ANTÉRIEURE !

C'était manifestement prendre la loi 13 au rebours ! Le jugement qui condamne le possesseur à délaisser peut bien servir de lien entre la possession de cet usurpateur, et celle que le revendicant exercera par la *suite*. Mais il ne saurait, cela est trop clair, servir de lien entre la possession du revendiquant *antérieure* à l'usurpation et la possession usurpée. Le revendiquant ne peut être considéré comme l'auteur de l'usurpateur, puisqu'il n'existe entre eux aucun lien de droit ; c'est l'usurpateur qui peut être considéré comme l'auteur du revendicant quant à la possession *postérieure* de celui-ci, lorsque cet usurpateur a restitué en vertu d'un jugement qui l'y a condamné !

Mais il n'en est pas moins vrai que la possession du revendiquant a été interrompue définitivement au moment de l'usurpation dès que cette usurpation a duré une année, et dans l'espèce elle avait duré 25 ans !

Aussi l'arrêt de rejet, tant critiqué, n'a-t-il point jugé la question d'accession entre la possession de la dame de Buyer et celle postérieure de de Magnoncourt, ce qui ne présentait aucun intérêt dans l'espèce. Il a seulement décidé que la possession de de Magnoncourt avait été inter-

rompue en 1802, que partant il n'avait pu prescrire. Ecou-
tons les considérants de l'arrêt :

« Attendu, en fait, qu'il résulte de l'arrêt attaqué, que la
« possession nouvelle et *animo domini,* exercée par la
« veuve de Buyer, à partir de 1802, s'est continuée sans
« avoir été, de la part des demandeurs en cassation, l'objet
« d'une action possessoire dans l'année.

« Attendu, en droit, qu'il y a interruption naturelle de
« la possession lorsque le possesseur est privé pendant
« plus d'un an de la chose, soit par l'ancien propriétaire,
« soit même par un tiers............ Attendu que le posses-
« seur ainsi dépossédé ne pouvait éviter l'effet de l'in-
« terruption naturelle de la prescription qu'en se faisant
« réintégrer dans l'année : Rejette. »

Ainsi la loi 13, Dig., XLI, 2, n'a rien à faire ici, et, bien
que M. Troplong ait beaucoup insisté sur ce point, parfaitement étranger au débat, il semble l'avoir compris, car il
ajoute : la dame de Buyer ayant été condamnée à la restitution des fruits est censée n'avoir jamais possédé. C'est
Magnoncourt qui, en définitive, a recueilli les fruits,
c'est lui qui est censé avoir toujours possédé ; car après
tout celui-là seul possède vraiment qui recueille les fruits.
C'est plutôt là un jeu de mots qu'une argumentation juridique, comme M. Belime l'a fort bien dit (§ 203). C'est précisément parce que le revendiquant *n'a pas joui* qu'on a
voulu l'indemniser en condamnant l'usurpateur à lui payer
la valeur des fruits. Ce n'est pas la *possession,* c'est la
bonne foi qui fait acquérir les fruits.

De bonne ou de mauvaise foi, si vous avez possédé plus
d'une année vous avez interrompu la possession, l'article 2243 ne distingue point.

Avant de terminer, disons pour être juste, que si
MM. Marcadé et Dalloz ont été trompés par M. Troplong
sur la portée de l'arrêt de 1832, cela ne les a pas empêchés

d'indiquer les véritables principes que nous avons ici reproduits en les développant. (Dalloz, *Prescript.*, § 390 *in fine*; Marcadé, art. 2235, n° 3.)

Ce qu'il y a de plus singulier, c'est que Curasson, qui avait lui-même fait rendre l'arrêt de Besançon, contre lequel le pourvoi de M. Magnoncourt a été rejeté, croit aussi que la Cour suprême a décidé que la possession de l'usurpateur ne pouvait être jointe à la possession *nouvelle* et *postérieure* du revendiquant!!

Un arrêt de Bruxelles, du 8 thermidor, an XIII (Dalloz, *Prescript.*, n° 249, note 1), avait antérieurement décidé :
« Qu'en principe et selon la loi 13, § 9, Dig., XLI, 2, le temps
« du détenteur évincé accède au propriétaire reconnu par
« le juge. »

§ 369. — Ce qu'un jugement peut faire, une transaction le ferait aussi : j'entends une transaction par laquelle le détenteur remettrait la chose à celui qui la réclame. Il y a encore là un lien juridique qui permet de joindre les deux possessions.

La vente par expropriation forcée produira les mêmes effets qu'une cession volontaire.

Enfin nous avons dit que le lien juridique entre les deux possessions devait résulter d'un titre valable. Nous avons expliqué et tâché de démontrer cette proposition en parlant du cumul du possessoire et du pétitoire au § 331.

§ 370. — 4° Il faut que le possesseur ait de son chef une possession particulière. La raison en est que : *ei quod nullum est nihil accedere potest*. Il était utile d'indiquer cette condition indispensable, dont la nécessité a été quelquefois méconnue dans la pratique, par suite de cette fausse idée qu'une convention pouvait à elle seule transférer la possession.

CHAPITRE VI

De la dénonciation de nouvel œuvre.

§ 371. — La dénonciation de nouvel œuvre est une action possessoire par laquelle le demandeur obtient la destruction de travaux faits sur le sol d'autrui, travaux dont il résultera pour lui un préjudice futur portant atteinte à sa possession annale.

Nous avons, on le sait, écarté de cette étude les questions purement historiques (§ 305); nous ne suivrons donc pas la dénonciation de nouvel œuvre depuis le droit romain jusqu'à nos jours. Cette méthode n'aboutirait du reste qu'à un résultat négatif; la dénonciation n'est plus ce qu'elle était sous la législation romaine; et notre ancienne jurisprudence, livrée sur ce point à l'arbitraire, ne l'avait ni définie, ni soumise à des règles précises.

Nous avons vu qu'en droit romain ce n'était pas une action possessoire, mais seulement une simple sommation extra-judiciaire qui avait même pour effet de reconnaître comme possesseur celui à qui la signification était faite (§ 204). Aujourd'hui la dénonciation de nouvel œuvre est formellement classée par la loi de 1838 au nombre des actions possessoires; de plus, et en vertu de cette même loi, elle doit être basée sur des faits commis dans l'année.

De ces deux principes, nous allons tirer quelques conséquences.

1° La dénonciation de nouvel œuvre étant une action possessoire ne peut appartenir qu'au possesseur annal. Ceci est admis par tout le momde.

2° Par la même raison, il est nécessaire qu'une atteinte ait été portée à la possession du demandeur. On ne conçoit pas d'action possessoire là où il n'existe aucun trouble : ainsi il faut que des travaux exécutés par le défendeur soient de nature à troubler, au moins dans l'avenir, la possession du demandeur.

3° Par la même raison encore, on pourra obtenir par cette action la destruction des travaux entrepris au mépris de notre possession. Trois raisons concourent pour nous conduire forcément à ce résultat.

A. — Toute action possessoire tend à faire respecter la possession. Or, puisque les travaux portent atteinte à la possession, il faut nécessairement, pour qu'elle soit respectée, que les travaux soient supprimés.

B. — Puisque la loi n'accorde l'action que contre des faits commis dans l'année, il est évident qu'elle a prévu le cas de travaux *terminés*, ceci est admis en jurisprudence. Or, si ces travaux portent atteinte à ma possession, il est évident que si la loi me donne une action c'est pour les faire détruire, autrement cette action ne me servirait de rien.

C. — La dénonciation de nouvel œuvre, étant une action distincte de la complainte, doit avoir son utilité en dehors de celle-ci. Or, il est impossible de comprendre de quelle utilité serait une action spéciale pour des travaux non encore terminés, car de trois choses l'une :

Ou ces travaux, dans l'état où ils sont, portent une atteinte *actuelle* à la possession du demandeur, et alors c'est un cas de complainte.

Ou bien ces travaux inachevés ne causent point de préjudice possessoire actuel, mais ils sont de nature, restassent-ils dans l'état où ils sont, à porter dans l'avenir nécessairement atteinte à la possession du demandeur.

Mais alors, je vous le demande, à quoi m'avancerait une action qui n'aurait pour résultat que de les faire discontinuer ?

Ou bien encore, dernière hypothèse, les travaux dans leur état actuel ne portent aucune atteinte à votre possession; mais, s'ils étaient parachevés, ils vous causeraient un trouble possessoire soit immédiat, soit futur.

Eh bien, dans ce cas-là, je ne puis pas admettre que la loi donne une action à celui dont la possession n'est pas troublée, dont la possession ne sera peut-être jamais troublée, dont la possession ne peut même pas être troublée si les choses demeurent dans l'état.

Mais, direz-vous, si le défendeur parachève ses travaux, je serai troublé. Et qui vous dit qu'il les achèvera? Cela est probable, je le veux, est-ce certain? La loi peut-elle vous donner une action pour réparer, pour prévenir même un préjudice simplement *probable*. De quel droit venez-vous préjuger les intentions du voisin? A-t-on bien réfléchi à tout cela? Pour être mieux compris, prenons un exemple :

Le riverain qui est au-dessous de moi construit un barrage sur la rivière. Au point où en sont les travaux, il ne me cause aucun dommage et ne peut m'en causer aucun. Seulement le voisin ne *paraît* pas l'avoir terminé, il *semble* disposé à l'exhausser encore, et s'il le fait, il est certain que je serai inondé.

Pouvez-vous concevoir que j'aie une action pour le faire condamner à quoi? A discontinuer ses travaux! Et s'il vous répond : Mais j'avais fini! Vous ne pouvez pas, c'est évident, faire démolir un travail qui, dans son état actuel, ne peut, ni dans le présent, ni dans l'avenir, vous causer aucun dommage. — Demander à l'adversaire d'arrêter des travaux qui ne peuvent encore vous nuire, ce serait évidemment, selon moi, exercer une action *in futurum*, pour une éventualité qui peut ne jamais exister.

§ 372. — 4° La dénonciation de nouvel œuvre doit être

applicable à des cas où la complainte ne l'aurait pas été, sans cela cette action spéciale serait inutile.

Quels sont ces cas? Il n'y en a qu'un, celui où le demandeur se plaint, non d'une atteinte actuelle à sa possession, mais d'une atteinte future, et, je m'empresse de l'ajouter, certaine dans l'état des choses.

Si la dénonciation de nouvel œuvre n'existait pas, il faudrait l'inventer pour protéger la possession dans cette hypothèse.

Mon riverain inférieur construit un barrage avec une vanne. Dans les temps ordinaires, je n'en suis pas incommodé, parce que la vanne laisse échapper assez d'eau pour maintenir le niveau de la rivière au-dessous de ma propriété. Mais dans les crues la vanne, trop étroite, ne laissera plus à l'eau un passage suffisant; le niveau montera et je serai inondé.

Je ne puis intenter la complainte, qui exige un trouble actuel; j'intente la dénonciation de nouvel œuvre, et voilà l'utilité de cette action !

Si elle n'existait pas, je serais dans une triste position : car si la crue tarde à venir, si le barrage a un an d'existence, une fois inondé je n'aurai plus même la complainte, car le propriétaire du barrage sera devenu possesseur annal; il faudra me pourvoir au pétitoire.

§ 373. — 5° De ce que la dénonciation de nouvel œuvre ne s'intente que pour trouble futur (mais certain, bien entendu), il suit que les travaux dont on se plaint doivent avoir été faits sur le fonds d'autrui; s'ils étaient sur mon fonds, il y aurait toujours trouble actuel, et ce serait un cas de complainte.

Il y aurait aussi lieu à la complainte, quand même les travaux seraient faits sur le fonds du voisin, si ces travaux troublaient actuellement ma possession telle qu'elle est fixée par la loi. Ainsi par exemple une plantation trop rapprochée de mon fonds, des fenêtres ouvertes dans un bâtiment construit à une distance de moins de six pieds, etc.

§ 374. — 6° De ce que la dénonciation de nouvel œuvre a radicalement changé de nature, il suit que toutes les règles anciennes, celles du droit romain notamment, sont de tout point inapplicables de nos jours.

Ainsi, par exemple, le droit romain n'admettait la dénonciation de nouvel œuvre que pour des travaux non achevés. C'était tout simple, puisque cette *sommation* n'avait pour effet que de forcer l'adversaire à laisser les choses dans l'état, jusqu'à ce que la justice eût décidé. Aujourd'hui l'on admet généralement, et c'est trop juste, que notre nouvelle action possessoire peut être intentée nonobstant l'achèvement des travaux. La Cour de cassation semble admettre la plupart de ces principes ; mais, j'oserai le dire, elle paraît les sentir confusément plutôt que les professer d'une manière explicite. On peut consulter à cet égard l'arrêt de cassation du 4 février 1856, qui est le dernier que je connaisse (S. V. 56, 1, 443) et la note de M. Devilleneuve, sur l'arrêt du 26 juin 1843 (S. V. 43, 1, 753). Voyez aussi Léon Wodon, § 164, 186.

§ 375. — Il ne faut pas confondre la dénonciation de nouvel œuvre, action possessoire, avec la demande incidente, formée au pétitoire, et tendant à la suspension de travaux entrepris au cours de l'instance. Il est évident, en effet, que si ces travaux étaient de nature à compromettre gravement le droit qui sera peut-être reconnu à l'une des parties, le tribunal civil, ou même le président, pourrait en ordonner la suspension par un jugement provisoire ou une ordonnance de référé, absolument comme le tribunal aurait le droit de mettre l'immeuble litigieux sous le séquestre, si le cas l'exigeait. Ces mesures, en effet, ne préjugent rien, pas même la question de possession. Mais il est également évident pour moi que le tribunal exéderait les limites de sa compétence s'il ordonnait la destruction des travaux autrement que par un jugement définitif : car, d'un côté il préjugerait la question pendante, et d'un autre côté il ôterait par là à la partie qui a exécuté les travaux, le bénéfice d'une possession qui lui aurait peut-être été reconnue par le juge de paix.

Aussi, quand on forme au pétitoire une demande incidente tendant à faire arrêter des travaux en cours d'exécution, faut-il éviter avec soin de parler de possession annale : au contraire, il faut indiquer nettement que ces travaux, s'ils étaient achevés, compromettraient d'une manière irréparable le droit qui peut être reconnu à la partie plaignante. C'est pour n'avoir pas fait cette distinction capitale que tant d'auteurs ont méconnu les règles de l'action qui nous occupe.

La jurisprudence, au contraire, semble se dessiner nettement dans le sens que nous venons d'indiquer.

CHAPITRE VII

De la réintégrande.

§ 376. — La réintégrande est une action que la loi nomme possessoire et par laquelle le détenteur de tout ou partie d'un immeuble dont il a été expulsé par violence en obtient la restitution provisoire ou le rétablissement provisoire dans leur primitif état des lieux détenus par lui, lorsque cet état a été modifié par un acte de violence.

Aucune question n'a plus vivement passionné les auteurs, aucune ne les a plus divisés que celle de savoir si la réintégrande était une action distincte de la complainte, ou si, au contraire la possession annale était requise pour l'intenter.

Le Code de procédure n'a pas nommé cette action, mais l'art. 2060 du Code civil en fait une mention expresse. Les rédacteurs du Code de procédure ayant déclaré positivement qu'ils n'avaient rien entendu changer aux dispositions de l'ordonnance, il suffit d'examiner quelle était la jurisprudence avant la révolution de 1789.

Je n'ai pas l'intention de traiter à fond la question historique : j'ai déjà expliqué (§ 305) pourquoi je ne pouvais examiner d'une manière complète les difficultés de cette nature. Je me bornerai donc aux citations les plus concluantes, et j'en ajouterai quelques-unes qui ont été négligées par les auteurs.

Ce n'est pas sans une certaine surprise qu'on a vu d'illustres jurisconsultes comme M. Troplong soutenir que depuis Simon de Bucy la réintégrande exigeait la possession annale.

On peut, en toute sécurité, affirmer que c'est là une erreur. Ainsi, par exemple, Imbert, qui est postérieur à Simon de Bucy, au chapitre xvii de sa *Pratique judiciaire*, nous dit, parlant de la réintégrande : « *Mais il n'est pas* « *nécessaire que* le demandeur *prouve possession d'an et* « *jour avant la spoliation, ains seulement qu'il était pos-* « *sesseur au temps de la spoliation,* » et Papon (11ᵉ Notaire, liv. VIII, tit. de l'interd. *Unde vi*) accorde la réintégrande au possesseur violent, clandestin, précaire. *A fortiori* la possession annale n'était pas exigée.

Arrivons à l'ordonnance de 1667. Quelques auteurs, même anciens, ont pensé qu'elle n'avait pas parlé de l'annalité de la possession. Cette opinion ne paraît pas fondée : l'art. 1ᵉʳ du chapitre xviii ne dit-il pas que la complainte est donnée *en cas de saisine*, et un illustre commentateur de l'ordonnance, Serpillon, ajoute immédiatement :

*La saisine est la possession paisible d'an et jour qui fait
présumer le possesseur saisi légitimement de la chose.*

Cet article refusait expressément la complainte au fermier, l'art. 2, au contraire, qui traite de la réintégrande,
n'exclut pas le fermier, ne parle plus de saisine; aussi Serpillon, dont l'ouvrage est de 1777, nous dit-il, en propres
termes : « *Un fermier peut cependant intenter la réinté-
« grande, dont il sera parlé sous l'article suivant, pour se
« faire réintégrer, s'il a été dépossédé par violence.* » Telle
était aussi l'opinion de l'avocat Melenet, art. 11, tit. xviii
de l'ordonnance, et de Lange, dans son *Praticien français*,
chap. xxxiii, t. I, p. 575. Ce dernier attribue expressément
la réintégrande au dépositaire. Nous voilà bien loin de la
possession annale !

Comment des auteurs recommandables ont-ils pu soutenir qu'au xviiie siècle la possession annale était exigée
pour la réintégrande, quand il leur eût été si facile de se
convaincre du contraire en ouvrant le recueil des décisions nouvelles de Denizart, v° *Complainte*, n° 14 et 15! Un
doute est-il permis quand on voit cet auteur, fidèle interprète de la jurisprudence de son temps, s'exprimer ainsi :
POUR INTENTER LA COMPLAINTE IL FAUT AVOIR LA POSSESSION
D'AN ET JOUR DANS LE DERNIER TEMPS ET Y ÊTRE TROUBLÉ?

POUR DEMANDER LA RÉINTÉGRANDE LA POSSESSION ACTUELLE;
AU TEMPS OU L'ON A ÉTÉ DÉPOSSÉDÉ, SUFFIT !!

Chose étonnante, ce passage décisif n'a été, jusqu'en
1868, cité par aucun auteur, et cependant c'est le premier
qui nous ait sauté aux yeux dès que nous avons étudié
la question, avant d'avoir lu le livre de M. Léon Wodon !

Ce dernier auteur renvoie au texte de Denizart que j'ai
inséré ci-dessus.

De nombreux arrêts cités par Denizart et Darreau
prouvent que cette doctrine formait une jurisprudence
constante, par exemple ceux de 1603, 1749, 1764 et 1773.

Enfin Pothier accordait la réintégrande, quelque vicieuse que fût la possession! Dire que la possession violente, précaire, etc., peut engendrer la réintégrande, c'est dire par là même que l'annalité n'est pas exigée, car la durée de la possession n'en corrigerait pas le vice. Ce qui a pu égarer quelques-uns de nos écrivains, c'est que nos auteurs anciens nomment souvent réintégrande la complainte qui s'exerce en cas de dépossession totale.

Aussi, et bien que ni la loi du 24 août 1790, ni le Code de procédure n'aient parlé de la réintégrande, la Cour de cassation ne s'y est pas trompée, elle a toujours jugé que c'était là une action distincte de la complainte et qui ne nécessitait pas la possession annale.

Depuis la loi de 1838, j'avoue que l'opinion contraire ne me paraît plus soutenable.

Cette loi, en effet, nomme expressément la réintégrande et la distingue formellement de la complainte; donc les conditions de ces deux actions sont différentes.

Puis, ne l'oublions pas, la jurisprudence à cette époque était déjà fixée : c'est la jurisprudence, et non les écrits des auteurs, qui préoccupe le législateur. Si la loi de 1838 avait voulu s'écarter de la jurisprudence reçue, elle s'en fût expliquée d'une manière expresse. M. Renouard, rapporteur, a déclaré à la Chambre : « que l'art. 6 attribue aux juges « de paix la connaissance à charge d'appel des actions « possessoires dont il donne, *à l'aide de la jurisprudence,* « une explication plus complète que ne l'avait fait la loi « du 24 août 1790. »

La Cour de cassation a de nouveau décidé que la réintégrande ne demande qu'une possession matérielle et actuelle : Cass., 2 juillet 1862 (S. V. 62, 1, 836), que le possesseur dépossédé par violence ou voie de fait peut exercer à la fois la réintégrande et la complainte, et que la première doit être admise, encore qu'il ne soit pas certain si la seconde le sera : Cass., 10 février 1864 (S. V. 64, 1, 257).

§ 377. — Pour intenter la réintégrande il n'est pas nécessaire non plus d'avoir une possession exempte de vices. Ce principe était certain sous notre ancienne jurisprudence.

Outre le passage de Papon que nous avons cité plus haut (§ 376), Beaumanoir, l'un de nos plus anciens auteurs, disait, en parlant de la réintégrande qu'il appelait *action de nouvelle dessaisine :* « Il ne faut pas la possession annale « en cas de dessaisine, cette action se donne, quoique je « n'aie pas possédé pendant an et jour, que la saisine soit « bonne ou mauvaise, *même pour telle chose qui emporte* « *la hart, comme si on l'avait volée.* »

L'ordonnance de 1667, après avoir exigé pour la complainte une possession qualifiée, se garde bien de reproduire cette condition en matière de réintégrande.

Et Pothier nous enseigne *(Traité de la possession,* § 114), que l'on peut intenter cette action, quelque vicieuse ou injuste que soit la possession. Le droit canon exigeait ici une possession juste, mais la jurisprudence profane, plus pratique, n'avait pas adopté ces idées.

N'oublions pas que sous le droit de Justinien, l'interdit *de vi* était accordé même à la possession vicieuse, parce qu'on avait adopté les principes de l'ancien interdit *de vi armata* (176).

La Cour de cassation a dans quelques arrêts semblé adopter cette doctrine. « Attendu », dit un arrêt du 25 avril 1865 (S. V. 65, 1, 223), « que si la complainte implique nécessaire- « ment la possession civile, il suffit, au contraire, pour la « réintégrande, d'une possession matérielle, même précaire « et momentanée, et d'une dépossession par violence ou « voié de fait. » Les mêmes termes se retrouvent dans un arrêt du 8 juillet 1845 (S. V. 46, 1, 48 ; aff. Bastard) et dans un autre du 2 juillet 1862 (S. V. 62, 1, 836). Le premier de ces deux arrêts a même décidé que la réintégrande était recevable, bien que la possession du demandeur fût elle-même fondée sur une voie de fait par lui commise dans l'année.

Nous ne pouvons que nous rallier à cette jurisprudence.

§ 378. — Mais faut-il dire, avec d'autres arrêts de la même Cour, que la possession ou la détention doit être au moins paisible et publique?

Paisible... Oui la possession doit être paisible, et la raison en est bien simple. D'après l'art. 2233, la possession acquise par violence devient utile, c'est-à-dire paisible dès que la violence a cessé. Dès lors la réintégrande appartiendra au spoliateur contre le spolié qui voudrait de vive force rentrer dans sa possession.

Mais si la possession n'est pas paisible, c'est, dans notre droit, que la violence dure encore. Dès lors la lutte n'a pas cessé, et il a toujours été admis que l'on pouvait ressaisir *immédiatement* par force ce qui vous avait été ravi par violence, en un mot tant que durait la lutte. Mais il en serait autrement si la violence physique ayant cessé, la violence morale, c'est-à-dire l'intimidation, subsistait seule.

En droit romain la possession acquise par violence était à tout jamais infectée de ce vice. Aussi n'exigeait-on pas sous Justinien, pour l'interdit *unde vi,* une possession paisible. Il en est autrement en droit français, ce qui, tout naturellement, change la conséquence.

§ 379. — Mais la possession doit-elle être publique?... La Cour de cassation n'a jamais jugé qu'une possession clandestine fût inefficace. Les considérants seuls de ses arrêts semblent exiger la publicité : 8 juillet 1845 (aff. Duhoux) (S. V. 46, 1, 49); 6 juin 1866 (S. V. 67, 1, 258). Nous reviendrons tout-à-l'heure sur ces arrêts. En attendant remarquons bien que la question reste entière.

Supposons que le voisin creuse clandestinement des

caves sous ma maison ; je m'en aperçois et je les comble immédiatement. Aura-t-il contre moi la réintégrande ? J'incline à le penser ; des auteurs anciens l'enseignaient : « *Ne* « *vaudra contre ce opposer par le défendeur au demandeur :...... tu t'étais clandestinement saisi..... de ce dont* « *je t'ai déchassé.* » (Papon, 11° notaire, livre VIII, tit. de l'interdit *unde vi*.)

§ 380. — Mais il est certain qu'au moins il faut que la détention existe chez le demandeur comme détention s'exerçant à titre d'intérêt privé, en un mot, qu'elle ne soit pas équivoque ; c'est ce qu'a décidé avec beaucoup de raison l'arrêt de cassation du 6 juin 1866, cité plus haut.

Un sieur Goret avait fait certains actes de jouissance sur une partie de la place publique joignant son habitation, et le maire avait fait fermer cette partie de place par des barrières mobiles. Action en réintégrande de la part de Goret. Le juge de paix, le tribunal et la Cour de cassation n'ont considéré les actes posés par Goret que comme des faits que tous les riverains d'une place publique peuvent se permettre, et leur ont refusé, avec raison, toute portée au point de vue de la possession ou de la détention.

D'un autre côté l'établissement de barrières mobiles ne pouvait passer pour une voie de fait autorisant la réintégrande, et c'est ce que les magistrats ont décidé.

L'arrêtiste a fort inexactement commenté cette décision : « L'arrêt, dit-il, en repoussant l'action en réintégrande *par e motif que le terrain litigieux dépendait du domaine public communal* et que la possession du demandeur était, *dès lors*, équivoque et de pure tolérance, n'est pas en contradiction avec les précédents arrêts de la Cour suprême. Dans les espèces jugées par ces arrêts, l'action possessoire était, en effet, exercée *contre les tiers*...... Dans l'espèce actuelle, au contraire, l'action possessoire était formée *contre la commune elle-même*....., »

Cette distinction, exacte au fond, ne l'est pas dans l'espèce, et l'action n'a pas été repoussée par le motif indiqué. « Attendu, » dit l'arrêt, « que le jugement, en déclarant que « la parcelle réclamée par le sieur Goret faisait partie de la « place publique de la commune, n'a pas opposé cette af- « fectation spéciale du terrain litigieux *comme une fin de* « *non-recevoir contre l'action en réintégrande,* qu'il ne l'a « invoquée que pour constater que les faits de possession « allégués par le demandeur lui étaient communs avec tous « les autres habitants de Clerfayt, etc.... »

Il me paraît certain, du reste, qu'on peut, par des actes bien caractérisés, acquérir, même sur des biens du domaine public, une détention capable d'engendrer au moins la réintégrande au cas de dépossession violente, quand bien même cette spoliation serait l'œuvre d'une commune et non d'un tiers ; à moins que l'autorité communale n'ait agi dans la sphère de ses pouvoirs sur un bien du domaine public.

L'arrêt Duhoux, cité plus haut, doit aussi nous arrêter quelques instants.

Duhoux avait, de sa propre autorité et malgré le refus de l'autorité municipale, creusé une fosse en travers d'un chemin public longeant sa propriété. Par les ordres du maire ce fossé est comblé très-peu de temps après; Duhoux intente la réintégrande. Le juge de paix la lui accorde, le tribunal d'appel et la Cour de cassation la lui refusent. La Cour déclare que cette action ne peut avoir pour seul élément la détention, qui ne serait que le résultat d'une voie de fait furtive ou violente....

Le conseiller rapporteur, l'éminent M. Mesnard que nous avons eu déjà l'occasion de citer, s'était bien gardé d'aller aussi loin. Selon lui la voie de fait ayant été réprimée aussitôt que commise, ne pouvait engendrer aucune possession : *Vim vi repellere licet,* disait-il. Il faisait remarquer aussi qu'il n'était pas nécessaire que la répression fût immédiate, instantanée : dans la cause, ajoutait-il, c'est un fossé qui, creusé par le demandeur, paraît avoir été presque aussitôt comblé par le maire de la commune.

Nous comprenons cette manière de raisonner ; dès lors il y avait là, comme l'indiquait le savant rapporteur, une question de fait qui échappait au contrôle de la cour suprême.

On eût pu, peut-être, invoquer un autre argument. Aucune action possessoire n'est admise, selon nous, contre les actes de l'autorité agissant dans la sphère des pouvoirs de police qui lui sont conférés sur les choses du domaine public *quæ sunt in publicousu.* Or ici le maire avait tout simplement fait réparer un chemin public dégradé par Duhoux.

Mais déclarer que la détention utile pour intenter l'action ne saurait, en aucun cas, avoir pour seul élément une voie de fait ou furtive ou violente, c'est, à mon sens, aller trop loin. Dans l'espèce de l'arrêt Bastard, rendu le même jour que le précédent, Bastard avait creusé un fossé sur le terrain possédé depuis plus d'un an par Sauvanet, et quelque temps après Sauvanet l'avait fait combler. Les deux espèces, on le voit, sont identiques, et les deux arrêts rendus le même jour par des magistrats différents sont inconciliables dans leurs motifs.

§ 381. — Et qu'on nous permette à ce propos une réflexion. C'est avec la plus grande prudence qu'il faut user des arrêts comme source de doctrine. Le défaut capital des ouvrages de jurisprudence, c'est de tendre toujours à généraliser des solutions d'espèce. Et il le faut bien, puisque sans cela les arrêts ne seraient utiles qu'à ceux qui les obtiennent ! Or, pour généraliser, il faut nécessairement consulter les motifs. Ces motifs, généralement l'œuvre d'un seul magistrat, œuvre rapide, faite au jour le jour, ne peuvent, en aucun cas, acquérir la valeur des opinions longuement méditées et consignées dans les livres des auteurs : si la solution d'une même question varie souvent, selon la tournure d'esprit d'un chacun, plus souvent encore deux intelligences arrivent au même résultat par des voies différentes, je dirai plus, opposées. Ainsi, d'un côté, des solutions non motivées ne peuvent être généralisées ; et, d'un autre côté, essayez de généraliser des motifs souvent inconciliables !

Il est bien rare qu'il se présente devant les tribunaux une espèce déjà résolue, *dans les mêmes termes*, par les arrêts. Dès lors c'est un abus que d'accabler l'esprit des juges sous une masse de solutions, dont les motifs seuls peuvent être invoqués. Souvent le magistrat même, dont le raisonnement est employé comme une arme dans un procès, le résoudrait dans un sens opposé à l'opinion de celui qui le cite. C'est que chez le juge, en général, la conviction se forme souvent d'une manière instinctive : il est fixé sur la solution qu'il donnera avant de l'être sur les motifs dont il devra l'étayer. Ainsi ce ne sont pas les motifs qui inspirent la solution : au contraire, et bien souvent c'est de la solution elle-même que découlent les motifs nés après coup. Vous en abusez dès lors nécessairement si vous voulez les généraliser.

§ 382. — Revenons à la réintégrande. Pour échapper à la condamnation qui l'attend, le défendeur allèguerait en vain qu'il a la possession annale, il ne serait pas recevable à intenter reconventionnellement la complainte. Ainsi jugé par un arrêt de cassation du 5 avril 1841. (S. V. 41, 1, 295.) Les auteurs qui, comme M. Wodon, exigent pour la réintégrande, la possession juridique, sont fort embarrassés pour expliquer ce résultat. (Léon Wodon, § 129.)

Dans notre système, au contraire, il suffit de faire remarquer que la complainte a pour but la restitution de la *possession*, tandis que la réintégrande n'a pour objet que de faire rendre la *détention*. Or la reconvention n'est admise que pour choses connexes à la demande. Or il n'y a aucune espèce de connexité entre la possession et la détention.

En effet, la simple détention suffit pour intenter la réintégrande; la Cour de cassation a jugé que cette action compétait au fermier, à l'antichrésiste : Cassat., 10 nov. 1819 (Sirey, 20, 1, 209), 16 mai 1820 (Sirey, 20, 1, 430). M. Wodon s'élève avec force contre cette jurisprudence : pour lui point de réintégrande sans possession juridique, c'est-à-dire sans possesssion *animo domini*.

Et pourquoi cela? Parce que, dit-on, les traditions historiques s'y opposent : c'est là la seule objection possible; car, je vous le demande, pourquoi ne protégerait-on pas aussi bien contre les entreprises de la violence un fermier qui a joui depuis longues années, qu'un possesseur peut-être d'un instant, du moment que l'on admet que la réintégrande spécialement est fondée sur un motif d'ordre public?

Si l'on n'accordait pas l'action dans ce cas, il faudrait faire une loi tout exprès pour la donner. Aucun texte législatif n'a, remarquons-le bien, déterminé les conditions de la réintégrande; dès lors il faut bien laisser une certaine latitude à la jurisprudence qui, s'inspirant des mœurs et des besoins de l'époque, qui, s'inspirant aussi des règles du bon sens et de l'équité naturelle, a donné une action en justice à tout détenteur dépossédé par violence. Ce n'est pas, en effet, l'intérêt du spolié que l'on considère, puisqu'on accorde cette action à la possession même *vicieuse,* c'est l'intérêt de la société tout entière qui ne peut voir d'un œil tranquille la force brutale usurper les droits de la justice.

Mais j'ajouterai que sur le terrain historique, l'avantage est plutôt du côté de la jurisprudence. Qu'on se souvienne des citations que nous avons faites ci-dessus. Serpillon,

48

Lange, Melenet, accordent la réintégrande au fermier, au dépositaire. Jousse lui-même déclare que l'ordonnance doit être interprétée en ce sens (sur l'art. 2, tit. XVIII, note 1) : le texte même de l'ordonnance est très-favorable, ainsi que nous l'avons vu plus haut. Enfin, rappelons-nous que sous Justinien la simple détention était probablement suffisante pour l'*Unde vi* assimilé dès lors à l'ancien interdit *Unde vi armata*.

Et si Pothier refuse la réintégrande au fermier, c'est qu'à l'exemple de nombreux auteurs, il entendait par *réintégrande* la *complainte* en *cas de nouvelle dessaisine,* qui était le cas le plus fréquent.

La jurisprudence, qui n'exige pas l'*animus domini* pour la réintégrande, l'accorde à celui qui est violemment dépouillé de la possession paisible et publique d'une chose, encore bien que cette chose ne soit pas susceptible d'une possession utile, telle que les accessoires d'un canal navigable, faisant partie du domaine public. (Cassation, 25 mars 1857, S. V. 58, 1, 453).

§ 383. — On est généralement d'accord que la réintégrande ne saurait protéger la possession des servitudes discontinues. Dans ce cas, en effet, le maître du fonds servant vous a empêché de poser un acte sur son fonds, il ne saurait y avoir ici spoliation, car ainsi que le dit la loi romaine : *nemo de servitute, id est mero jure, detruditur*. (Cassation, 5 mars 1828, D. A., *Action possessoire,* n° 116.)

§ 384. — Il ne suffit pas d'avoir la détention, il faut encore avoir été dépossédé par violence ou voie de fait.

Il faut avoir été dépossédé..... De là résulte qu'un acte accompli sur le terrain du défendeur ne peut donner lieu à la réintégrande.

Ainsi jugé par l'arrêt précité : tel est le fait d'avoir

construit sur un canal et dans son propre fonds un barrage qui a eu pour résultat de priver un riverain inférieur de l'usage des eaux. (Cassation, 6 décembre 1854, S. V. 56, 1, 208.)

Par violence..... La violence suppose une résistance, une lutte ou un combat quelconque; celui qui s'empare d'un héritage malgré les protestations du possesseur trop faible pour résister, commet un acte de violence; on devra qualifier de la même manière l'emploi de la force publique requise par un maire dans l'intérêt privé de la commune. (Cassation, 2 juillet 1862, S. V. 62, 1, 836.)

La violence peut être non-seulement physique, mais morale; dans ce cas, elle consiste dans la menace de dangers graves et prochains, suivis de l'occupation du bien dont la crainte a fait fuir le détenteur.

Nous avons déjà fait remarquer qu'il n'y aurait pas lieu à réintégrande si la prise de possession s'était effectuée en vertu d'un contrat arraché par violence.

Mais celui qui, après une absence pendant laquelle son bien a été occupé par un usurpateur, veut y entrer et est repoussé, n'a pas droit à cette action. Nulle part dans notre Code ne se trouve reproduite la fiction romaine : *Absentibus et ignorantibus prædiorum possessio solo animo retinetur*. M. Wodon invoque en vain l'art. 2243.

D'abord cet article n'a pas pour but de protéger le possesseur absent, puisqu'il s'appliquerait même en cas de présence.

L'art. 2243 n'a qu'un but : empêcher l'interruption de la possession, interruption qui arrête la prescription et l'exercice de la complainte.

La jurisprudence reconnaît du reste que pour la réintégrande ce n'est pas une possession fictive, c'est une détention matérielle et actuelle qui est nécessaire.

Au point de vue des actions possessoires, l'art. 2243 n'a

d'utilité que pour le possesseur annal ; qu'importe au possesseur non annal que sa possession ne soit réputée interrompue que par l'occupation d'un tiers, pendant une année, puisqu'en aucun cas il ne peut avoir la complainte ?

§ 385. — Mais les arrêts admettent encore la réintégrande en cas de dépossession par voie de fait. La voie de fait ne suppose pas la violence ; il importerait donc beaucoup de préciser au juste ce que c'est.

La plupart des arrêts en donnent à peu près cette définition : C'est un acte matériel de dépossession tel, qu'on n'a pu le commettre sans blesser la sécurité et la protection que chaque individu a droit d'attendre de la force des lois, et sans compromettre en quelque façon l'ordre et la paix publique.

On ne peut nier que ces caractères ne soient bien vagues.

Ainsi il a été jugé d'une part :

1° Que l'action dirigée par le possesseur d'un terrain à fin de rétablissement d'une barrière que le défendeur aurait *enlevée ou détruite* et tendant au paiement de dommages-intérêts à raison de cette voie de fait, que le demandeur qualifie lui-même de trouble à sa possession, constitue, non une action en réintégrande....., mais une action en complainte : Cass., 12 déc. 1853 (S. V. 55, 1, 742).

2° Qu'on ne saurait voir non plus un acte ayant le caractère de dépossession violente dans le fait du propriétaire qui, au mépris d'un bornage régulièrement opéré entre lui et son voisin, commet, en cultivant, une anticipation sur le terrain de celui-ci, et y arrache même quelques arbres ou arbustes excrus naturellement, mais sans commettre d'ailleurs ni dévastation de plants ou récoltes, ni destruction violente du terrain de son voisin : Cass., 12 mai 1857 (S. V. 57, 1, 807).

Mais, d'un autre côté, il a été aussi décidé :

1° Qu'il y a voie de fait donnant naissance à la réintégrande, si j'inonde [le fonds de mon voisin en pratiquant
une brèche dans le fossé séparatif des deux héritages :
Cass., 3 mai 1848 (S. V. 48, 1, 714.)

2° Que le fait, par le propriétaire d'un fonds, d'avoir établi un treillage sur un terrain dont son voisin limitrophe
était en possession *animo domini,* suffit, alors même qu'aucun acte de violence ne l'aurait accompagné pour autoriser l'action en réintégrande! Cass., 1ᵉʳ février 1869 (S. V.
69, 1, 177.)

« Attendu, » disait le jugement attaqué, « qu'une entreprise
« entraînant dépossession complète et constituant un obs-
« tacle permanent que le possesseur, s'il veut rentrer en
« possession, ne peut plus faire disparaître qu'en recourant
« à la violence, constitue, quelque *paisible,* furtive ou clan-
« destine qu'elle ait été, *une voie de fait* pouvant donner lieu
« à l'action en réintégrande !! »

Ainsi une dépossession complète, quelque *paisible* qu'elle
ait été, constitue *une voie de fait !!!*

Il était bien plus simple de dire que la réintégrande se
donnera dans les mêmes cas que la complainte. Mais alors
on intentera toujours la réintégrande, et voilà la règle de
la possession annale supprimée!

Ce qu'il y a de plus singulier, c'est qu'il n'était nullement nécessaire, dans l'espèce, de mettre au jour cette
étonnante théorie. La possession du spolié réunissait tous
les caractères exigés par l'art. 23. «Attendu, » dit l'arrêt de
rejet, « qu'il est constaté en fait, par le jugement attaqué,
« que la ville de Bordeaux possédait *depuis longtemps* le
« terrain litigieux, *animo domini,* lorsque le demandeur
« en cassation se permit de clore ce terrain par une barrière.
« — Que cette *voie de fait* (!), privant la ville de la posses-

« sion qu'elle avait dudit terrain, autorisait pleinement
« l'exercice de l'action en réintégrande. »

Aussi le spolié, d'une manière ou d'une autre, devait
triompher, et cependant il eût fallu casser le jugement qui
lui donnait gain de cause. La Cour de cassation n'a pu s'y
résoudre. Elle a préféré altérer les caractères du fait qui
donnent naissance à la réintégrande. Il y a là un danger,
et nous devions le signaler. Ceci ne justifie-t-il pas les ob-
servations que nous avons présentées plus haut, § 381,
sur la portée dogmatique des documents de jurisprudence?

Quel est donc le caractère distinctif de la voie de fait qui,
indépendamment de toute violence, autorise la réintégrande? Il est malaisé de le préciser. Toutefois on peut
dire qu'il faut qu'il y ait eu destruction d'une chose détenue par autrui.

Il est presque inutile d'ajouter que le fait doit causer un
dommage, et un dommage présent. La complainte, on le
sait, peut être exercée indépendamment de tout préjudice.

La jurisprudence arrive à ce résultat, que la complainte
est accordée sous le nom de réintégrande à tout possesseur, même non annal. Cette innovation peut paraître
heureuse; à coup sûr elle n'est pas légale.

Ainsi, dans l'espèce précédente où il y avait *construction* et non *destruction*, la réintégrande ne devait pas être
admise.

§ 386. — Pour distinguer s'il s'agit d'une action en complainte ou en réintégrande, il ne faut pas s'attacher à la
qualification que les parties donnent à leur demande, mais
bien aux faits qui ont donné naissance au procès. S'il s'a-
git d'un trouble, c'est une complainte; si au contraire il y
a eu voie de fait, c'est l'action en réintégrande. Cela est si
vrai que, même dans le cas où le demandeur aurait demandé à prouver sa possession annale, il n'en résulte pas

que les principes de la complainte doivent être appliqués. La Cour suprême, revenant en ce sens sur des décisions précédentes, l'a ainsi jugé par un arrêt de cassation du 19 août 1839. (S. V. 39, 1, 641.)

§ 387. — Contre qui la réintégrande peut-elle être intentée ? Contre l'auteur de la violence, celui par l'ordre duquel il a agi, ou qui a ratifié la voie de fait. (Pothier, *Possession,* n°s 118, 119.)

Dans tous ces cas les défendeurs pourront être condamnés solidairement (*ibid.*). J'ajouterai encore à cette liste celui dans l'intérêt duquel la violence a été exercée, s'il en a été complice; je m'explique. Pourra être considéré comme complice celui qui, aussitôt la dépossession opérée, se rend acquéreur de la chose usurpée, s'il y a lieu de présumer que la spoliation a été effectuée dans le but de lui remettre immédiatement le bien usurpé.

Mais, *hors ce cas,* j'hésite à croire que la réintégrande puisse s'exercer d'une manière générale contre le tiers-acquéreur, même de mauvaise foi. La décrétale : *Sæpe contingit,* la donnait pourtant contre celui qui *scienter talem rem acceperit, non obstante juris civilis rigore.* C'était, on le voit, une dérogation au droit romain; doit-on l'admettre encore aujourd'hui en vertu de ce texte ?

Je ne le crois pas et je m'appuie à cet égard sur l'opinion de Pothier, que M. Belime cite à tort comme un des partisans de la doctrine opposée. *(Traité de la possession,* n° 122.) « Celui qui a été dépossédé par violence n'est pas « fondé à exercer cette action de réintégrande contre « celui qu'il trouve en possession de la chose dont il a été « dépossédé par violence, si ce possesseur n'y a aucune « part. » Et il cite la loi 7, Dig., XLIII, 16.

Et en effet, la réintégrande ne peut participer au caractère *réel* des actions possessoires par la raison qu'elle n'est pas, à proprement parler, une action possessoire, puisqu'elle a pour base non la possession, mais la détention.

CHAPITRE VIII

De a Récréance.

§ 388. — La récréance, si elle existe dans notre droit, n'est pas une action possessoire, mais seulement un incident de la complainte.

Quelques détails historiques sont ici indispensables.

A l'origine, la récréance paraît n'avoir été admise en France qu'en matière bénéficiale.

Lorsque l'action possessoire était intentée à raison d'un bénéfice, le juge, sur un simple examen des titres et sans pouvoir entendre un seul témoin, confiait provisoirement la chose à celle des parties qui avait le droit le plus apparent. Puis on instruisait le procès au possessoire, et enfin l'on arrivait à la sentence de *pleine maintenue*. Celui à qui la récréance avait été adjugée, n'était point par là constitué possesseur; il devait compte des fruits à son adversaire si celui-ci triomphait, et devait fournir caution. L'ordonnance de 1867 se contenta d'une simple caution juratoire. (Ordonnance de 1499, ordonnance de Villers-Cotterets.)

Cette dernière ordonnance vint corriger un abus. L'usage s'était établi de faire deux instances distinctes, l'une sur la récréance, l'autre sur la pleine maintenue, ce qui occasionnait des lenteurs et des frais, ce qui établissait deux degrés possessoires. François 1er voulut proscrire cet abus en statuant qu'à l'avenir les deux instances ne seraient plus disjointes, que, par conséquent, s'il n'y avait pas lieu à la récréance, le juge devrait prononcer immédiatement et sans nouvelle demande sur la *maintenue*. (M. Belime.)

Mais il n'en reste pas moins vrai qu'il intervenait deux jugements, l'un sur la récréance, l'autre sur la maintenue. Le témoignage de Rebuffe est positif à cet égard : *Hic tamen non vult prohibere quin separatim proferatur recredentia... et iste articulus habet locum quando potest ipse processus decidi, ut pote quia non allegantur facta probanda testibus : alioquin* SEPARATIM DECIDETUR RECREDENTIA A SENTENTIA PLENI POSSESSORII. (Rebuffe, *Comment. in reg. const. Gall. de mater. poss.*, p. 802.)

L'ordonnance de 1667 ne parle aussi de la récréance qu'en matière bénéficiale; elle contient cette disposition trop peu citée : *Les récréances seront exécutée avant qu'il soit procédé sur la pleine maintenue.* (Tit. VI, art. 10.)

En Allemagne la récréance était usitée même en matière possessoire profane, sous le nom de *possessorium summariissimum*. Le mot français *récréance* signifie remise provisoire de la chose : *rei credentia.*

M. Belime, Léon Wodon et quelques autres auteurs ont soutenu, malgré l'autorité de Pothier que nous allons citer tout-à-l'heure, que la récréance n'avait jamais été connue en France pour les matières possessoires profanes.

C'est là une grave erreur : écoutons ce que disait bien avant Pothier le célèbre Lange, auteur du *Praticien français*, livre III, chap. VII : « Qu'est-ce que la récréance, dit-« il? C'est, *en matière bénéficiale*, ce qui s'appelle PROVI-« SION *en matière profane*, tellement que la récréance en « *matière bénéficiale*, c'est la PROVISION qui s'adjuge pen-« dant le procès à celui des contendents qui a le droit le « plus apparent, comme en matière profane la PROVISION « s'adjuge à celui qui a la possession la plus apparente. » Ce passage si important n'est, à ma connaissance, indiqué par aucun auteur.

49

De là découle une grave conséquence : la récréance était usitée en matière possessoire ordinaire où elle prenait le nom de *provision;* mais après l'avoir donnée à celui dont la possession était la plus apparente, le juge procédait à l'instruction de l'action possessoire elle-même qui se terminait généralement par une sentence de *pleine maintenue.* Tel était le vrai caractère de la *provision* ou *récréance.*

Si maintenant nous ouvrons Pothier (*Possession,* n° 165, et *Procédure,* seconde partie, chap. III, art. 2, § 1), il semble que tout soit changé; le juge pourra, *sans toucher la question de possession,* accorder la récréance, ordonner le séquestre et renvoyer les parties au pétitoire; et cette récréance, ce séquestre auront leur effet, non pas pendant l'instance possessoire qui avorte ainsi, mais pendant toute *la durée du procès au pétitoire.* Bien plus il pourrait, toujours selon Pothier, renvoyer purement et simplement les parties au pétitoire, sans rien statuer sur la possession.

La Cour de cassation, par plusieurs arrêts, a consacré cette surprenante doctrine; elle permet au juge du possessoire de prendre à son gré l'une des trois mesures ci-dessus indiquées. (Cassation, 17 mars 1819, S. V., C. N., 6, 1, 45; 14 novembre 1832, S. V., 32, 1, 816; 31 juillet 1838, S. V., 38, 1, 676; 16 novembre 1842, S. V., 42, 1, 907; 11 février 1857, S. V., 57, 1, 673; 5 novembre 1860, S. V., 61, 1, 17, et la note; 22 juillet 1868, S. V., 68, 1, 322.)

§ 389. — C'est cette jurisprudence que nous allons essayer de combattre après Belime, Carou, Dalloz, Léon Wodon, etc.; car elle nous paraît sans base juridique, contraire à tous les principes et pleine de dangers. Hâtons-nous d'ajouter que la Cour suprême a aussi décidé avec raison que le séquestre ou la récréance n'étaient jamais obligatoires pour le juge du possessoire, qu'il pouvait ou débouter purement et simplement le demandeur, ou maintenir les deux parties en possession, soit par indivis, soit dans une proportion déterminée. (Cassation, 28 avril 1813, C. N., 4, 1, 340; 16 janvier 1821, C. N., 6, 1, 367; 19 juillet 1830, C. N., 9, 1, 560.) Elle a même jugé, mais ici nous ne pouvons la suivre, qu'en cas de doute sur la possession, elle pouvait être adjugée à celui qui avait le droit le plus apparent au fonds; il est clair que c'est là cumuler le possessoire avec le pétitoire.

La question de la récréance ou du séquestre se présente dans deux cas :

1° Le demandeur en complainte ne prouve point sa possession; il faudra dans cette hypothèse sous-distinguer encore :

A. — Le défendeur s'est borné à dénier la possession du demandeur;

B. — Il a formé reconventionnellement complainte, mais il n'a pu prouver sa possession.

2° Le demandeur et le défendeur ont tous les deux prouvé la possession annale.

§ 390. — 1° A. Le défendeur s'est borné à dénier la possession du demandeur, et celui-ci n'en a pas fait la preuve.

Dans ce cas, il saute aux yeux qu'il n'y a qu'une chose à faire, débouter le demandeur. On a dit que la Cour de cassation n'avait jamais jugé cette hypothèse, et M. Dutruc, dans la savante dissertation qu'on trouve au recueil de Sirey (61, 1, 17), adopte l'opinion que nous soutenons. Pourtant c'était bien l'espèce de l'arrêt annoté par M. Dutruc. Oudet passait sur Bourqueney, ce dernier intente la complainte. Oudet soutient qu'il use d'un chemin public communal. Le tribunal, dans le doute, renvoie les parties au pétitoire et condamne aux dépens la partie qui succom-

bera dans cette instance ultérieure. Bourqueney se pour-
voit en cassation.

Il est évident, quoi qu'en aient dit les magistrats, que le
défendeur Oudet se bornait à nier la possession du demandeur, puisqu'il alléguait le caractère public du chemin, il
ne pouvait donc prétendre être maintenu en possession de
ce chemin en son privé nom, et s'il le faisait, il ne fallait
pas abuser de cette expression vicieuse. C'était là une simple défense, une négation de la possession de Bourqueney,
et non pas une complainte reconventionnelle. Dès lors,
puisque le demandeur ne prouvait pas qu'il possédait à
titre privatif le chemin en question, il fallait le débouter de
sa complainte. Et la Cour de cassation a bien été obligée de
le reconnaître. Elle a décidé, en effet, que le renvoi au pétitoire impliquait *le rejet de la demande*, que par suite le
demandeur ne pouvait se plaindre que les dépens eussent
été réservés, puisque le tribunal eût pu de suite les mettre
à sa charge. Cela étant, pourquoi ne pas dire tout de suite
que la demande est rejetée ? Que signifie ce renvoi au pétitoire ? Un juge ne peut renvoyer les parties devant une
autre juridiction qu'autant qu'il se déclare incompétent !
Or ici, il était pleinement compétent pour statuer sur l'action au possessoire ! De quel droit renvoyer au pétitoire
des parties qui ne sont nullement forcées d'y avoir recours ? Un juge ne peut réserver les dépens qu'autant qu'il
ne se dessaisit pas. Le possessoire n'est pas un prépara-
toire de l'instance sur le fond du droit. Je suppose que le
pétitoire n'ait pas été intenté : qui devra payer les dépens ?

Retenons bien ce point important : le renvoi au pétitoire
implique le rejet de la complainte.

Ce n'était pas là, du reste, l'hypothèse prévue par Pothier; il supposait que les deux parties avaient prouvé une
possession égale.

§ 391. — *B*. Le défendeur ayant répondu par une complainte reconventionnelle, n'a pas non plus réussi à prouver sa possession. Cette hypothèse doit recevoir la même solution que la précédente : Comment se ferait-il, dit fort bien M. Carou, que parce que le défendeur aurait témérairement offert la preuve d'une possession contraire, et ne l'eût pas faite, il eût rendu par là sa condition pire que s'il s'était borné à résister simplement à la demande de celui qui l'attaque. (Carou, *Actions possessoires*, n° 653.)

Pour prouver ce point qui pourtant, par son évidence, pourrait se passer de démonstration, il suffit de faire remarquer que le rejet de la demande n'implique en aucune façon la reconnaissance de la possession du défendeur. La Cour de cassation l'a décidé ainsi (23 juillet 1834, Pal. chron. à sa date), et nous avons nous-même établi plus haut ce principe.

Dans l'hypothèse spéciale qui nous occupe, il est clair que la demande reconventionnelle devrait être aussi repoussée, ce qui permettrait au juge de compenser les dépens. Ce résultat ne pouvait se produire en droit romain parce que l'interdit *uti possidetis*, n'exigeant que la possession *actuelle*, était toujours double. Il fallait bien que l'une ou l'autre des parties eût actuellement la possession. Mais en droit français, où l'annalité est exigée, tout change. Vous avez possédé hier, j'ai possédé aujourd'hui, qui de nous est possesseur annal ? Souvent il faudra pour le reconnaître remonter à l'origine de la possession, et si elle est enveloppée de ténèbres ?

Ainsi, le juge de paix peut, sans doute, renvoyer les parties au pétitoire ; mais c'est là une mesure superflue et de nul effet ; elle a le grave défaut de laisser supposer qu'on n'a rien statué sur la question de possession ; cependant elle implique évidemment le rejet de la demande principale et reconventionnelle ; mais cela étant, il serait mieux de prononcer expressément ce rejet. On fait l'inutile et l'on passe sous silence ce qu'il serait nécessaire de dire.

De quel droit ordonner le séquestre ou la récréance?

§ 392. — Et d'abord le séquestre. L'art. 1961 donne bien au juge le pouvoir d'ordonner le séquestre d'un immeuble dont la propriété ou la possession est litigieuse; mais il saute aux yeux que cette mesure ne peut être ordonnée que pour la durée de l'instance.

Un juge ne saurait, selon nous, ordonner le séquestre pendant une instance qui sera peut-être introduite dans l'avenir devant une autre juridiction que la sienne. Le séquestre est une mesure provisoire; or, un juge ne peut se dessaisir que par un jugement définitif, et ce jugement définitif une fois rendu, la compétence du juge de paix cesse; or, il est clair qu'on ne peut régler provisoirement une matière sur laquelle on n'est pas compétent quant au fond. On ne saurait trop répéter que les jugements au possessoire sont définitifs quant à la matière de la possession. Ils n'ont rien de provisoire, puisqu'ils épuisent la compétence du magistrat qui les rend.

Si nous en croyons Pothier, il en était autrement sous l'ancienne jurisprudence, mais cela s'explique : le même juge décidait du possessoire et du pétitoire; on pouvait donc dire, jusqu'à un certain point, qu'en renvoyant les parties au pétitoire, c'est-à-dire devant lui-même, il ne se dessaisissait point, et pouvait dès lors ordonner le séquestre. Il doit en être autrement sous notre législation, qui a nettement séparé le pétitoire du possessoire et les a attribués à deux juridictions différentes.

Mais je dois ajouter que, même sous l'ancienne jurisprudence, c'était un abus qu'il ne faudrait pas reproduire quand bien même la compétence appartiendrait au même juge.

En effet, qui peut contraindre les parties à instruire le pétitoire? Peut-être ne peuvent-elles ni l'une ni l'autre prouver leur droit de propriété? Dès lors, si elles s'y refusent, l'immeuble demeurera donc indéfiniment séquestré?

§ 393. — Autrefois l'on avait admis la récréance, parce qu'on se procurait ainsi pour l'immeuble un gardien qui ne coûtait rien, puisque c'était une des parties. L'on évitait ainsi les frais énormes qu'entraînait souvent le séquestre. On sait ce que duraient alors les procès. Aujourd'hui cette mesure ne peut plus être admise. Les frais ne sont guère à craindre puisque le juge de paix doit, à peine de nullité, rendre son jugement définitif dans les quatre mois de l'interlocutoire.

D'un autre côté, le séquestre seul est autorisé par nos lois et la récréance, mesure qui fait évidemment grief à la partie qui ne l'obtient pas, tombe directement sous l'application de l'art. 1041, C. pr., par lequel sont abrogés toutes lois, coutumes, usages et règlements relatifs à la procédure civile.

Le juge de paix pourrait fort bien, en vertu de l'article 1961, ordonner le séquestre *pendant le procès au possessoire.* Que s'il ne reconnaissait la possession ni au demandeur ni au défendeur, il devrait, en les déboutant de leurs demandes principale et reconventionnelle, ordonner au séquestre de délaisser purement et simplement l'immeuble litigieux.

Le juge du pétitoire pourrait aussi le mettre sous le séquestre, pourvu toutefois que la possession n'eût pas été reconnue au possessoire au profit d'une des parties : il y aurait alors pour elle un droit acquis à la détention de la chose, et l'on ne pourrait l'en priver sans lui faire injustement grief et annuler les effets du jugement sur la complainte, ce qui serait évidemment un cas de cumul.

§ 394. — 2° Le demandeur et le défendeur ont tous les deux prouvé leur possession annale.

Ceci ne peut arriver, il me semble, que dans trois cas.

A. — Les parties ont joui chacune d'une partie distincte de la chose.

B. — Elles ont joui chacune de toute la chose, mais *sub diverso respectu.*

C. — Elles ont joui chacune de toute la chose et de la même manière, mais alternativement, c'est-à-dire en différents temps.

En dehors de ces trois hypothèses, il me semble impossible d'en imaginer une autre, sauf celle d'indivision qui ne souffre pas de difficulté : *contra naturam nempe est, ut quum ego aliquid teneam, tu quoque id tenere videaris.* Comment voulez-vous que deux personnes jouissent de la totalité d'une chose en même temps et de la même manière ?

Cela posé, la conséquence naturelle, c'est que le juge de paix devra maintenir les deux parties en possession, soit relativement à une partie de l'immeuble pour chacune, soit relativement à une manière d'en jouir qui sera différente pour chacune, soit indivisément, soit enfin leur en accorder la jouissance pendant une portion de l'année.

Et la partie qui se serait attribué une jouissance exclusive devrait être condamnée à laisser jouir son adversaire dans les limites de la possession qu'il a acquise.

Ces principes ont été consacrés par plusieurs arrêts. Requête, 28 avril 1813. Rej., 8 décembre 1824. Rej., 9 août 1836. (D. A., v° *Actions possessoires,* n°⁵ 691, 692 et 693. Voyez aussi Dalloz, *Actions possessoires,* n°⁵ 227-230, où il cite plusieurs arrêts ; — *id.,* Cass., 18 mai 1858, D. P. 58, 1, 218, et 23 déc. 1861, D. P. 62, 1, 129.) Il a été décidé notamment par un de ces arrêts, qu'une personne pouvait avoir la possession des arbres existant sur une montagne et une autre personne, celle des herbes ou chaumes qui croissent au-dessous de ces arbres.

Dans aucun de ces cas le juge ne peut, selon nous, renvoyer les parties au pétitoire, ce qui impliquerait le rejet d'une action véritablement fondée sur la possession annale.

A plus forte raison ne peut-il ordonner le séquestre ou la récréance.

TITRE TROISIÈME

DES CHOSES QUI PEUVENT FAIRE L'OBJET DES ACTIONS POSSESSOIRES.

—

CHAPITRE I

Des choses du domaine privé.

SECTION I

Des immeubles et des meubles.

§ 395. — Il n'existe plus dans notre législation d'actions possessoires relatives aux meubles; on n'en connaissait point non plus dans l'ancienne législation, et l'interdit *utrubi* des Romains n'a pas trouvé d'analogue. C'était une conséquence du fameux principe : *Vilis mobilium posses-sio;* cela résultait aussi de la rapidité avec laquelle les meubles passent de main en main sans qu'il reste de trace des conventions intervenues; en un mot, le possessoire s'effaça ici devant le pétitoire, se confondit avec lui, et de cette union naquit la maxime : *en fait de meubles la possession vaut titre.*

L'ordonnance de 1667 maintenait pourtant l'action possessoire quand il s'agissait d'une universalité de meubles, spécialement en matière de succession. Il était fréquent, sous l'ancien droit, de voir l'hérédité scindée en deux successions distinctes : l'une immobilière, l'autre composée des meubles. Cette universalité, disait-on, ressemble à un immeuble : *sapit aliquid immobile.* Cependant Bourjon déjà s'exprimait sévèrement sur cette assimilation : « *Il « n'y voyait point de base ; c'était, disait-il, vain exa- « men et vaine curiosité plutôt que réalité.* »

Sous le régime de nos Codes l'action possessoire, cela n'est pas douteux, n'est recevable qu'en matière d'immeubles.

Nous savons qu'on distingue les immeubles par leur nature, les immeubles par accession, par destination et par l'objet auquel ils s'appliquent.

Les immeubles par accession, tels que les plantations ou constructions, sont les meubles qui, par leur jonction ou incorporation à un fonds, en empruntent la nature immobilière.

Les immeubles par destination, au contraire, sont des choses qui restent purement mobilières, mais qui sont considérées comme immeubles par suite de l'intention du possesseur du fonds, comme les animaux attachés à la culture et les ustensiles aratoires.

L'on admet, et avec raison, que l'on peut prendre pour trouble à la possession du fonds lui-même, toute usurpation ayant pour objet ces meubles immobilisés. Seulement, pour les immeubles par destination, quelques auteurs enseignent que l'action ne serait pas recevable contre une personne ignorant l'acte qui les rend immeubles. Mais nous avons reconnu, en parlant des troubles, qu'on devait considérer comme tel tout acte que le possesseur peut interpréter comme une atteinte à sa possession. Or, dans notre espèce, le possesseur ne peut savoir si l'usurpateur ignore ou non la qualité d'immeubles attachée aux objets usurpés. Donc, en tous cas, complainte recevable.

Mais cette action prend dans ces hypothèses un caractère tout particulier : de réelle elle devient personnelle, et ne saurait s'exercer que contre l'auteur du trouble et contre lui seul. L'objet usurpé, distrait par là même de sa destination, redevient meuble ; si donc il passe entre les mains d'un tiers acquéreur quelconque, la complainte n'est plus recevable ; car, d'un côté, cet individu n'est pas l'auteur du trouble, et, d'un autre côté, la possession est définitivement perdue pour le maître de l'héritage ; car l'art. 2243 ne s'applique qu'aux immeubles, et nous n'avons pas, à proprement parler, d'interdit *recuperandæ possessionis* dans notre droit ; il suit de là que la maintenue ne saurait être ordonnée.

§ 396. Tous les auteurs admettent que les choses mobilières que la loi fictivement considère comme immeubles sous certains rapports, telles que les actions de la banque de France, etc., et les actions tendant à revendiquer un immeuble, et que le Code appelle immeubles (art. 526), ne sauraient faire l'objet de l'action possessoire. Il en est de même des meubles *réalisés* par contrat de mariage. Mais à l'inverse, les immeubles, bien qu'*ameublis*, ne laissent pas de pouvoir donner lieu à la complainte.

Nous avons vu que certains droits réels, l'hypothèque, par exemple, n'étaient pas susceptibles de possession, parce qu'ils s'éteignaient par leur exercice même.

Le droit ancien, obéissant à une tendance générale, avait réalisé certains droits purement personnels de leur nature. Beaucoup ont été abolis, le reste s'est vu restituer le caractère personnel qui lui appartenait.

Ainsi les droits de rente foncière, de champart, de péage, de banalité, ne sont plus susceptibles de l'action possessoire.

Notons toutefois, à propos de banalité, que le droit de se servir d'un pressoir peut constituer une servitude réelle, et, par conséquent, donner lieu à la complainte. En effet, le droit d'user d'un pressoir pour faire la vendange d'un héritage déterminé constitue évidemment un service foncier établi au profit de cet héritage. La Cour de cassation l'a ainsi décidé par son arrêt du 6 juillet 1812. (D. A., v° *Actions possessoires,* n° 761.)

Quant aux droits de chasse ou de pêche, il est très-vrai qu'ils ne peuvent jamais être établis comme servitudes réelles, puisqu'ils ne profitent qu'à la personne. Ce sera donc, en général, des droits purement personnels ; mais il faut bien reconnaître aussi qu'on pourrait les établir à titre de servitudes personnelles analogues à l'usage ou à l'usufruit et s'éteignant par les mêmes modes. Qui peut le plus peut le moins ; si vous pouvez constituer sur un fonds la servitude personnelle d'usage, à plus forte raison pouvez-vous y établir le droit de chasse ou de pêche, qui n'est qu'un usage extrêmement restreint.

Dans ce cas exceptionnel l'action possessoire serait recevable. (*Contra :* M. Léon Wodon.)

Certains auteurs examinent, à propos du domaine privé, les questions qui s'élèvent au sujet des mines. Mais comme les mines concessibles, considérées indépendamment du sol, peuvent être considérées sous certains rapports comme faisant partie du domaine public, il vaut mieux réserver cette question.

SECTION II

Des servitudes personnelles.

§ 397. — La servitude personnelle est un droit réel établi sur une chose au profit d'une personne, et en vertu duquel cette personne peut en retirer quelque utilité, quelque service.

Nous traiterons séparément de chaque servitude.

De l'usufruit et accessoirement de l'usage, de l'emphytéose, de la superficie, du bail et de l'anthichrèse.

§ 398. — Nous savons déjà que l'usufruitier, détenteur précaire, à ne considérer que la nue-propriété, est, par rapport à son droit réel de jouissance, véritable possesseur juridique, ou comme le disaient les Romains : *juris possessor*.

De là suit que tous les deux, nu-propriétaire et usufruitier, auront contre les tiers qui viendraient les troubler dans leur possession la voie des actions possessoires, et il sera bien rare que, pour le même fait, l'action ne compète qu'à l'un d'eux, car il est bien difficile de supposer un fait de trouble tel qu'il n'inquiète exclusivement que la possession de l'usufruitier ou celle du propriétaire du fonds.

On s'est demandé si la chose jugée à l'égard de l'un pouvait être opposée à l'autre, et l'on est généralement d'accord pour décider la négative ; il y a dans notre espèce comme deux communistes, et l'on sait que l'un des copropriétaires n'a point qualité pour engager l'autre en justice. Il n'est pas douteux toutefois que le jugement obtenu par l'un profiterait à l'autre. C'est pourquoi il est prudent d'actionner en même temps le nu-propriétaire et l'usufruitier lorsqu'on veut contester leur possession.

Mais si ces résultats paraissent peu discutables, la difficulté naît au contraire lorsqu'on se demande si l'action possessoire est recevable entre le nu-propriétaire et l'usufruitier.

Si le nu-propriétaire trouble ce dernier, sans doute la complainte sera ouverte : l'usufruitier prouvera que depuis plus d'un an il possède à ce titre, et que le fait de trouble porte atteinte à sa possession en tant qu'usufruitier. (Cassat., 14 déc. 1840, S. V. 41, 1, 237.)

Il est clair, en effet, que si l'acte posé par le propriétaire n'était que le légitime exercice du droit au fonds dont il conserve la possession par l'intermédiaire de l'usufruitier lui-même, comme, par exemple, s'il voulait faire de grosses réparations, indispensables à l'immeuble, et que l'usufruitier s'y opposât, ce dernier n'aurait pas la complainte. Mais le nu-propriétaire pourrait-il arrêter par la complainte les abus de jouissance de l'usufruitier? Il faut distinguer, ce me semble : si l'usufruitier, comme dans l'exemple précédent, voulait empêcher le nu-propriétaire de faire de grosses réparations indispensables, ce serait pour ce dernier un cas de complainte. Mais supposons que l'usufruitier fasse des coupes anticipées, qu'il attaque des futaies non aménagées, le nu-propriétaire pourra-t-il l'actionner au possessoire? Ne doit-on pas répondre encore par l'affirmative? L'usufruitier excède évidemment ici les limites de sa possession, il ne saurait alléguer que depuis plus d'un an il commet des actes pareils : cette possession extensive de son droit serait réputée précaire, puisqu'il ne peut intervertir son titre que de deux manières prévues par la loi. Que le juge du possessoire ne se laisse pas, comme il est arrivé trop souvent, rebuter par la difficulté

que présentent certaines espèces. L'usufruitier est possesseur juridique pour tous les actes que son titre lui permet
de faire; pour tout le reste, ce n'est qu'un détenteur précaire, qui ne peut, par sa seule volonté, intervertir son
titre. Le débat au possessoire est ici possible, parce qu'il y
a deux possessions distinctes; en préciser les limites, tracer
la ligne qui les sépare, telle est ici toute la question du
procès. Ainsi, tous les actes que, soit en vertu de son titre
particulier, soit en vertu de la loi, l'usufruitier comme tel
a le droit d'accomplir, on peut dire qu'ils sont compris
dans la possession du droit d'usufruit et possédés avec lui:
ces actes ne pourront servir de base à la complainte du
nu-propriétaire.

S'agit-il au contraire de faits que la loi ou le titre particulier de l'usufruitier lui interdit d'accomplir: eh bien alors,
s'il les accomplit, il porte atteinte à la possession que le nu-
propriétaire exerçait par son entremise, et dès lors action possessoire recevable.

Enfin se trouve-t-on en présence d'actes que l'usufruitier, comme tel, pourrait se permettre, mais qu'on prétend
lui être interdits par son titre spécial? Ce titre n'est-il pas
suffisamment explicite à cet égard? Alors la question se
réduit à une pure interprétation de titres, et le juge du possessoire n'est plus compétent, la complainte n'est plus recevable.

Telle est la doctrine que je crois devoir proposer. Elle
s'appuie sur l'autorité de la 1. 3, § 3, Dig., XLIII, 17. *Cum
inquilinus dominum œdes reficere volentem prohiberet,
æque competere interdictum uti possidetis placuit, testari-
que dominum non prohibere inquilinum ne habitaret, sed
ne possideret.* Ainsi l'action possessoire pourrait être intentée par le bailleur même contre le preneur; ceci s'applique *a fortiori* aux relations de l'usufruitier et du nu-
propriétaire

§ 399. — Et puisque nous sommes sur ce sujet, faisons remarquer que la complainte sera très-rarement possible dans cette espèce, parce qu'il n'y a pas ici deux possessions distinctes dont l'une veut empiéter sur l'autre. Si, par exemple, le fermier se maintenait en jouissance après la fin du bail en soutenant qu'il n'est pas expiré, il y aurait là, non pas un procès possessoire, mais une question d'interprétation d'acte sur laquelle le juge de paix serait souverainement incompétent.

§ 400. — Ce que nous avons dit de l'usufruit s'applique pleinement à l'emphytéose, à la superficie, à l'*usage* ordinaire. L'emphytéote, le superficiaire, l'usager, joignent à la jouissance d'un droit réel la détention même de la chose : ce sont dès lors des *juris possessores* et ils doivent être traités comme tels.

Nous consacrerons bientôt quelques paragraphes à l'étude des droits d'usages forestiers, relativement aux actions possessoires.

Le locataire ou fermier n'a point de droit réel ; en vain l'on a voulu soutenir le contraire : donc il n'aura pas la complainte. Mais on pourrait évidemment l'intenter contre lui s'il venait à troubler la possession du voisin. Seulement, le jugement intervenu ne serait pas opposable au bailleur qui n'y a pas été partie.

Nous avons déjà vu, § 377, que la voie de la réintégrande serait ouverte même au fermier, puisqu'une détention purement matérielle est suffisante.

L'antichrèse n'est plus un droit réel : elle ne donne à l'antichrésiste que la faculté de percevoir les fruits. Ce contrat participe de la nature du bail : ainsi point de possession juridique, partant point d'interdits.

SECTION III

Des servitudes réelles.

Voici dans quel ordre nous traiterons cette matière :

A. — *Des servitudes continues apparentes ;*

B. — *Des servitudes discontinues, apparentes ou non apparentes ;*

C. — *Des servitudes continues non apparentes, c'est-à-dire des négatives.*

§ 401. — A. *Des servitudes continues apparentes.*

Ici point de difficulté et un seul mot épuisera la matière : les servitudes de cette nature peuvent être possédées et prescrites, leur possession est soumise aux mêmes règles que celle des immeubles proprement dits, sauf les différences que nous avons notées au chapitre de l'acquisition et de la perte, § 272 et suiv. Les actions possessoires sont recevables, sauf la réintégrande : *Quia nemo de servitute, id est mero jure detruditur.* Il faut supposer, bien entendu, que la voie de fait, dirigée seulement contre la servitude, n'attente en aucune façon à la possession du fonds dominant lui-même.

Ainsi, qu'il y ait titre, destination du père de famille, prescription, ou qu'au contraire aucune de ces choses ne se présente, peu importe : dès que la servitude a été pendant un an possédée paisiblement, publiquement, sans équivoque ni précarité, cela suffit ; le trouble qui y est apporté donne naissance à la complainte.

Que si c'est le possesseur annal du fonds servant qui se prétend troublé par l'exercice de la servitude, son action réussira ou échouera selon que cette servitude aura été

51

ou non possédée pendant le temps et avec les conditions voulus.

§ 402. — B. *Des servitudes discontinues apparentes ou non apparentes.*

On pourrait croire qu'au point de vue de la possession il y ait intérêt à distinguer l'une de l'autre ces deux classes de servitudes; pourtant il n'en est rien. Le Code civil appelle apparente la servitude dont l'existence se manifeste par un signe extérieur.

Tel est le passage révélé par une porte, par un chemin tracé et entretenu. Mais n'est-il pas vrai de dire que, même non apparente dans ce sens, toute servitude discontinue est susceptible d'un exercice, c'est-à-dire d'une *possession* publique? Elle exige, en effet, pour être exercée, le *fait actuel* de l'homme; or, ce fait, comme tout autre, sera public ou non public, selon qu'on l'aura accompli au grand jour, ouvertement, ou au contraire en prenant des précautions pour le tenir caché.

Outre les règles communes à toute possession, quelles sont les conditions requises pour que la complainte soit recevable en matière de servitudes discontinues?

La grande majorité des auteurs et une jurisprudence qui paraît aujourd'hui irrévocablement fixée, exige que la servitude soit fondée en titre; et par titre on entend un acte constitutif, la destination du père de famille, la prescription acquise avant le Code, ou enfin la loi (renvoi pour ce dernier point à la section des servitudes légales, § 423).

Les auteurs sont unanimes pour refuser toute valeur à l'acte émané de l'ancien propriétaire du fonds dominant.

La plupart se contentent néanmoins d'un titre émané du possesseur du fonds servant, quand bien même il n'en aurait pas été propriétaire.

Quelques-uns exigent que l'acte constitutif soit connu

du maître du fonds servant contre lequel la complainte est intentée.

D'autres, à défaut de titre, se contentent de la contradiction opposée par le possesseur de la servitude au droit du possesseur du fonds servant.

Troplong et Demolombe vont jusqu'à exiger que le titre émane *a vero domino*.

Enfin M. Léon Wodon soutient avec énergie que le titre n'est pas nécessaire si la servitude est d'ailleurs exercée *animo domini*.

Nous ne serons pas suspects d'un respect trop servile pour les décisions de la jurisprudence, lorsque nous dirons qu'en principe c'est à son système qu'il faut se rallier; quelques développements sont ici nécessaires.

§ 403. — La possession n'est, en définitive, que l'exercice d'un droit; à ce titre, pourquoi les servitudes discontinues ne seraient-elles pas susceptibles d'une possession utile? Quel élément fait ici défaut? Ce n'est ni la publicité, ni la continuité (§ 230); *l'animus domini* peut exister tout aussi bien que dans d'autres matières. Mais doit-on le supposer? doit-on appliquer ici la règle qu'on est toujours, et jusqu'à preuve contraire, censé posséder à titre de maître? La nature même des choses dicte une réponse négative : les actes qui constituent l'exercice d'une servitude discontinue, sont, en règle générale, essentiellement équivoques : le possesseur du fonds servant ne les subit pas, il les tolère, parce que la plupart du temps ils ne lui causent aucun dommage, tandis qu'ils sont souvent extrêmement utiles à celui qui les exerce. Le législateur devait donc, pour encourager cette tolérance entre voisins, assurer la sécurité de celui qui l'accorde, lui donner la certitude que jamais on ne pourra abuser de sa complaisance et retourner contre lui son bienfait, en prétendant exiger comme un droit ce qu'on n'a obtenu qu'à titre de faveur.

Les rédacteurs de nos Codes se sont inspirés de cette idée salutaire, ils ont absolument proscrit la prescription des servitudes discontinues (art. 691), et leurs discussions démontrent que le motif de cette prohibition a bien été celui que nous venons d'indiquer. Tout le monde est d'accord à cet égard.

Le texte de cet article est tellement absolu, tellement formel que, selon l'opinion qui prévaut aujourd'hui, et que nous n'hésitons pas à adopter (Demolombe, *Servitudes,* n°s 788 et suiv.), la prescription est impossible, même dans les cas où toute idée de tolérance ou de précarité devrait être écartée, eu égard aux circonstances particulières de la cause. Ainsi par exemple, la servitude aurait été exercée en vertu d'un titre, malgré l'opposition du maître du fonds servant... Je le répète, en ce qui touche la prescription, le texte est absolu.

§ 404. — Mais s'il prohibe la prescription, il est muet en ce qui touche les actions possessoires. Le motif qui a fait rejeter la prescription subsiste, il est vrai ; les faits d'exercice seront de plein droit considérés comme précaires ou tout au moins équivoques ; dès lors pas de possession utile, point de complainte. Mais ici, remarquons-le bien, nous ne sommes plus enchaînés par un texte précis, les motifs seuls du législateur nous dictent la solution ; si donc ces motifs se trouvent inapplicables à une espèce, si la présomption de précarité vient à s'évanouir devant des faits qui excluent toute idée de tolérance ou de possession équivoque, il en résultera que la solution devra changer, et que la complainte deviendra recevable. Les actions possessoires ne reposent pas, en effet, sur une présomption de propriété, mais sur le respect qui, dans une société policée, est dû à l'état de fait, tant qu'il n'a pas été modifié par une décision judiciaire.

§ 405. — Maintenant quels faits auront la puissance de

détruire la présomption de précarité attachée à l'exercice de servitudes discontinues?

Prenons pour exemple la servitude de passage.

Si l'on analyse bien les choses on peut arriver à une solution certaine de la question posée, par une déduction pour ainsi dire mathématique.

Le législateur, *a priori*, présume deux choses :

1° Que celui qui exerce la servitude ne le fait qu'à titre de familiarité, sans avoir l'intention d'user d'un droit, en un mot qu'il n'a pas l'*animus domini*.

2° Que celui qui subit les actes de servitude ne les permet que par tolérance, sans se croire obligé de les supporter.

Donc, pour que les actes posés puissent engendrer une possession utile, il faudra par une conséquence nécessaire :

1° Qu'il soit démontré que le maître du fonds dominant a agi comme exerçant un droit; en un mot que l'*animus domini* soit indubitable chez lui.

2° Qu'il soit, en outre, certain que le maître du fonds servant a subi ces actes, non pas parce qu'il lui convenait de les permettre, mais parce qu'il se croyait *tenu* de les souffrir.

§ 406. — Maintenant il est aisé de résoudre la question de savoir quels seront les faits qui devront engendrer cette *double* servitude et par conséquent, rendre recevable l'action possessoire. Si le maître du fonds servant a un titre, quand bien même il n'émanerait que de son propre auteur, lequel aurait déclaré vendre un fonds ayant droit à la servitude; il devient certain que la servitude a été exercée *animo domini*. La jurisprudence semble pourtant n'avoir pas égard à un pareil titre (Cass., 16 juillet 1849, S. V. 49, 1, 545). Vous allez voir tout-à-l'heure que je ne vais pas directement à l'encontre de ces décisions.

Mais nous avons vu que cet élément, l'*animus domini*

ne suffit pas, qu'il faut en outre que le maître du fonds servant ait *subi,* et non pas *toléré.*

Eh bien, il aura nécessairement *subi* quand il aura eu connaissance du titre en vertu duquel la servitude a été exercée. Dans le cas contraire il sera censé n'avoir laissé faire que par tolérance.

Or, toutes les fois que le titre émanera d'un de ses *auteurs* il est clair qu'il doit le connaître, et qu'il ne sera pas admis à prétendre qu'il l'a ignoré. Mais si le titre émane d'un auteur du maître actuel du fonds dominant, il faudra, pour que la possession soit utile, que cet acte ait été signifié au maître du fonds servant; qu'il ait su que la servitude était exercée en vertu de cet acte; dans ce second cas, en effet, aussi bien que dans le premier, comment pourrait-il soutenir qu'il a *toléré* mais non pas *subi?*

§ 407. — Nous espérons que la nouveauté de cette manière d'envisager la question ne l'empêchera pas d'être comprise. L'arrêt de cassation cité ci-dessus (16 juillet 1849), en déclarant inefficace la possession basée sur un titre émané de l'auteur du maître de l'héritage dominant, a donné une solution exacte au fond : mais le motif est erroné. Ce titre, dit-elle, ne peut inspirer à celui qui l'invoque la conviction de son droit. Il est évident, au contraire, ce me semble, qu'il peut fort bien inspirer l'*animus domini :* mais la possession, quoique exercée *animo domini,* n'en reste pas moins équivoque, puisque le maître du fonds servant ignore, dans ce cas, qu'elle est exercée en vertu d'un titre; il peut donc, à bon droit, soutenir qu'il n'y a eu de sa part qu'une simple *tolérance.* En un mot, et pour nous résumer, la possession d'une servitude discontinue est *équivoque*, en général, à un double point de vue.

Pour le maître du fonds dominant, on ne sait s'il agit comme exerçant un droit ou à titre de pure familiarité.

Pour le maître du fonds servant, on ignore s'il subit la servitude comme un droit, ou s'il en souffre l'exercice par tolérance.

Or, pour que l'action possessoire devienne recevable, il faut, de toute nécessité, que cette double équivoque soit écartée.

§ 408. — Elle le sera par la production du titre. Mais avant d'examiner quelles conditions ce titre devra réunir, il convient de rechercher si l'action possessoire ne serait pas quelquefois recevable, indépendamment de tout titre. Ainsi le maître du fonds dominant a fait, sur le fonds servant, des travaux de nature à faciliter l'exercice de la servitude, par exemple, établi un chemin empierré pour pouvoir passer.

N'est-il pas clair que, dans ces cas, toute présomption de précarité ou de tolérance doit cesser? N'est-il pas clair que la servitude est, d'une part, exercée *animo domini*, et, d'autre part, subie comme une charge réelle? Ainsi l'action possessoire devrait être déclarée recevable. La Cour de cassation a pourtant jugé le contraire par arrêt du 21 octobre 1807, et du 24 nov. 1835. (D. A., v° *Actions possessoires*, n° 447.) Mais nous ne pouvons suivre cette doctrine.

§ 409. — De tout ce que nous avons dit, il résulte que le titre doit être *applicable* au fonds sur lequel la servitude est exercée. Si *l'applicabilité* est contestée, il est de toute évidence que le juge du possessoire devra, par tous les moyens possibles, élucider cette question. Si, en effet, le titre existait réellement, mais qu'il ne fût pas applicable au fonds sur lequel la servitude est due, ce serait comme s'il n'y avait pas de titre du tout, et la présomption de précarité reprendrait son empire.

Mais faut-il que le titre soit *valable*? Cela n'est pas nécessaire; du moment qu'il existe en fait et qu'il est connu de l'adversaire, la possession de la servitude s'exerce *animo domini* et sans équivoque. Le juge de paix qui déclarerait un titre nul, s'immiscerait dans une question pétitoire soustraite à sa compétence.

Cet examen serait, du reste, sans intérêt, puisque le titre, fût-il nul, du moment qu'il a une existence de fait, écarte la présomption de tolérance ou de précarité. L'évidence de la nullité ne serait d'aucune conséquence. Supposons que, par un *acte sous seing privé,* je vous aie fait *donation* d'une servitude de passage sur mon fonds. Si vous en jouissez pendant un an, vous aurez la complainte, bien que vous n'ayez acquis aucun droit au pétitoire. Le juge du possessoire n'est appelé à apprécier la validité des titres que dans une seule hypothèse, celle où l'on invoque l'accession de possession, parce que, ainsi que nous l'avons reconnu (§ 331, etc.), cette accession ne peut exister qu'en vertu d'un acte valable, et que, dès lors, la maintenue possessoire dépend de la validité du titre. Voyez en ce sens un arrêt de la Cour de cassation du 27 mars 1866, S. V. 66, 1, 215. On y lit : « Attendu que le « juge du possessoire peut consulter les titres produits et « y avoir égard, en s'abstenant de prononcer sur la vali- « dité de ces titres, pour apprécier le caractère non pré- « caire de la possession. »

§ 410. — Quelques auteurs (Troplong, *Prescription,* n° 857, et Demolombe, *Serv.,* n° 946) ont soutenu que le titre devait émaner *a vero domino;* un titre concédé par un *non dominus,* fût-il possesseur ou propriétaire apparent du fonds servant, n'aurait, selon eux, aucune valeur.

Cette opinion, ainsi énoncée, n'est autre chose qu'une grave erreur.

Cependant elle ne mène à des résultats différents de la théorie adoptée par nous que dans deux cas qui se présenteront rarement :

1° Le titre émane d'un usurpateur du fonds servant évincé par le possesseur actuel;

2° Le titre émane d'un auteur du possesseur actuel du fonds servant; mais cet auteur n'était pas propriétaire et son successeur ne l'est pas non plus.

Eh bien! quand même ces deux hypothèses devraient, par impossible, ne jamais se rencontrer, il conviendrait, ne fût-ce que par amour des principes, de réfuter la doctrine de MM. Troplong et Demolombe.

Une justice à lui rendre, c'est qu'elle n'est pas nouvelle. C'est la théorie que l'ancien droit appliquait à toutes les servitudes *continues ou discontinues.* Cette circonstance seule prouverait qu'elle ne peut plus être suivie de nos jours.

L'ancien droit enseignait qu'en matière de servitudes *le possessoire et le pétitoire devaient être cumulés; que pour être maintenu dans la possession d'une servitude quelconque il fallait tout d'abord prouver qu'on en était au fond véritablement titulaire.* Quelques citations convaincront facilement de cette vérité.

Lange, dans son *Praticien français,* liv. III, chap. VII, s'exprime ainsi : « Peut-on intenter la complainte pour « servitudes? Oui...., mais celui qui prétend la servitude doit « en rapporter titre, *même au possessoire,* » et Serpillon, dans son commentaire sur l'ordonnance de 1667, tit. XVIII, art. 5. « Il y a cependant une exception à la règle qui dé-« fend de cumuler le possessoire avec le pétitoire. Cet ar-« ticle n'a entendu parler que du *possessoire de fait.* Le « *possessoire de droit* est, de sa nature, nécessairement « joint au pétitoire, *quia mixtam habet proprietalis cau-« sam.* Domat, liv. III, tit. VII, sect. I, n° 5, dit qu'il y a « une espèce de possession qui ne consiste que dans des « droits.... C'est l'exercice de ce droit qui fait la possession, « de même que d'une servitude...., c'est dans ce cas et autres

« semblables, *que le possessoire est toujours instruit et jugé*
« *cumulativement.....* Il y a une grande différence entre une
« demande en complainte, au sujet d'un héritage, et celle
« qui est intentée pour un droit réel. Dans le premier cas,
« c'est *un possessoire de fait;* dans le second cas, c'est un
« *possessoire de droit qui se décide par les titres..... sans*
« *avoir égard à la possession annale,* ni à la règle pres-
« crite par cet article *qui défend de cumuler le possessoire*
« *avec le pétitoire.* »

Et Davot (*Traités de Bourgogne*, t. III, p. 193) : « Dans
« l'usage de la complainte il faut distinguer les droits cor-
« porels et continus....., des droits discontinus dont on n'est
« pas proprement en possession. *Ceux-ci sont mêlés du*
« *droit de propriété,* d'où vient la règle : *Mixtam habent*
« *proprietatis causam.....* A l'égard des premiers, le seul
« fait de possession suffit pour décider le possessoire;
« *mais pour les seconds il faut en même temps examiner*
« *le droit.* »

Sous l'ancienne législation, le juge du possessoire étant
le même que celui du pétitoire, ce cumul était à la rigueur
possible; mais sous notre Code les compétences sont distinctes, et le juge de paix qui se permettrait de décider
qu'un titre émane *a vero domino,* non-seulement se serait
livré à l'examen d'une question qui, nous l'avons vu, ne
peut avoir aucune influence sur sa décision, mais encore
il aurait manifestement empiété sur le domaine du pétitoire.

En adoptant notre doctrine on évite au contraire tout
cumul : le juge de paix décide que le possesseur avait un
titre; que ce titre était, ou devait être connu du maître du
fonds servant parce qu'il émanait de ses auteurs, et que par
suite la possession n'est pas précaire. De la sorte il ne
tranche, même incidemment, aucune question de propriété.

Notons ici que la destination du père de famille a, pour la jurisprudence, la même valeur qu'un titre. On comprend, en effet, que la disposition des lieux organisée par le propriétaire de deux fonds, plus tard séparés, puisqu'elle a même l'effet de créer le droit de servitude, doit, à plus forte raison, écarter toute idée de précarité ou de tolérance.

§ 411. — Ce qui a souvent égaré les auteurs à ce sujet, c'est cette prétendue règle, que les choses imprescriptibles ne reçoivent point les actions possessoires. Il est, au contraire, évident que la loi a pu avoir des motifs pour prohiber la prescription sans en avoir pour proscrire les interdits. Les interdits et la prescription sont deux effets *distincts* de la possession. En prohibant l'un des effets la loi n'a pas annulé l'autre. C'est ainsi que les biens dotaux, ceux des mineurs, sont imprescriptibles, tandis qu'ils peuvent fort bien être l'objet de la complainte. Nous verrons même que l'on pourrait multiplier les exemples, et invoquer la jurisprudence à l'appui de cette distinction profondément vraie.

§ 412. — Cependant il est deux cas où la jurisprudence distingue avec soin la simple possession d'une servitude discontinue, celle d'un chemin de desserte ou d'exploitation, et celle d'un chemin communal non classé.

La Cour de cassation avait d'abord admis que le passage habituel des habitants d'une commune sur un chemin, en attribuait la possession pleine et entière à la commune. Rien ne justifiait cette exception aux principes. Les communautés d'habitants n'avaient aucun droit d'être plus favorablement traitées que les simples particuliers; or, le fait de passage, quelque fréquent qu'il soit, ne peut faire acquérir au particulier la possession du chemin; vainement allèguerait-il qu'il l'exerce à titre de propriété et non comme une servitude, le fait de passage ne peut, par lui seul, constituer qu'une possession équivoque.

Aussi la jurisprudence est-elle revenue à. de meilleurs errements ; elle exige en outre que la commune ait exercé des actes de voirie, qu'elle ait réparé, entretenu le chemin. (Cass., 11 février 1857, 9 avril 1862, 27 avril 1864; voy. Dalloz, v° *Voirie*, n° 1349 et suiv.). En dehors de ces actes, il est clair que d'anciens titres, les énonciations du cadastre, le paiement de l'impôt foncier, pourront fournir des indications précieuses et révéler chez la commune l'*animus domini*, l'intention de posséder le sol même, et écarter ainsi toute idée de précarité.

Les chemins de desserte et d'exploitation, qui sont éminemment utiles aux fonds qu'ils bordent ou traversent, et qui se continuent sur d'autres fonds, sont aussi, selon l'opinion générale, susceptibles d'une possession utile s'exerçant à titre de propriété et non comme une simple servitude. Cette décision, que la force des choses commandait, est pourtant difficile à justifier. L'on a été obligé d'invoquer l'idée d'une convention tacite entre les propriétaires. Il n'y a pourtant ici, et après tout, qu'un passage fréquent éminemment utile à l'agriculture : il n'est donc pas aisé d'y voir autre chose que l'exercice d'une servitude. C'est donc ici le cas de dire, comme le faisaient les Romains lorsqu'ils étaient obligés de faire plier la rigueur de leurs principes devant les nécessités pratiques, que c'est une solution admise : « *utilitatis causa*. »

§ 413. — Toutes les fois que le droit de passage est réclamé comme l'accessoire d'un autre droit susceptible d'une possession utile, la complainte est recevable : « Ainsi « il a été jugé, en matière de terrains communaux dont « les habitants ont par eux-mêmes la jouissance, que le « passage reconnu indispensable pour mener les bestiaux « à l'abreuvoir communal qui s'y trouve, doit être considéré, non comme un droit de servitude de passage, mais « comme un mode de jouissance de la chose commune » :

(Cass., 23 mars 1836, S. V. 36, 1, 867. M. Léon Wodon, n° 505.)

De même s'il s'agissait du passage considéré comme l'accessoire d'un droit de puisage fondé en titre.

A propos de ce dernier droit, remarquons qu'il faut le distinguer de la copropriété du puits; il ne s'agirait plus alors d'une servitude discontinue, mais de l'exercice du domaine de propriété; d'où la conséquence que la complainte serait recevable quand il n'existerait point de titre.

§ 414. — M. Wodon enseigne avec raison que si le titre de la servitude avait mis à la charge du maître du fonds servant les travaux qui en permettent ou en facilitent l'exercice, et que celui-ci se refusât à les exécuter, on ne saurait l'actionner en complainte; jamais, en effet, on ne pourra considérer une simple *omission* comme un trouble.

§ 415. Mais nous ne saurions partager l'avis de cet auteur lorsqu'il prétend que le maître du fonds servant qui a usé du bénéfice de l'art. 704 et changé l'assiette de la servitude de passage en offrant au voisin un chemin aussi commode, ne pourrait être actionné en complainte. En vain M. Wodon invoque-t-il l'autorité d'un arrêt de la Cour de cassation inédit, cité par Curasson (sect. III, n° 82), et d'un jugement du tribunal de Lure, contre lequel on s'était inutilement pourvu. Dans l'espèce jugée, les demandeurs en complainte n'alléguaient même pas que le nouveau chemin fût moins commode; c'était donc une pure chicane qui devait être écartée en vertu du principe : *Maliciis non est indulgendum.* Curasson soutient, il est vrai, que même en cas de contestation sur la question de commodité, le juge de paix devrait la trancher au possessoire; mais cette opinion ne saurait être suivie. Que resterait-il à faire au juge du pétitoire? N'est-ce pas là plutôt une question du fond du droit? En attendant qu'elle soit vidée, respect à la possession!

§ 416. — *Des servitudes négatives.* — Ces servitudes, qui consistent uniquement *in prohibendo*, ne sont susceptibles d'aucune possession utile, parce qu'elle ne serait jamais publique. A cette doctrine, on oppose un arrêt de cassation du 15 février 1841 (Dalloz, v° *Actions possessoires,* nᵒˢ 366 et 443). Il aurait été décidé qu'on peut posséder le droit d'empêcher la culture d'un terrain, dans l'intérêt d'un étang voisin. Mais on n'a pas remarqué que, dans l'espèce, le droit d'empêcher la culture de la lisière de terrain en question et qui bordait l'étang n'était que l'accessoire du droit de passage établi sur cette lisière, droit qui n'eût pu être utilement exercé si elle eût été livrée à la culture.

SECTION IV

Des droits d'usage dans les forêts.

§ 417. — La première, mais non la plus grave question qu'il faut examiner ici, est celle de savoir si ces droits constituent des servitudes réelles ou personnelles.

Pour la résoudre, il suffit de faire remarquer que ces droits, en général, ne sont pas constitués pour un laps de temps plus ou moins long, mais à perpétuité, et qu'ils appartiennent, non pas à telle ou telle personne individuellement déterminée, mais au contraire qu'ils sont attachés à un fonds, comme par exemple le territoire d'une commune. Ainsi, le caractère de servitudes réelles ne peut leur être refusé, et comme ils ont besoin du fait de l'homme pour s'exercer, ce sont dès lors des servitudes discontinues.

§ 418. — Faudra-t-il cependant leur appliquer les règles que nous avons adoptées d'une manière générale pour les autres servitudes discontinues, faudra-t-il dire qu'à défaut d'un titre la possession devra en être réputée précaire,

et par suite incapable de donner naissance à la complainte ?

Et d'abord, la nature même de la plupart des droits
d'usage repousse cette idée de précarité. Souvent ils absorbent une partie notable de l'utilité du fonds assujetti et
l'on ne saurait concevoir de tolérance allant jusqu'à ce
point. Cette raison seule serait suffisante pour nous qui
ne nous sommes pas courbés sous l'autorité despotique
qu'on veut attribuer aux titres en cette matière et qui ne
les avons exigés qu'en thèse générale et pour les servitudes
discontinues ordinaires, dans lesquelles la présomption
de précarité, qu'on suppose exister dans la loi, repose sur
une base sérieuse. Mais pour ceux qui exigent impérieuse-
ment un titre, il faut donner une autre raison de l'exception en faveur des droits d'usage, et cette raison nous la
trouvons écrite dans la loi.

L'art. 636, C. civ., déclare que les droits d'usage dans les
forêts sont régis par des lois particulières. Mais, dira-t-on,
il y a bien des dispositions qui règlent l'exercice de ces
usages; nulle part on ne trouvera de règles concernant leur
nature, leur création, leur conservation ou leur extinction,
matières qui sont, au premier chef, du ressort du droit civil.
Il est vrai; mais si l'art. 636 contient un renvoi illusoire à
des prescriptions qui n'existent pas et que le Code rural,
encore en projet, est destiné à établir, une chose reste
néanmoins, c'est que l'art. 691 est abrogé, et qu'il faut
rentrer dans l'application des règles générales concernant
la possession et la prescription. L'art. 691 contient, en effet,
une dérogation très-remarquable à ces règles. Il établit une
présomption de la loi qui sera quelquefois contraire à la
vérité. Vouloir, en effet, considérer, *a priori*, comme précaire et de pure tolérance l'exercice des usages forestiers,
ce serait mentir à la vérité des faits. Il le faudrait bien si
une fiction légale, née d'un intérêt supérieur, nous impo-

sait ce mensonge juridique. Mais si la loi nous ouvre elle-même une porte pour échapper à sa fiction, dans le cas précisément où celle-ci n'a plus de raison d'être, c'est entrer dans les intentions du législateur que de se hâter d'en profiter. La possession s'applique aussi bien aux servitudes qu'au droit de propriété, et il suffit qu'elle soit paisible, publique, continue, exercée *animo domini*, et sans équivoque, pour qu'au bout d'un certain laps de temps elle entraîne la prescription.

A ce principe de droit commun, l'article 691 apporte une dérogation exceptionnelle. Eh bien! cette dérogation tombe devant l'art. 636 qui y soustrait les droits d'usage dans les forêts, lesquels retombent tout naturellement sous l'empire du droit commun.

Plusieurs arrêts ont admis la prescriptibilité des droits d'usage. (Cass., 19 août 1827; Rej., 8 nov. 1848; S. V. 49, 1, 301; Dijon, 20 février 1859.) Nombre d'auteurs appuient aussi cette doctrine, et l'on peut citer Proudhon, Carré, Troplong et Dalloz. D'autres arrêts ont, il est vrai, décidé le contraire. (Cass., 2 avril 1855, S. V. 56, 1, 68, et Cass., 14 juin 1869, S. V. 70, 1, 29, — résolu implicitement.) Ce dernier arrêt énonce avec assurance deux idées dont la dernière est critiquée par l'annotateur, mais qui sont également inexactes. « Attendu, dit la Cour suprême, que la com-
« plainte n'est recevable qu'autant que l'objet possédé est
« susceptible de prescription. » Nous avons déjà réfuté cette opinion, source trop féconde d'erreurs. « Attendu, ajoute
« l'arrêt, qu'il est aujourd'hui constant que les droits
« d'usage dans les bois et forêts constituent des servi-
« tudes discontinues, qui, aux termes de l'art. 691, ne
« peuvent s'acquérir par prescription. » On sait au contraire, que cette question est aujourd'hui encore vivement controversée. N'oublions pas une importante remarque: l'art. 62 du Code forestier déclare qu'il ne sera plus à l'a-

venir concédé de droits d'usage dans les forêts de l'*Etat*;
d'où la conséquence que ces droits sont aujourd'hui imprescriptibles. Il faudrait, pour qu'ils pussent avoir été établis
par ce moyen, que la prescription eût été accomplie
avant 1827.

§ 419. — La jurisprudence n'a pas vraiment le droit de
se montrer si sévère pour les droits d'usage dans les forêts
quand on voit que, sans pouvoir invoquer un texte de
loi comme l'art. 636, elle soustrait à l'application de l'article 691 des droits que l'art. 688 range expressément au
nombre des servitudes discontinues. Tel est la *grasse pâture* qui rentre évidemment dans les termes de *servitude
de pacage* dont se sert l'art. 688. Deux arrêts ont pourtant
décidé, et avec raison selon moi, que l'action possessoire
pouvait être recevable indépendamment de tout titre
(7 juin 1848, S. V. 48, 1, 569, et 6 janvier 1852, S. V. 52, 1,
317.) Il est clair, en effet, que la *grasse pâture* emporte une
telle atteinte au droit de propriété que, quoique ce soit une
servitude discontinue et dès lors imprescriptible, son exercice ne présente rien de précaire ni d'équivoque. La tolérance n'est pas supposable. Mais, nous le savons, notre
jurisprudence est malheureusement trop imbue de ce faux
principe que le titre seul peut effacer le vice de précarité
qui s'applique, comme une tache originelle, à toutes les
servitudes discontinues sans exception. Aussi pour admettre
la complainte en faveur du possesseur d'un droit de *grasse
pâture* dénué de titre, a-t-elle affecté de ne pas considérer
ce droit comme une servitude, elle l'a envisagé comme
une sorte de copropriété ou de copossession. J'oserai le
dire, c'est là prendre un biais et tourner la question. Ainsi,
dans l'espèce du dernier arrêt cité, le défendeur à la complainte représentait un titre qui lui attribuait la propriété
exclusive du fonds litigieux. Dès lors, il devenait clair
que la *grasse pâture* ne pouvait être exercée par le deman-

deur, qui ne produisait aucun titre pour caractériser son *animus*, qu'à titre de servitude. En le considérant comme copossesseur à titre du propriétaire malgré l'évidence des faits, la cour a imité le préteur romain qui, pour corriger la rigueur du droit civil, introduisait dans ses formules des fictions contraires aux circonstances de l'espèce. Tel ne doit pas être le rôle de nos magistrats : ils n'ont pas à corriger la loi, mais à l'appliquer.

§ 420. — J'ajouterai que, dans le cas actuel, ce biais était inutile ; les servitudes discontinues sont, il est vrai, imprescriptibles, telle est la disposition de la loi, on ne peut y échapper. Mais autre chose est la prescription, autre chose est la possession *ad interdicta*, ainsi que nous l'avons mille fois démontré. L'imprescriptibilité d'une chose ne le rend point insusceptible de complainte, comme M. Serrigny, un des premiers, l'a fait remarquer. Or, quand il s'agit de complainte, la loi est muette. Je veux bien qu'en examinant son esprit on reconnaisse qu'elle a considéré l'exercice des servitudes discontinues comme précaire, en général. Mais cette présomption n'est écrite nulle part, et si, de l'avis de tous, elle disparaît par la production d'un titre, pourquoi ne s'évanouirait-elle pas également devant toute autre circonstance qui repousse aussi énergiquement que le titre lui-même toute idée de tolérance ou de familiarité ? Tel est précisément le cas des usages forestiers dont l'exercice attaque profondément le domaine. Et voilà pourquoi, quelque opinion que l'on adopte sur la question de prescriptibilité de ces droits, pour nous il n'en reste pas moins démontré qu'indépendamment de tout titre la complainte serait, en général, recevable si, du reste, les autres conditions qui rendent la possession utile se trouvaient réunies. Le principe que nous adoptons est si vrai que la jurisprudence elle-même, ne se souvenant plus qu'elle le rejette, s'oublie parfois jusqu'à l'appliquer. Ainsi elle a décidé que la longue possession d'un droit d'usage établi par titre doit être respectée, alors même qu'elle dépasserait en étendue la limite qui paraît avoir été fixée par le titre. (Cass., 29 fév. 1832, Curasson, t. II, p. 261.)

§ 421. — Mais, outre les conditions que toute possession doit remplir pour être utile, l'exercice des droits d'usage doit-il avoir été conforme aux règles du Code forestier, soit pour arriver à la prescription, soit pour l'interrompre, soit enfin pour donner naissance à la complainte? On sait que la loi forestière exige pour l'exercice de ces droits certaines formalités : la délivrance, par exemple, qui émane, soit du propriétaire, soit des agents forestiers ; la déclaration de défensabilité, qui est faite par ces derniers. L'usager qui se sert de ses propres mains ou qui n'attend pas que le bois soit déclaré défensable, commet un délit puni correctionnellement. Eh bien, la question est de savoir si cet exercice illégal du droit d'usage peut en faire conserver ou acquérir la possession. Peu de questions ont été l'objet d'une plus vive discussion. L'hypothèse qui s'est le plus fréquemment présentée est celle où l'usager avait à se défendre contre la prescription extinctive invoquée contre lui. De 1835 à 1839, *seize arrêts de cassation,* en condamnant la doctrine généralement contraire des cours d'appel, avaient décidé qu'un usage illégal, bien loin de conserver la possession de l'usager, n'avait même pas l'effet d'interrompre la prescription. On allait plus loin encore ; on refusait à l'usager le droit de prouver par *témoins* qu'en réalité il y avait eu délivrance, bien qu'il n'en restât aucune preuve écrite. *Cinquante et une communes* avaient ainsi été dépouillées de droits légitimes auxquels le temps ajoutait encore une nouvelle consécration, quand enfin la question fut portée, le 23 mars 1842, devant les chambres réunies de la Cour de cassation.

On trouvera cet arrêt et l'admirable réquisitoire de M. Dupin, dans la collection de Sirey, 42, 1, 397. La Cour suprême fut ébranlée, mais, comme il arrive trop souvent, hésitant à paraître revenir sur une jurisprudence qui avait semblé définitivement fixée, elle prit un biais. Elle a décidé que, *dans l'espèce qui lui était soumise*, rien ne s'opposait à l'admission de la preuve testimoniale de faits interruptifs de la prescription. Les communes avaient demandé à prouver des faits qui, en définitive, équipollaient à la délivrance; et la jurisprudence, constante depuis cette époque, admet aussi que la délivrance peut être remplacée par des actes équipollents, laissant, à cet égard, dans une obscurité regrettable la question de savoir quels seront ces faits et se bornant à statuer sur les espèces qui lui sont soumises, sans vouloir placer en tête de ses décisions un principe général qui servirait de guide aux auteurs et aux magistrats. Parfois des solutions différentes interviennent dans des hypothèses entre lesquelles il est à peine possible d'entrevoir quelques nuances; en sorte que, même pour le praticien, l'étude de ces décisions sera souvent stérile. Quoi qu'il en soit, ce système me paraît trop étroit, et je n'hésiterai pas à dire avec Merlin, Curasson, M. Léon Wodon, etc., etc., que l'exercice de la servitude, fût-il illégal, dès lors qu'il est exempt de violence, de précarité, de clandestinité et d'équivoque, suffit, pour constituer, au profit de l'usager, une possession utile, soit pour prescrire, soit pour conserver son droit et pour intenter la complainte.

§ 422.— Pourtant, dira-t-on, une possession délictueuse n'est point utile; l'exercice d'un droit ne peut créer de possession lorsqu'on l'accomplit de façon à commettre un délit. Combien de fois n'a-t-on pas fait remarquer que l'exercice du droit d'usage n'a en soi rien de délictueux, ce qui est un délit, c'est de n'avoir pas obtenu la délivrance ou la déclaration de défensabilité. Sans doute, la posses-

sion sera inutile, en ce sens que l'usager ne pourra se faire
maintenir dans le droit de se servir de ses propres mains ;
mais il sera maintenu dans la possession du droit d'usage
exercé légalement.

C'est la modalité, l'étendue des droits exercés qui seule
est illégale, délictueuse, et qui est, en vertu de la loi, réputée précaire. « L'usager, dit M. Léon Wodon, ayant pos-
« sédé abusivement, n'en a pas moins possédé, et cette
« possession, quoiqu'empreinte d'un caractère délictueux,
« pourra être invoquée pour justifier les interdits ou la pres-
« cription acquisitive des droits d'usage restreints dans
« leur cercle légal ; comme elle pourra servir à empêcher
« l'extinction par le non-usage de ces droits établis par
« titre ; mais l'usager ne peut aller au-delà et arguer de
« l'étendue illégale qu'il a donnée à l'exercice de son droit
« pour maintenir une pareille extension en dépit de la
« loi, soit par la voie des interdits, soit par la voie de la
« prescription. »

Une comparaison pour terminer : Paul me doit 1,000 fr.
avec intérêts ; vingt-neuf ans se passent sans que j'exige
rien, la trentième année je l'oblige à payer l'intérêt en le
menaçant de mort. Dira-t-on que la dette est prescrite ?
Evidemment non. En l'obligeant à payer l'intérêt, j'ai
exercé mon droit ; il est vrai qu'en usant de menaces je
l'ai exercé d'une manière criminelle (art. 305, C. pénal) ;
mais enfin je l'ai exercé. Qui ne voit que la modalité de
l'exercice est ici, comme pour les droits d'usage, seule illégale, seule délictueuse ?

SECTION V

Des servitudes légales.

§ 423. — La nature des droits connus sous ce nom ne
nous semble pas avoir été bien nettement définie par les

auteurs. Les uns, en très-petit nombre, les considèrent tous comme de véritables servitudes et acceptent, par consé- quent, la terminologie du Code. Pourtant, parmi ces droits, il en est qui ne sont évidemment que des obligations de faire, et ce caractère, on le sait, pourrait à lui seul les diffé- rencier des véritables servitudes qui ne consistent qu'*in patiendo*. D'autres, au contraire, leur refusent à tous le nom de servitude. Une servitude, disent-ils, est une déro- gation à la règle ordinaire, et nous ne voyons là que le droit commun de la propriété foncière en France !

L'on a été plus loin encore, et M. Léon Wodon ne les con- sidère même que comme des droits personnels correspon- dant à des obligations légales.

§ 424. — Entre ces deux extrêmes, il y a place pour une doctrine qui, à mon sens, se rapproche davantage de la vérité des faits. Lorsque des obligations légales s'appliquent au fonds et non à la personne, lorsqu'elles imposent à ce fonds une charge qu'il lui faut supporter, alors on ne peut, il me semble, leur refuser le caractère de droits réels, par- faitement distincts de la propriété et possédant la même vertu, la même force, que s'ils eussent été créés par une convention au lieu de devoir leur existence à la loi. La loi suppose une convention tacite entre les propriétaires. Or, la convention est créatrice de droits réels. Ainsi le passage dû en cas d'enclave, la nécessité pour le propriétaire infé- rieur de recevoir les eaux du supérieur, l'obligation pour le simple riverain de ne pas les absorber complétement, l'interdiction de planter ou d'ouvrir des jours à moins d'une certaine distance sont, à mon sens, autant de servitudes véritables. Ce n'est plus la volonté de l'homme, c'est la loi qui les établit; voilà la différence d'origine, mais quant aux effets, ils doivent être les mêmes que ceux d'une ser- vitude due à la convention. Seulement, comme la loi com- mande tous les jours, elle constitue par là même un titre imprescriptible. A tout instant l'on peut s'en prévaloir. Nous voulons dire par là que les droits qui résultent des servitudes légales ne peuvent s'éteindre par le seul non-usage, puisque tous les jours la loi renouvelle le titre; mais si au non-usage vient s'ajouter une possession contraire à la servitude légale et qui rende son exercice impossible, on prescrira par trente ans la libération de cette servitude, et l'action possessoire sera recevable au bout d'un an, si d'ailleurs la possession en question réunit toutes les qualités exigées par la loi.

Ainsi, et sauf cette différence, pour connaître les règles qui gouvernent la *possession* des servitudes légales, nous les supposerons établies par des titres conventionnels, et nous leur appliquerons purement et simplement les principes que nous avons déjà posés en matière de servitudes ordinaires.

§ 425. — S'agit-il au contraire du bornage, c'est là une obligation personnelle et non une servitude; il échappe par là à nos investigations. La mitoyenneté n'est qu'une espèce de communauté soumise à des règles spéciales; nous nous en occuperons à part.

Des distances prescrites pour les plantations ou l'ouverture des jours.

§ 426. — La loi défend d'ouvrir des vues sur la propriété du voisin, à moins d'une distance prescrite.

Ainsi le fonds où se trouve l'édifice est grevé d'une servitude au profit de l'autre héritage. En effet, le droit de propriété autoriserait le propriétaire à construire à l'extrême limite de son fonds, et à ouvrir dans l'édifice tels jours qu'il lui conviendrait, sauf au voisin à élever aussi un mur sur la ligne séparative, et à boucher ainsi les vues du propriétaire limitrophe.

Mais sous nos lois il n'en est pas ainsi. Celui qui ouvre des vues sur le fonds du voisin tend non-seulement à se libérer de la servitude légale des distances, mais encore à acquérir un droit de vue. Ces servitudes constituent, il est vrai, en général, des droits facultatifs, mais ils cessent de l'être dès qu'un acte qui supprime cette faculté vient à être posé. Cela dit, il suffit, quant aux actions possessoires, de se reporter aux paragraphes qui traitent de la servitude de vue.

La possession annale une fois acquise ne se perd que par l'interruption d'un an. Ainsi, la maison venant à être démolie, la complainte de la part du maître du fonds servant sera recevable ou non, selon que la maison n'aura pas ou aura été rebâtie, et la fenêtre reconstruite avant l'expiration de l'année.

Si des arbres sont plantés ou croissent plus près du voisin que la loi ne l'autorise, celui-ci a l'action possessoire pour les faire arracher dans l'année : ce point a déjà été traité au paragraphe 231.

Si trente ans se sont écoulés, on a prescrit contre la servitude légale le droit de les maintenir où ils sont. Mais on discute pour savoir si, dans ce cas, les arbres morts pourraient être remplacés par d'autres plants. Quoique l'affirmative ne me paraisse pas douteuse, il est une raison de décider que l'action possessoire ne serait pas recevable de la part du voisin si les nouveaux arbres avaient été plantés dans l'année. Où serait ici le trouble? J'étais en possession plus qu'annale d'avoir un arbre près de votre héritage, je le remplace par un plant plus jeune, en quoi troublai-je une possession que vous n'avez pas?

Nous avons déjà parlé des branches qui s'avancent sur le fonds du voisin (§ 231).

§ 427. — *Du passage en cas d'enclave*. — S'il est une obligation légale qui mérite le nom de servitude, c'est à coup sûr celle-ci. Le propriétaire enclavé a le droit de passer sur l'héritage qui le sépare de la voie publique par le chemin le plus court, mais en même temps le moins dommageable. Quelles actions possessoires pourront naître en ce cas? Les mêmes, évidemment, que si le voisin avait accordé au propriétaire enclavé la servitude de passage, par une convention conçue dans les termes que la loi a employés.

C'est pour ne pas avoir posé la question dans ces termes qu'une divergence a pu se produire : la jurisprudence (Cass., 15 juillet 1845, D. P. 45, 1, 312) n'admet l'enclavé qu'on empêche de passer à agir au possessoire qu'autant que, depuis un an déjà, il a exercé le passage par l'endroit où il le réclame. M. Léon Wodon, au contraire, lui accorde la complainte, quand bien même il n'aurait jamais passé. Je ne saurais adopter aucune de ces opinions. La solution que je vais proposer découle invinciblement de la manière dont j'ai posé la question. Or, j'ai le droit de la poser comme je l'ai fait, car il est évident que le titre qui naît de la loi doit avoir, au moins, les effets d'un acte conventionnel.

Supposons que la servitude soit conventionnelle et que l'enclavé soit arrêté au premier acte de passage qu'il tente. A-t-il la complainte contre celui qui lui a concédé la servitude? Non évidemment; il est, à la vérité, fondé en droit, mais il n'a absolument aucun acte de possession à alléguer, l'élément matériel, le *corpus* lui fait défaut.

Supposons maintenant que le passage ait été exercé une ou plusieurs fois avant le trouble. Alors l'enclavé a la complainte. Mais, direz-vous, sa possession n'est pas *annale*....., c'est là l'erreur! N'eût-il passé qu'un jour il est possesseur annal....., je m'explique.

L'on n'a pas oublié ce que j'ai dit à propos de la *jonc-tion* des *possessions :* le successeur, l'ayant-cause peut ajouter à sa possession celle de son auteur. Or, si Pierre, voisin de l'enclavé, lui eût concédé la servitude et que ce dernier en eût joui, fût-ce une seule fois, il serait posses-seur annal; car, d'un côté il est possesseur, et d'un autre côté, pour compléter la durée d'un an, il a le droit d'in-voquer la possession que Pierre lui-même a de son champ. On sait, en effet, que la jonction de possession a lieu en matière de servitude comme en matière de propriété. Or, puisque l'enclavé, s'il eût tenu sa servitude de Pierre, son voisin, aurait eu droit à la complainte comme pos-sesseur annal, quand il n'aurait passé qu'une fois, il est clair que le même résultat doit se produire lorsqu'il tient la servitude de la loi au lieu de la tenir directement de Pierre. La loi se met au lieu et place de Pierre, et consent pour lui à l'établissement de la servitude. Ainsi, il n'est pas nécessaire que l'enclavé ait passé pendant un an.

Mais d'un autre côté, il est inexact de dire, comme M. Léon Wodon, que la complainte serait recevable quand bien même l'enclavé n'aurait jamais passé. Si la servitude était conventionnelle M. Léon Wodon serait d'un autre avis; or, il est une chose que la loi, malgré sa puissance, ne peut pas accomplir, c'est de faire considérer comme possesseur un individu à qui toute possession fait défaut.

Ce qui entraîne ici le savant auteur belge, c'est qu'il veut que la possession de la servitude se confonde, pour l'enclavé, avec la possession de son propre fonds; ce qui le conduit à exiger qu'il soit possesseur annal de ce fonds. Cette circonstance me semble au contraire indifférente. De quel intérêt serait-elle si la servitude était conventionnelle? Je puis fort bien être possesseur annal d'une servitude, parce que je la tiens du possesseur du fonds servant, dont la possession se joint à la mienne, et n'être point possesseur

annal de mon fonds! Or, parce que la servitude est *légale,*
cela doit-il rendre plus exigeant que si elle était conventionnelle?

§ 428. — Le titre de l'enclavé étant écrit dans la loi, reçoit tous les jours une vigueur nouvelle et par conséquent
ne peut être prescrit. N'oublions pas une dernière remarque sur les conditions de l'action possessoire.

Il faut qu'il y ait enclave; et tout le monde s'accorde
pour donner au juge possessoire le droit d'en constater
l'existence, sans cumuler le pétitoire avec le possessoire.

Mais il faut encore, au moins selon moi, que l'enclavé
l'ait exercé par l'endroit le moins dommageable, car dans
ce cas seulement, il aura agi dans les termes de son titre
et la jonction de possession pourra s'opérer. Le juge de
paix devra résoudre cette question.

Si le passage avait été exercé par une autre voie, alors
l'enclavé ne pourrait plus joindre sa possession avec
celle du voisin puisqu'il n'aurait pas usé de la servitude
dans les termes où elle a été établie, et que, si l'on me
permet cette expression, le titre ne serait plus applicable;
il ne devrait donc être maintenu dans la possession du
passage qu'il pratique qu'autant qu'il aurait, par lui-même,
une possession annale complète, et dans ce cas, qui sera
fréquent, nous rentrons dans la doctrine jurisprudentielle.

DES EAUX

SECTION VI

Des eaux considérées dans leur source et des eaux pluviales.

§ 429. — Les art. 640 et suivants du Code civil recon-
naissent au propriétaire du fonds sur lequel il existe une
source le droit d'en user, et même d'en absorber complètement l'utilité.

En même temps, ces articles imposent aux héritages inférieurs une véritable servitude, celle de recevoir les eaux qui y coulent en suivant leur pente naturelle.

Ainsi la loi donne au maître du fonds supérieur une servitude, en même temps qu'elle lui reconnaît un droit de disposition. La possession de ces deux droits existe naturellement à son profit, mais cette possession peut aussi être contrebalancée et détruite par une possession contraire. Tel est le sujet qu'il faut élucider.

§ 430. — Dès que j'ai la possession annale d'un fonds, j'ai par là même la possession annale du droit de disposer librement des eaux de la source qui y surgit, et qui est une partie, un accessoire de mon fonds. D'un autre côté, quand bien même je ne serais pas possesseur annal de mon héritage, j'aurais cependant la possession annale de la servitude imposée au fonds inférieur et qui consiste à recevoir les eaux de ma source. En effet, la loi doit produire au moins les mêmes effets qu'une convention émanée du maître du fonds servant. Or, si celui-ci m'avait directement concédé cette servitude, j'en aurais de suite la possession annale, parce que je joindrais à une possession d'un instant celle qu'il a lui-même de son fonds, ainsi que je l'ai expliqué avec plus de détail en parlant de l'enclave.

§ 431. — Ainsi, toute entrave à la possession de la servitude d'écoulement des eaux est un trouble qui autoriserait la complainte. Cela ne peut avoir lieu que si le possesseur du fonds inférieur élevait des ouvrages de nature à empêcher l'eau d'entrer dans sa propriété, et par conséquent à en changer le cours naturel, soit que les eaux, ainsi détournées, refluent sur le fonds supérieur, soit que, prenant une autre direction, elles envahissent le fonds d'un autre voisin qui n'aurait pas dû les recevoir si elles eussent pu suivre leur pente naturelle. Dans ce cas, en effet, ce voisin pourrait agir contre le propriétaire supérieur (et même contre l'auteur du trouble bien entendu), et celui-ci recourrait immédiatement contre celui qui a opéré les travaux.

Mais si ces ouvrages avaient un an d'existence, on ne pourrait, au possessoire, en faire ordonner la destruction. Le maître du fonds inférieur aurait possédé à l'encontre de la servitude légale, par des actes de nature à en empêcher absolument l'exercice, et si cet état de choses durait trente ans, il en serait définitivement affranchi.

D'un autre côté, le propriétaire inférieur aurait la complainte, si le maître de la source aggravait la servitude, soit en changeant le cours de l'eau ou en le rendant plus rapide, soit en mêlant à cette eau des matières étrangères, de nature à la corrompre et à causer un dommage au fonds qui est forcé de la recevoir.

§ 432. — Le droit du propriétaire du fonds supérieur d'absorber l'eau de la source, et la possession qu'il a de ce droit ne peuvent fléchir que dans deux cas.

Et, tout d'abord, on peut concevoir une possession contraire. Non pas sans doute que le propriétaire inférieur qui aurait joui des eaux, fût-ce pendant cent ans, eût acquis sur ces eaux une possession utile. La jouissance serait tout entière de pure tolérance, le droit du propriétaire supérieur est purement facultatif, le non-usage ne peut l'entamer. La jouissance du propriétaire inférieur ne lui cause aucun dommage; vous ne pouvez pas l'astreindre à absorber les eaux qui pourraient lui être nuisibles à raison de son mode de culture. Mais, au contraire, la possession du propriétaire inférieur serait utile si elle s'appuyait sur un titre émané du maître du fonds supérieur, ou si l'intention de restreindre le droit de celui-ci était manifestée par des travaux accomplis sur l'héritage supérieur. La jurisprudence est aujourd'hui fixée en ce sens. (Dalloz,

Actions possessoires, n° 375, et *Servitudes,* n° 150 et suiv.)
Ainsi, dans ces deux cas, on aurait l'action possessoire
contre le propriétaire de la source qui voudrait en absorber l'eau ; dans la seconde hypothèse, il faudrait, bien entendu, que les travaux eussent un an d'existence. S'ils sub-
sistaient trente ans, l'on aurait acquis par prescription une
véritable servitude de prise d'eau sur la source.

§ 433. — Le droit du propriétaire de la source est soumis à une seconde restriction, véritable servitude ; seulement elle naît de la loi au lieu d'avoir été créée par la convention.

Il ne peut ni en changer le cours, ni en absorber les
eaux, lorsqu'elles sont nécessaires à l'alimentation des
habitants d'une commune, d'un village ou d'un hameau
(art 643).

Voyons quel sera, dans ce cas, le jeu de l'action possessoire. La nécessité étant supposée (et le juge de paix devra
en vérifier l'existence), la commune aura la complainte en
cas de trouble, qu'elle ait ou non joui des eaux pendant un an.
La possession annale n'est point nécessaire et c'est toujours pour la même raison. Si la servitude devait son existence à une convention, nous avons déjà montré que par
application de la théorie de la jonction de possession la
complainte serait recevable, ne reposât-elle que sur une
possession d'un jour. Or, la servitude créée par la loi doit
être vue d'un œil aussi favorable. Mais si la commune n'a-
vait *jamais* joui de l'eau, la nécessité survenant on serait
bien forcé d'avoir recours à l'action pétitoire. Dans ce cas,
en effet, la jonction de possession ne peut s'opérer puisque
la commune n'a *jamais* possédé ; car : *ei quod nullum est,
nihil accedere potest.* On voit qu'en considérant avec dis-
cernement comme de véritables servitudes les servitudes
légales qui méritent ce nom, nous en déduisons naturellement une théorie simple et rationnelle là où M. Léon Wo-

d'on, faute d'une donnée précise, ne peut arriver à formuler
ces solutions de détail.

Dans le cas qui nous occupe il serait difficile de concevoir, de la part du maître de la source, une possession contraire à celle de la commune ; tant que la nécessité n'existe
point il ne peut avoir de possession utile ; et l'on ne peut
prescrire contre un droit qui n'est pas encore né : dès que
l'eau devient *nécessaire* aux habitants de la commune ils
ne manqueront pas de la réclamer sous peine de périr de
soif ; car c'est ici d'une nécessité véritable, et non pas d'une
simple utilité que la loi a entendu parler.

La servitude n'est accordée à la commune que sauf une
indemnité qui peut être prescrite comme toute dette ;
mais ce point est sans intérêt dans notre matière.

§ 434. — Les eaux pluviales doivent être, il me semble,
assimilées aux eaux de source. Dès qu'elles tombent sur
un fonds elles appartiennent au maître de ce fonds qui
peut en disposer à son gré. Les fonds inférieurs sont forcés
de la recevoir dès l'instant qu'elle coule selon la pente
naturelle du terrain. Tout ce que nous venons de dire doit
s'y appliquer, sauf ce qui regarde la servitude légale accordée, en cas de nécessité, aux habitants d'une commune
ou d'un hameau.

C'est là un point qui, après avoir été vivement discuté,
paraît aujourd'hui établi en doctrine et en jurisprudence.
(Troplong, *Prescript.*, n° 148 ; Demolombe, *Servitudes*,
p. 128 et suiv. ; Colmar, 24 août 1850, D. P., 55, 2, 281 ;
Cass., 16 mars 1853, D. P., 54, 1, 38 ; Cass., 12 mai 1858,
D. P., 58, 1, 449 ; *id.*, juillet 1859, D. P., 59, 1, 352 ; 16 janvier 1865, D. P., 65, 1, 182.)

§ 435. — Lorsque les eaux pluviales tombent sur un
chemin public, il n'est pas tout-à-fait exact de les considérer comme *res nullius*. L'Etat, le département, la commune, selon la nature du chemin, doivent en être consi-

dérés tout d'abord comme propriétaires, et l'administration pourrait, ce me semble, en disposer à son gré. Mais si elle les néglige, il est vrai de dire, avec la jurisprudence parfaitement fixée sur cette question, qu'elles appartiennent au riverain de la voie publique qui s'en emparera le premier. Non pas, sans doute, qu'il puisse acquérir sur ces eaux un droit quelconque, une possession utile à quelque point de vue que ce soit; le riverain supérieur pourra toujours s'emparer des eaux à leur passage devant son fonds, et il ne causera par là au propriétaire inférieur, eût-il joui seul pendant trente ans, aucun trouble qui puisse engendrer complainte, par la raison que le droit de prendre les eaux qui coulent sur la voie publique est purement facultatif, que par conséquent toute possession qui ne lui rend pas l'exercice impossible, ne peut lui porter aucune atteinte. C'est ce qui résulte des arrêts cités ci-dessus et de beaucoup d'autres que l'on trouvera dans les Codes annotés de Gilbert, sous l'art. 644. Une convention intervenue entre les propriétaires riverains et qui concéderait à l'un d'eux le droit exclusif à ces eaux, pourrait seule en rendre la possession utile à l'effet d'intenter les actions possessoires.

Mais les eaux pluviales de la voie publique, une fois dérivées sur une propriété particulière, sont soumises à des règles différentes. Le riverain de la voie publique peut concéder les eaux qu'il en dérive à un propriétaire non riverain, à titre de servitude. Ce dernier pourrait même acquérir ce droit par prescription. Sous ces conditions la complainte serait recevable entre ces propriétaires, parce qu'il ne s'agirait plus ici de *res nullius* ni de droit purement facultatif.

SECTION VII

Des eaux courantes.

§ 436. — C'est l'art. 644 qui règle les droits des propriétaires dont les fonds sont bordés ou traversés par des eaux courantes. Le propriétaire dont l'héritage borde une eau courante, autre qu'une rivière navigable ou flottable, peut s'en servir à son passage; celui dont le fonds est traversé par cette eau peut même en user dans l'intervalle qu'elle y parcourt, mais à la charge de la rendre à la sortie de son fonds à son cours ordinaire.

§ 437. — Il faut distinguer ici avec soin deux choses qu'on a jusqu'à présent trop confondues.

1° Le droit du riverain sur les eaux : Ce droit, en principe, devrait être exclusif, que l'on considère le lit des petites rivières comme appartenant aux riverains ou comme n'appartenant à personne selon la tendance de la jurisprudence moderne, peu importe, l'eau est un accessoire du sol; les deux riverains, dans un cas, le maître du fonds traversé, dans l'autre, auraient, en principe, le droit de l'absorber; mais la loi, par un motif d'utilité générale, vient ici diminuer ce droit en le grevant d'une servitude.

2° La servitude légale consiste dans l'obligation imposée aux riverains de laisser l'eau suivre son cours naturel et d'en abandonner une portion convenable pour l'usage des riverains inférieurs. Ainsi, c'est le fonds supérieur qui est grevé d'une véritable servitude, et nous appelons toute l'attention du lecteur sur ce point capital, qui, jusqu'à ce jour, n'a pas été suffisamment élucidé. De là tant de controverses.

§ 438. — Cette distinction si simple fournit pourtant de la manière la plus aisée la solution évidente, selon nous, des questions les plus discutées. Et tout d'abord, si le riverain supérieur ou le co-riverain essaie de s'affranchir de la servitude qui lui est imposée en absorbant, au moyen de travaux entrepris sur son fonds, une plus grande quantité d'eaux que ne lui en accorde son titre légal ou conventionnel, il possède dès lors contre la servitude légale ou au delà de son titre, et le co-riverain, ou les riverains inférieurs, auront contre lui la complainte, quand bien même ils n'auraient jamais fait de l'eau aucun usage ; ils la possèdent en effet ; car la possession ne consiste, comme nous l'avons si souvent répété, que dans la possibilité physique d'user d'une chose. Or, ils ont toujours pu se servir de cette eau, puisqu'elle coule devant leurs yeux, qu'elle est là, à leur portée; ils en ont même nécessairement usé à une époque quelconque, et dès lors leur possession n'est point douteuse quoiqu'elle ne se manifeste actuellement par aucun fait matériel. La jurisprudence est constante à cet égard, et l'on ne comprend pas pour quelle raison M. Léon Wodon, qui connaît si bien ces principes, ne se range pas à cet avis.

Mais si cet état de choses dure un an, la complainte ne serait plus recevable ; car, vis-à-vis du co-riverain ou des propriétaires inférieurs, ce serait le riverain supérieur qui serait possesseur annal ; d'ailleurs, la complainte ne peut être donnée que pour des entreprises commises dans l'année, et ici le trouble remonterait à plus d'un an ; que si trente années s'écoulaient, l'auteur des travaux se serait définitivement libéré de la servitude légale ; il aurait, vis-à-vis du co-riverain et des propriétaires inférieurs, prescrit le droit d'absorber la quantité d'eau dont il a joui : *tantum prescriptum, quantum possessum.*

§ 439. — Mais maintenant considérons quelle sera la position de ce propriétaire vis-à-vis des maîtres des fonds supérieurs qui n'auraient point voulu user des eaux, soit pendant un an, soit pendant trente ans, à partir du moment où les travaux ont été effectués. Vis-à-vis d'eux sa possession pourra-t-elle être utile, présente-t-elle les caractères exigés par la loi ?

Et d'abord le droit des propriétaires supérieurs de se servir de l'eau à son passage, ne peut se perdre par le non-usage. De l'avis de tous, c'est une pure faculté qui ne se perd pas par quelque laps de temps que ce soit, *etiam per mille annos*, comme dit Cæpola. Ce droit est un véritable droit de propriété et non pas une servitude ; la servitude consiste précisément dans une restriction à ce droit, puisqu'il n'est point permis de disposer de l'eau d'une manière absolue. Or, le riverain supérieur possède véritablement les eaux qui bordent ou traversent sa propriété, puisqu'à tout instant il a la possibilité physique et légale d'en user, et de priver ainsi le riverain inférieur de la quantité d'eau qu'il absorbera, sans que celui-ci puisse s'en plaindre, si d'ailleurs il n'y a pas abus.

Puisque le non-usage ne peut, à lui seul, porter aucune atteinte au droit et à la possession du riverain supérieur, la seule chose qui pourrait l'entamer ce serait évidemment une possession contraire. Le riverain inférieur auteur des travaux absorbe, il est vrai, toute l'eau qui arrive à son fonds ; mais que m'importe à moi, riverain supérieur ? Cet usage qu'il en fait plus bas me prive-t-il d'une goutte d'eau ? Cette eau ne coule-t-elle pas devant ou à travers mon fonds, comme elle le faisait avant que vous n'accomplissiez, en aval, des travaux qui l'absorbent ?

Il y a plus, les deux possessions ne s'appliquent pas au même objet ; puisque l'eau coule chez moi avant d'arriver chez vous, à chaque moment de la durée, vous possédez ce que je ne possède plus, et moi je possède ce que vous ne possédez pas encore. En quoi donc votre possession peut-elle porter atteinte à la mienne ? Il est évident que notre droit et notre possession ne peuvent matériellement s'appliquer qu'aux eaux qui sont en amont de la limite inférieure de nos héritages : dès qu'elles ont coulé plus bas en dépassant cette ligne, elles sont perdues pour nous, au point de vue du droit comme à celui de la possession.

Faut-il ajouter encore un argument qui est vraiment superflu après ce qui précède? Comment saurai-je que vous, propriétaire inférieur, vous vous êtes emparé de la totalité des eaux? Qui m'en avertira? ai-je le droit d'aller voir ce qui se passe sur votre héritage? Et si vous êtes à une lieue plus bas que moi?

§ 440. — Mais allons plus loin : admettons que je connaisse vos travaux, admettons *par impossible* que votre possession porte atteinte à la mienne. Je dis par impossible, car en vérité, de quelque côté qu'on la regarde, c'est une hypothèse irréalisable. Eh bien, admettons tout cela et dites-moi comment je pourrai vous empêcher d'acquérir au bout d'un an le droit de m'intenter la complainte si je viens plus tard à user de l'eau, si peu que ce soit? Pourrai-je, avant l'expiration de l'année, intenter moi-même contre vous cette action possessoire et vous contraindre à supprimer vos travaux? Vous me répondriez, comme l'agneau de la fable, que vous *vous vous désaltérez plus de vingt pas au-dessous de moi, et que, par conséquent, en aucune façon, vous ne pouvez troubler ma possession.*

Et vous auriez cent fois raison! Que faire alors? Faudra-t-il, moi dont l'héritage est une terre labourable, que je l'inonde tous les ans et que je perde ma récolte pour interrompre votre possession? Puis lorsque j'aurai transformé ma terre en pré et que je voudrai l'arroser, vous me ferez condamner au possessoire!

De deux choses l'une, ou bien mon esprit et celui d'auteurs et de magistrats bien autorisés présente une lacune bien fâcheuse, ou bien la doctrine que je réfute n'est qu'un non-sens.

§ 441. — Cette doctrine a pourtant de graves autorités.

La Cour de cassation a décidé par plusieurs arrêts (Cassation, 22 août 1849, 24 avril et 18 juin 1850, 3 août 1852, 2 août 1853, 29 déc. 1857, 20 mars 1860, S. V. 52, 1, 648, — 50, 1, 461, — 51, 1, 113, — 52, 1, 652, — 53, 1, 694, — 58, 1, 799, — 61, 1, 54, etc.) que le riverain inférieur qui a la possession annale des eaux peut intenter la complainte contre le riverain supérieur qui veut en jouir pour la première fois, quand bien même ce dernier en userait modérément et dans les limites du droit qui lui est conféré par l'art. 644. La Cour suprême a, du reste, elle-même formellement condamné cette inconcevable opinion par plusieurs arrêts (10 février 1824, C. N., 7; — 17 février 1858, S. V. 59, 1, 491, 11 juin 1844, S. V. 44, 1, 729). Voyez aussi 5 février 1855 (S. V., 55, 1, 86) et 16 janvier 1856 (S. V. 56, 1, 577). Les auteurs sont unanimes pour repousser la doctrine qui paraît adoptée par la majorité des arrêts de la Cour suprême. Quant au dernier, j'allais dire le meilleur, M. Léon Wodon, il est absolument impossible de connaître quelle est son opinion, car il approuve également les arrêts de 1824 et de 1860 qui sont pourtant aussi contradictoires que possible. Le savant auteur aura mal lu l'une de ces décisions.

§ 442.—Si la jurisprudence se fixait définitivement dans le sens que nous combattons, elle se mettrait en contradiction avec elle-même. Il a été décidé, en effet, que le riverain inférieur qui aurait joui des eaux pendant plus de trente ans, ne pourrait prétendre s'en servir exclusivement à l'encontre du propriétaire supérieur qui, pendant ce laps de temps, n'en aurait pas usé. Grenoble, 17 juil. 1830 (S. V. 31, 2, 81), et 24 nov. 1843 (S. V. 44, 2, 486); Lyon, 15 nov. 1854 (S. V. 55, 1, 78); Vazeille, *Prescript.*, 1, n° 406; Troplong, *id.*, 1, n° 112 et suiv.; Proudhon, *Domaine public,* 4, n° 1435; Duranton, t. V, n° 224; Daviel, *Cours d'eau,* t. II, n° 581 et suiv., 976. Pour qu'il en fût autrement, il faudrait, comme le dit Proudhon et l'arrêt de Grenoble de 1843, qu'il y eût eu, soit contradiction manifeste aux droits du propriétaire supérieur, comme par exemple si les propriétaires inférieurs l'avaient contraint à supprimer ses ouvrages et qu'il se fût écoulé trente ans depuis cette époque, soit construction d'une œuvre apparente *sur le fonds supérieur* par les propriétaires inférieurs, dans le but de s'attribuer exclusivement l'usage des eaux.

La possession du riverain inférieur est déclarée inefficace quant à la prescription : comment pourrait-elle dès lors engendrer la complainte, puisque, d'ailleurs, il s'agit ici du droit aux eaux qui est prescriptible, il est vrai, mais en vertu d'une possession dûment caractérisée.

Au reste, ces principes devraient être modifiés si le propriétaire inférieur avait, d'une manière quelconque, opposé une contradiction véritable aux droits du riverain supérieur; exemple : s'il avait établi des ouvrages sur le fonds de celui-ci.

§ 443. — Examinons maintenant en quoi le droit de police qui appartient à l'administration sur les eaux des petites rivières, peut modifier le jeu des actions possessoires.

En vertu de l'art. 16 du titre II de la loi du 6 octobre 1791, et aussi en vertu d'autres dispositions, l'administration a le pouvoir de régler la hauteur des eaux, même sur les rivières qui ne sont ni navigables ni flottables. L'administration s'est en outre arrogé le droit d'autoriser la création des usines sur ces cours d'eau, bien qu'aucune loi ne le lui permette. (Troplong, *Prescription*, n° 146, et les auteurs cités à la note 2.)

C'est donc là un abus. Eh bien, pour résoudre la question qui nous occupe, imaginons deux hypothèses.

§ 444. — Et d'abord supposons que l'administration ait ordonné l'abaissement d'un barrage. Cela ne peut nuire évidemment qu'au propriétaire de ce barrage. Celui-ci viendra peut-être soutenir que son barrage, nécessaire au mouvement de son usine, existe à la hauteur qu'on veut abaisser depuis plus d'un an ou même depuis plus de trente ans. Il prétendra peut-être qu'il est en droit de le maintenir à cette élévation. Il soutiendra, et j'ai vu le cas se présenter, que l'administration n'a pris cette mesure que dans l'intérêt d'un ou de deux riverains, qu'elle n'a pas agi, comme elle devait le faire, dans un but d'intérêt public et général. Les tribunaux pourront-ils accueillir ce système, maintenir l'usinier dans la possession de son barrage, ou condamner à lui payer une indemnité ceux à qui l'abaissement du niveau a pu profiter? Il me semble que ce serait là empiéter sur les pouvoirs de l'autorité administrative. Eh quoi! le tribunal déciderait qu'agissant dans la sphère de son autorité, puisque le droit de fixer la hauteur des eaux lui appartient, l'administration s'est laissée aller à oublier sa haute mission pour favoriser un particulier au préjudice d'un autre! Evidemment cela est inadmissible. L'usinier ne pourrait, ce me semble, que se pourvoir devant l'autorité compétente pour faire réformer ou rétracter la décision prise. Mais les tribunaux civils n'y pourraient rien. J'ai vu, dans une espèce de ce genre, le préfet, après avoir abaissé par un arrêté la hauteur du barrage, ajouter que si l'usinier prétendait avoir par titre ou prescription le droit d'inonder ses voisins, ou plus généralement (car l'usinier contestait que son barrage causât préjudice), le droit de le maintenir à la hauteur ancienne, il devait se pourvoir devant les tribunaux.

Je crois que c'était lui donner un recours illusoire. Supposons que, sur l'action de l'usinier, le tribunal eût reconnu qu'en effet les riverains n'avaient pas le droit de se plaindre de la surélévation du barrage, à quoi cela aurait-il mené le demandeur? Il ne pouvait demander à ces riverains une indemnité, car ils lui eussent répondu: pour nous, nous ne vous avons causé aucun préjudice; c'est l'administration seule qui vous nuit, et quand bien même nous aurions provoqué son action par une plainte, puisqu'elle ne peut être réputée agir que dans un intérêt général, cela ne vous donne pas le droit de vous en prendre à nous.

§ 445. — En second lieu, il peut arriver que l'administration, en autorisant la création d'une usine, permette l'établissement d'un barrage qui, par sa hauteur, porte préjudice soit aux riverains inférieurs en les privant de la part d'eau qui leur est due, soit aux riverains supérieurs en les inondant ou en noyant leurs moulins. Ces riverains pourront-ils, s'ils ont la possession annale, demander la destruction des travaux autorisés par l'administration ? M. Léon Wodon adopte l'affirmative et je n'éprouve aucune difficulté à suivre cette opinion. L'administration ne peut, en effet, autoriser un dommage, ses autorisations ne sont même accordées que *sauf tous droits ou possessions contraires.* D'un autre côté, elle n'est pas intervenue ici pour fixer la hauteur des eaux dans un *intérêt public,* cela est trop clair, puisqu'en permettant la construction d'un barrage elle n'a pu évidemment servir que l'intérêt d'un seul, et qu'elle-même a protesté que son autorisation ne pourrait avoir de valeur qu'autant qu'elle ne porterait atteinte à aucun droit acquis.

Il y a sur ce point une importante distinction à faire, distinction qui a certainement été sous-entendue dans la pensée de M. Serrigny, quand il décide que le pouvoir judiciaire ne pourrait ordonner la destruction de ces travaux ainsi autorisés. (*Compét. administrative,* t. II, n° 727.) Si le dommage n'est causé que par le changement du niveau des eaux, comme l'administration a le droit exclusif de fixer ce niveau, les travaux qu'elle a autorisés ne pourront être détruits; mais si ces travaux attribuent à celui qui les a exécutés la jouissance des eaux contrairement à la possession des autres riverains l'action possessoire en amènera la destruction. En un mot, il faut savoir si l'administration a agi dans un but d'utilité purement publique, ou si son acte a pour but de favoriser l'intérêt d'un riverain au détriment des autres riverains ; nous avons trouvé à l'appui de cette opinion deux arrêts récents. Cass., 18 avril 1836 (S. V. 66, 1, 330), et Cass., 22 janvier 1868 (S. V. 69, 1, 128).

Il nous reste à ajouter pour terminer cette matière que si la construction d'un barrage qui préjudicie aux autres riverains est un délit, cela n'empêche point que la possession de ce barrage ne puisse être utile à leur égard. Ce n'est que vis-à-vis de l'administration qu'elle est inefficace, puisque l'administration conserve toujours le droit de fixer la hauteur des eaux, c'est là un droit de police contre lequel on ne prescrit pas.

SECTION VIII

De la mitoyenneté.

§ 446. — On a souvent fait le procès à la loi pour avoir placé les règles de la mitoyenneté au chapitre des servitudes. La mitoyenneté n'est point une servitude, c'est une sorte de communauté qui s'applique aux clôtures séparatives des héritages. Cependant il existe une servitude légale relative à cette matière. Le propriétaire d'un mur, dans certaines conditions, est forcé d'en céder la mitoyenneté à son voisin moyennant indemnité. Cette expropriation pour cause d'utilité privée constitue évidemment une charge imposée à un héritage au profit d'un autre, partant une servitude.

Pour étudier le jeu des actions possessoires prenons pour exemple le mur qui sépare deux fonds.

Première hypothèse. — Nous nous trouvons dans un lieu où la présomption de mitoyenneté n'existe pas. Dans ce cas il faudra suivre les règles ordinaires en matière de possession.

Si l'un des voisins a la possession annale et exclusive du mur, tout acte de l'autre voisin sur ce mur constituera un trouble.

Si tous les deux ont la possession annale et non vicieuse du mur, il sera possédé comme mitoyen. Dès lors, tout acte qu'un copropriétaire d'un mur mitoyen ne pourrait se permettre constituera un trouble.

§ 447. — *Deuxième hypothèse.* — Le mur sépare des héritages dans une situation telle que la présomption de mitoyenneté existe.

Il faudra sous-distinguer deux cas.

A.— *Il y a marque de non-mitoyenneté.*—Dans ce cas l'un des voisins est constitué, par la marque, possesseur exclusif du mur. Cette possession pourrait cependant être énervée en partie si le voisin avait, depuis plus d'un an, publiquement, paisiblement, sans précarité ni équivoque, joui du mur : en ce cas la possession serait mitoyenne.

L'effet de la marque de non-mitoyenneté pourrait même être totalement détruit par la réunion de trois circonstances : par la jouissance exclusive du voisin combinée avec la représentation d'un titre constatant qu'il en est seul propriétaire, et que la marque de non-mitoyenneté, consistant dans ce que l'égoût du mur retombe sur l'autre voisin, est établie sur le fonds de celui-ci à titre de servitude.

B. — *Il n'y a pas de marque de non-mitoyenneté.*

Dans ce cas, le mur est réputé possédé comme mitoyen, même si l'un des voisins ne s'en était point servi, parce qu'il a toujours la possibilité de le faire, ce qui est une pure faculté pour lui, et ce qui suffit à constituer l'élément matériel de la possession. Mais le mur devrait être considéré comme possédé exclusivement par l'un des propriétaires, si celui-ci venait à prouver que son voisin n'a point l'*animus domini*, en représentant un titre émanant de celui-ci ou de ses auteurs, et par lequel il serait constaté qu'il ne prétend aucun droit sur le mur.

Tels sont les principes généraux que je crois devoir proposer en cette matière qui n'a été jusqu'ici l'objet d'aucun examen approfondi de la part des auteurs.

CHAPITRE II

Des choses du domaine public.

SECTION I

Introduction et Règles générales.

§ 448. — Si dans le cours de cette étude, obligé d'enregistrer et d'apprécier une foule de solutions diverses, nous avons eu à regretter l'absence de principes nettement formulés sur lesquels on eût pu, ou se mettre d'accord, ou se diviser, mais qui eussent au moins conduit à des déductions logiques, directement engendrées par la règle adoptée, en aucune matière cette lacune n'est plus complète, ni plus regrettable que dans celle que nous allons aborder.

Le travail de combinaison, la méthode d'éclectisme que nous avons souvent adoptée, serait ici sans fruit.

Chez les auteurs, comme dans les arrêts, les principes

sont généralement sous-entendus; il arrive même que
pour justifier une solution on en invoque plusieurs qui
sont inconciliables entre eux. Cela tient surtout à l'influence
que prend ici le droit public administratif. Cette législation non codifiée, formée d'un amas immense de lois et
de décrets qui s'enchevêtrent et se suivent sans s'abroger
complétement, est encore de nos jours la pierre d'achoppe-
ment des jurisconsultes et l'écueil des tribunaux, malgré
les nombreux et savants ouvrages qui ont entrepris la
tâche ardue de l'élucider. C'est surtout dans ses rapports
avec le droit civil que le droit administratif est difficile. Ces
deux législations doivent se coudoyer sans empiéter sur le
terrain qui leur est propre. Tracer la limite de leur pouvoir, fixer les bornes de leur empire, telle est l'œuvre encore inachevée à laquelle tant d'éminents écrivains ont
consacré leurs veilles. Cette question serait capitale dans la
matière qui nous occupe. Mais il n'a pu entrer dans notre
plan de présenter un aperçu, même le plus succinct, de la
législation administrative sur les biens du domaine public,
considéré dans ses rapports avec les règles du droit civil
sur la possession et les actions possessoires.

D'un autre côté, examiner toutes les opinions qui se
sont produites sur cette délicate question, et qui, pour la
plupart, ne consistent que dans des solutions d'espèces;
c'eût été un labeur gigantesque, sortant tout-à-fait du
cadre de cette étude où, sans négliger la partie pratique,
je dois surtout m'attacher à faire ressortir les principes
généraux, en un mot à *jalonner* la route plutôt qu'à la
tracer.

Voici les règles que j'ai cru devoir adopter, et qui, dans
leur généralité, s'appliqueront à toutes les hypothèses spéciales.

§ 449. — 1° L'Etat, la commune, etc., sont propriétaires
des biens de leur domaine public, l'administration qui les

régit agit à un double titre : comme mandataire, comme tutrice du propriétaire, c'est-à-dire de l'Etat, de la commune ; exemple : quand elle perçoit le prix des concessions qu'elle accorde ; et secondement à titre d'administration proprement dite, c'est-à-dire comme autorité investie du pouvoir de réglementer, de répartir l'usage des choses publiques, d'après leur destination, entre les citoyens auxquels elles doivent servir selon leur nature. Dans la plupart des cas l'administration agit à ce titre.

Et d'abord, l'Etat, par exemple, est véritablement propriétaire des choses du domaine public général, comme les grandes routes, les fleuves, les ports, les forteresses ; l'art. 541 ne laisse aucun doute à cet égard, puisqu'en parlant de cette dernière espèce de biens, il déclare formellement qu'elle *appartient à l'Etat*. Je sais bien que, dans ces derniers temps, on a voulu prétendre que les biens du domaine public n'appartenaient *propriétairement* à personne, pas même à l'Etat, que le domaine de propriété était absorbé, en quelque sorte, par l'usage public auquel ces choses sont soumises, et qu'en un mot l'Etat ne pouvait les régir qu'à titre d'autorité investie du pouvoir de réglementation, mais non pas à titre de maître, comme un propriétaire privé dispose de son bien.

§ 450. — « Cette doctrine, dit M. Léon Wodon, p. 402, « t. I, repose sur une confusion des choses du domaine « public avec les choses *communes (communes omnium)*, « telles que l'eau courante considérée comme élément, « l'air, la mer, etc., qui, par leur nature, appartiennent à « tout le monde et sont également hors du commerce, ainsi « que nous venons de le voir. Mais les choses communes « sont hors du commerce comme ne pouvant appartenir « à personne, parce que telle est leur destination naturelle, et qu'il est impossible qu'il en soit autrement, tandis que celles dites publiques ne sont hors du commerce

« qu'à raison de leur destination accidentelle, à raison des
« usages publics auxquels elles sont affectées. Ces der-
« nières sont donc, au fond, susceptibles d'appropriation,
« à la différence des choses communes. Et lorsque la loi
« les frappe d'indisponibilité et d'imprescriptibilité, elle
« ne le fait que d'une manière relative, la mise hors du
« commerce n'a lieu qu'en faveur du domaine public, le-
« quel peut parfaitement posséder et prescrire (comme la
« loi sur les chemins vicinaux le stipule formellement au
« profit de la commune). »

Sous notre droit, toutes les choses susceptibles d'appropriation et qui, en fait, n'appartiennent à personne, sont la
propriété de l'Etat. (C. civ., art. 713.) L'Etat pourra s'approprier le trésor découvert dans une chose qui fait partie du
domaine public; tous les revenus de ces biens, tous les
produits utiles que la chose peut donner indépendamment
du service auquel elle est affectée, le prix des concessions, etc., tout cela revient à l'Etat, qui a la charge de
l'entretien. L'Etat jouit du droit d'accession. (Cass., 12 déc.
1832, D. P. 33, 1, 102.) Les minerais extraits sous une
route publique appartiennent encore à l'Etat, et non aux
concessionnaires de la route. (Cass. belge, 5 fév. 1853;
L. Wodon, t. I, p. 405.)

L'orateur au Corps législatif, dans le discours prononcé
le 10 pluviôse an XII sur l'art. 644, C. civ., disait : « Les
choses destinées à l'utilité générale *ont un véritable propriétaire qui exclut toute occupation individuelle et privée, et ce propriétaire est le domaine public.* » Il faut lire
la savante dissertation de M. Léon Wodon (p. 402 et suiv.,
t. I), qui établit ce point d'une manière surabondante. De
nombreux arrêts, parmi lesquels on peut citer au hasard :
Cass., 18 août 1842 (D. A., v° *Act. poss.*, n° 492); Cass., 20
avril 1863 (S. V., 63, 348), etc., avaient reconnu que l'Etat
ou la commune sont propriétaires et peuvent être posses-

seurs des choses de leur domaine public, qu'en conséquence ils peuvent se servir de l'action possessoire pour se
garantir des empiétements des particuliers; c'est donc à
tort qu'un arrêt de la Cour suprême du 10 janvier 1844, et
plusieurs arrêts belges, ont refusé aux communes l'action
possessoire à raison des cimetières qui leur étaient propres. Refuser l'action possessoire aux communes ou à l'E-
tat, sous prétexte que par voie administrative ils peuvent
faire cesser l'usurpation des particuliers, est chose inadmissible. Que l'action possessoire soit refusée dans certains cas contre des êtres moraux, c'est ce qui se conçoit :
mais la protection accordée au domaine public ne peut pas
se retourner contre lui, et il est certains cas où la complainte suppléera efficacement à des mesures administratives qui, dans quelques espèces, ne pourraient atteindre
aussi bien le même but.

Ainsi l'Etat, la commune, etc., sont, dans les circonstances
normales, non-seulement propriétaires, mais encore possesseurs des choses de leur domaine public : l'usage qu'en
fait le public ou l'administration leur en conserve cette
possession.

§ 451. — 2° Mais il peut arriver en fait qu'un particulier
fasse, pendant un an, sur une chose du domaine public,
des actes de possession exclusive : cela n'est possible que
sur les biens qui n'appartiennent au domaine public qu'à
raison de l'usage auquel ils sont affectés. Quant à ceux
qui, comme la mer, les fleuves, etc., ne supportent même
pas l'idée d'une appropriation collective, il est évident,
qu'à leur égard, l'idée de possession n'est pas intelligible.
Mais nous ne parlons ici que des premiers. Il faut donc
examiner à quelles conditions un particulier en pourra
devenir possesseur, et quels seront les effets de cette possession.

§ 452. — Et d'abord il est à peine nécessaire de dé-

montrer qu'un particulier pourra très-difficilement acquérir la possession d'une chose du domaine public. Tous les
actes qui n'empêcheraient pas la chose en question de servir
à l'usage auquel elle est destinée, qui ne rendront pas cet
usage impossible, n'auront aucune valeur pour faire acquérir la possession. En effet, soit que l'usurpateur ait le
droit, comme membre du public, de se servir de la chose
selon sa destination, soit qu'il n'ait pas ce droit, comme
par exemple, s'il s'agit de fortifications qui ne sont, à l'u-
sage, que d'une très-faible partie du public, à savoir les
militaires chargés de leur défense, ou le génie chargé de
leur entretien; dans ces deux cas, les actes dont nous parlons n'étant pas attributifs d'une jouissance exclusive, et
ne causant, après tout, ni à l'Etat, ni à la commune, ni au
public, aucun dommage appréciable, seraient attribués à
la tolérance de l'administration, partant ne pourraient
fonder aucune possession utile. Mais enfin il peut arriver
que la chose ait été complétement distraite de sa destination, que les actes de possession annale soient en contradiction directe avec les droits de l'Etat ou de la commune, par exemple : le propriétaire qui traverse un chemin
vicinal, le riverain d'une place publique l'englobe dans sa
propriété et en ferme l'accès au public, soit en cultivant,
soit en construisant, soit enfin de toute autre façon, il
l'utilise à son profit : dans cette hypothèse, que va-t-il
arriver ?

§ 453. — On peut supposer deux cas : La commune ou
l'Etat veut faire cesser cette usurpation en prenant la voie
de l'action possessoire. Eh bien! ils feront fausse route, la
possession n'est plus entre leurs mains, le fait plus qu'annal de l'usurpateur les en a dépouillés. Ce résultat découle
naturellement de tous les principes recueillis dans ce travail, et particulièrement des explications qui précèdent.
Il est impossible de feindre la possession au profit de celui

qui ne l'a pas. Cette fiction, dont on voudrait donner le bénéfice à l'administration, dans quel texte est-elle écrite? Ainsi, dans ce cas, la commune ou l'Etat agiraient en vain par l'action possessoire. C'est ce que la cour de Cassation a nettement décidé par un arrêt du 20 avril 1863 (S. V., 63, 1, 348), dont il importe de reproduire ici les remarquables considérants.

« Attendu que la commune était demanderesse en complainte possessoire, et que le tribunal a accueilli cette demande en complainte, en se fondant, non sur une possession prouvée dans les termes de droit, mais sur cette circonstance que le terrain litigieux faisant partie du *domaine public* de la commune, celle-ci avait en sa faveur une présomption qui rendrait sans effet la détention par Pillot du terrain litigieux. Attendu que le caractère domanial, et par suite l'imprescriptibilité du terrain dont la possession était débattue entre les parties, *auraient sans doute pu protéger la commune défenderesse au possessoire*, ou justifier son droit au fond et au pétitoire, mais ne pouvait pas la dispenser, alors qu'elle s'était elle-même constituée demanderesse en complainte, de l'obligation d'établir le fait de sa possession qui était la condition nécessaire de son action, *fait qui, à raison de sa nature même*, ne pouvait pas être suppléé par une simple présomption non établie d'ailleurs par la loi. D'où il suit qu'en admettant l'action possessoire de la commune, sans que celle-ci ait prouvé sa possession annale, et par un moyen qui touche au fond du droit, le jugement attaqué a cumulé le possessoire et le pétitoire et violé les articles de loi ci-dessus visés : *Casse.* »

Cet arrêt remarquable ne renferme-t-il pas l'éclatante justification des principes que nous avons posés? N'en ressort-il pas, comme nous l'avons dit, que les communes et l'Etat peuvent être et sont généralement possesseurs des choses de leur domaine public, mais qu'ils peuvent perdre cette possession; bien plus, qu'un simple particulier peut l'acquérir. De là nous sommes amenés à proclamer avec conviction ce principe méconnu par presque tous les auteurs, et que nous justifierons de nouveau lorsque nous arriverons à la quatrième observation générale; à savoir que:

Les choses du domaine public, autres que celles que la nature même a soustraites à l'appropriation de l'homme, sont tout aussi susceptibles de possession privée utile, que les biens du domaine privé eux-mêmes.

Toutefois, cette règle va recevoir, quant à ses effets, une restriction notable que nous allons indiquer immédiatement.

§ 454. — Nous avons vu tout-à-l'heure que, dans l'hypothèse où un particulier aurait acquis la possession annale et exclusive d'une chose du domaine public, deux cas pouvaient se présenter; le premier a été examiné. Voici le second: L'administration dépossédée reprend possession de la chose du domaine public qui avait été distraite de sa destination, et elle la reprend de sa propre autorité, par un acte administratif qui n'excède point la limite de son pouvoir de police sur les choses du domaine public; l'usurpateur pourra-t-il s'y opposer par la voie possessoire? la réponse à cette question est contenue dans la troisième règle que nous allons poser.

§ 455. — 3° Les particuliers ne sauraient prendre pour troubles les actes de l'administration agissant dans la sphère des droits de surveillance et de police qui lui appartiennent sur les choses du domaine public.

Dès lors, le particulier n'aura point l'action possessoire. Ce n'est pas parce qu'il n'aurait point de possession utile, car nous verrons à la quatrième observation que si le trouble émanait d'un autre particulier, il obtiendrait gain de cause ; ce n'est pas non plus parce que l'administration aurait conservé la possession, puisque, nous venons de le voir, elle eût échoué elle-même si elle s'était portée demanderesse en complainte : c'est par un motif bien différent et qu'on n'a pas, jusqu'ici, discerné bien nettement. L'administration, dans notre hypothèse, n'agit point comme mandataire de la commune ou de l'Etat propriétaire de la chose litigieuse ; elle agit en vertu d'un droit propre, du droit de police qui lui appartient en vertu de l'organisation politique et du droit public. Or, il est évident que les tribunaux civils sont foncièrement incompétents pour apprécier des actes de cette nature, pour les interdire ou condamner l'Etat en des dommages-intérêts : car, encore une fois, ce n'est pas au nom de l'Etat considéré comme propriétaire que l'administration agit, c'est comme pouvoir public. D'un autre côté, les actes des pouvoirs publics ne peuvent être réformés par les tribunaux, sans quoi le principe de la séparation des pouvoirs serait manifestement violé ; ainsi le particulier, quoique possesseur juridique d'une chose du domaine public, ne peut prendre pour trouble l'acte administratif qui rend cette chose à sa destination première, mais il résisterait victorieusement à l'action possessoire de l'Etat ou de la commune, agissant cette fois à titre de propriétaire dépossédé. C'est justement ce que l'arrêt précité indique fort nettement en disant : « *que la domanialité, et par suite l'imprescriptibilité du terrain litigieux, auraient pu sans doute protéger la commune défenderesse au possessoire !*

§ 456. — Mais, remarquons-le bien, les actes administratifs que les tribunaux doivent respecter, ceux qui ne peuvent être pris pour trouble par les particuliers, sont ceux que l'administration, *agissant dans les limites tracées par les lois,* pose à titre de *pouvoir gouvernemental :* ainsi les tribunaux ne doivent pas tenir compte des actes que l'administration a posés illégalement, sauf à celle-ci à faire régler le conflit. D'un autre côté, toutes les fois que l'administration agit à titre *économique et privé,* c'est-à-dire comme tutrice de l'Etat, de la commune, ses actes sont justifiables des tribunaux; la lutte existe ici entre deux particuliers, car l'Etat n'est qu'un être privé lorsque, par l'intermédiaire de ses mandataires légaux, il agit à titre de propriétaire, de possesseur.

Aussi a-t-il été jugé qu'on pouvait agir en réintégrande pour se faire restituer contre une dépossession accomplie à l'aide de la force publique, requise par un maire dans l'*intérêt privé de la commune.* Si le maire avait agi en vertu des pouvoirs de police qui lui sont conférés, en un mot dans un but *d'intérêt public,* et non pour servir les intérêts privés de la commune, l'action possessoire n'aurait pas été recevable. (Cassation, 2 juillet 1862, S. V. 62, 1, 836.)

§ 457. — Maintenant, comment distinguer, entre les actes de l'administration, ceux qui appartiennent à la première catégorie et ceux qui relèvent de la seconde ? C'est au droit administratif qu'il faut recourir ici, et nous devons nous garder d'empiéter sur ses attributions.

Pourtant, il est un principe général qui pourra servir de guide à travers ces difficultés. Toutes les fois que l'administration agit dans l'intérêt public, l'acte qu'elle pose est accompli en vertu de sa puissance gouvernementale et de police; toutes les fois, au contraire, que l'intérêt de l'Etat, de la commune, considérés comme personnes privées, est seul en jeu, alors on peut dire que l'administration exerce une action purement économique et privée qui est, par conséquent, du ressort des tribunaux.

On lira avec beaucoup de fruit les § 108, 360-365, du traité de M. Léon Wodon, où les principes que nous adoptons sont exposés avec le plus grand talent. L'excellent auteur belge s'est cependant laissé égarer par une idée fausse; la possession des particuliers sur le domaine public serait, à l'en croire, aussi inopérante vis-à-vis des autres particuliers qu'à l'égard de l'administration. Nous allons voir qu'il n'en est pas ainsi.

§ 458. — *Quatrième proposition*. — Les choses du domaine public sont tellement susceptibles de possession privée, que si l'usurpateur annal se trouve en conflit avec un autre particulier, le premier triomphera dans tous les cas par l'action possessoire.

Ici, en effet, l'acte d'un particulier peut constituer un trouble, et la possession étant d'ailleurs établie, rien ne s'oppose à ce que l'action possessoire ne suive sa marche ordinaire. L'auteur du trouble ne saurait exciper des droits de l'administration.

Cette règle est la conséquence nécessaire des trois principes précédents, et si nous ne nous y étendons pas davantage, c'est qu'elle en découle naturellement.

Une jurisprudence qui, pour être assez récente, ne s'est jamais démentie et qui peut, à juste titre, passer pour définitivement fixée, l'a décidé ainsi dans de nombreuses espèces. (Voyez par exemple : Cassation, 6 mars 1855, 9 novembre 1858, 23 août 1859, 24 juillet 1865, 18 décembre 1865, etc., S. V. 55, 1, 507; — 59, 1, 116; — 59, 1, 910; — 65, 1, 346; — 66, 1, 365; — 67, 1, 417.) Citons seulement quelques mots de l'arrêt du 23 août 1859. Il s'agissait, dans l'espèce, d'un terrain faisant partie (on le soutenait du moins) du rivage de la mer, et par conséquent du domaine public de l'Etat. Le tribunal avait voulu faire décider à l'égard de l'Etat la question de domanialité, avant de statuer sur l'action possessoire; jugeant ainsi implicitement que si le terrain se trouvait vraiment domanial, il ne pourrait donner lieu à l'action possessoire de

la part d'un particulier, même contre un autre particulier.

Mais ce jugement a été cassé : « ..... Attendu, dit la Cour
« suprême, que sans examiner si la possession du sieur
« Lagarrique réunissait les conditions légales, le jugement
« attaqué a subordonné la recevabilité de sa demande à
« l'examen de la question de savoir si le terrain litigieux
« n'était pas une dépendance du domaine public.....

« Mais attendu *que la question de domanialité ne pou-*
« *vait influer en rien* sur l'action possessoire intentée
« entre particuliers et dans laquelle n'étaient en jeu que
« des intérêts purement privés ; qu'en effet, si la qualité de
« terrain domanial, et par conséquent imprescriptible,
« était reconnue à l'objet litigieux, il en pourrait résulter,
« *mais seulement au profit de l'Etat,* UNE FIN DE NON-RECE-
« VOIR contre toute action en complainte qui reposerait
« alors sur une possession inutile et inefficace ; mais que,
« dans la cause actuelle, ce n'est pas l'Etat qui invoque ce
« moyen, *et qu'il n'appartient pas à un particulier de s'en*
« *prévaloir dans son intérêt privé ;* d'où il suit qu'en su-
« bordonnant l'action possessoire de Lagarrique à la véri-
« fication de la domanialité du terrain litigieux, le juge-
« ment attaqué a formellement violé l'art. 23, C. Pr. Par
« ces motifs :

« *Casse* ..... »

§ 459.—On peut remarquer que, dans ces hypothèses, la
jurisprudence qualifie la possession des particuliers *d'inutile, d'inefficace,* de *précaire,* même vis-à-vis de l'Etat, mais
de l'Etat seulement. Cette dernière expression de *précaire,*
que les arrêtistes répètent à l'envi, est évidemment vicieuse.
Oui précaire, oui inefficace, en ce sens qu'elle sera sans
force contre un acte administratif que les pouvoirs publics
peuvent toujours prendre relativement aux choses du domaine public. Mais si, par exemple, l'Etat, au lieu d'agir

par une action administrative conforme aux lois et déri-
vant des pouvoirs publics et de police, avait agi d'une façon
illégale, arbitraire, ou pris la voie de l'action possessoire,
la possession du particulier n'aurait certes pas été précaire,
inefficace, et les tribunaux auraient su la faire respecter,
ainsi que nous l'avons prouvé, en posant le deuxième
principe!

Cette dernière conséquence des principes de la possession à complétement échappé à M. Léon Wodon, qui s'élève
contre la jurisprudence que nous invoquons, au contraire,
en faveur de notre opinion. Une possession précaire vis-à-
vis de l'administration, est, dit-il, précaire à l'égard de tout
le monde; le vice de précarité est absolu. Encore une fois
nous lui sacrifions l'expression qui, nous le reconnaissons,
est vicieuse, mais le mot abandonné, la chose reste, et elle
est conforme aux principes que le savant auteur a lui-même
posés.

§ 460. — Il ne nous reste plus maintenant qu'à dire quelques mots de l'action possessoire intentée relativement
aux biens principaux qui composent le domaine public de
l'Etat ou des communes, en faisant remarquer qu'il ne peut
entrer dans notre plan de déterminer quels sont ces biens,
ni d'empiéter en quoi que ce soit sur le domaine du droit
public administratif, matière qui doit rester absolument
étrangère à notre étude.

Une division bien simple s'offrait à l'esprit : domaine
public de l'Etat; domaine public des communes.

Toutefois j'ai cru ne pas devoir la suivre toujours; en
matière de voirie, par exemple, il importe de parler tout
d'une fois des chemins quelle qu'en soit la nature, depuis les
routes nationales jusqu'aux simples chemins communaux.

DE LA VOIRIE

Il y a deux sortes de voirie :
La voirie par terre,
La voirie par eau.

De la Voirie par terre.

§ 461. — Les choses qui composent la voirie par terre appartiennent au domaine public national ou municipal.

Les premières, qui composent ce qu'on appelle la grande voirie, sont les routes nationales et départementales et les rues et places publiques qui leur sont assimilées.

Les secondes sont les chemins vicinaux et les rues et places y assimilées ; c'est la petite voirie dans laquelle il faut comprendre les chemins ruraux et communaux, les rues et place des villages, lorsqu'elles ne participent pas à l'importance des communications vicinales. Ces derniers objets ne font point partie du domaine public, mais du domaine privé des communes.

A quel signe reconnaîtra-t-on que ces choses sont du domaine public? En général, c'est à l'administration qu'il appartient de déclarer l'existence du domaine public et d'en fixer les limites. Mais, prenons-y bien garde, cet acte déclaratif ne peut recevoir d'exécution qu'autant qu'il n'est contesté par personne. Supposons, en effet, qu'un particulier vienne soutenir que l'acte de l'administration, au lieu de se borner à préciser les limites exactes du domaine public, y incorpore une partie de sa propriété; dans ce cas ne pourra-t-il pas agir au possessoire contre l'administration, en prenant pour trouble l'acte dont il se plaint, ou bien encore revendiquer devant les tribunaux civils la propriété dont on veut le dépouiller au profit du domaine public? Toute la question est de savoir si l'acte administratif qui fixe les limites de ce domaine a le pouvoir de les étendre et de résoudre le droit réel du particulier en une créance d'indemnité, sans employer les formes et sans donner les garanties de l'expropriation pour cause d'utilité publique?

La question n'en semble pas une, car enfin le principe général posé par l'art. 545, C. civ., et qui domine toute notre législation est-il, oui ou non, que *nul ne peut être dépouillé de sa chose que dans un but d'utilité publique dûment constatée,* et moyennant une indemnité préalable? Pourtant, jusqu'en 1863, la jurisprudence, presque unanime, avait accordé à l'acte administratif ce pouvoir exorbitant, de créer à lui seul le domaine public et d'exproprier le particulier auquel il ne restait plus qu'un droit éventuel à une indemnité.

Mais le 5 déc. 1863, le conseil d'Etat, rompant avec cette jurisprudence que la loi, il faut bien le dire, ne justifiait pas, a posé en principe que l'acte administratif qui, sous couleur de délimiter le domaine public, y englobait un objet appartenant à un particulier, était entaché d'excès de pouvoir. (D. P., 64, 3, 9.)

Ainsi les tribunaux seront compétents pour décider si tel ou tel immeuble, qu'un acte administratif a compris dans les limites du domaine public, en fait réellement partie. S'il en est ainsi, l'acte de l'administration rentre dans la sphère de ses pouvoirs légaux : il doit être respecté par la justice, même si le complaignant avait la possession annale du terrain litigieux, parce qu'on n'y saurait voir un trouble. Si au contraire il est prouvé que l'acte administratif tend à faire empiéter le domaine public sur la propriété privée, il est extra-légal, on peut, à bon droit, le prendre pour trouble, et la réintégration doit être prononcée, tant au possessoire qu'au pétitoire, si le demandeur est possesseur annal ou propriétaire.

§ 462. — Il est pourtant un cas unique où la loi du 21 mai 1836, art. 15, est venue consacrer formellement la jurisprudence ancienne, permettre à l'acte administratif de constituer, de créer le domaine public aux dépens de la propriété privée : c'est en matière de vicinalité, lorsqu'il s'agit de déterminer la largeur d'un chemin vicinal. Si, en fait, le chemin n'a pas la largeur fixée par l'arrêté préfectoral, le surplus sera pris sur les propriétaires riverains qui sont ainsi expropriés de plein droit des parcelles comprises dans la largeur nouvelle du chemin, sauf à eux à réclamer devant la juridiction compétente une indemnité qui leur est due s'ils démontrent qu'en effet ils étaient propriétaires.

Mais, remarquons-le bien, ce pouvoir exorbitant est restreint au cas où il s'agit d'un chemin *vicinal existant,* dont il faut fixer la largeur, ou d'un chemin rural classé, qui présente déjà l'importance d'une communication vicinale. Nous verrons tout-à-l'heure quel sera, dans cette hypothèse, l'effet possible de l'action possessoire.

Ainsi, par exemple, supposons que le préfet approuve le classement d'un chemin *rural :* cet acte n'étant pas constitutif du domaine public n'empêchera pas les particuliers qui s'en croiraient possesseurs d'agir en complainte et d'obtenir, le cas échéant, une sentence qui les maintiendra dans leur possession. Cass., 9 mai 1849 (S. V., 49, 1, 649), et Cass. crim., 1 mars 1849 (S. V., 49, 1, 666).

Ainsi, l'arrêté qui porterait déclaration de vicinalité d'un chemin ne présentant pas déjà une importance vicinale, qui ordonnerait le redressement d'un chemin vicinal existant, ou qui fixerait la largeur d'un chemin dont le sol

entier est réclamé par un particulier comme sa propriété,
ne serait pas constitutif du domaine public, et par conséquent la complainte d'un possesseur annal aboutirait à sa
maintenue ou à sa réintégration.

Telle fut la jurisprudence du conseil d'Etat jusqu'en 1813
(20 juillet 1813 ; Dalloz, v° *Voirie par terre*, n° 421). Mais,
depuis cette époque, l'opinion contraire avait prévalu devant cette juridiction, comme devant celle de la Cour suprême, et l'action possessoire n'était plus admise, du moins
avec son effet ordinaire de réintégration. Toutefois, en 1847,
la cour des requêtes décida que l'art. 15 de la loi de 1836
ne s'appliquait, comme nous l'avons dit, qu'au cas où il
s'agirait de fixer la largeur d'un chemin vicinal lorsque
la propriété du sol n'était pas contestée. (Requête, 9 mars
1847, D. P., 47, 1, 289.) Cet arrêt resta isolé jusqu'en 1862,
époque où le conseil d'Etat lui-même, revenu à son opinion
première, en consacra formellement la doctrine. (Conseil
d'Etat, 27 février 1862, D. P., 63, 3ᵐᵉ partie ; Dalloz,
v° *Voirie par terre*, nᵒˢ 420, 428.)

§ 463. — Revenons maintenant au seul cas où l'arrêté
préfectoral a le pouvoir de constituer le domaine public ;
c'est-à-dire celui d'un chemin vicinal existant, dont il s'agit
de fixer la largeur.

Si, par le fait, certains particuliers se trouvent dépossédés de parcelles de leur propriété, il est tout d'abord
certain qu'une action pétitoire leur compétera pour faire
reconnaître leur droit, ce qui servira de base à une réclamation d'indemnité.

Mais la jurisprudence leur accorde encore l'action possessoire ; non pas certes pour arriver à se faire maintenir
en possession ; mais pour faire reconnaître cette possession et rendre par là plus facile la preuve de leur propriété,
voire même pour y suppléer (le possesseur reconnu étant

présumé facilement propriétaire), lorsqu'il s'agira pour eux d'obtenir une indemnité.

M. Léon Wodon s'élève contre cette solution; dès l'instant que l'objet litigieux est devenu partie intégrante du domaine public, en vertu de l'arrêté préfectoral, il ne comprend plus l'action possessoire contre la commune. En effet, dit-il, vous ne sauriez prendre pour trouble un acte administratif compétemment accompli sur une chose du domaine public. C'est là que nous l'arrêtons!

C'est que précisément le demandeur prétend qu'au moment où l'acte a été posé, l'objet en litige ne faisait pas partie du domaine public, puisque, selon lui, c'est justement cet acte qui a incorporé le terrain dans le domaine public. Il y a donc ici un véritable trouble, et cela est si vrai que le particulier succomberait s'il prenait pour trouble, non l'arrêté préfectoral en lui-même, mais un acte postérieur de l'administration; tout le monde est d'accord sur ce point, et, en effet, il est clair que, s'agissant ici d'un acte administratif accompli sur un objet faisant réellement partie du domaine public, cet acte ne saurait constituer un trouble possessoire.

Dans notre espèce la maintenue ou la réintégration n'est plus possible, il est vrai, et pourquoi? C'est que l'objet litigieux a péri pour le particulier : il a péri, puisqu'il a été mis hors du commerce! Dès lors, des dommages-intérêts seuls sont possibles, ils doivent être accordés d'après la valeur de l'objet litigieux; seulement il me semble que ce ne peut être sur l'action possessoire, puisqu'il pourrait arriver que la commune fût, en effet, propriétaire du terrain disputé, bien que la possession appartînt au particulier. Je pense que la complainte ne peut avoir ici d'autre résultat qu'une simple constatation par le juge de l'état de la possession au moment de l'arrêté et la condamnation aux dépens. Muni de cette constatation judiciaire, le particulier ira demander son indemnité, et si la commune, abordant le fond du droit, se prétend propriétaire du terrain litigieux, ce sera à elle de prouver son droit, puisque le particulier est dispensé de toute preuve par la présomption qui s'attache à sa qualité de possesseur juridique.

§ 464. — A partir de quel moment courra le délai d'un an utile pour intenter la complainte ? On pourrait penser que l'arrêté préfectoral fixerait le point de départ. Un arrêt de rejet ne fait courir le délai qu'à partir de la décision préfectorale portant refus d'indemnité. (Rej., 13 janvier 1847, D. P., 47, 1, 84; Dalloz, v° *Voirie par terre,* n° 455.) Selon la Cour, le trouble, c'est la contradiction opposée à la possession antérieure du particulier, et cette contradiction ne résulte, selon elle, que du refus d'indemnité et non de l'arrêté compétemment rendu. On peut faire à ce raisonnement deux réponses. Et d'abord, selon nous, l'arrêté est un véritable trouble parce que, bien que ce soit un acte administratif légal, il ne porte pas, au moment où il est accompli, sur un objet du domaine public. De plus, ne peut-on pas dire que le refus d'indemnité n'est point une contradiction à la possession ? C'est une contradiction au droit de propriété : la preuve en est que, même la possession reconnue au particulier, l'administration peut persister, et à bon droit, dans son refus d'indemnité s'il est certain que le particulier, n'avait fait qu'usurper pendant un an la propriété de la commune, ce qui peut arriver, notamment si l'on suppose qu'il s'agisse d'un chemin rural présentant une importance vicinale et que le préfet vient de classer comme vicinal.

§ 465. — Tout ce que nous venons de dire est applicable aux fossés, haies ou arbres qui bordent le chemin et qui font partie intégrale du sol. Toutefois, il est un cas où l'on peut envisager les arbres séparément, les considérer comme susceptibles d'une propriété et d'une possession distincte de celle du sol.

Une loi du 9 ventôse an XIII ordonna aux particuliers riverains de planter sur les routes nationales. Ces particuliers et leurs successeurs sont ainsi propriétaires et peuvent être possesseurs de ces arbres, bien qu'ils ne puissent avoir aucun droit sur la route. Sans doute, leur droit est vinculé par les règlements administratifs, ainsi ils ne peuvent élaguer qu'avec autorisation. (Loi du 12 mai 1823.) Mais l'action possessoire serait recevable.

Pour les chemins vicinaux, il est à remarquer qu'en vertu des lois du 15 août 1790 et 28 août 1792, les riverains sont propriétaires des arbres plantés antérieurement sur ces voies de communication. Les actions possessoires seraient donc ici recevables pour les arbres, bien qu'elles ne le fussent pas pour le sol. Enfin, elles le seraient également pour les plantations que les particuliers auraient faites sur leur propriété, en supposant que cette dernière eût été, depuis moins d'un an, illégalement incorporée au domaine public.

§ 466. — Le domaine public est-il tenu de respecter dans les plantations les limites prescrites par l'art. 671, et le riverain pourrait-il, le cas échéant, se pourvoir au possessoire contre l'Etat? Il y a deux raisons de décider la négative. Le domaine public ne peut être soumis à des servitudes qui ne seraient pas conformes à sa destination, c'est ce qui ressort des discussions sur le projet de Code civil, aux titres de la propriété et des servitudes. En vain Dalloz objecte-t-il que la voie publique est tenue de recevoir les eaux des propriétaires supérieurs. Mais cette servitude s'accorde fort bien avec la destination des routes et avec l'usage public auquel elles sont affectées.

En vain dit-il encore que souvent, lorsqu'on crée une voie nouvelle, route, chemin de fer, etc., l'administration peut, en expropriant le particulier, lui concéder le droit d'établir une passerelle par dessus la voie publique; dans ce cas, en effet, il me paraît clair que l'immeuble exproprié ne tombe dans le domaine public que démembré, que *deducta servitute :* il ne s'agit pas ici d'une servitude à imposer au domaine public, puisque l'immeuble ne sort du commerce que sous déduction de cette charge. (Dalloz, *Voirie par terre,* n° 122.) J'admets pourtant que des servitudes peuvent exister sur les choses du domaine public, quand elles sont conformes à sa destination. Il est vrai que tant que la chose fera partie du domaine public, elles ne pourront être opposées à l'administration agissant dans la sphère de sa compétence, mais voilà tout. Quoique la puissance administrative puisse quelquefois en entraver l'exercice, le droit n'en existe pas moins ; il aura son effet complet lorsque la chose sortira du domaine public, ainsi que nous le verrons tout-à-l'heure.

En second lieu, il existe des règlements administratifs qui prescrivent les distances à observer, et le droit privé doit céder le pas au droit public. Mais supposons même que ces règlements aient été enfreints par l'administration, il ne me semble pas, malgré l'opinion de M. Léon Wodon, que l'action possessoire soit recevable, car ces règlements eux-mêmes ne créent pas une servitude au profit du riverain; ce dernier devrait donc se pourvoir devant l'autorité administrative.

Mais il en serait autrement si les arbres plantés sur le domaine public causaient, par leurs branches ou par leurs racines, quelque dommage au propriétaire riverain. L'Etat, pas plus qu'un particulier, n'a le droit de faire subir un préjudice au riverain qui se verrait directement troublé dans la possession de son fonds : il aurait donc les actions possessoires et pétitoires pour faire élaguer les branches qui avanceraient sur son terrain, et, quant aux racines, il pourrait les y couper lui-même, en vertu de l'art. 672.

§ 467. — Les chemins communaux ou ruraux et les sentiers appartenant aux communes sont dans le commerce; ils pourront dans tous les cas faire l'objet d'une action possessoire. Mais l'administration aurait-elle le droit, *pendente lite*, de maintenir provisoirement le public en jouissance? S'il s'agissait de routes nationales ou départementales, ou même de chemins vicinaux classés, l'affirmative ne serait pas douteuse. Les art. 1 et 3, tit. ii, de la loi des 16-24 août 1790 confèrent au maire et au préfet le droit de faire cesser tout obstacle à la circulation, par mesure de police. Mais ce pouvoir existe-t-il aussi sur les chemins ruraux ou communaux? La jurisprudence du conseil d'Etat et celle de la Cour de cassation, ont, par de nombreux arrêts, consacré l'affirmative aussi bien que la négative. Cette dernière opinion prévaut pourtant aujourd'hui, et c'est à bon droit. (Crim., Rej., 16 mai 1857, D. P., 57, 1, 315; — Crim., Cass., 6 septembre 1850, D. P., 50, 3, 396; — Dalloz, v° *Voirie par terre*, n°ˢ 1448-1452.)

Ainsi lorsque la propriété ou la possession d'un chemin non classé comme vicinal est contestée, c'est aux tribunaux seuls qu'il appartient de décider si le chemin devra ou non rester ouvert au public pendant l'instance au possessoire ou au pétitoire.

§ 468. — Les rues, promenades et places publiques sont assimilables aux chemins dont elles sont la prolongation. Les places vides laissées par les constructions particulières le long de ces rues, etc., sont présumées en faire partie, sauf la preuve contraire. (Cass., 13 mars 1854, D. P., 54, 1, 14, et Dalloz, v° *Voirie par terre*, n° 1538.)

§ 469. — Les fontaines publiques font aussi partie du domaine public, les eaux qui en découlent participent du même caractère sans qu'il y ait à distinguer entre la portion qui est nécessaire aux besoins des habitants et le superflu. (Cass., 20 août 1861, D. P., 61, 1, 385.)

§ 470. — Nous ne dirons qu'un mot des chemins de fer concédés par le gouvernement : ils sont assimilés à la grande voirie et soumis aux mêmes règles ; ceux, au contraire, qui appartiennent en toute propriété à des particuliers ou à des sociétés, demeurent dans le commerce.

§ 471. — Les chemins de halage sont choses du domaine privé. Ils appartiennent même aux riverains, sous la déduction de la servitude établie par l'art. 650, C. civ., pour les besoins de la navigation.

Donc l'action possessoire appartiendra au riverain pour faire réprimer tout acte qui n'est pas une conséquence de la servitude imposée, et cela, même contre l'administration qui viendrait à l'aggraver. L'administration, en effet, sort de la limite de ses attributions, elle empiète sur le domaine privé lorsqu'elle prend des mesures qui, sans être nécessitées par les besoins de la navigation, viennent restreindre le droit de propriété des riverains. Et, à l'inverse, l'administration, outre les mesures de police qu'elle peut prendre en vertu de son pouvoir exécutif, aurait, au nom de l'Etat considéré comme propriétaire du domaine public, l'action possessoire contre les riverains ou contre tout autre qui entraverait l'exercice de la servitude.

§ 472. — Pour terminer cette matière, supposons que la voie publique soit déclassée et demandons-nous si les riverains qui avaient des vues ou des issues sur ce terrain jadis public, auront l'action possessoire, soit contre l'administration pour obtenir indemnité, soit contre l'acquéreur de la voie déclassée pour faire cesser tout obstacle à l'exercice de ces droits de vue ou de passage. Contre l'administration la complainte ne se conçoit pas. Où serait le trouble ? Il ne semble même pas qu'on puisse agir contre elle par voie pétitoire pour obtenir une indemnité.

La pratique administrative l'avait pourtant anciennement
admis. Mais le droit de préemption donné aux riverains
par l'art. 8 de la loi du 24 mai 1842, qui ne s'applique
qu'aux routes nationales ou départementales, et l'art. 19
de la loi du 21 mai 1836, qui contient la même disposition
en matière de chemins vicinaux, paraît être la *seule* com-
pensation que le législateur ait voulu accorder aux riverains. (Dalloz, v° *Voirie par terre*, n° 122.) Contre le particulier acquéreur, il me semble, au contraire, que l'action
possessoire serait recevable. Le riverain se dira troublé
dans l'exercice de son droit de passage ou de vue. C'est à
tort que Dalloz, *loc. cit.*, refuse à ce droit le nom de servitude; le qualifier de droit *sui generis* ne nous apprend
rien; car enfin, s'il est susceptible de possession, c'est un
droit réel, partant une servitude. Elle existait déjà, selon
nous, lorsque la route faisait partie du domaine public;
elle existait en vertu de la destination même de la chose,
quoique paralysée, jusqu'à un certain point, par le droit supérieur et imprescriptible de l'administration; l'administration disparaissant, le droit reprend toute son énergie.
En vain l'acquéreur répondrait-il que la possession du riverain était inefficace comme portant sur un objet du domaine public. Nous avons vu, en effet (§ 458 et suiv.), que
la possession des choses du domaine public est efficace
entre particuliers et qu'ils ne sont pas admis à se prévaloir des droits de l'administration. (Dalloz, *loc. cit.*, et les
autorités qu'il cite.)

S'il s'agit de la suppression d'une voie autre qu'une
route nationale, départementale ou vicinale, la solution
doit être la même au point de vue des actions possessoires;
mais ici le riverain pourrait, le cas échéant, c'est-à-dire,
s'il ne réussissait pas à faire maintenir ses jours et issues,
ou si le déclassement lui causait un préjudice direct, ob-

tenir de l'administration communale une juste indemnité.
(Dalloz, v° *Voirie par terre*, n° 122.)

SECTION III

De la voirie par eau.

§ 473. — Les objets de la voirie par eau qui font partie
du domaine public sont les rivières et les fleuves navigables
ou flottables, les canaux publics de navigation intérieure
qui appartiennent à la nation, et même les canaux publics
concédés par le gouvernement. Ces derniers rentrent dans
le domaine public au même titre que les chemins de fer.

La voirie par eau est, en général, soumise aux mêmes
règles que la voirie par terre; nous venons d'exposer ces
dernières. Mais la principale difficulté de cette étude naît
de ce que, outre la destination ordinaire et publique des objets qui forment la voirie par eau, ils sont encore susceptibles d'usages spéciaux étrangers à leur destination, qui
est la navigation ou le flottage, et qui peuvent exister au
profit de certains particuliers. L'administration peut, en
effet, leur permettre d'établir des usines, de faire des prises
d'eau. Ces concessions sont essentiellement révocables et
subordonnées aux besoins de la navigation. (Décret du
22 février 1813, art. 4.) D'un autre côté, les riverains ont
pu faire sur les cours d'eau dont s'agit des entreprises
non autorisées par l'administration qui conserve toujours
le droit de les réprimer, mais qui les tolère parce qu'elles
ne nuisent pas à la destination de la chose, à l'usage public
auquel elle est affectée.

Supposons ces intérêts privés en conflit et la difficulté
naîtra. Avant d'aborder cette question délicate il faut remarquer que les particuliers riverains, s'ils ont à se plain-

dre de mesures administratives, n'auront, en général,
d'autre voie de recours que de se pourvoir devant l'autorité
supérieure. Cependant si l'administration, par ses travaux,
faisait empiéter le cours de la rivière sur des propriétés
privées, il semble de toute équité de permettre aux propriétaires lésés de recourir aux tribunaux et de faire détruire
par la voie judiciaire les travaux qui, par exemple, font
refluer les eaux d'une manière permanente sur les fonds
qui leur appartiennent. Il semble, en effet, que dans ce cas
les mesures administratives seraient entachées d'excès de
pouvoir et devraient être annulées par le conseil d'Etat si
le conflit était soulevé.

§ 474. — Revenons aux difficultés qui peuvent s'élever
entre particuliers qui jouissent des eaux en vertu de la
tolérance de l'administration ou d'une concession
expresse, car, pour nous, aucune différence ne doit être
faite entre ces deux cas. Sans doute la possession de celui
qui jouit des eaux sans autorisation est délictueuse, mais
on sait que pour nous cette possession, qu'on nomme délictueuse, est efficace, puisqu'en définitive elle n'est infectée
d'aucun vice. Par exemple, Primus, qui a une prise d'eau,
se plaint de ce que le niveau des eaux se trouve abaissé
par le fait de Secundus, riverain supérieur.

Remarquons tout d'abord, et cette observation est capitale, qu'ici la possession du riverain inférieur peut être
utile à l'encontre du supérieur. Ce dernier, en effet, n'a
plus, comme dans l'hypothèse d'un cours d'eau non navigable ni flottable, le droit, la faculté imprescriptible d'user
des eaux à leur passage. S'il le faisait, il commettrait une
contravention, à moins qu'il n'eût obtenu l'autorisation
administrative.

Donc, qu'il y ait ou non de part et d'autre autorisation
de l'administration, l'action possessoire sera recevable.

Mais quel doit être son résultat ? Tout d'abord écartons une hypothèse bien simple.

§ 475. — Si les travaux, autorisés ou non, opérés par le riverain, causaient quelque dommage *à la propriété de* l'autre riverain, par exemple en l'inondant, je ne doute pas qu'il ne pût faire détruire ces ouvrages par la voie de l'action possessoire. Mais il faudrait qu'il en résultât un dommage pour la propriété, pour le fonds même du complaignant. Le préjudice qui ne résulterait que d'un empêchement à la jouissance des eaux, nous ne le considérons pas en ce moment.

La raison de le décider ainsi la voici : Toutes les concessions administratives sont *toujours* faites sous la réserve, expresse ou tacite, des droits des tiers, et parmi ces droits il faut comprendre la possession. Eh bien! dès que ces ouvrages qui, après tout, ne sont que d'intérêt privé, me causent quelque dommage, je puis, appuyé sur ma possession, en demander la destruction, aucun conflit n'est possible, et m'accorder seulement un droit à une indemnité, comme le fait souvent la jurisprudence, ce serait permettre l'expropriation pour cause d'utilité privée. L'acte d'autorisation, émané du pouvoir administratif, ne peut lier les tribunaux, du moment qu'il est constaté qu'il n'est intervenu que dans un intérêt privé. L'administration, en faisant une concession de cette nature, n'a pas agi, en effet, comme puissance exécutive, mais bien comme tutrice et mandataire de l'Etat considéré comme un propriétaire ordinaire, comme propriétaire du domaine public. C'est, dès lors, un acte qui pourrait être pris pour trouble, et par conséquent il ne peut soustraire celui qui a obtenu l'autorisation aux effets de l'action possessoire.

§ 476. — Supposons, au contraire, que les travaux entrepris nuisent à une prise d'eau, à une usine que j'ai sur la rivière; s'ils ne sont pas autorisés, pas de difficulté, j'en obtiendrai la démolition en vertu de ma possession annale, puisque, comme nous l'avons vu, le caractère de domanialité de la chose doit être, par lui seul, sans influence sur l'action possessoire entre particuliers (§ 458).

Mais si les travaux du défendeur étaient autorisés par l'administration, pourrait-on arriver à les faire détruire par la voie possessoire? La jurisprudence décide la négative, et cependant elle admet pour la complainte un résultat utile, des dommages-intérêts.

Il me semble qu'il faudrait distinguer :

S'il a été établi des ouvrages non pas *autorisés*, mais *prescrits* au concessionnaire dans l'intérêt public; si, par exemple, l'administration lui a ordonné, dans le cas où il établirait son usine, de construire sur le bief un barrage d'une hauteur déterminée, oh! alors, les tribunaux sont incompétents, même pour accorder des dommages-intérêts; car, dans ce cas, le demandeur incrimine réellement un acte administratif posé par l'administration, en vertu du pouvoir de police et de réglementation qui lui appartient sur les choses du domaine public. Ces travaux pourront, il est vrai, être considérés comme une révocation tacite de la concession accordée au riverain complaignant, mais la question de savoir si cette suppression implicite de son usine pourra l'autoriser à demander une indemnité à l'administration est en dehors du cercle de notre étude.

Que si, au contraire, les travaux sont, non pas prescrits dans un but d'utilité publique, mais seulement autorisés et accomplis par le concessionnaire dans son intérêt privé, rien n'empêche, ce me semble, que les tribunaux n'en ordonnent au possessoire la destruction, s'ils portent préjudice à un autre riverain, possesseur des eaux depuis plus d'un an; il y a là en effet un acte administratif qui ressort du pouvoir économique et privé de l'administration agissant comme mandataire et tutrice du propriétaire, c'est-à-dire de l'Etat, et non pas un acte posé en vertu de sa puissance gouvernementale et de police.

C'est précisément sur ce point que nous nous séparons de M. Léon Wodon (§ 423). Ce savant auteur paraît même se contredire. De ce que le prix des concessions administratives doit appartenir à l'État, il conclut (§ 377) que l'Etat est véritablement propriétaire des choses du domaine public. Donc il considère ici la concession comme un acte du pouvoir économique et privé de l'administration, agissant au nom et comme mandataire de l'Etat considéré comme un propriétaire ordinaire.

§ 477. — Les tribunaux ne pourraient, dans aucun cas, ordonner *au pétitoire* la destruction des travaux, ni accorder de dommages-intérêts entre particuliers, puisque le défendeur, autorisé par l'administration, a, au fond, un droit égal à celui du demandeur : la vérité est que tous deux sont dépourvus de droit, puisqu'ils jouissent en vertu d'une concession précaire et révocable. Celui qui serait ainsi menacé de voir ses travaux, quoique autorisés par l'administration, être démolis par autorité de justice au possessoire, n'aurait, selon nous, qu'un moyen d'obtenir pleine sécurité. Ce serait de faire révoquer l'autorisation accordée à l'autre riverain, ou de faire agir l'administration pour obtenir la suppression de la prise d'eau ou de l'usine établie par cet autre riverain, sans autorisation.

Les canaux publics de navigation intérieure appartenant à la nation, et ceux concédés par le gouvernement, sont régis par les mêmes règles.

SECTION IV

De la mer et des rivages de la mer.

§ 478. — La mer est hors du commerce par sa nature; si elle appartient au domaine public, c'est à titre de chose commune; la nature même des choses la soustrait à toute idée d'appropriation, de possession privée ou collective.

Au contraire, les rivages, ports, lais et relais, havres, rades, appartiennent au domaine public en vertu de leur destination; dès lors, les règles générales que nous avons posées au début de ce titre leur sont applicables.

Contre l'administration, point de possession utile, parce que les actes administratifs, portant ici sur une chose du domaine public, ne sauraient être pris pour trouble (§ 455.)

Entre particuliers, au contraire, la possession est utile et doit engendrer les interdits (§ 458.)

Sur les rivages de la mer croissent certaines plantes que l'agriculture emploie comme engrais et que l'industrie utilise pour en retirer certains produits, par exemple la soude. On les comprend, dans le langage du droit, sous le nom de *varech,* bien que, suivant les localités, elles soient désignées sous d'autres noms. L'ordonnance d'août 1681 sur la marine et l'arrêté du gouvernement du 18 thermidor an x, attribuent la récolte du *varech* aux habitants des communes limitrophes à l'endroit de leur territoire. D'un autre côté, certains décrets contiennent des dispositions analogues, entre autres celui du 19 novembre 1859, qui confère exclusivement aux marins *inscrits* le droit de récolter les *algues vives* excrues dans les étangs salés du cinquième arrondissement maritime. (Les étangs salés communiquant avec la mer sont assimilés aux rivages et font partie du domaine public.) Eh bien, ce droit de récolte est il un droit réel, susceptible de possession, voire même de prescription, ou en tous cas pouvant faire l'objet d'une action possessoire?

§ 479. — Cette question, quoique d'une importance pratique médiocre, nous a embarrassé fort longtemps. Théoriquement, elle est extrêmement difficile et je ne m'étonne pas que les principaux arrêts qu'elle a provoqués soient à

peu près inconciliables. (Conseil d'Etat, 25 juin 1817, C. N.,
5; 2, 298, Cass., 5 juin 1839, S. V. 1839, 1, 621. Dalloz, v°, *Act.
poss.*, n° 703. Conseil d'Etat, 14 décembre 1857, S. V. 58,
2, 655. Cass., 7 déc. 1864, S. V. 65, 1, 21.)

Pourtant en suivant les principes que nous avons posés,
il nous semble qu'il est possible d'arriver à une solution
nette. C'est par des résultats clairs et précis que nous espérons arriver à montrer l'exactitude des idées adoptées
comme bases de cette étude ; si, en effet, les déductions
logiques paraissent raisonnables, il sera prouvé que le
point de départ était bien choisi.

Il s'agit d'immeubles faisant partie du domaine public,
mais présentant cette particularité que des dispositions
spéciales les ont grevés d'une véritable servitude au profit
de certaines classes d'habitants, par exemple des communes riveraines. C'est une servitude, avons-nous dit, et,
en effet, l'administration, dont le premier devoir est de faire
exécuter les lois, n'est pas libre de priver de ces récoltes
ceux à qui la loi les a attribuées. Il faudrait pour cela une
disposition législative nouvelle. Ainsi, il ne s'agit pas ici,
comme le pense à tort M. Léon Wodon, d'une chose publique dont l'usage est réglé par l'administration en vertu
de son pouvoir gouvernemental, mais d'un immeuble du
domaine public, dont l'Etat est propriétaire, et qui a été
grevé par le propriétaire lui-même en vertu d'une loi, seul
moyen d'aliénation permis, d'une servitude qui constitue
réellement une aliénation partielle. Ainsi, voilà un droit
réel aliéné au profit d'une commune par exemple. Ce droit
tombe-t-il dans le domaine public ou dans le domaine
privé de la commune ? Il suffit de poser la question pour la
résoudre : c'est dans le domaine privé ; le droit à la récolte
des herbes maritimes est, pour la commune, un bien *pa-
trimonial* qu'elle afferme souvent. Peu importe que les lois
lui aient défendu de l'aliéner ; car, si le droit est inalié-

nable, ce n'est pas une raison pour qu'en l'absence d'un texte exprès, il soit imprescriptible, à plus forte raison pour qu'il exclue l'idée de la possession et de la complainte.

Or, les biens patrimoniaux des communes sont dans le commerce, prescriptibles, susceptibles de possession et d'actions possessoires. Donc le droit à la récolte du varech, ou autres herbes marines excrues, soit sur les rochers, soit sur le plafond des rivages de la mer ou des étangs salés qui en font partie, peut être possédé et prescrit, soit par des communes à qui il n'est pas attribué par la loi, soit même par de simples particuliers. L'arrêt de 1864 cité plus haut l'a parfaitement jugé. Il s'agissait, dans l'espèce, d'herbes marines excrues sur le plafond d'un étang salé, dit de *Mauguio,* faisant partie des rivages de la mer. Le décret du 19 novembre 1850 en avait attribué la récolte aux marins inscrits, mais la commune de Mauguio, en jouissant depuis des siècles, en avait affermé la récolte à diverses personnes jusqu'en 1861. Un sieur Gilles se permit de couper les herbes, il fut assigné par la commune, non pas au possessoire, comme elle aurait pu le faire, mais au *pétitoire* devant le tribunal civil; Gilles soutenait que la commune était sans droit, puisque la loi attribuait la récolte aux *marins inscrits* qui seuls auraient pu se plaindre : mais la Cour suprême a décidé que le droit de la commune résultait suffisamment de sa longue possession jointe à la tolérance administrative. Donc, contrairement à l'opinion de M. Léon Wodon, dont nous nous séparons ici à regret, le droit à la récolte des herbes marines peut être possédé, prescrit et, pour revenir au sujet de notre étude, il peut donner naissance à la complainte.

SECTION V

Des lais et relais de la mer.

§ 480. — Il faut distinguer avec soin les lais et relais des rivages de la mer.

Le rivage est la partie de terrain voisine de la mer qui est périodiquement couverte par les eaux ; les lais et relais sont les parties de ce terrain qui, n'étant plus périodiquement couvertes par les eaux, cessent d'être le rivage. Les uns et les autres avaient été rangés par l'art. 538, C. civ., parmi les biens du domaine public ; mais la loi du 16 septembre 1807, en donnant au gouvernement le pouvoir d'aliéner, sans intervention législative, les lais et relais de la mer, les a fait rentrer dans le domaine privé de l'Etat ; c'est donc en vain que M. Léon Wodon soutient qu'ils restent dans le domaine public jusqu'à la concession, c'est-à-dire l'aliénation. La concession étant, comme nous l'avons dit, une aliénation, fait de l'immeuble la propriété d'un particulier ; si avant cette concession il avait fait partie du domaine public, il aurait fallu une loi pour l'aliéner.

Voici ce qui a trompé M. Léon Wodon. En dehors des lais et relais que des phénomènes naturels ont définitivement soustraits à l'action des eaux, le gouvernement peut concéder à des particuliers certains terrains faisant partie du *rivage* même, mais que des travaux, par exemple un endiguement, feront devenir de véritables relais abandonnés forcément par la mer. Or, jusqu'à la délimitation administrative qui les fera rentrer fictivement dans cette dernière classe, ces terrains restent soumis aux principes qui régissent les rivages. C'est ainsi que se concilient aisé-

ment les arrêts invoqués bien à tort par M. Léon Wodon :
3 novembre 1824, Cass., S. 25, 1, 62; Cass., 17 novembre 1852, S. V. 52, 1, 789; 18 avril 1855, S. V. 55, 1,
735 ; 21 juin 1859, S. V. 59, 1, 744. — Ajoutons-y une
décision importante : Cass., 11 avril 1860, S. V. 60, 1, 523.
En vertu du décret du 21 février 1852, le droit de délimitation du rivage est exclusivement réservé à l'Etat. Remarquons que l'action possessoire sera recevable même contre
l'Etat, si, après délimitation faite, il est reconnu que le
terrain litigieux est un relai de la mer, et que, dans tous
les cas, elle sera recevable entre particuliers, quand il
n'y aurait pas eu de délimitation; car, dans cette hypothèse, deux cas seulement peuvent se présenter. Ou il
s'agit d'un terrain concédé, et alors cette concession suppose que l'immeuble est reconnu former un relai; que s'il
n'y a pas concession, eh bien, il s'agit, il est vrai, d'une
chose du domaine public, mais tant qu'elle ne s'exerce
pas contre des actes administratifs, la complainte est recevable entre particuliers. Ces derniers ne sont pas admis à
se prévaloir des droits de l'Etat.

SECTION VI

Des forteresses et places de guerre.

§ 481. — Ces immeubles font partie du domaine public
en vertu des art. 540 et 541, C. civ. Ce serait nous répéter
que d'exposer ici le jeu des actions possessoires. Il faut
toujours appliquer les mêmes règles qui se résument en
peu de mots. Entre particuliers la complainte est recevable. Si c'est l'Etat qui l'intente, il faudra examiner en
fait s'il a ou non la possession juridique. Formée contre lui,
elle ne sera généralement pas recevable, parce qu'on se

plaindra le plus souvent d'un acte administratif posé par l'administration à titré de puissance publique. Or, un pareil acte ne saurait être pris pour trouble sans violer le principe de la séparation des pouvoirs. La puissance exécutive, agissant dans le cercle de ses attributions légales, sur un objet du domaine public, est complétement indépendante de l'autorité judiciaire. (Douai, 26 mars 1844, D. P. 45, 1, 404.)

SECTION VII

Des églises, cimetières et presbytères.

§ 482. — Il n'entre pas dans le cadre de notre étude de discuter quels sont, sur ces biens, les droits respectifs des communes, des fabriques et des curés. Nous renvoyons, sur ce point, aux ouvrages de droit administratif. Pour servir de base aux développements qui vont suivre, nous admettrons que les églises paroissiales, les cimetières et les presbytères appartiennent aux communes; seulement quant aux presbytères, il faut remarquer que, simples habitations des ecclésiastiques, ils ne font pas partie du domaine public, et que les curés ou desservants, usufruitiers aux termes du concordat, de la loi du 18 germinal an x, des décrets du 30 décembre 1809, art. 92, et du 6 novembre 1813, art. 6 et 21, peuvent, à ce titre, intenter les actions possessoires.

Quant aux églises paroissiales, si elles sont la propriété des communes, il n'en est pas moins vrai que les fabriques, chargées de leur entretien et de leur administration par le décret du 30 décembre 1809, peuvent fort bien intenter la complainte et y répondre.

Tout ce que nous avons dit, en général, des biens du

domaine public doit ici recevoir son application. Bien que les immeubles dont il s'agit (excepté les presbytères), soient consacrés à une destination publique, il n'en est pas moins vrai que la commune propriétaire, en dehors du droit d'administration, de réglementation et de police qui appartient aux pouvoirs municipaux, peut aussi se dire, à juste titre, propriétaire et possesseur des églises et des cimetières, qu'elle pourrait intenter la complainte, soit contre d'autres communes, soit contre des particuliers qui viendraient la troubler dans sa jouissance. (*Vide contra :* Cass., 10 janvier 1844, S. V. 44, 1, 120 ; *sic :* Rejet, 18 août 1842, S. V. 42, 1, 965.)

D'un autre côté, et tant que dure la destination publique de la chose, les particuliers, quels que fussent leurs actes de possession, ne seraient pas recevables à prendre pour trouble les actes accomplis par les autorités municipales, en vertu du pouvoir d'administration qui leur est conféré sur les choses du domaine public de la commune. Il est bon d'observer que c'est précisément la destination publique qui fait rentrer l'immeuble dans la catégorie des biens *du domaine public.*

Nous avons déjà expliqué qu'on ne saurait posséder utilement sur cette sorte de biens des servitudes qui ne seraient pas conformes à leur destination.

§ 483. — Mais ne peut-il pas arriver que des particuliers exercent, soit dans les églises, soit dans les cimetières, des droits qu'on peut appeler servitudes et qui sont tout à fait conformes à la destination de la chose ?

Ainsi l'art. 72 du décret du 30 décembre 1809 permet aux fabriques de concéder dans les églises un *banc,* une chapelle, aux bienfaiteurs, aux donataires de ces églises, et à leur famille tant qu'elle existera. D'un autre côté, les art. 10, 11 et 12 du décret du 23 prairial an XII, permettent aux particuliers d'obtenir, à de certaines conditions, la

concession d'une place séparée pour y fonder leur sépul-
ture et celle de leurs parents ou successeurs. Les concessionnaires auront-ils l'action possessoire soit contre la
commune, soit contre les particuliers qui viendraient les
troubler dans leur jouissance? Toute la question se réduit
à savoir si le droit concédé est réel, s'il est susceptible de
possession. Je crois, avec MM. Carou (n° 541) et Curasson
(section III, n° 36), que la complainte serait recevable, sauf
dans un seul cas, celui où l'on voudrait l'intenter en prenant
pour trouble un acte légal d'administration émané de l'autorité. Ainsi, dans le cas où cesserait la destination publique de l'Eglise ou du cimetière, la possession du particulier concessionnaire deviendrait inefficace parce que, pour
faire valoir cette concession, il serait forcé d'invoquer la
destination publique de la chose, de dire qu'il y avait là,
par exemple, un cimetière destiné aux inhumations, et
précisément cette destination publique a cessé.

Dans l'ancienne jurisprudence, où, comme on le sait,
les églises se trouvaient au plus haut degré placées hors
du commerce comme *res sacræ,* l'ordonnance de 1539
disposait que : « *nul ne peut prétendre droit ni possession*
« *au dedans des églises et chapelles, pour y avoir bancs,*
« *siéges ou oratoires, s'il n'est patron ou fondateur d'i-*
« *celles.* » Eh bien! si l'ancien droit admettait ici la possession lorsqu'elle était fondée en titre, pourquoi le droit
nouveau ne l'admettrait-il pas lorsque l'on présente un
titre légal, une concession que les lois autorisent?

SECTION VIII

Des édifices publics.

§ 484. — Nous ne pouvons approfondir ici la question
de savoir si les édifices publics, tels que les hôtels-de-ville

et maisons communes, les tribunaux de justice de paix, les bâtiments servant aux établissements d'instruction publique, les casernes, les hôpitaux, les salles d'asile, les presbytères, les abattoirs communaux, etc., font partie du domaine public ou du domaine privé. Elle est du ressort du droit administratif et nous renvoyons aux auteurs qui ont discuté ce point controversé. L'intérêt de la question est grave au point de vue des actions possessoires; s'il faut ranger tous ces immeubles dans le domaine privé de la commune, ils devront, quant à l'objet de notre étude, être traités comme les biens appartenant à de simples particuliers. C'est ce dernier parti que nous adopterons, appuyés sur l'autorité d'un remarquable arrêt de la Cour de Paris, du 18 février 1854, D. P. 54, 2, 178.

SECTION IX

Des mines.

§ 485. — L'art. 552 du Code civil, consacrant une vérité de droit naturel, décide que la propriété du sol emporte celle du dessus et du dessous. Le possesseur du sol possède donc le très-fonds de son héritage, et cette possession est, de sa nature, indivisible. Qu'on s'attaque à la surface ou bien aux parties profondes, l'on trouble cette possession et l'on se rend passible de la complainte possessoire.

Mais en ce qui touche les mines concessibles, la législation spéciale, et notamment la loi de 1810, vient ici introduire de graves difficultés.

Certains auteurs ont pensé que les mines concessibles faisaient partie du domaine public; M. Wodon est de ce nombre. Aussi, en voulant leur appliquer les règles qui gouvernent ce domaine, ils se divisent sur les solutions, aucun n'en donne de bien nettes ; c'est d'un autre principe qu'il faut partir, çe me semble.

§ 486. — Prenons à la lettre l'art. 552, puis examinons quelle modification la législation spéciale sur les mines a pu y apporter. La mine, même non concédée, appartient au propriétaire de la surface. (Cass., 1ᵉʳ février 1841, S. V. 41, 1, 121.) Seulement, et voici la dérogation, il appartient au gouvernement, dans l'intérêt public, *d'exproprier* le propriétaire du sol et de concéder, c'est-à-dire de transférer la propriété de la mine à celui qui saura le mieux l'exploiter, et par suite rendre à la nation le plus de service en la faisant jouir d'une richesse cachée qui sans lui resterait inutile. Ceci résulte pour nous de l'art. 6 de la loi de 1810. La preuve qu'il s'agit ici d'une expropriation pour cause d'utilité publique ressort de cette circonstance, qu'une indemnité calculée, *non pas seulement sur la valeur du sol qui devra être occupé ou rendu impropre à son usage ordinaire, mais encore sur les produits probables de la mine,* est accordée au propriétaire de la surface.

Qu'on ne l'oublie pas, la concession est accordée par le conseil d'Etat, le propriétaire du sol dûment appelé.

Il s'agit donc ici d'un véritable jugement d'expropriation, confié cette fois à l'autorité administrative. Mais, avant la concession comme après, la mine est une propriété privée : avant, elle faisait partie de la propriété du sol ; depuis, elle en est séparée, elle en demeure distincte, quand bien même le propriétaire de la surface deviendrait lui même concessionaire. Le seul résultat de la concession est donc, selon nous, de séparer en deux propriétés distinctes ce qui auparavant ne formait qu'un seul domaine.

Ces principes posés, il nous semble que le jeu des actions possessoires peut se régler aisément.

Supposons la concession faite au profit d'un étranger. Tant qu'il restera dans les limites de la concession, tant que ses actes resteront la conséquence forcée de cette concession, il est clair qu'aucune action possessoire ne sera recevable pour les faire cesser. Il s'agit ici, en effet, de l'exécution d'un véritable *jugement*, d'un jugement émané, il est vrai, de l'autorité administrative, mais enfin d'un véritable acte de juridiction, puisque encore une fois les propriétaires du sol ont dû être appelés à faire valoir leurs droits. Eh bien! l'exécution d'un jugement ne saurait, dans aucun cas, constituer un trouble. Que si on allègue que le concessionnaire s'écarte des limites tracées par la concession, deux hypothèses peuvent se présenter :

1° Le concessionnaire n'invoque pas l'acte de concession, ou, ce qui est la même chose, il est *évident* qu'il ne peut s'appliquer au terrain en litige. Dans ce cas, le juge de paix devrait, selon nous, se déclarer compétent et recourir, pour résoudre la difficulté, aux principes ordinaires en matière de possession et d'actions possessoires.

2° Il y a doute sur le point de savoir si l'acte incriminé est, ou n'est pas autorisé par la concession. Il me semble qu'il faudrait ici au moins surseoir jusqu'à ce que l'interprétation de la concession eût été donnée par l'autorité qui l'a accordée, c'est-à-dire par le conseil d'Etat; c'est précisément ce qui arriva dans l'espèce de l'arrêt précité du 1er février 1841. Il s'agissait, il est vrai, d'une demande en dommages-intérêts intentée par le propriétaire du sol, et non pas d'une action possessoire. Mais le résultat eût été le même dans ce dernier cas. Les tribunaux ont d'abord renvoyé les parties devant le conseil d'Etat; puis, quand il a été décidé que la concession ne s'appliquait pas au terrain en litige, alors l'autorité judiciaire n'a pas hésité à condamner en des dommages-intérêts le concessionnaire qui s'était permis d'exploiter des richesses minérales qui ne lui avaient pas été accordées, au préjudice du proprié

taire du sol qui aurait pu en profiter, et la Cour suprême
a confirmé cette sentence conforme aux vrais principes.

En dehors de cette hypothèse, l'action possessoire ne
serait recevable, selon nous, que si la lutte s'établissait
entre deux individus qui ne pourraient ni l'un ni l'autre
invoquer de concession administrative.

§ 488. — Dans un autre cas encore, la complainte trouverait sa place. Supposons que le concessionnaire ait ex-
ploité toutes les parcelles concédées, et qu'un tiers soit
venu s'installer, opérer l'extraction des matières minérales dans une partie de la concession que le concessionnaire aurait négligée *après en avoir pris possession à l'o-
rigine*. Dans cet état de choses, les actions possessoires
seraient recevables de part et d'autre, suivant les règles
ordinaires. Il ne s'agirait plus ici, en effet, de l'exécution d'un
acte administratif assimilé à un jugement, exécution qui
ne peut être prise pour trouble ; le jugement a été, au contraire, pleinement exécuté, mais dans la suite il s'est établi un état de possession contraire.

Jusqu'ici nous avons supposé la complainte intentée
contre le concessionnaire. S'il voulait lui-même employer
contre les tiers cette arme juridique, il est presque inutile
de dire qu'il faudrait qu'il justifiât d'une possession réu-
nissant les conditions légales. Autrement la voie pétitoire
lui resterait seule ouverte. Le juge de paix qui se conten-
terait, pour maintenir le concessionnaire, de la production
de l'acte de concession, commettrait un cumul.

SECTION X

De quelques questions spéciales relatives aux biens du domaine public.

§ 489. — Un particulier, atteint dans l'exercice de ses
droits publics par l'usurpation opérée sur un objet du do-

maine public par un autre particulier, peut-il intenter la complainte contre ce dernier?

Nous examinerons très-brièvement cette question ainsi que celle qui va suivre. Elles sont traitées avec une grande lucidité par M. Léon Wodon, aux §§ 329-349; par Dalloz, v° *Commune*, n°ˢ 1418 et suiv., et v° *Voirie*, à divers numéros. Rien n'est plus confus, moins homogène que les décisions judiciaires et les opinions des auteurs sur cette matière; c'est un dédale pour ainsi dire inextricable, et la crainte très-légitime de ne pouvoir en sortir me fait hésiter à y entrer. Je me bornerai donc à indiquer le fil que j'aurais suivi si l'espace, ou peut-être la hardiesse, ne m'eût manqué pour suivre ce ténébreux labyrinthe et tâcher d'arriver à la lumière.

§ 490. — Les chemins vicinaux, par exemple, font partie du domaine public des communes; supposons qu'un particulier se permette un empiétement sur le sol de ces chemins.

On sait, qu'en pareil cas, le maire peut poursuivre au nom de la commune. Il fera punir, par le juge de simple police, l'auteur de l'usurpation qui constitue une contravention, puis il aura recours au conseil de préfecture qui, en vertu d'une jurisprudence aujourd'hui constante, est seul compétent pour ordonner la restitution du sol usurpé et le rétablissement des lieux dans leur ancien état. A coup sûr un particulier peut porter plainte devant l'autorité administrative; mais exercer lui même l'action devant le conseil de préfecture, ou poursuivre la contravention devant le tribunal de simple police, c'est ce qui ne lui est pas permis, à moins qu'il ne soit placé dans l'hypothèse spéciale prévue par l'art. 49 de la loi du 18 juillet 1837. Cet article dispose que tout contribuable peut exercer à ses frais et risques, mais avec l'autorisation du conseil de préfecture, les actions appartenant à la commune et que les représentants de celle-ci négligeraient d'exercer.

A plus forte raison ne pourrait-il intenter contre l'usurpateur une action civile ; il paraît, en effet, résulter à la fois de la loi et de la jurisprudence que le conseil de préfecture est seul compétent pour connaître des usurpations commises sur les chemins vicinaux.

§ 491. — Supposons maintenant qu'il s'agisse, par exemple, d'une usurpation commise sur un chemin communal, un simple particulier peut-il intenter contre l'usurpateur des actions ou possessoires ou pétitoires ? (Voir Dalloz, *Actions poss.*, n° 317, *id.*, n° 36 ; Cassat., 12 février 1834, (*loc. cit.*) ; Dalloz, *Voirie*, n° 1922, 1337, 1169, et les arrêts y rapportés.) (Voir encore Agen, 15 déc. 1836 ; Dalloz, v° *Commune*, n° 1432.)

Il me semble bien difficile d'admettre ici l'action possessoire : l'habitant d'une commune ne possède pas les choses du domaine de la commune ; c'est cette commune, être moral, qui seule est possesseur, absolument comme dans une société, c'est l'être fictif, la société, et non pas les associés, qui peut, en général, intenter ces actions. Cependant on pourrait faire une exception pour le cas où le particulier complaignant serait riverain de la voie publique ainsi interceptée, parce qu'on pourrait le considérer comme y exerçant une sorte de servitude, droit réel, susceptible d'une possession privée. (Voir § 472.) Tel est l'avis de la majorité des auteurs.

Mais si la voie possessoire lui est fermée, celle du pétitoire demeure ouverte. Celui qui se permet de me priver injustement de l'exercice d'un droit public ou d'une faculté dont je jouissais comme membre d'une communauté, se rend passible d'une condamnation en dommages-intérêts, par application du principe de l'art. 1382. Ce point est généralement admis. Il est évident, en effet, que le demandeur n'excipe pas ici directement du droit de la commune, et qu'il ne le compromet en aucune façon.

§ 492. — 2° Un particulier, possesseur d'une chose du domaine public, peut-il intenter utilement la complainte contre un autre particulier qui n'a fait qu'user de la chose conformément à la destination publique à laquelle elle était affectée ?

Ainsi, par exemple, j'empiète sur un chemin vicinal dont je suis riverain, ou même je m'empare complétement du sol de cette voie dans une certaine longueur de son parcours. Pendant plus d'un an je fais sur ce terrain des actes de maître, paisiblement, publiquement, etc. Un particulier vient à passer sur le sol ainsi usurpé par moi : puis-je, en soutenant qu'il trouble ma possession, intenter contre lui la complainte et le faire condamner au possessoire par le juge de paix ?

Oui, selon nous.

§ 493. — Avant de justifier cette solution, il importe de bien faire remarquer que l'action dont il s'agit n'empêchera pas celui qui la subira de dénoncer l'usurpateur à l'autorité compétente, ou même de le poursuivre au nom de la commune et dans les formes prescrites par l'art. 49 de la loi de 1837. Mais il faut aller plus loin, et si le chemin n'était que communal, nous avons vu qu'une action civile en dommages-intérêts serait ouverte à celui qui se serait ainsi vu troubler dans l'exercice d'un droit qui lui appartenait comme membre de la communauté; mais encore une fois ce sera au *pétitoire*.

Sous le bénéfice de cette réserve, je ne vois pas pourquoi l'action possessoire n'appartiendrait pas à l'usurpateur. L'imprescriptibilité de la chose n'est pas, nous l'avons vu (§ 451-454), un obstacle à l'exercice de l'action possessoire : le domaine public est, aussi bien que tout autre domaine, susceptible d'être possédé par des particuliers; et nous

nous sommes élevé de toutes nos forces contre l'opinion contraire qui est, par malheur, trop généralement accréditée. (Voir § 451-454.) Ce n'est que contre l'administration que la possession d'un particulier est inefficace, parce que l'acte administratif, accompli sur un bien du domaine public, ne saurait être considéré comme trouble. (Voir § 455 et suiv.) Les particuliers ne peuvent, d'un autre côté, exciper en pareille matière des droits de l'administration. (Voir § 458 et les autorités y rapportées.) C'est donc à juste titre qu'un arrêt de Cassation du 26 mai 1868 (S. V. 68, 1, 329) a repoussé l'action possessoire d'un particulier relativement à des parcelles d'un chemin dont la vicinalité était certaine.

Ces parcelles avaient été, depuis un temps immémorial, usurpées par les riverains qui y avaient fait des actes de maître non équivoques. La commune aliéna ces parcelles, et fit planter des piquets pour en déterminer les limites. Les riverains possesseurs prirent cet acte pour trouble et intentèrent la complainte. Evidemment leur action était mal fondée, parce qu'aucune possession ne peut être admise contre l'autorité communale, agissant sur un bien de son domaine public, parce que, encore une fois, cette action, purement administrative, ne peut être soumise à la critique des tribunaux ordinaires, sans violer le principe de la séparation des pouvoirs.

Voilà pourquoi l'arrêt précité, quoique bien rendu au fond, pèche dans ses motifs lorsqu'il s'appuie sur l'imprescriptibilité du sol litigieux.

La Cour de cassation elle-même a en effet reconnu, par de nombreuses décisions (§ 458), que cette imprescriptibilité ne serait pas un obstacle à l'action possessoire si elle était intentée, non plus contre la commune ou l'administration, mais contre un simple particulier.

Je trouve ainsi l'occasion de résumer brièvement, à

propos de cette question spéciale, les principes généraux que j'ai cru devoir adopter en matière d'actions possessoires relativement aux biens du domaine public.

§ 494. — Terminons ici cette étude trop longue pour son titre, trop courte encore pour un sujet aussi hérissé de controverses. Les difficultés qu'il présente sont si nombreuses et si graves que si, avant de commencer ce travail, j'avais pu m'en faire une idée, même incomplète, je n'aurais jamais eu la témérité de l'aborder; il était au dessus de mes forces.

Je ne le comprends que trop aujourd'hui....., malheureusement il est bien tard.

FIN DE LA SECONDE PARTIE.

POSITIONS

DROIT ROMAIN

I.   Les lois 26 et 3, § 2, Dig., XLI, 2, peuvent-elles se
         concilier avec la loi 32 *ibid.?* — Oui. (§ 34 et
         suiv.)

II.   Les lois 13, Dig., XXIX, 5, et 37, §§ 4 et 6, Dig.,
         XLI, 1, sont inconciliables. (§ 98.)

III.   Quelle est l'origine historique de la mancipa-
         tion et de la tradition? — La guerre. (§ 107.)

IV.   Dans les interdits doubles, ne pouvait-on pas
         éviter le danger des *sponsiones* pénales? —
         Probablement oui. (§ 143.)

V.   A l'époque classique, le seul et l'unique résultat
         de l'interdit *uti possidetis* était de déterminer
         le véritable possesseur d'un immeuble. (§ 145
         et suiv.)

VI.   Comment, sous Justinien, aurait-on pu consti-
         tuer les servitudes négatives? — Par la *dé-
         duction.* (§ 152.)

VII. Ces paroles du préteur : *Intra annum, quo pri- mum experiundi potestas fuerit, agere per- mittam,* ne s'appliquaient pas à l'interdit. (§ 154.)

VIII. L'interdit *uti possidetis* pouvait-il suppléer aux interdits *unde vi, de precario* et *de clandes- tina possessione?* — Oui. (§ 156.)

IX. Le simple détenteur avait-il droit à l'interdit *de vi armata?* — Oui. (§ 175.)

X. L'interdit *uti possidetis* ne peut, en matière de servitudes urbaines, être employé contre le maître du fonds servant. (§ 204.)

XI. Les lois 24, Dig., xiii, 7, et 46, Dig., xlvi, 3, sont inconciliables.

DROIT ANCIEN

XII. La récréance était-elle connue en France dans les matières possessoires profanes ? — Oui. (§ 338.)

XIII. Dans l'ancien droit, en matière de servitudes, le possessoire et le pétitoire étaient cumulés. (§ 410.)

CODE CIVIL

XIV. Un immeuble est vendu par acte ayant date certaine, puis il est saisi, et la saisie est tran- scrite ; puis enfin la vente elle-même est transcrite. Qui doit l'emporter, de l'acquéreur ou du créancier saisissant? — L'acquéreur.

XV. Le vice de précarité est-il absolu en droit français. — Oui. (§ 322.)

XVI. Une servitude discontinue, même dénuée de titre, peut-elle, dans certains cas, donner droit à l'action possessoire? — Oui. (§ 408.)

XVII. En tous cas l'action possessoire est recevable, quand bien même le titre serait nul. (§ 409.)

XVIII. Elle le serait encore si le titre, quoique émané de l'auteur du maître du fonds dominant, avait été signifié au maître du fonds servant. (§ 407.)

XIX. Dans tous les cas, il n'est pas nécessaire que le titre émane *a vero domino*. (§ 410.)

XX. Le maître du fonds servant qui, en vertu de l'art. 704, a changé l'assiette de la servitude, peut-il être actionné au possessoire, même s'il a donné un chemin aussi commode? — Oui. (§§ 421 et 422.)

XXI. Le propriétaire inférieur d'un cours d'eau non navigable peut-il, en vertu *seulement* de sa jouissance annale des eaux, avoir la complainte contre les riverains supérieurs qui n'auraient fait qu'en user dans les limites de la loi? — Non. (§ 439 et suiv.)

XXII. Les droits d'usage dans les forêts |sont-ils prescriptibles ? — Oui. (418.)

XXIII. L'exercice illégal (*id est*, sans délivrance) des droits d'usage dans les bois, peut-il en faire acquérir ou conserver la possession ? — Oui. (§ 421 et 422.)

XXIV.   Le représentant qui veut intervertir son titre par une cause venant d'un tiers, doit-il nécessairement notifier au représenté son acte d'acquisition ? — Non. (§ 290.)

XXV.   La reddition du compte de tutelle, ou la prescription de l'action *tutelæ*, sont-elles pour le tuteur, détenteur précaire des biens du mineur, une cause d'interversion de titre ? — Non. (§ 293.)

XXVI.   Puis-je joindre à ma possession celle de celui qui a été condamné à me restituer sur l'action en revendication ? — Oui. (§ 368.)

CODE DE PROCÉDURE

XXVII.   La réintégrande n'exige pas la possession annale. (§ 376.)

XXVIII.   Elle ne peut être donnée contre le tiers acquéreur de mauvaise foi. (§ 387.)

XXIX.   Le juge de paix peut-il trancher la question de validité des titres ? — Oui, dans un seul cas. (§ 331-335.)

XXX.   La dénonciation de nouvel œuvre n'est possible que dans le cas où le demandeur se plaint d'une atteinte *future*, mais *certaine*, à sa possession. (§ 372.)

XXXI.   Le juge de paix ne peut, en se dessaisissant, ordonner le séquestre ou la récréance pendant l'instance au pétitoire. (§ 390-395.)

XXXII.   Celui qui forme une demande au pétitoire est-il censé avoir renoncé à la possession ? — Non. (§ 270.)

XXXIII.   L'art. 25, C. Pr., n'a pour but que d'interdire au juge du possessoire de se déterminer par des motifs tirés du fond du droit. (§ 313-324 et spécialement 316.)

DROIT ADMINISTRATIF

XXXIV.   L'arrêté préfectoral, fixant la largeur d'un chemin vicinal, n'a la puissance d'expropriation qu'autant qu'il s'agit réellement de fixer la largeur d'un chemin déjà classé comme vicinal, ou présentant l'importance d'une communication vicinale. (§ 462.)

XXXV.   Le droit à la récolte des herbes marines excrues sur le plafond ou sur les rochers des rivages de la mer est prescriptible. (§ 479.)

XXXVI.   La possession des particuliers sur les biens du domaine public peut être efficace quand ils sont défendeurs à l'action possessoire intentée par l'Etat ou la commune. (§ 453.)

XXXVII.   Elle est efficace toutes les fois que la lutte n'est engagée qu'entre simples particuliers. (§ 458 et suiv.)

XXXVIII. L'autorité administrative commettrait un excès de pouvoirs, si, sous prétexte de délimiter le domaine public elle empiétait sur la propriété particulière, sauf en matière de vicinalité. (§ 461.)

DROIT CRIMINEL

XXXIX. L'ivresse peut quelquefois exclure l'application d'une pénalité, et souvent devenir une cause d'atténuation.

XL. L'homicide commis du consentement de l'homicidé, et dans le but de le soustraire à un danger qu'il redoute plus que la mort, n'est pas punissable.

Vu:

Le doyen, président de la thèse,

SERRIGNY.

Permis d'imprimer:

Le recteur,

L. MONTY.

DIJON, IMP. J. MARCHAND, RUE BASSANO, 12.

www.ingramcontent.com/pod-product-compliance
Lightning Source LLC
Chambersburg PA
CBHW031613210326
41599CB00021B/3161